高等职业教育“十二五”规划教材
高职高专经济管理类专业基础课规划教材

人力资源管理（第2版）

郑强国　吴青梅　主　编
蔡丽伟　安　芮　副主编

電子工業出版社
Publishing House of Electronics Industry
北京 · BEIJING

内容简介

本书根据人力资源管理发展的新形势和新特点，遵循人力资源管理业务流程和操作规律，结合国家新颁布实施的人力资源管理相关法规和规定，系统介绍：人力资源规划、工作分析、员工招聘、员工培训与开发、员工职业生涯规划与管理、绩效管理、员工薪酬及福利管理、劳动关系管理等人力资源管理基本知识，并注重内容和结构的创新。

本书融入了人力资源管理的最新实践教学理念，力求严谨、注重与时俱进，具有理论适中、知识系统、案例经典、侧重实践的特点，并采用新颖统一的格式化体例设计。本书既可作为高职高专经济管理、工商管理等管理专业学生的必修教材，也可作为各类企事业从业者的岗位培训用书，并为广大社会从业人员提供有益的参考和帮助。

图书在版编目（CIP）数据

人力资源管理/郑强国，吴青梅主编．—2版．—北京：电子工业出版社，2013.4
高职高专经济管理类专业基础课规划教材
ISBN 978-7-121-19893-9

Ⅰ.①人… Ⅱ.①郑… ②吴… Ⅲ.①人力资源管理-高等职业教育-教材 Ⅳ.①F241

中国版本图书馆CIP数据核字（2013）第054578号

策划编辑：朱怀永　　特约编辑：薛　阳
责任编辑：朱怀永
印　　刷：北京七彩京通数码快印有限公司
装　　订：北京七彩京通数码快印有限公司
出版发行：电子工业出版社
　　　　　北京市海淀区万寿路173信箱　邮编 100036
开　　本：787×1092　1/16　印张：19　字数：486千字
版　　次：2009年7月第1版
　　　　　2013年4月第2版
印　　次：2021年9月第9次印刷
定　　价：36.00元

凡所购买电子工业出版社图书有缺损问题，请向购买书店调换。若书店售缺，请与本社发行部联系，联系及邮购电话：(010)88254888，88258888。

质量投诉请发邮件至 zlts@phei.com.cn，盗版侵权举报请发邮件至 dbqq@phei.com.cn。

本书咨询联系方式：(010)88254608。

编审委员会

序　言

随着我国改革开放进程的加快和社会主义市场经济的快速推进，中国经济已经连续30多年保持着持续、高速、稳定的增长态势，并进入了一个最为活跃的经济发展时期。随着我国加入WTO后有关承诺条款的逐步兑现，众多外资工商企业纷纷抢滩登陆、进军中国市场；不仅促进我国经济迅速地融入世界经济全球化的大潮中，而且也促使中国经济国际化的特征越发日益凸显。

目前我国正处于经济快速发展与社会变革的重要时期，随着经济转型、产业结构调整、传统企业改造，涌现了大批电子商务、文化创意、绿色生态及循环经济等新型产业；面对国际化市场的激烈竞争、面对新一轮的人才争夺，我国企业既要加快管理体制与运营模式的整改，也要注重加强经营理念与管理方法的不断创新，更加注重企业发展的本土化策略、抓紧网罗培养具有创新意识和掌握新专业知识的技能型人才；这既是企业立于不败之地的根基、也是企业可持续长远发展的重要战略选择。

需求促进专业建设，市场驱动人才培养。为适应市场对经济管理类专业人才多层次、多样化的需求，保证合理的人才结构，有必要开展多层次的经济管理技能培训与教育：一是加强学历教育，二是重视继续教育，三是开展有针对性的员工培训。

针对我国高职教育经济管理类专业知识老化、教材陈旧、重理论轻实践、缺乏实用操作技能训练的问题，为了适应我国经济发展对“有思路、掌握技能、会操作、能应用”人才的需要，为了全面贯彻国家教育部关于“加强职业教育”的精神和“强化实践实训、突出技能培养”的要求，根据企业用人与就业岗位的实际需要，结合高职高专院校经济管理类专业教学计划及课程设置与调整，我们组织北京财贸职业学院、北京联合大学、北方工业大学、首钢工学院、北京城市学院、北京朝阳职工大学、北京西城经济科学大学、北京石景山社区学院、北京宣武红旗大学、黑龙江商务技术学院、吉林工程技术师范学院、黑龙江工商职业学院、海南职业学院等30多所高职高专院校专家教授和北京西单商场等工商与流通企业的业务经理，在多次研讨和深入实际调查的基础上，共同编撰了此套系列教材，旨在更好地服务于国家经济建设。

本套系列教材作为高职教育经济管理类专业的特色教材，包括：《经济学基础》、《市场营销》、《企业战略管理》、《商务谈判》、《财政与税收》、《人力资源管理》、《财经岗位英语》、《国际贸易实务》等20本书。

本套教材紧密结合我国企业改革与经济发展、注重前瞻性，系统地对于企业经营、组织结构、技术手段、服务功能、业务流程和市场监管等内容进行分析介绍，并以实例引导、图文并茂、通俗易懂，利于学生理解。本套教材既可作为高职教育经济管理类专业教学的首选教材，也可以作为经济管理、工商管理、商贸流通等企业从业人员在职岗位培训教材，对于广大社会读者也是非常有益的参考读物。

在编著过程中，全体作者注意自觉坚持以科学发展观为统领，严守统一的创新型格式化设计，采取任务制或项目制写法；注重校企结合、贴近行业企业岗位实际，注重实用性技术能力的训练培养，注重实践技能应用与工作业务的紧密结合；同时也注重经济管理现代化发展的新趋势，具有系统性、针对性、实用性、易于实施教学等特点。

教材编委会

2013年4月

前言

随着我国改革开放进程的加快和社会主义市场经济体系的逐步确立完善，中国经济正处于快速发展和最活跃的时期，并呈现出持续、高速增长的态势。目前，随着我国入世后有关条款的逐步兑现，中国经济国际化特征越来越明显，中外企业的竞争越来越激烈。其竞争的焦点就是人才的竞争，特别是对本土化专业人才的竞争。市场经济在某种意义上讲就是“能人经济”，“能人”-“人才”的竞争是市场经济永恒的主题。

在知识经济时代，在产业加速转型和结构调整的时期，与土地、设备、技术、资金等生产要素相比，人是最重要的要素，也是最宝贵的资源。人的技能、能力、职业素质、思想、开拓进取意识、敬业与奉献精神等，不仅决定着经营的成败，而且严重影响着企业的可持续发展，谁拥有优秀人才，谁就能赢得未来。面对市场竞争加剧和经营环境的不断变化，随着国家倡导“以人为本、科学发展观、构筑和谐社会”理念和制度的深入推进，人力资源管理与人力资源战略制定的特殊重要性日益凸显，加强人力资源管理、人才培养已成为当前亟待解决的问题。

本书作为高职高专的特色教材，坚持以学科发展观为统领，严格按照教育部“加强职业教育、突出实践技能培养”的教育教学要求，针对高等职业教育人才培养目标，既注重以人为本、挖掘人的潜力，又注重坚持标准、合理运用政策规定；既注重系统理论知识介绍，又突出实际训练和提高执行能力，力求做到“课堂讲练结合、重在掌握，课后学以致用、注重实效”。本书出版对帮助学生尽快熟悉人力资源管理操作规程、掌握业务岗位技能，毕业后能够顺利就业具有特殊意义。

本书由李大军进行总体方案策划并具体组织，郑强国和吴青梅任主编，郑强国统稿，蔡丽伟和安芮任副主编；由具有丰富人力资源管理教学与实践经验的蔡丽伟教授审定。作者分工：牟惟仲（序言），吴青梅（第一章、第九章），郑强国（第二章、第四章、第五章），赵继新（第三章、第八章），魏秀丽（第六章），安芮（第七章），王阳、李瑶、林玲玲（附录）；华燕萍（文字修改和版式调整），李晓新（制作课件）。

在教材编著过程中，我们参阅、引用了大量有关人力资源管理的最新书刊资料和国家近年新颁布实施的《劳动合同法》及人力资源管理政策法规与管理制度，并得到了有关专家教授的具体指导，在此一并致谢。为配合本书使用，我们特提供配套的电子课件，读者可以从电子工业出版社网站（www. rhei. com. cn）或华信教育资源网（www. hxedu. com. cn）免费下载。因作者水平有限，书中难免有疏漏和不足，恳请同行和读者批评指正。

作者

2013年4月

目　录

第一章　人力资源管理导论

学习目标

§理解人力资源管理的内涵，明确人力资源管理部门和其他部门之间的关系；

§了解人力资源管理的发展历程，理解人力资源管理的角色和战略地位；

§掌握人力资源的特点。

技能要求

§能够运用人力资源管理的基本原理分析人力资源管理实务案例；

§尝试根据人力资源管理发展的进程，把握人力资源管理发展的趋势。

开章案例

MP 通信技术有限公司是一家专业从事数据通信、网络及安全设备的研制、生产、销售和服务的国家级重点高新技术企业。作为一家保持了 10 年“超常规”成长的通信技术公司，连续成长的背后，除了借助于市场环境、到位的技术开发外，更依靠了立足于战略执行的专业化管理支撑平台，而这其中之一就是及时建立人力资源管理系统。

追溯公司发展轨迹，1995 年以前，当时规模很小，根本谈不上什么人才战略，人才招聘做法也非常简单，缺少哪类人才就跑到人才市场招聘。等发展到 1998 年，华为等一批电信设备制造商开始大规模扩招人才的时候，MP 公司也恰好于这一年获得了为毕业生落户的权利，开始进行高校招聘。当时员工总数不过百人，每年却以数百人的速度吸纳人才，HR（人力资源）部门工作量暴增。公司的人才招聘在某种程度上也是“冲动型”的。由于发展急需，公司没有过多的时间进行理性思考，只要是人才就马上“吃入”。至于组建的人才结构是否合理，似乎不在考虑之列。

但是聚拢人才不能光靠激情，必须依靠科学管理。2001 年年底，公司开始考虑系统化地管理人力资源部门，投资购买了金蝶 K/3 HR 系统软件。人力资源总监在 K/3 HR 系统建设完毕，完成整个员工基础数据录入工作后，给领导层出示了一份报告。

公司惊讶地发现，在过去三年的人才扩招过程中，由于缺乏相应的系统管理，为将来的发展埋藏下很多隐患：首先，1 000 多名员工的年龄分布不尽合理，员工年龄层次单一，虽有激情有干劲，但是在管理上也有弱点，不够沉稳、决策不够理性化、职业化程度比较低，很容易对公司未来管理变革造成伤害；其次，在教育背景方面，重理轻文。

于是从2002年开始，公司着手调整人才招聘策略，通过有意识地从社会招聘一些有经验的员工及多招文科生来平衡这种不合理的结构。在考虑怎样搭建一个合理的人才结构时，不仅仅只考虑学历一项，还包括专业、地域，也包括各自文化背景，甚至也包括阅历等因素。

如今，MP公司人力资源总监要定期呈报各种人才分布发展报告给领导层，领导层再结合未来业务方向，以及近期发生的问题，具体分析战略执行步骤。结合人力资源结构，公司的业务战略更为切实可行。

（资料来源：http：//baike. China. alibaba. com）

当今时代，人力资源变得越来越重要。“带走我的员工，把我的工厂留下，不久后工厂就会长满杂草；拿走我的工厂，把我的员工留下，不久后我们还会有个更好的工厂。”人们都对卡内基的这段名言有深刻的体会。

但是一个企业网罗和聚集了许多高素质的优秀人才，就一定能保证企业具有活力和创造力，事业蒸蒸日上吗？企业的人才需不需要有计划的管理？MP公司的实践给了我们一些启示：高素质人才未必代表高绩效，关键是要看企业需要什么样的人，怎么才能有效使用这些人，采用什么现代化技术进行有效的人员管理。也就是说，企业的核心竞争力不仅依靠优质的人力资源，更要依靠高水平的人力资源管理来获得，保全优秀人才和发挥他们的潜力、调动他们的积极性，才能保证企业的长期竞争优势。

第一节　人力资源管理概述

一、人力资源的概念

在相当长的一段时期里，自然资源一直是财富形成的主要来源，但是随着科学技术的突飞猛进，人力资源对财富形成的贡献越来越大，并逐渐占据主导地位。然而，首先将“人力资源”作为一个概念提出的是美国管理学家彼得·德鲁克（Peter F. Drucker）。德鲁克在《管理的实践》中首次引入了“人力资源”的概念，他指出：“企业或事业唯一的真正资源是人。”自此，“人力资源”一词开始受到关注而逐渐被广泛地使用。

人力资源是与自然资源、物质资源或信息资源相对应的概念，有广义与狭义之分。

广义的人力资源，是指以人的生命为载体的社会资源，凡是智力正常的人都是人力资源。

狭义的人力资源，是指智力和体力劳动能力的总称，也可以理解为创造社会物质文化财富的人。换句话说，人的各种能力是人力资源的重要因素，如果管理者能够开发和引导人的这种能力或称潜能，就会成为现实的劳动生产力，而劳动生产力的质量高低直接影响组织绩效的好坏，而提高组织绩效是管理者的首要目标。

二、人力资源的特点

人力资源具有如下特点。

1. 人力资源具有生物性和社会性双重属性

一方面，人力资源存在于人的生物体中，是一种“活”的资源，与人的自然生理特征相联系，这是其生物性。另一方面，人力资源还具有社会性。任何人力资源都是处于一定社会形态中，它的形成要依赖社会，它的分配要通过社会，它的使用要处于社会分工体系之中。从本质上讲，人力资源是一种社会资源。

2. 人力资源具有智力性

相对于一般动物只能靠自身的肢体运动或使用简单工具取得生存资格，人类则把物质资料作为手段和工具，通过智力活动使自身的能力不断扩大，获得丰富的生活资料。同时人类的智力具有继承性，人力资源所具有的劳动能力随着时间的推移不断积累、延续和增强。

3. 人力资源具有能动性

人力资源能有目的地进行改造外部世界的活动。人具有对自身和外部世界有着清晰看法，能对自身行动做出选择，调节自身与外部关系的社会意识。这种意识使人在社会生产中居于主体地位，能够让社会经济活动一定程度上按照人类自己的意愿发展。

4. 人力资源具有再生性

人力资源是一种可再生资源，其再生性是指人口的再生产和劳动力的再生产，通过人口总体内个体的不断替换更新和劳动力得到补偿后的再生产的过程得以实现。

5. 人力资源具有时效性

人力资源的形成、开发、使用都具有时间方面的限制。从个体的角度看，作为生物有机体的人，有其生命的周期；而作为人力资源的人，能从事劳动的自然时间又被限定在生命周期的中间一段；能够从事劳动的不同时期（青年、壮年、老年），其劳动能力也有所不同。

6. 人力资源具有核心性

人类的生产活动要用到四种资源：人力、财力、物力和信息。人力资源是一切资源中最为宝贵的资源。这是因为，一切生产活动都是由人的活动引起和控制的过程。与物的要素相比，人的要素起着决定性的作用。

由于有了人类的劳动，各种自然资源才成为经济资源，才进入生产过程而成为生产要素。也正是由于有了高智能的人类，各种经济资源才能得到深层次的开发和利用，从而发挥出更大的效益。比如，企业的产品研发、产品质量控制、营销活动、财务管理等经营管理活动，没有得力的员工，企业的目标是不可能实现的。

三、管理的概念、特点

（一）人力资源管理的概念

受制于认识的限制，人力资源管理长期以来一直都被认为是参谋或顾问的职能，所以，一直以来对人力资源管理部门的工作存在深刻的误解：人力资源工作多好做呀，无非是公司缺人时发发招聘广告，组织组织培训，绩效考核时发几张表让大家填填，到月底了按照绩效计算发多少工资等，不过就是事情琐碎些。但是现代人力资源管理受到全球化竞争环境、技术进步、劳动力结构改变和国家法律及政府政策的影响，管理者开始认识到人力资源管理的性质要发生改变了，远远超出了传统人事管理的范畴。

关于人力资源管理的内涵，有不同的定义和解释。一般认为，人力资源管理是指运用现代化的科学方法，对与一定物力相结合的人力进行合理的培训、组织和调配，使人力、物力经常保持最佳比例，同时对人的思想、心理和行为进行恰当的诱导、控制和协调，充分发挥人的主观能动性，使人尽其才，事得其人，人事相宜，进而实现组织目标。

人力资源管理的实质是做到三个匹配：

（1）人与事的匹配，要做到人尽其才，事得其人，有效使用。人的需求与工作报酬匹配，使得酬适其需，人尽其力，最大奉献。

（2）人与人的协调配合，强调团队精神，使得互补凝聚，事半功倍。

（3）工作与工作的协调配合，使得权责有序，灵活高效，发挥整体优势。

（二）人力资源管理的特点

人力资源管理伴随着未来组织的网络化、灵活化、多元化和全球化趋势，在管理目标、管理职能、管理技术以及对管理人员的要求方面将会发生新的变化。在管理目标方面，未来的人力资源管理是战略性人力资源管理。

战略性人力资源管理，即围绕企业的战略目标而进行的人力资源管理。人力资源管理开始进入企业决策层，人力资源管理的规划和策略与企业经营战略相契合，不仅使人力资源管理的优势得以充分的发挥，更给企业的整个管理注入新的生机和活力。

战略性人力资源管理的特点主要体现在以下几个方面。

1. 管理理念

在管理理念上，认为人力资源是一切资源中最宝贵的资源，经过开发的人力资源可以保值增值，能给企业带来巨大的利润；人力资源管理必须是和战略发展目标相适应、相匹配的，而不是简单的人事管理。

2. 管理内容

在管理内容上，除了对人力资源的保持和更新以外，重点是开发员工的潜能，激发他们的活力，使员工能积极、主动、创造性地开展工作。

3. 管理形式

在管理形式上，强调整体开发，即企业目标和个人目标、企业发展和个人发展紧密结合起来，根据企业目标和个人状况，为其做好职业生涯设计，不断培训，不断调整职位，充分发挥个人才能。

4. 管理方式

在管理方式上，采取人性化管理，强调以人为本，考虑人的情感、自尊与价值，注重个性和能力差异，因才重用。

5. 管理技术

在管理技术上，要随着科学技术的发展采用更先进高效的人力资源管理手段，比如，人力资源管理信息化，利用相关软件由计算机自动生成结果，及时掌握人力资源结构、进行绩效管理，准确地提供决策依据；利用网络建立远程培训等。

6. 管理层次

在管理层次上，人力资源管理部门处于决策层，直接参与企业的计划与决策。

第二节　人力资源管理的作用及基本原理

一、人力资源管理的作用

现代人力资源管理，具有以下五种基本功能并在企业发挥以下作用。

1. 获取人力资源

根据组织的战略目标确定所需员工的数量和质量，通过人力资源规划、招聘、考试、测评、选拔，获取组织所需人力资源。

2. 整合人力资源

通过企业文化、信息沟通、人际关系和谐、矛盾冲突的化解等有效整合，使企业内部的个体和群体的目标趋于一致，个体行为、态度趋向企业的要求和理念，使之形成高度的合作与协调，发挥团队优势，提高组织效率和活力。

3. 激励和保持人力资源

通过有竞争性的薪酬、公平合理的绩效考核，依能力和贡献晋升等一系列管理活动，保持员工的积极性、主动性、创造性，维护劳动者的合法权益，保证员工在工作场所的安全、健康、舒适，以增进员工满意度，使之安心工作。

4. 评价人力资源

对员工工作成果、劳动态度、技能水平以及其他方面做出全面考核、鉴定和评价，从而决定对员工相应的奖惩、升降、去留等，同时为员工培训和开发提供依据。

5. 发展人力资源

通过员工培训、工作丰富化、职业生涯规划，促进员工知识、技能和心理素质等各方面成熟度的提高，使其劳动能力得到增强和发挥，最大限度地实现其个人价值和对企业的贡献率，达到员工个人和企业共同发展的目的。

二、人力资源管理的基本原理

人力资源的基本原理是以适当的人力资源成本使组织绩效最大化，主要体现在以下几个方面。

1. 同素异构原理

同素异构原理一般是指事物的成分因在空间组合关系和方式的不同，即在结构形式和排列次序上的不同，会产生不同的结果，引起不同的变化。将此原理移植到人力资源管理领域则是指在群体成员的组合上，同样数量和素质的一群人，由于排列组合的差异，形成不同的权责结构和协作关系，可以产生不同的协同效应。在生产和管理过程中，同样人数和素质的劳动力，因组合方式不同，其劳动效率高低也不同。

想象一下，如果管理者让一个性格内向、认真负责的人做财务管理工作，活泼开朗的另一个人负责宣传工作，会有什么样的效果？如果将这两个人的工作调换一下又会怎么样呢？

2. 能位匹配原理

能位匹配原理是指在人力资源管理活动中，应根据人的才能，把人安排到相应的职位上，从而保证工作岗位的要求与人的实际能力相对应、相一致。其中，“能”是指在工作中人的才能，“位”是指工作岗位、职位。只有人尽其才、能位匹配，才能提高工作效率。

人员才能的发挥和提高、工作成果和效率都与人员使用上的“能位适合度”有关。能位适合度是人员的“能”与其所在“位”的适合程度。能位适合度越高，说明能位匹配越适当，位得其人，人适其位。这不但能有效地发挥员工的潜能、带来工作的高效率，还可以提高员工的工作满意度，有利于组织留住优秀人才。

3. 互补增值、协调优化原理

互补增值、协调优化原理是指充分发挥每个员工的特长，采用协调与优化的方法，扬长避短，聚集团体的优势，达到组织目标。互补的主要形式有个性互补、能力互补、年龄互补、知识技能互补、组织关系互补等。

在贯彻互补原则时，还要注意协调、优化。所谓协调，就是要保证群体结构与工作目标协调，与企业总任务协调，与生产技术装备、劳动条件和内外部生产环境等条件相协调；所谓优化，就是经过比较分析选择最优结合方案，实现企业以最小的成本获取最大的效益的目标原则。

管理实践

HR要成为企业价值创造引擎和CEO的军师①

传统的HR（Human Resource，人才资源管理）可能更为关注薪酬、招聘等人力资源的专业内容，并没有形成一个体系。下一代人力资源管理要像经营业务一样经营人力资源。一是有研发职能，研究商业模式，预先进行数据分析，预测需要的人才，提供匹配策略；二是成为人才引擎，做企业的人才供应链，确保关键人才的供应；三是驱动高绩效文化，全面提高组织、团队和个人的绩效水平；四是在组织管理上，在建立员工敬业、信任和忠诚甚至组织的精神内涵等方面承担新的角色。

人力资源还需要改变一种心态，在经济衰退期，HR可以成为价值创造者，而不是监督和观察者，人力资源要明白自己的价值所在。一家金融公司，薪资对其构成了一定压力，其全球化策略也不适应发展中的市场，管理者向人力资源部门解释了目标和需求，然后人力资源部门结合业务需要，为发展中的市场制定了一个新的薪资战略。一家信息公司，为了取得一个项目需要在50天的时间找到60个左右的专业人员。人力资源部门连日加班，通过各种课程培训了近20个人，同时招聘了另外的40人，公司最终成功赢得了这个项目。

可以看到，当人力资源对特殊的支持需求做出反应的时候，他们是最被业务领导们重视的，业务部门正在寻求人力资源部门的专长和服务。相对地，人力资源部门推动计划很少被领导重视，甚至当人力资源部门正在推动节省人力成本的计划时也不被重视。

这样一个结论显而易见，人力资源的成功之路并不取决于其设计和管理的人员政策，因为这些事情的价值是有限的。人力资源的真正价值在于提供独特的解决方案，创造价值来满足各种业务的特殊需求。

---

① http：//www.ebusinessreview.cn/c/library_article-layoutId-22-id-6488.html/2010-04-22.

(2) 引导新雇员进入组织（熟悉环境）；

(3) 培训新雇员适应新的工作岗位；

(4) 提高每位新雇员的工作绩效；

(5) 争取实现创造性的合作，建立和谐的工作关系；

(6) 解释公司政策和工作程序；

(7) 控制劳动力成本；

(8) 开发每位雇员的工作技能；

(9) 创造并维持部门内雇员的士气；

(10) 保护雇员的健康以及改善工作的物质环境。

(二) 人力资源管理部门的角色定位

在管理实践中，人力资源管理者一般应承担以下角色。

1. 战略伙伴角色

如前所述，人力资源管理部门应该是企业的战略伙伴，是企业战略决策的参与者，提供基于战略的人力资源规划及系统解决方案，使人力资源和企业战略相结合。

2. 职能管理者角色

人力资源管理部门在战略规划、战略执行和战略评价中应该被赋予职能职权，运用人力资源管理的专业知识和技术工具，确定人力资源管理的方针、政策、制度，与直线部门协调配合进行人力资源规划、人员招聘、薪酬制定、绩效管理等各项活动，保障企业战略和直线部门的工作顺利实施。

3. 监督控制者角色

根据组织的价值评价标准，评估部门绩效；监控各部门人力资源管理和开发的状况，并提出改进意见。

4. 服务者角色

人力资源部门要以专业技能为其他部门提供支持服务，比如，人力资源管理工具的开发、为人力资源问题的解决提供咨询等。

5. 协调者角色

人力资源管理者承担组织内部部门之间、上下级之间、组织和外部环境之间的信息沟通。

6. 变革的推动者角色

有些时候，比如在并购与重组、组织裁员、业务流程再造等变革活动中，人力资源管理部门往往要先行一步，成为变革的推动者，提高员工对变革的适应性，妥善处理组织变革过程中的人力资源管理实践问题，推动组织的变革。

(三) 人力资源管理的目标

人力资源管理的最终目标是促进企业目标的实现。阿姆斯特朗对人力资源管理体系的目标做出了如下规定[①]：

---

① http://blog.163.com/l104876@126/blog/static/2549410520094166454390/. 2009-04-16.

（1）企业的目标最终将通过其最有价值的资源——它的员工来实现。

（2）为提高员工个人和企业整体的业绩，人们应把促进企业的成功当做自己的义务。

（3）制定与企业业绩紧密相连、具有连贯性的人力资源方针和制度，是企业最有效利用资源和实现商业目标的必要前提。

（4）应努力寻求人力资源管理政策与商业目标之间的匹配和统一。

（5）当企业文化合理时，人力资源管理政策应起支持作用；当企业文化不合理时，人力资源管理政策应促使其改进。

（6）创造理想的企业环境，鼓励员工创造，培养积极向上的作风；人力资源政策应为合作、创新和全面质量管理的完善提供合适的环境。

（7）创造反应灵敏、适应性强的组织体系，从而帮助企业实现竞争环境下的具体目标。

（8）增强员工上班时间和工作内容的灵活性。

（9）提供相对完善的工作和组织条件，为员工充分发挥其潜力提供所需要的各种支持。

（10）维护和完善员工队伍以及产品和服务。

（四）人力资源管理的主要内容

在人力资源管理活动中，吸引员工、留住员工和激励员工是人力资源管理的三大目标，人力资源管理的所有工作都是围绕着这三大目标展开的。一般而言，人力资源管理工作包括以下几个方面。

1. 制定人力资源规划

人力资源规划的制定是人力资源管理的首要工作，具体来讲就是根据组织的发展战略和经营计划，评估组织的人力资源现状及发展趋势，收集和分析人力资源供给与需求方面的信息和资料，预测人力资源供给和需求的发展趋势，制定人力资源招聘、调配、培训、开发及发展计划等政策和措施。

2. 人力资源费用核算工作

人力资源管理离不开人力资源成本的核算。人力资源管理部门应与财务等部门合作，建立人力资源会计体系，开展人力资源投入成本与产生效益的核算工作。人力资源会计工作不仅可以改进人力资源管理工作本身，而且可以为决策部门提供准确和量化管理的依据。

3. 工作分析和设计

工作分析和设计是人力资源管理的基础。对组织中的各个工作岗位进行分析，确定每一个工作岗位对员工的具体要求，包括技术及种类、范围和熟练程度，学习、工作与生活经验，身体健康状况，工作的责任、权利与义务等方面的情况。

这种具体要求必须形成书面材料，这就是工作岗位说明书。这种说明书不仅是招聘工作的依据，也是对员工的工作表现进行评价的标准，以及进行员工培训、调配、晋升等工作的根据。

4. 人力资源的招聘与配置

根据人力资源规划对人力资源的预测所确定的组织内的岗位需要及工作岗位职责说明书，就可以开展人力资源的招聘与配置工作。

招聘是指利用各种方法和手段，如接受推荐、刊登广告、举办人才交流会、到职业介绍所登记等从组织内部或外部吸引应聘人员；并且经过资格审查，如受教育程度、工作经历、年龄、健康状况等方面的审查，从应聘人员中初选出一定数量的候选人，再经过严格的考试，如通过笔试、面试、评价中心、情景模拟等方法进行筛选，确定最后录用人选。人力资源的选拔，应遵循平等就业、双向选择、择优录用等原则。

招聘后的员工经过岗前培训就可以安排到相应的岗位，这就是人力资源的配置。

5. 雇用管理与劳资关系

员工一旦被组织聘用，就与组织形成了一种雇用与被雇用、相互依存的劳资关系。为了保护双方的合法权益，有必要就员工的工资、福利、工作条件和环境等事宜达成一定协议，签订劳动合同。在履行劳动合同的过程中，常常会出现分歧或疑义，甚至是纠纷，这就需要人力资源管理部门进行沟通、协商与协调。

6. 员工的职业管理

员工参加组织的需要之一就是在组织中不断地成长，在这个过程中，组织有责任对员工的职业生涯发展负责，为他们提供成长的机会与阶梯。通常，人力资源管理者使用职前教育、在职培训与工作轮换等方法，对员工进行不断的培养。

1）职前教育

任何应聘进入一个企业的新员工，都必须接受职前教育，也称岗前培训。职前教育是帮助新员工了解和适应企业、接受企业文化的有效手段。职前教育的主要内容包括企业的历史、发展状况和未来发展规划、职业道德和组织纪律、劳动安全和卫生、社会保障和质量管理知识与要求、岗位职责、员工权益及工资福利状况等。

2）在职培训

为了提高广大员工的工作能力和技能，有必要开展富有针对性的岗位技能培训，即在职培训。对于管理人员，尤其是对即将晋升者有必要开展提高性的培训和教育，目的是促进他们尽快具有在更高一级职位上工作的全面知识、熟练技能、管理技巧和应变能力。

3）工作轮换

岗前培训和在职培训能使员工在岗位上发挥更大的作用，体现自我价值。在这个过程中，人力资源管理部门不但要为他们提供机会与途径，还要经常地对他们进行评价，如果员工确实不能胜任岗位，还要进行工作轮换。职业管理是一个双赢的过程。在其中，员工的职业生涯得到了发展，从而提高了对组织的满意度与忠诚度，进而有利于组织绩效的提高。

4）绩效考核

人力资源管理的一项重要工作就是要对员工的绩效进行考核，其目的在于使组织和员工了解员工的工作情况，包括员工的胜任能力、工作表现及工作成果等。

一方面，绩效考核有利于发现工作设计中的问题，便于管理者改进工作；另一方面，绩效考核可以使组织和员工了解员工的实际工作能力，考核结果是员工晋升、接受奖惩、发放工资、接受培训等。这可以作为人力资源管理的有效依据，它有利于调动员工的积极性和创造性以及检查和改进人力资源管理工作。通过绩效考核，组织可以了解员工的工作能力与成效，同时为合理、科学的薪酬与福利体系的设计提供了可能。

5）薪酬与福利管理

薪酬与福利管理关系到企业中员工队伍稳定与否。人力资源管理部门要从员工的资历、职级、岗位、表现和工作成绩等方面，为员工制定相应的、具有吸引力的工资报酬与福利标准和制度。工资报酬应随着员工的工作职务升降、工作岗位的变换、工作表现的好坏与工作成绩进行相应的调整，不能只升不降。

员工福利是社会和组织保障的一部分，是工资报酬的补充或延续。它主要包括政府规定的退休金或养老保险、医疗保险、失业保险、工伤保险、节假日，以及为了保障员工的工作安全卫生，提供必要的安全培训教育、良好的劳动工作条件等。

6）劳动关系管理

劳动关系管理能协调和改善企业与员工之间的劳动关系，进行企业文化建设，营造和谐的劳动关系和良好的工作氛围，保障企业经营活动的正常开展。

管理实践

HR在寒冬中应该关注什么？①

在寒冬中，人力资源该做些什么？我们看看CEO在寒冬中更为关心什么，这决定了人力资源应该关注什么。

CEO们首先关注如何在严冬里维持生存或扩大市场，仅仅生存是不够的，更重要的是如何扩大，在激烈的竞争中激流勇进。其次，是如何调整业务策略及业务增长方向。这需要具备前瞻性的眼光，对经济形势有良好的把握。再次，是产品或服务结构调整、产品定价调整。最后，是如何调整和降低各方面的成本及预算。

与之对应的是人力资源从业者要关注什么呢？归纳起来有以下问题供思考。

- 我们的企业中是否有一些人员管理操作正在影响我们的效率，吞噬我们的利润？
- 什么样的人才最能在“冬天”为企业创造价值？
- 如何确保公司执行新业务战略所需的人才，人才结构如何调整优化？
- 绩效指标及相应的薪酬激励如何调整？是否有更低成本的方式，全面提升企业的组织绩效，以达到提升HR投资回报率的目的？
- 如何更好配置、激励销售团队，以提升销售业绩、工作效率和利润？
- 根据未来的业务战略，如何前瞻性识别、保留及培养未来经济复苏时所需要的核心人才和领导人才？
- 在目前环境下，我们需要哪些组织行为或员工态度和行为的转变？
- 如何建立抱团取暖的气氛，凝聚人心，提升或者保持员工敬业度？
- 如何打造和建设雇主品牌？

【本章小结】

本章首先介绍了人力资源及人力资源管理的概念、特点，以及人力资源管理应发挥的作用，并提出了人力资源管理的基本原理。其次，介绍了人力资源管理的发展阶段。即从最初的人事管理发展到现在的人力资源管理。最后，阐述了人力资源管理的职，人力资源管理部门的角色定位，人力资源管理的目标及其研究的主要内容。

---

① http：//www.ebusinessreview.cn/c/library_article-layoutId-22-id-6488.html/2010-04-22.

【本章练习题】

一、选择题

1. 人力资源是(　　)。

A. 一个国家或地区的人口总和

B. 具有特定的知识技能和专长的人才

C. 能够推动整个经济和社会发展的具有智力劳动和体力劳动能力的人口总和

D. 具有现实劳动能力，并参加社会就业的劳动者

2. 下列人力资源管理与传统人事管理的区别，有误的一项是(　　)。

A. 人力资源管理把人看做是一种“资源”，而传统人事管理则把人看做是成本

B. 人力资源管理以事为中心，而传统人事管理的特点则以人为中心

C. 人力资源管理将人看成管理的主体，而传统人事管理将人看成开发的对象

D. 人力资源管理重视人与环境的协调，而传统人事管理则忽视人与环境的协调配合

3. 如果人力资源得不到及时和适当的利用，个体所拥有人力资源的作用就会随着时间的流逝而降低甚至丧失，这体现了人力资源的(　　)。

A. 能动性　　B. 时效性　　C. 持续性　　D. 再生性

二、简答题

1. 什么是人力资源？什么是人力资源管理？

2. 人力资源管理部门如何准确地进行角色定位？

3. 人力资源管理的目标是什么？内容有哪些？

4. 人力资源管理的基本原理有哪些？

5. 人力资源管理部门和其他部门之间在人力资源管理上的关系如何界定？

【案例分析】

国企人事经理的“人事经”①

去国有企业的人事部采访之前，难免让人想起那一张张面沉似水的“人事脸”，尤其那不温不火、滴水不漏的谈话“功夫”，多少令人担心这种采访会取得什么好的素材。但初见隋纯东，瘦高的身材透着干练，祥和的目光显现着成熟、幽默，率直的言谈表露着真诚，似乎和想象中的国企人事科长存在明显的差异。也许不仅我们国有企业大环境在变，连国企的人事经理的工作风格也在变，但他们是否在人事管理的观念上有所变化呢？所以，我们的话题首先就从“人事部到底是干什么的？”谈起。

人事部是干什么的

我以前在中远运集团公司做业务，在外轮代理公司做人事部经理的时间其实只有三年。但通过这三年的工作，我觉得企业人力资源部的工作主要有四块，一是对整个企业人力资源的开发进行规划；二是为企业招募优秀人才；三是想方设法留住人才；四是挖掘现有人员的潜能。如果从人力资源部为企业创造效益最直接的效果上讲，核心其实就两条，一是看你能

---

① http：//emuch. net/html/200610/322535. html/ 2008-09-08.

否招得进来（企业所需人才），二是看你能否留得住。如果连这两条都没做到，就很难说你人事部有什么开发能力，更谈不上为企业创造了什么价值。

国企该如何留住核心员工

外轮代理业目前在我国是一个比较开放的行业，也是一个主要靠人力资本赚钱的行业，几个人就可成立一家公司，承揽代理业务，竞争相当激烈。因此，那些能给公司带来80%收入的核心员工，往往就成为别的公司“猎取”的重点目标。

由于我们人事部“管着”包括下属80余家企业约5 000人的职工队伍，而且，现在其中许多骨干已经流向一些外企或民企，所以，我们也感到了一种强烈的危机意识。于是，我们在公司全系统实施“人才工程”，通过采取岗位竞聘的办法，让优秀人才显露出来，发挥出他们的作用，使他们从以前“你要我干这个岗位”到“我很想干”的转变。

具体办法首先是改革收入分配制度，公司高层领导按年薪制；其他职工降低固定收入部分，加大岗位幅度部分和效益提成部分；给予特殊贡献的人才以特殊的待遇等。

另外，以前我们采取的是薪点工资制。但这种工资是一种比较典型的论资排辈的制度，所以，我们把它改为岗位工资，让一些后勤服务部门或其他辅助人员按市场一般价调整，而让为企业效益做出直接贡献的人员的收入，每年随企业效益的提高而提高，甚至关键的岗位都可以由对方报价。

这样做的目的，就是让核心员工感到企业非常看重他们，希望能留住他们的心。当然，我们留人和激励职工还采取了许多其他方法，比如将好的培训机会作为奖励员工的重要手段，让能力越强、贡献越大、工作越离不开的人去参加培训，而不是说让那些有较多空闲、工作中可有可无的人去培训。这是我们留住核心员工的一个很重要手段。当然，企业为此也做了较大的投入，比如现在一个人在MBA研修班进修的费用至少三四万元，但我相信这种投入是会有可观的回报的。

以上这些做法尽管在外资或民营企业看来，还依然略显传统，但你知道作为一个国有企业，要真能把这些做好，并非易事。上级领导指示我们国有企业，要“事业留人、感情留人、适当待遇留人”，前两条我们既有思路也可以找到具体办法，但什么叫适当待遇留人？要想提高国企竞争力，为什么就不能用一流的待遇留住一流的人才？

其实，细算一下，国有企业的人力成本一点都不低，比如住房、养老、医疗保险这三大基金在企业成本中的比例相当大，为什么我们和外资企业的收入一比，就好像少了许多呢？关键是我们没有利用好住房这一优势。

有人开玩笑地说：虽然家家都有本难念的经，但国企人事部的经尤其难念。但我并不这么悲观。尽管国企受国家整个大政策的制约，许多事我们想做却不能做，比如，如果把国企住房补贴与市场房价之差的费用算在他的工资上，或者纳入奖励体系，绝对能吸引一大批业界优秀人才。

人事经理如何做人事？

我刚到人事部的时候，让我讲两句话。我当时就非常犹豫，因为没来人事部之前，我总觉得人事部的人都是净琢磨别人的人，不是考核这个人，就是算计那个人（比如工资等），大家的各种利益似乎全都攥在他们手里，所以，我多少有点怵他们。

但现在自己干了这项工作以后，我觉得必须改变大家对我们这种印象，要让他们觉得我们不仅是其他部门的战略伙伴，更是向他们提供优质资源和良好服务的朋友和贴心人。比如，你知道国有企业的工资总量是有额度的，有的时候即使企业效益很好，员工的工资上涨幅度也是要受限制的，但我们会想方设法解决这些问题，员工就很感谢我们。

我虽然在国企人事部干的时间不长，但我感觉在这个部门能接触到各种人，可以让你学到很多东西，知道如何在领导们之间进行协调。就像一位人事老前辈所讲，当好人事经理关键要把握三条：授权有限、守口如瓶、推功揽过。

在我们采访即将结束的时候，隋纯东经理意味深长的一句话给我们留下了深刻印象：“做人事经理绝不能干一辈子，有机会还是应做做业务，否则你不会真正理解干人事的意义。”

讨论题：

1. 传统人事管理与现代人力资源管理有何不同之处？结合“人事部是干什么的”部分谈一谈你的看法。

2. 你如何理解本案例的最后一句话“做人事经理绝不能干一辈子，有机会还是应做做业务，否则你不会真正理解干人事的意义”？

3. 阅读完这篇材料，你对人力资源管理工作有何新的认识？

【实践课堂】

1. 实践内容

登录人力资源管理的相关网站，查阅人力资源管理相关资料，讨论并分析人力资源管理理念。

2. 实践课程学时

2 学时。

3. 实践目的

通过网站收集和分析资料，掌握人力资源管理的基本职能和基本原理。

4. 实践环节

第一步：以组为单位（2～3 人一组），登录相关网站，查阅相关资料。

第二步：以组为单位，讨论人力资源管理的重要性。

5. 技能要求

①能够熟练应用互联网查阅资料；

②能够分析人力资源的案例；

③能够通过案例学习，归纳出采用人力资源管理中的原理和方法。

6. 实践成果

①能够识别企业人力资源管理出现的问题；

②能够分析产生问题的原因；

③能够了解解决问题的方法。

第二章　人力资源规划

学习目标

§理解人力资源规划的概念，掌握人力资源规划的流程和内容；
§理解人力资源供需平衡政策和措施，掌握供需预测的影响因素及常用预测方法；
§理解人力资源规划与企业战略的关系，了解企业人力资源信息系统。

技能要求

§掌握根据人力资源状况采取相应的需求预测方法，确定企业人力资源需求；
§能够根据人力资源供需关系，采取不同措施保证企业人力资源的数量和质量。

开章案例①

D集团在短短五年之内由一家手工作坊发展成为国内知名的食品制造商。起初，企业从来不制订计划，缺人的时候就去人才市场招聘，随着企业日益走上正轨，开始每年年初制订用工计划。但是，由于一年之中不时发生员工内外部流动，结果人力资源经理一年到头往人才市场跑。近来由于三名高级技工退休、两名跳槽，造成生产线瘫痪。集团总经理召开紧急会议，命令人力资源经理三天之内招聘到合适的人员顶替空缺以恢复生产。

于是，人力资源经理频繁奔走于全国各地人才市场和面试现场之间，最后勉强招到两名已退休的高级技术工人，使生产线恢复运转。人力资源经理刚平定了呼吸，一地区经理就打来电话说自己公司的人员已经超编，不能接收前几天分去的五名大学生。人力资源经理不由怒气冲冲地说："你说缺人，我才招的，现在你又不要了！"地区经理分辩道："是啊，我两个月前缺人，你现在才给我，现在早就不缺了！"人力资源经理反驳说："招人也需要花时间，我又不是孙悟空，你一说缺人，我就能变出来给你！"……

凡事预则立，不预则废，对人力资源管理工作来说也是如此。在现代企业中，人力资源成为企业的核心资源，任何企业的发展都必须要有与其发展目标相适应的人力资源配置。但是，不断变化的企业外部环境和内部条件，可能会使现有的人力资源的数量、质量和结构与

① http://www.zhongguohr.com/bbs/archiver/? tid-12441.html.

企业发展要求不相适应。因此，企业必须进行人力资源规划，减少未来的不确定性，来实现人力资源状况与企业发展的动态匹配，从而最终实现企业健康持续地发展。

第一节　人力资源规划的概念、类型和内容

一、人力资源规划的概念

广义的人力资源规划（human resource planning）是指根据企业的发展规划，组织目标内外环境的变化，科学地预测未来的组织任务和环境对组织的要求，为完成这些任务而提供的人力资源的过程。通过分析自己在环境变化中的人力资源供给和需求状况，对职务编制、人员配置、教育培训、人力资源管理政策、招聘和选择等内容进行的人力资源部门的职能性计划。

狭义的人力资源规划，是指具体的提供人力资源的行动计划，主要通过人员招聘计划、使用计划等。可见狭义的人力资源其实是广义的一部分。

人力资源规划，又称人力资源计划，是指在依据企业的战略目标、明确企业现有的人力资源状况、科学地预测企业未来的人力资源供需状况的基础上，制定相应的政策和措施，以确保企业的人力资源不断适应企业经营和发展的需要，使企业和员工都能获得长远的利益。

人力资源规划的概念包括以下四层含义。

1. 人力资源规划的制定是以企业战略目标为依据的

当企业的战略目标发生变化时，人力资源规划也将随之进行相应的变化。可以说，企业的战略目标是人力资源规划的基础，在企业的发展过程中，人力资源规划要不断地围绕发展战略的需要进行动态调整。

2. 企业内外部环境的不断变化是制定人力资源规划的主要原因

（1）企业的战略目标可能会随着外部环境的变化而不断调整，从而必然会引起企业内人力资源需求的变动。

（2）在企业的发展过程中，不可避免地会出现员工的流出或者是工作岗位的变化，这可能会引起企业的人力资源状况的内部变化；同时，外部人力资源的供求变化也对企业人力资源的需求产生影响，企业必要时也要提前进行人才储备。

3. 明确企业的人力资源现状是制定人力资源规划的基础工作

进行人力资源规划，首先要立足于企业现有的人力资源状况，从员工数量、年龄结构、知识结构、素质水平、发展潜力和流动规律等几个方面，对现有的人力资源进行盘点，并运用科学的方法，找出目前的人力资源状况与未来需要达到的人力资源状况之间的差距，为人力资源规划的制定奠定基础。

4. 制定必要的人力资源政策和措施是人力资源规划的必要内容

例如，为了适应企业发展需要，要对内部人员进行调动补缺，就必须有晋升和降职、外部招聘和培训以及奖惩等方面的切实可行的政策和措施来加以协调和保障，才能保证人力资

源规划目标的实现。另外，这些制度和措施还包括对人力资源规划的控制和评价的管理制度和信息通道。

二、人力资源规划的类型和内容

在明确了人力资源规划概念的基础上，要做好人力资源规划，必须了解人力资源规划的性质，掌握人力资源规划的主要内容。

（一）人力资源规划的分类

按照不同的标准可以将人力资源规划进行不同的分类。

1. 按期限划分

人力资源规划按照期限的长短可以分为长期规划、中期规划和短期计划。

(1) 长期人力资源规划：对应于企业长期的总体发展目标，是对企业人力资源开发与管理的总目标、总方针和总战略进行系统的谋划。其特点是：具有战略性和指导性，期限一般为五年以上。

(2) 中期人力资源规划：对应于企业中长期发展目标。其特点是：方针、政策和措施的内容较多，但也不像短期计划那样具体，期限一般在一年以上五年以下。

(3) 短期人力资源计划：短期人力资源计划指年度、季度人力资源计划，主要是制定作业性的行动方案。其特点：目的明确、内容具体，具有一定的灵活性。这种划分期限的长短并不是绝对的。

对于一些企业来说，长期规划、中期规划和短期计划的期限比上面所说的更长，而对于另一些企业来说期限会更短。这要取决于企业所在行业的性质、企业的生命周期等因素。

小贴士

国外实践表明：规模较小的企业不适于拟定详细的人力资源规划，因为其规模小，各种内外环境对其影响大，规划的准确性差致使其指导作用难以体现，小企业规划成本较高也是原因之一。

2. 按范围划分

人力资源规划按照范围的大小可以划分为整体规划、部门规划和项目计划。

(1) 整体规划：关系到整个企业的人力资源管理活动，属于企业层面的。在人力资源规划中居于首要地位。

(2) 部门规划：指企业各个业务部门的人力资源规划。部门规划在整体规划的基础上制定，内容专一性强，是整体规划的子计划。

(3) 项目计划：指某项具体任务的计划。它是指对人力资源管理特定课题的计划，如项目经理培训计划。项目计划与部门规划不同，部门规划只是单个部门的业务，而项目计划是为某种特定的任务而制订的。

3. 按职能划分

人力资源规划按照所包含的人力资源活动的职能不同，可以划分为总体规划和业务计划。

这部分内容详见下一小节。

（二）人力资源规划的内容

如上所述，根据所包含的人力资源活动的职能不同，人力资源规划分为总体规划和业务规划。这是组织中最常用的人力资源规划的类型。

人力资源总体规划，是指在计划期内人力资源管理的总目标、总政策、实施步骤和总预算的安排。

人力资源业务计划，包括：人员配备计划、人员补充计划、人员使用计划、培训开发计划、绩效考核计划、薪酬激励计划、劳动关系计划和退休解聘计划等。每一项业务计划也都由目标、政策、步骤和预算等部分构成。

1. 人员配备计划

人员配备计划指企业中处于不同职位、部门的人员分布状况。企业中每一个职位、每一个部门的人力资源需求都存在着一个适合的规模，并且这个规模会随着企业外部环境和内部条件的变化而改变。人员配备计划就是为了确定在一定的时期内与职位、部门相适合的人员规模和人员结构。

2. 人员补充计划

在企业生存和发展的过程中，常常会出于各种原因而出现空缺职位和新职位，比如，企业规模的扩大、进入新的产品领域、员工的晋升、离职、退休等情况都会产生新职位或空缺职位。为了保证企业出现的空缺职位和新职位得到及时而又经济的补充，企业就需要制订人员补充计划。

3. 人员使用计划

人员使用计划包括人员晋升计划和人员轮换计划。晋升计划实质上是企业内部晋升政策的一种表达形式，根据企业的人员分布状况和层级结构，拟定人员晋升政策。晋升计划一般由晋升比率、平均年资、晋升时间等指标来表达。某一级别（如招聘主管）的虚拟晋升计划，如表 2-1 所示。

表 2-1 晋升计划范例

晋升到某级别的年资	1	2	3	4	5	6	7	8
晋升比率/%	0	0	10	20	40	5	0	0
累计晋升比率/%	0	0	10	30	70	75	75	75

可以看出，晋升到某级别的最低年资是 3 年，年资为 3 年的晋升比率为 10%，4 年为 20%，5 年为 40%，其他年资获得晋升的比率很小或为 0。因此，调整各种指标会使晋升计划发生改变，会对员工的心理产生不同的影响。例如，向上晋升的年资延长，就意味着员工在目前的级别上待的时间更长；降低晋升的比率则表明不能获得晋升机会的人数增多。

人员轮换计划是为了使员工的工作丰富化、培养员工多方面的技能、激励员工的创造性而制定的在大范围内对员工的工作岗位进行定期轮换的计划。

4. 培训开发计划

培训开发计划是为了满足企业的可持续发展所需要的知识和技能进行评估的基础上，有目的、有计划地对不同人员进行的培养和开发。企业实施培训开发计划，一方面可使员工更好地胜任工作；另一方面，也有助于企业吸引和留住人才。

5. 绩效考核计划

绩效考核计划就是收集、分析、评价和传递员工在其工作岗位上的行为表现和工作绩效等方面信息的过程。绩效考核的结果是企业决定人员留用、人员调配、人员培训以及确定薪资报酬的依据，是对员工进行激励的一种有效手段。因此，绩效考核是人力资源业务计划的重要组成部分。

6. 薪酬激励计划

对企业来说，制订薪酬激励计划，一方面为了保证企业的人力资源成本与经营状况保持适当的比例关系；另一方面，是为了充分发挥薪酬的激励作用。企业通过薪酬激励计划可以在预测企业发展的基础上，对未来的薪资总额进行预测，并设计未来的人力资源政策，如激励对象、激励方式的选择等，以调动员工的积极性。薪酬激励计划一般包括薪资结构、薪资水平和薪资策略等。

7. 劳动关系计划

劳动关系计划是关于减少和预防劳动争议、改进企业和员工关系的重要人力资源业务计划。劳动关系计划在提高员工的满意度、降低人员流动率、减少企业的法律纠纷、维护企业的社会形象、保障社会的稳定等方面正发挥着到越来越不可估量的作用。

8. 退休解聘计划

退休解聘计划是企业对员工的淘汰退出机制。企业的晋升计划是员工向上发展的通道，退休解聘计划是为了建立起现代企业完整的上下、进出通道而设计的向下退出通道。同时，企业通过退休解聘计划可以使员工的退休和解聘程序规范化。

三、人力资源规划的作用

人力资源规划不仅在企业的人力资源管理活动中具有先导性和战略性，而且在实施企业总体规划中具有核心的地位。具体而言，人力资源规划的作用体现在以下方面。

1. 确保企业在发展过程中对人力资源的需求

企业内部和外部环境总是处于不断变化中，这就要求企业对其人力资源的数量、质量和结构等方面不断进行调整，以保证工作对人的需要和人对工作的适应。企业如果不能事先对人力资源状况进行系统的分析，并采取有效措施，它就会不可避免地受到人力资源问题的困扰。

虽然，较低技能的一般员工可以短时间内通过劳动力市场获得，但是对企业经营起决定性作用的技术人员和管理人员一旦出现短缺，却无法立即找到替代人员。因此，人力资源部门必须注意分析企业人力资源需求和供给之间的差距，制定各种规划，不断满足企业对人力资源的多样化的需要。

2. 人力资源规划是制定企业人力资源管理政策的依据

人力资源规划作为一种计划功能，是人力资源管理的出发点，是任何一项人力资源管理工作得以成功实施的重要步骤。人力资源规划具有先导性和战略性，它可以在实现组织目标和进行规划的过程中，不断调整人力资源管理的政策和措施，指导人力资源管理的其他活动。

例如，一个企业缺乏某类技术员工，它就可能面临两种选择。其一，从企业外部招聘，需花费很多的费用，且招聘来的人员未必能胜任工作；其二，企业自己培养，需要较长的时间，还有可能出现培训出来的人员流失。所以，依据此信息来制定人员的培训和使用政策。

3. 控制企业的人工成本和提高人力资源的利用效率

现代企业的成本中最大的部分是人工成本——员工工资，而工资总额在很大程度上取决于人员数量和分布状况。在一个企业成立初期，低工资的人员较多，人工成本相对较低；随着企业的规模扩大，员工数量增加，员工职位升高，工资水平上涨，人工成本增加许多。

在没有科学的人力资源规划的情况下，难免会出现人工成本上升，人力资源利用效率下降的情况。因此，人力资源规划可以有计划地调整人员数量和分布状况，把人工成本控制在合理的范围内，提高人力资源的利用效率。

4. 调动员工的积极性和创造性

人力资源规划应该充分考虑员工的个人发展需要，制定相应的政策和措施，如员工的培训政策、工作轮换政策以及晋升政策等。因此，在企业实施人力资源规划的情况下，员工能够清晰地看到自己在企业中的发展通道，从而在工作中会表现出更大的积极性和创造性。

5. 人力资源规划是组织管理的重要依据

在大型和复杂结构的组织中，人力资源规划的作用是十分明显的。因为无论是确定人员的需求量、供给量，还是职务、岗位以及任务的调整，不通过一定的事先计划显然都是难以实现的。例如什么时候需要补充人员、补充哪些层次的人员、是否能够通过各部门员工的轮岗来实现人才的合理配置、如何组织多种需求的培训等。

这些管理工作在没有人力资源规划的情况下，就避免不了开篇案例中出现的混乱状况。因此，人力资源规划是组织管理的重要依据，它会为组织的人员录用、晋升、培训、人员调整以及人工成本的控制等活动，提供准确的信息和依据。

第二节　人力资源规划的制定程序

人力资源规划的程序可分为七个步骤，如图 2－1 所示，它每一个步骤都依赖于第一步骤，即职工信息系统和职工基本记录提供的数据。

1. 收集准备信息资料

信息资料是制定人力资源规划的依据，收集信息是各阶段的基础，包括组织外部环境信息和组织内部信息。组织外部环境信息包括企业的经营战略和目标；组织内部信息包括职务说明书，现有人力资源的数量、质量、结构及分布状况。

2. 人力资源需求预测

人力资源需求预测是根据组织外部环境信息和组织内部信息，对人力资源需求的结构和数量、质量进行预测。在预测人力资源需求时，应充分考虑各种因素如企业技术、设备条件、规模的变化、企业经营方向的调整、原有人员的流动等对人力资源需求的数量上和质量上以

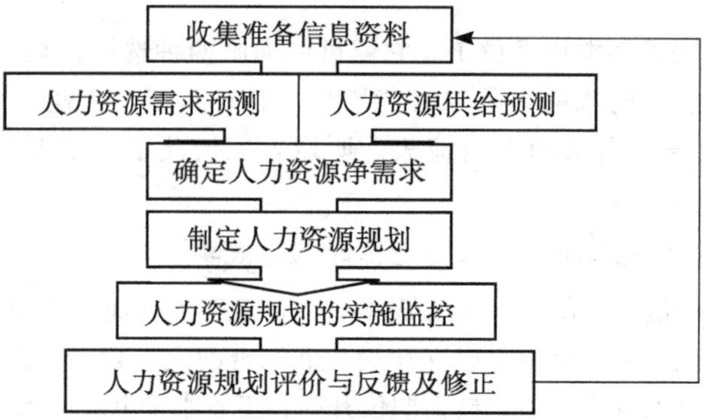

图 2-1 人力资源规划的程序

及构成上的影响。

3. 人力资源供给预测

供给预测包括内部人员拥有量预测和外部供给量预测。内部人员拥有量预测是根据现有人力资源及其未来变动情况，预测出计划期内各阶段所能提供的人员数量和质量；它预测的准确度较高。外部供给量预测，即确定在计划期内各阶段可以从企业外部获得的各类人员的数量和质量；不确定因素太多，无法掌控。企业应把重点放在内部人员拥有量的预测上。

4. 确定人力资源净需求

预测得出的全部人力资源需要减去组织内部可提供的人力资源，结果净需求如果是正，表明未来组织人员供给小于需求，需要通过招聘、内部晋升或调配等方式进行补充；净需求如果是负，表明未来组织人员供给大于需求，需要采取裁员、缩短工作时间等方式进行精简。

5. 制定人力资源规划

根据组织战略目标及本组织员工的净需求量，制定人力资源规划，包括总体规划和各项业务计划，并明确完成时间。根据供求预测的不同结果，对供大于求和供不应求的情况分别制定不同的政策和措施，使人力资源达到供求平衡。同时应注意各项业务计划的相互关联，以确保它们之间的衔接与平衡。

6. 人力资源规划的实施监控

实施是人力资源规划执行中最重要的步骤。在总规划及各项分类计划的指导下，确定企业如何具体实施计划，并建立一整套报告程序来保证对规划的监控。如果没这个步骤，就会使人力资源具体业务计划的实施流于形式。实施前要做好充分的准备工作，实施时应严格按照规划进行，并设置完备的监督和控制机制，以确保人力资源规划实施的顺利进行。

7. 人力资源规划评价与反馈及修正

评价主要从两个方面来进行。首先是对人力资源规划本身的合理性进行判断；其次是对人力资源规划的实施结果，即人力资源规划所带来的效益进行评价。人力资源规划是一个动态的过程。在规划实施过程中，随时检查、及时反馈实施效果、修正原计划的一些项目十分必要。

只有适当修正和调整人力资源规划的不足和不当之处，才能保持企业总体目标的实现。反馈要保持信息的真实性，只有获得真实的信息，才有助于人力资源计划的修正。

评估者应考虑以下具体问题：

（1）预测所依据的信息的误差及原因；

（2）预测所选择的主要因素的影响与人力需求的相关度，预测方法选择得当，数据类型等方面是否适用；

（3）规划者对人员问题的掌控以及对它们的重视程度；

（4）规划者与提供数据和使用人力资源战略规划的各部门经理之间的工作协调如何；

（5）决策者对规划中提出的预测结果、行动方案和建议的利用程度及价值认可；

（6）规划实施的可行性。

评估要客观、公正和准确；同时要进行成本-效益分析以及审核规划的有效性；在评估时一定要征求部门经理和基层领导人的意见，因为他们是规划的直接受益者，最有发言权。

小贴士

在西方国家的大企业中，一般都有人力资源管理委员会。该委员会由一位副总裁、人力资源部经理以及若干专家和员工代表组成。主要职责是定期地检查各项人力资源政策的执行情况，并对政策的修订提出意见，交董事会审批。

委员会的主席由委员们轮流担任，任期一年。除委员会外，人力资源部也定期地检查人力资源政策的执行情况，以及具体项目的执行效果。

该阶段是人力资源规划的最后阶段，也是最容易被忽视的一个阶段。评价结果出来后，应及时进行反馈，进而对原规划进行适时的修正，以确保规划的可操作性和滚动发展与衔接。

第三节　人力资源的供需预测

人力资源供需预测是人力资源规划的基础。它是一项技术性较强的工作，其中涉及许多专门的技术和方法。同时，人力资源供需预测也是企业人力资源规划的核心内容。本节将对这一核心内容进行比较详细的探讨，其中，预测方法的介绍将成为本节的重点。

一、人力资源需求预测

人力资源需求预测就是为了实现企业的战略目标，根据企业所处的外部环境和内部条件，选择适当的预测技术，对未来一定时期内企业所需人力资源的数量、质量和结构进行估计。

（一）影响企业人力资源需求的因素

企业对人力资源的需求受到诸多因素的影响，归结起来可以划分为三类：企业内部因素、人力资源自身状况和企业外部环境。

1. 企业内部因素

影响人力资源需求的企业内部因素又可以进一步划分为以下方面。

1）企业战略的变化

企业原有业务范围的扩张或收缩，以及新业务的拓展都会引起企业规模的变化。此外，企业的经营方向发生改变时，企业需要的人力资源的结构就会随之发生改变。

2）技术、设备条件的变化

企业生产技术水平的提高、设备的更新，一方面会使企业所需人员的数量减少；另一方面，对人员的知识、技能的要求会随之提高，也就是所需人员的质量提高。

3）管理手段的变化

如果企业采用先进的管理手段，会使企业的生产率和管理效率提高，从而引起企业人力资源需求的变化。

2. 人力资源自身状况

企业人力资源状况对人力资源需求也存在重要的影响。例如，人员流动比率的大小会直接影响企业对人力资源的需求。人员流动比率反映企业中由于辞职、解聘、退休及合同期满而终止合同等原因引起的职位空缺规模。此外，企业人员的劳动生产率、工作积极性、人才的培训开发等也会影响企业对人力资源的需求。

3. 企业外部环境

外部环境对企业人力资源需求的影响，多是通过企业内部因素而起作用的。影响企业人力资源需求的外部环境主要包括经济、政治、法律、技术和竞争对手、顾客需求等。例如，经济的周期性波动，会引起企业战略或规模的变化，进而引起人力资源需求的变化；竞争对手之间的人才竞争，会直接导致企业人才的流失；顾客的需求偏好发生改变，会引起企业经营方向的改变，进而也会引起人力资源需求的变动。

（二）人力资源需求预测的方法

人力资源需求预测方法多种多样，大致可以分为定性预测法和定量预测法两大类。

1. 定性预测方法

1）管理人员判断法

管理人员判断法，又称为经验预测法。它是凭借企业的管理者所拥有的丰富经验甚至是个人的直觉，来预测企业未来的人力资源的需求。例如，根据前期工作任务的完成情况，结合下一期的工作任务量，管理人员就可以预测未来的人员需求。

管理人员判断法是一种简单的方法，它完全依靠管理者的经验和个人能力，预测结果的准确性不能保证，通常用于短期预测。同时，当企业所处的环境较为稳定、组织规模较小时，单独使用此方法，可以迅速地得出预测结论，获得满意的效果；在企业所处环境复杂、组织规模较大的情况下，往往需要与其他预测方法结合使用。例如，可以使用管理人员判断法对定量方法的预测结果进行必要的修正等。

2）分合预测法

分合预测法是一种较为常用的人力资源需求的预测方法。它包括自上而下和自下而上两种方式。

自上而下方式，是由企业的高层管理者先初步拟定组织的总体用人目标和计划，然后逐级下达到各部门、单位，在各个部门、单位内进行讨论和修改，再将各自修改之后的意见逐级汇总后反馈回企业高层，高层管理者据此对总体计划做出修正，最后公布正式的用人计划。

自下而上的方式，是企业的高层管理者首先要求各个部门、单位根据各自的工作任务、技术设备的状况等，对本部门将来对各种人员的需求进行预测。然后，在此基础上对各部门、单位提供的预测数进行综合平衡，从中预测出整个组织将来一定时期的人员需求状况。

通常情况下，是将两种方式结合起来运用，先由公司提出员工需求的指导性建议，再由各部门按照公司指导性建议的要求，会同人力资源部门、培训部门确定共同的人员需求；最后由人力资源部门汇总确定全公司的用人需求，将汇总结果交由公司高层管理者审批，形成组织的人力资源规划方案。

分合预测法能够使企业各层管理者参与到人力资源规划的制定中来，根据本部门的实际情况确定较为合理的人力资源规划，调动他们的积极性。但是，这种方法由于受到企业各层管理者的知识、经验、能力、心理成熟度的限制，使得长期的人员需求预测不是很准确。因此，分合预测法是一种中短期的人力资源需求预测的方法。

3）德尔菲法

德尔菲法，又称专家预测法，最早由美国兰德公司在 20 世纪 40 年代末创立。德尔菲法在创立之初被专门用于技术预测，后来才逐渐扩展到了其他领域，成为了一种专家们对影响组织发展的某一问题的看法达成一致意见的结构化方法。

德尔菲法用于企业人力资源需求预测的具体操作步骤可归结为：

第 1 步，确定预测的目标，由主持预测的人力资源管理部门确定关键的预测方向、相关变量和难点，列举出必须回答的有关人力资源预测的具体问题；

第 2 步，挑选各个方面的专家，每位专家都要拥有人力资源预测方面的某种知识或专长；

第 3 步，人力资源部门向专家们发出问卷和相关材料，使他们在背靠背、互不通气的情况下，独立发表看法；

第 4 步，人力资源部门将专家的意见集中、归纳，并将归纳的结果反馈给他们；

第 5 步，专家们根据归纳的结果进行重新思考，修改自己的看法；

第 6 步，重复进行第 4 步和第 5 步，直到专家们的意见趋于一致。

通常这一过程需要 3～5 轮，如图 2-2 所示。

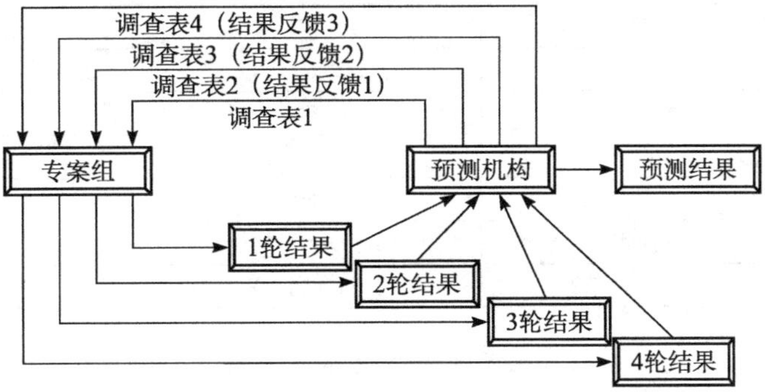

图 2-2　德菲尔法收集反馈模型

使用德尔菲法进行人力资源需求预测，应注意遵循以下原则：

（1）为专家提供尽可能充分的信息，使他们有比较充足的依据进行判断。比如，为专家们提供有关企业人员安排、经营趋势等方面的历史资料和统计分析的结果等。

（2）所提出的问题尽量简洁明确，避免出现专家对同一问题有多种理解，导致出现与预测无关的问题。

(3) 问卷的设置力求科学，不带有先入为主的导向性。

(4) 对专家的预测结果不求精确，但可以要求专家说明对所做预测的肯定程度。

2. 定量预测方法

1) 趋势外推预测法

趋势外推法（又称时间序列预测法）是通过对企业在过去五年或者更长时间中的员工雇用变化情况进行分析，然后以此为依据来预测企业未来人员需求的技术。这种方法既可以对企业进行整体预测，也可以对企业的各个部门进行结构性预测。一般适合短、中期预测或比较稳定的预测。这种方法有一系列假定前提：

(1) 假定企业的生产技术构成基本不变，这样单位产品的人工成本才大致保持不变，并以产品数量的增减为根据来推测人员需要数量。

(2) 假定市场需求基本不变，在市场需求变化不大的情况下，人员数量与其他变量如产量的关系才容易分析出来。

趋势外推预测法的典型步骤如下：

(1) 选择相关变量。确定一种因素与劳动力数量和结构的关系最大的商业因素或经济变量。通常选择销售额或生产率等。

(2) 分析相关变量与人力资源需求的关系。分析此因素与所需员工数量的比率形成一种劳动率指标。例如，生产量/每人时等。

(3) 计算生产率指标。根据以往五年或五年以上的生产率指标率，求出均值。

(4) 计算所需人数。用相关变量除以劳动生产率得出所需人数。

案例 2－1

某冰箱厂，2001—2007 年的产量、劳动生产率和员工需求量，如表 2－2 所示。

表 2－2　趋势外推预测

年份	产量/万台	劳动生产率/(台/人)	员工需求量/人
2001	20	50	4 000
2002	30	55	5 455
2003	40	55	7 273
2004	60	50	12 000
2005	70	60	11 667
2006	80（预测值）	54（以上平均值）	14 815
2007	100（预测值）	54（同上）	18 519

说明：产量、劳动生产率和员工需求量的关系照下面公式计算：

员工需求量＝产量÷劳动生产率

根据历史数据，算出 2001 年至 2005 年的平均生产率为 54 台/人，根据公司的产量预测可以推知预测：

2006 年的员工需求量为：800 000÷54≈14 815（人）

2007 年的员工需求量为：1 000 000÷54≈18 519（人）

2）回归分析法

回归分析法是数理统计学中的方法。即通过绘制散点图确定商业因素（自变量），如企业的业务活动量与企业人员水平（因变量）这两种因素之间，是否相关来预测企业未来人员需求的方法。如果两者是相关的，那么一旦企业能预测出其业务活动量，就能预测出企业的人员需求量。当只有一个自变量时，为一元回归；当有多个自变量时，称多元回归。一般而言，人力资源需求量的变化原因较多，故可考虑用多元线性回归分析。

3）转换比率分析法

转换比率分析法是根据过去的经验，把企业未来的业务量转化为人力资源需求量的预测方法。具体的做法是：首先确定企业未来的业务量，根据以往的经验，估计与企业的业务规模相适应的关键技能员工的数量；其次，再根据关键技能员工的数量来估计辅助人员的数量；最后，加总出企业人力资源总需求量。

使用转换比率法将企业的业务量转换为人力资源需求量时，通常要以组织已有的人力资源的数量与某个影响因素之间的相互关系为依据，来对人力资源的需求进行预测。以一所医院为例，当医院的病床数量增加一定的百分比时，护士的数量也要增加相应的百分比，否则难以保证医院的医疗服务的质量。类似的还有，根据过去的销售额和销售人员数量之间的比例关系，预测未来的销售业务量对销售人员的需求量；再根据过去销售人员与财务人员的比率，预测未来的财务人员的需求量等。

需要指出的是，转换比率分析法有一个隐含的假设，即假设组织的生产率保持不变。如果考虑到生产率的变化对员工需求量的影响，可使用以下的计算公式：

$$\text{计划期所需员工数量}=\frac{\text{目前业务量}+\text{计划期业务量}}{\text{目前人均业务量}\times(1+\text{生产率增长率})}$$

案例 2-2

某企业 2010 年的销售额为 1 500 万元，人均销售额为 50 万元，计划 2011 年销售额增长 300 万元，同时，每个销售人员的销售额提高 20%。那么，2011 年企业将需多少销售人员？

根据公式：

$$2011\text{ 年企业所需销售人员数量}=\frac{1\,500+300}{50\times(1+20\%)}=30\text{（人）}$$

4）计算机模拟法

计算机模拟法是进行人力资源需求预测各种方法中最为复杂的一种方法，也是相对比较准确的方法。这种方法是在计算机中运用各种复杂的数字模型对在各种情况下企业组织人员的数量和配置运转情况进行模拟测试，从模拟测试中得出各种人力资源需求的方案以供组织选择。在我国目前尚没有通用的大众化软件系统被应用于人力资源预测。

人力资源需求预测的定量分析方法还有许多，但无论使用何种定量预测法，都是以某种函数关系为前提的，而函数关系的提取总是具有简单性的特点，并不完全符合现实状况，所以在实践中进行人力资源需求预测时，定量预测方法与定性预测方法的结合是很有必要的。此外，定量预测方法侧重于对未来人力资源需求数量的分析，这是远远不够的，因为还需要有人力资源质量、结构方面的预测，从这一点来说 ，也得需要定量预测方法和定性预测方法的相互结合。

二、人力资源供给预测

一旦对人力资源的需求做出了预测，就要对企业人力资源的可得性进行确认，即进行人力资源供给预测。人力资源供给预测是对企业未来一定时期内的可获得的人力资源的数量和类型的预测。它与人力资源需求预测存在重要的差别：需求预测只研究企业内部对人力资源的需求，而人力资源供给预测必须同时考虑企业内部供给和外部供给两个方向。

（一）企业内部人力资源供给预测

内部人力资源供给预测主要是分析计划期内将有多少员工留在目前的岗位上，有多少员工流动到其他岗位上（如晋升、降职或平调），又有多少员工流出组织。

内部供给预测的思路是：首先确定各个工作岗位上现有员工的数量，然后估计计划期内这些岗位留存的人员数量，即用原来数据减去损耗人员的数量。预测岗位损耗人员的数量需要考虑员工的晋升、降职和平调等因素，还要考虑辞职、解聘、退休、意外事故等因素，实际情况往往比较复杂，需要我们分析影响内部人力资源供给的因素。

1. 影响内部人力资源供给的因素

1）现有人力资源的运用情况

企业现有人力资源的运用情况包括员工的工作负荷饱满程度、员工出勤状况、工时利用状况以及部门之间的分工是否平衡等。例如，员工的缺勤情况严重而不能有效改善，就会影响企业内部人力资源的供给。

2）组织内部的人员流动

组织内部的人员流动包括晋升、降职和平调三种情况，每种情况都可能对各个部门的人力资源供给产生影响。

3）人员离职与流失

现代社会中，频繁的人才流失已成为“企业的痛”，它直接影响着企业的内部人力资源供给。企业员工流失，一方面是由于企业外部的各种吸引力产生的“拉力”，如更高的收入、良好的发展机会等；另一方面是企业内部出现的“推力”，如企业的用人方式、人际关系、工作压力、绩效分配出现问题而得不到改善等。

4）员工的培训开发状况

根据企业的经营战略，针对企业未来可能需要的不同技能类型的员工提供有效的员工开发和培训，可以改善企业目前的人力资源状况，使企业人力资源的质量、结构更能适应企业未来发展的需要。这从人力资源满足企业发展的有效性来看，通过减少企业冗余的人力资源可以增加人力资源的内部供给。

2. 内部人力资源供给预测的方法

常用的内部人力资源供给预测的方法有：技能清单、管理人员置换图、人员接替计划和马尔可夫分析法等。下面分别予以介绍。

1）技能清单

技能清单是一个用来反映员工工作能力特征的列表，这些能力特征包括：教育背景、工作经历、持有的证书、通过的考试、能力评价等。技能清单是对员工竞争力的一个反映，可以帮助人力资源规划者评估现有员工调换工作岗位的可能性，决定哪些员工可以补充企业未来的空缺职位。人力资源规划不仅要保证为企业中未来出现的空缺职位和新增职位提供所需数量的员工，还要保证由合适的人员来补充这些职位。因此，有必要建立企业员工的技能清单。如表 2-3 所示，给出了一个典型的员工技能清单的实例。

表 2-3　技能清单

<table>
<tr><td colspan="2">姓名：</td><td>部门：</td><td>职务：</td><td>任职时间：</td><td>填表日期：</td></tr>
<tr><td colspan="2">出生日期：</td><td>婚姻状况：</td><td colspan="2">工作职称：</td><td>联系方式：</td></tr>
<tr><td rowspan="5">教育背景（从高中或职高开始）</td><td>学历</td><td>学位</td><td>毕业时间</td><td>毕业学校</td><td>主修专业</td></tr>
<tr><td></td><td></td><td></td><td></td><td></td></tr>
<tr><td></td><td></td><td></td><td></td><td></td></tr>
<tr><td></td><td></td><td></td><td></td><td></td></tr>
<tr><td></td><td></td><td></td><td></td><td></td></tr>
<tr><td rowspan="4">参加的培训</td><td colspan="2">培训主题</td><td colspan="2">培训机构</td><td>培训时间</td></tr>
<tr><td colspan="2"></td><td colspan="2"></td><td></td></tr>
<tr><td colspan="2"></td><td colspan="2"></td><td></td></tr>
<tr><td colspan="2"></td><td colspan="2"></td><td></td></tr>
<tr><td rowspan="2">技能</td><td colspan="3">技能类型</td><td colspan="2">证书</td></tr>
<tr><td colspan="3"></td><td colspan="2"></td></tr>
<tr><td rowspan="4">意向</td><td colspan="3">你是否愿意从事其他类型的工作？</td><td>是</td><td>否</td></tr>
<tr><td colspan="3">你是否愿意调到其他部门去工作？</td><td>是</td><td>否</td></tr>
<tr><td colspan="3">你是否愿意接受工作调配以丰富工作经验？</td><td>是</td><td>否</td></tr>
<tr><td colspan="3">如果可能，你愿意从事哪种工作？</td><td></td><td></td></tr>
<tr><td colspan="2" rowspan="2">你认为自己需要接受何种训练？</td><td colspan="2">改善目前的技能和绩效</td><td>是</td><td>否</td></tr>
<tr><td colspan="2">提高晋升所需要的经验和能力</td><td>是</td><td>否</td></tr>
<tr><td colspan="3">你认为自己现在可以接受哪种工作指派？</td><td colspan="3"></td></tr>
</table>

严格意义上讲，技能清单并不能算做一种预测方法，它只是一种便于预测的信息收集和分类整理的工具。具体地说，技能清单可以用于晋升人选的确定、管理人员接替计划的制订，以及对特殊项目的人员分配、调动、培训、奖励计划、职业生涯规划和组织结构分析等。企业应根据自身的情况，灵活地编制人员的技能清单。

例如，员工调动频繁的企业和经常组建临时团队或项目小组的企业，其技能清单应包括所有骨干员工的信息；而那些主要强调管理人员接替计划的企业，其技能清单可以只包括管理人员的信息。

2）管理人员置换图

管理人员置换图，又被称为职位置换卡、管理人员接替计划。它通过记录各个管理人员的工作绩效、晋升的可能性和所需的训练内容，由此决定有哪些管理人员可以补充到企业重要职位的空缺。

管理人员置换图是预测企业内部管理人员供给的一种简单而有效的方法，制订这一计划的过程介绍如下：

（1）确定管理人员接替计划包括的管理岗位范围。

（2）确定各个关键岗位上的接替人选。

（3）评价接替人选当前的工作绩效和晋升潜力。根据评价的结果，当前工作绩效可划分为“优秀”、“令人满意”和“有待改进”三个级别；晋升潜力相应也可以分为“可以提升”、

“需要少量培训”和“问题较多”三个级别。

(4) 了解接替人选本人的职业发展需要，并引导其将个人目标与组织目标结合起来。

具体的管理人员置换图，如图 2-3 所示。

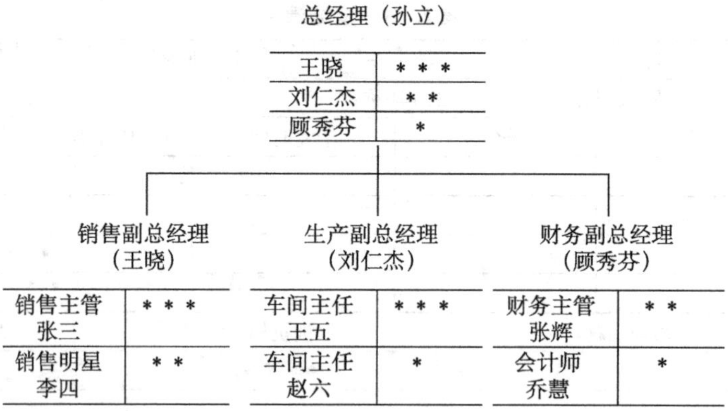

图 2-3　管理人员置换图

说明：星号表示提升代号，其中＊表示问题较多；＊＊表示需要少量培训；＊＊＊表示可以提升。

根据人员置换图可以看出某一具体职位的继任者有哪些。如图 2-3 可以看出，总经理孙立的继任者有三个：王晓、刘仁杰和顾秀芬。但只有王晓具备继任的资格和能力，刘仁杰需要继续锻炼和培训，而顾秀芬连现在的工作都不能很好地胜任。下面的表格表示的分别是对应职位的继任者情况。

通过管理人员置换图，可以优先选拔培养企业的内部人员，为企业内部人才提供了一个良好的发展平台，同时也保证了企业在未来有足够的合格管理人员供给，为企业的持续发展提供了保障。

3）人员接替计划

人员接替计划与管理人员置换图在本质上具有很大的相似之处，目的都是确认特定职位的内部候选人，但涉及的面更广。它可以预测企业中各具体岗位的人力资源供给，避免人员的流动给企业带来的损失。

人员接替计划的过程是：首先，根据职位分析的信息，明确工作职位对员工的要求和职位需要的员工人数；其次，确定达到职位要求的候选人，或者经过培训后能胜任职位的人选；最后，把各职位的候选人的情况与企业员工的流动情况综合起来考虑，控制好员工流动方式与不同职位人员接替方式之间的关系，对企业人力资源进行动态管理，如图 2-4 所示。

对企业中各岗位员工的供给预测，可以使用下面的公式：

某职位员工的内部供给量＝现有员工数量＋流入总量－流出总量

流入总量＝晋升进入数＋外部招聘数＋降职进入数

流出总量＝辞职人数＋解聘人数＋降职人数＋退休人数＋晋升人数

用横轴表示时间，纵轴表示职位的级别，把通过以上方法分析各职位得到的分析结果综合在一起，就可以建立人员接替模型。

4）马尔可夫分析法（转换矩阵法）

它是全面预测企业内部人员转移从而预知企业内部人员供给的一种方法。此分析法理论上很复杂，但其应用方法较简单。我们只介绍具体方法。

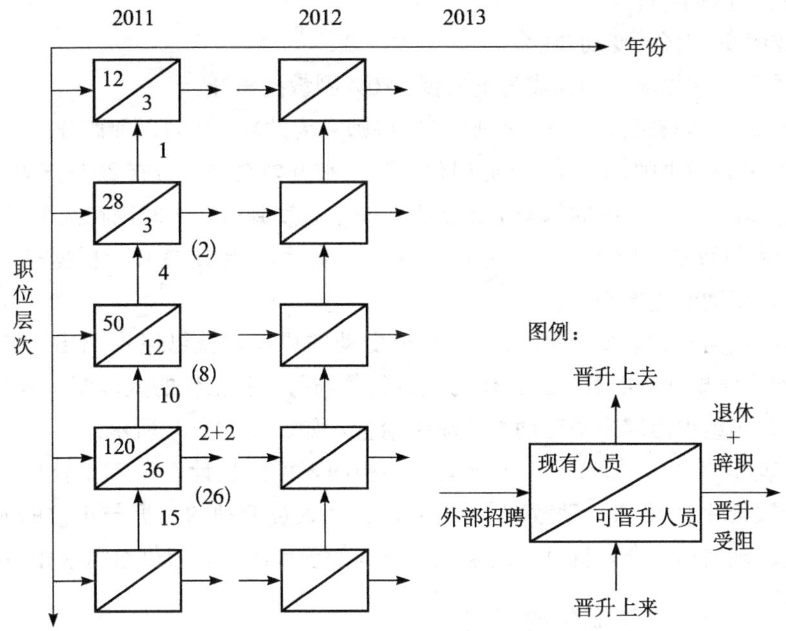

图 2－4　人员接替模型

其具体步骤如下：

(1) 根据组织的历史资料，计算出每一类的每一员工流向另一类或另一级别的平均概率。

(2) 根据每一类员工的每一级别流向其他类或级别的概率，建立一个人员变动矩阵表。

(3) 根据组织年底的种类人数和步骤 (2) 中人员变动矩阵表预测第二年组织可供的人数。

下面我们以一个某高校的人事变动为例来加以说明，如表 2－4(a) 和表 2－4(b) 所示。

表 2－4　某高校人力资源供给情况的马尔可夫分析

(a) 人员留职与调动的概率

职称 / 初始人数	留职概率				离职
	正教授	副教授	讲师	助教	
40	80%				20%
80	10%	70%			20%
120		5%	80%	5%	10%
160			15%	65%	20%

(b) 人员留职与调动的数量

职称 / 初始人数	留职概率				离职
	正教授	副教授	讲师	助教	
40	32				8
80	8	56			16
120		6	96	6	12
160			24	104	32
预测的供给量	40	62	120	110	68

已知：在任何一年里，

* 正教授留职80%，变动20%。
* 副教授70%在原职，10%成为正教授，20%副教授离开。
* 讲师5%成为副教授，80%在原职，5%讲师降为助教，10%讲师离开。
* 助教15%升为讲师，65%留在原岗位，15%被升副教授，另有20%离职。

分析说明：表2-4(a) 中的每一个元素表示一个时期到另一个时期在两个工作之间（5～10年）调动的雇员数量的历年平均百分比（以小数表示）。周期越长，根据过去人员变动所推测的未来人员变动就越准确。

用这些历年数据来代表每一种工作中人员变动的概率，就可以推测出未来的人员变动（供给量）情况。将规划初期每一种工作的人员数量与每一种工作的人员变动概率相乘，然后纵向相加，即得到组织内部未来劳动力的净供给量，如表2-4(b) 所示。

我们再看表2-4(b)，如果下一年与上一年相同，可以预计下一年正教授和讲师供需平衡，但副教授供给减少18人，助教减少50人。这些人员变动的数据与正常的人员扩大、缩减或维持不变的规划相结合，就可以用来决策怎样使预计的劳动力供给需求相匹配。

（二）企业外部人力资源供给预测

当企业内部的人力资源供给无法满足需要时，企业就需要从外部获取人力资源。企业外部人力资源供给预测，主要是预测未来一定时期，外部劳动力市场上企业所需人力资源的供给情况。外部人力资源供给预测相当复杂，但它对企业制定人力资源规划具有非常重要的作用。

1. 影响外部人力资源供给的因素

企业外部人力资源供给依赖于劳动力市场的状况，其影响因素主要考虑以下几个方面。

1）宏观经济形势

劳动力市场的供给状况与宏观经济形势息息相关：宏观经济形势越好，失业率越低，劳动力供给越紧张，企业招募越困难；反之，企业的招募越容易。为此，必须了解与企业经营活动相关的行业发展态势，及其对劳动力市场的影响。

2）全国或本地区的人口状况

影响人力资源供给的人口状况包括：①人口总量和人力资源率，人口总量越大，人力资源率越高，人力资源的供给就越充足；②人力资源的总体构成，是指人力资源在性别、年龄、教育、技能、经验等方面的构成，它决定了不同层次和类别上可以提供的人力资源的数量和质量。

3）劳动力的市场化发育程度

劳动力市场化程度越高，越有利于劳动力自由进入市场和市场工资率导向的劳动力合理流动，从而消除人为因素对劳动力流动的限制，增强人力资源供给预测的客观性和准确性。

4）政府的政策和法规

政府的政策和法规是影响外部人力资源供给的一个不可忽视的因素。比如，关于公平就业机会的法规、保护残疾人就业的法规、严禁童工就业的法规、教育制度变革等。

5）劳动力的就业价值观

比如劳动力的就业意识、择业偏好等也影响着人力资源的供给。

6）地域特点

公司所在地或公司本身对人们的吸引力，也是影响人力资源供给的一个重要因素。处于大城市的公司、大型公司吸引人才更容易些。

2. 外部人力资源供给预测的方法

外部人力资源供给是由企业在劳动力市场上采取的吸引活动引起的，因此，外部供给预测要着重研究企业可能吸引的潜在员工的数量、质量等因素。企业可以根据过去的招募经验，了解那些有可能进入组织的人员状况，以及他们的工作能力、经验等方面的特征，从而估计他们能够补充组织中的哪些空缺职位。

外部人力资源供给预测不可能做到十分准确。可以借鉴的方法有以下几种。

1）文献法

文献法是指根据国家的统计数据或者有关权威机构的统计资料进行分析的方法。企业可以通过国家和地区的统计部门、劳动人事部门出版的年鉴、发布的报告以及利用互联网来获得这些数据或资料。同时，企业还应及时关注国家和地区的有关法律、政策的变化情况。

2）市场调查法

企业可以就自身所关注的人力资源状况直接进行调查。企业可以与猎头公司、人才中介公司等专门机构建立长期的联系，还可以与相关院校建立合作关系，跟踪目标生源的情况等。

3）对应聘人员进行分析

企业可以通过对应聘人员和已雇用的人员进行分析来得出未来外部人力资源供给的相关信息。

第四节　人力资源供需平衡

人力资源需求预测和供给预测完成后，就可以对两方面的结果进行比较了。这时，往往会出现三种不平衡的情况：

（1）人力资源供大于求，出现预期人力资源过剩；

（2）人力资源供小于求，出现预期人力资源短缺；

（3）人力资源供需数量平衡，结构不平衡。

人力资源供需之间三种不平衡的情况，都会给企业带来相应的问题。例如，当人力资源供大于求时，会导致企业内人浮于事，内耗严重，生产成本上升而工作效率下降；当人力资源供小于求时，企业设备闲置，固定资产利用率低。这些问题都会影响企业战略目标的实现，削弱企业的竞争优势，最终影响到企业的持续发展。人力资源供需平衡就是根据人力资源供需之间可能出现的缺口，采取相应的人力资源政策措施，实现企业未来的人力资源供需之间的平衡。

一、预期人力资源过剩时的政策

当企业面对预期人力资源过剩时，可能选择的人力资源政策如表 2－5 所示。这里重点以常见的几种人力资源政策为例来说明。

表 2-5 减少预期人力资源过剩的政策

方法	解决问题的速度	员工受伤害程度
1. 裁员	快	高
2. 降薪	快	高
3. 降级	快	高
4. 职位调动	快	中等
5. 工作分担	快	中等
6. 临时解雇	快	中等
7. 自然减员	慢	低
8. 提前退休	慢	低
9. 重新培训	慢	低
10. 冻结雇用	慢	低

（一）裁员

裁员是为了强化企业的竞争力而进行的有计划的大量人员的削减。裁员是解决企业人力资源过剩的一种方法，但是这也是一种最无奈的方法。因为裁员对企业来说是一种浪费，使企业失去了以往花费巨大成本栽培起来的人才，并且对组织造成了重大的冲击；另一方面，裁员涉及员工本人及其家庭的利益，也影响整个社会稳定。所以，即使在西方经济发达国家，采取这种方法也是十分审慎的。

通常来说，在裁员之前，企业会告知员工目前企业的经营状况、困难所在，并尽力为被裁人员寻找新的工作职位，只有在企业内部确实无法安置的情况下，方可进行裁员。其目的有：

（1）降低成本。由于劳动力成本在企业的总成本中往往占有很大的比例，因此它很自然就成为企业最先下手的地方。例如，2008 年开始的金融危机，华尔街上的很多公司，甚至是美国的大公司都面临经营困境，不得不通过裁员来减少经营成本。

（2）对有些企业来说，关闭过时和落后的工厂或者在老工厂中引进新的技术都会导致企业裁员。

（3）企业发生兼并和收购后，削减一些官僚性质的日常事务，从而置换出许多管理人员和一些专业技术人员。

（4）一些公司由于经济方面的原因，比如劳动力成本问题，而改变了经营地点，从而出现了在原来经营地的工作岗位大量削减。

然而，实践中许多进行裁员的公司并没有通过裁员来达到强化公司绩效的预期目标，甚至一些公司的财务状况在裁员一定时期后变得更糟了。造成这种不良局面的原因包括：

（1）尽管裁员在初期所形成的成本节约确实带来了公司的短期赢利，但是一项管理不当的裁员活动却有可能产生长期的负面作用。比如，裁员不仅导致了企业人才的流失，而且在很多情况下，它破坏了激发员工创造性和灵活性所必需的一些社会网络。

（2）许多企业在裁员运动中放走了实际上是企业根本无法替代的一些员工。

（3）那些在企业的裁员运动中留下来的员工，可能会变得心胸狭窄、以自我为中心和不愿冒险。由于员工对于未来在企业内部获得晋升，甚至是能否较长时间地留在公司感到希望渺茫，员工工作的积极性和主动性会大大下降。

小贴士

日本松下电器公司前总裁松下幸之助说："开除员工就是承认企业失败。"开除会毁掉一个人的一生，会毁掉他的自信、尊严与骄傲。松下幸之助会开除那些偷盗、施暴还有污蔑公司的人，开除那些纵有千百次机会改进，却依然故我的人。

管理实践

与企业裁员有关的法律法规

《中华人民共和国劳动法》、《中华人民共和国劳动合同法》和各省制定的《劳动合同条例》中都对企业裁员有详细的规定，企业在裁员时必须慎重，不能违背国家法律法规。

例如，《中华人民共和国劳动合同法》第四十一条第一款规定："有下列情形之一，需要裁减人员二十人以上或者裁减不足二十人但占企业职工总数百分之十以上的，用人单位提前三十日向工会或者全体职工说明情况，听取工会或者职工的意见后，裁减人员方案经向劳动行政部门报告，可以裁减人员：（一）依照企业破产法规定进行重整的；（二）生产经营发生严重困难的；（三）企业转产、重大技术革新或者经营方式调整，经变更劳动合同后，仍需裁减人员的；（四）其他因劳动合同订立时所依据的客观经济情况发生重大变化，致使劳动合同无法履行的。"

（二）提前退休计划

所谓提前退休计划，就是通过制订提前退休激励计划来使老年员工自愿提前退休。对于企业来说，虽然年龄较大的员工经验丰富、稳定性高，但是也存在着许多问题。首先，年龄比较大的员工成本往往比年轻员工要高，因为他们的资历较长，薪酬较高，再加上医疗成本、养老保险的缴费额度也较高。其次，由于年龄比较大的员工通常都占据着企业中薪酬最高的一些职位，因此他们有时会阻碍年轻员工的晋升或者年轻员工的雇用。

正是由于上述问题，许多企业都在试图通过提前退休计划来达到使他们的老年员工自然减员的目的。需要指出的是，在实际应用中提前退休计划种类繁多，不同的提前退休计划在对老年员工是否有利可图方面存在很大差别，因此，它们所取得的结果往往也是千差万别。这就要求企业在制订提前退休计划时，要做好相关方面的预测。

（三）临时解雇

临时解雇是指企业的一部分员工暂时停止工作或离开工作岗位，企业在这段时间里不向这部分员工支付工资的行为。当公司的经营状况改善时，被临时解雇的员工将重新回到企业工作。

减少企业劳动力剩余的人力资源政策还有增加员工培训时间、减少工作时间随之降低工资水平等。例如采取员工培训的政策，一方面可以扩展员工的技能，增强他们的择业能力，从而鼓励员工自谋职业；另一方面，可以为企业的发展储备人力资源。

正如表 2-5 所显示的那样，减少预期人力资源过剩的不同政策在解决问题的速度、员工受伤害的程度以及成本、有效性、可撤回程度等方面存在的差别可能是比较大的。

这不仅要求企业比较准确地进行人力资源的供需预测，而且企业的预测越长远，企业越可以选择那些伤害程度小的人力资源政策。

二、预期人力资源短缺时的政策

当企业面临预期人力资源短缺时，可能选择的人力资源政策如表 2－6 所示。下面重点介绍常用的几种人力资源政策。

表 2－6　避免预期人力资源短缺的政策

方法	速度	可撤回程度
1. 加班加点	快	高
2. 雇用临时工	快	高
3. 外包	快	高
4. 在培训后换岗	慢	高
5. 降低流动率	慢	中等
6. 外部雇用新人	慢	低
7. 技术创新	慢	低

（一）雇用临时工

当企业面临人力资源短缺时，雇佣临时性员工是解决这一问题速度比较快的一项措施。并且，这项措施还具有许多的优点。

（1）有利于保持企业的灵活性。由于临时工的用工形式比较灵活，在企业需要的人员减少时，可以随时与其解除劳动关系，所以企业能够比较灵活地掌握它的供给数量、质量，来满足企业保持企业生产规模的弹性。

（2）可以免除企业不少的管理任务和财务负担。比如，与全日制员工相比，企业在临时性员工身上支付的福利开支、保险金额和奖金等项目要少得多。

（3）降低企业的培训成本。一些从事临时就业服务的机构（如劳务派遣公司），在将临时工选派到需要他们的企业之前，都会针对企业的实际需要对他们进行培训。

当然，利用临时性员工这一劳动力供给来源，也会产生一些对企业的不利影响。例如，企业雇佣的临时性员工与正式的全日制员工之间常常存在一种比较紧张的关系。这是因为，许多的全日制员工认为临时性员工对他们的工作保障来说是一种威胁。这种看法可能导致双方之间的合作水平较低，在管理不善的情况下，甚至可能导致冲突的发生。

（二）外包

企业可以通过引进临时性员工来解决人力资源短缺的问题。在另一些情况下，企业可能将较大范围的工作整块委托给外部的其他组织去完成，以此来减少对人力资源需求的缺口。企业的这种做法就是外包。

许多组织由于长期专门从事某一项业务的代理，这不仅使它积累了丰富的技术经验，聚集了大量的专业人才，还使得它实现了规模经济。因此，这样的专业代理机构能以比企业自己完成某项任务更有效率和成本更低。

但是，这一趋势也引起了许多人的担心：能否选对外包商长期进行合作；将业务外包也意味着商业秘密在不同程度上被外包商分享，若是核心商业机密泄漏，会给企业造成毁灭性的打击；如果把销售业务外包出去，可能会使得生产企业不能很好地理解客户的需求，从而导致对客户的服务水平下降，甚至使得客户流失。

（三）鼓励员工加班加点

当企业面临人力资源短缺，而又不愿意雇用临时性员工或招聘新的全日制员工时，就可以让现有的员工每天工作更长的时间来变相地增加人力资源的供给，弥补企业人力资源需求的缺口。

三、预期人力资源总量平衡而结构不平衡时的政策

对于人力资源结构失衡，企业可以考虑采用以下政策和措施进行调节。

（1）通过企业人员的内部流动，如晋升和调任，以补充那些空缺职位，满足这部分的人力资源的需求。

（2）对于过剩的普通人力资源，进行有针对性的培训，提高他们的工作技能，使他们转变为企业人员短缺岗位上的人才，从而补充到空缺的岗位上去。

（3）招聘和裁员并举，补充企业急需的人力资源，释放一些过剩的劳动力。

对企业来说，每一项平衡人力资源供需的人力资源政策，都可能是一把双刃剑：既有它有利于组织的一面，也有其不利于组织的一面。因此，人力资源规划者应具体情况具体分析，制定正确的人力资源政策，并最大可能地发挥它有益的一面、规避有害的一面。这不仅是企业人力资源规划水平的一个重要体现，而且也是企业人力资源规划的内在要求。

第五节　人力资源规划的执行

人力资源规划过程中所制定的各项政策和方案，最终都要付诸执行，以指导企业具体的人力资源管理实践，这才是完整的人力资源规划职能。一般来说，组织编写人力资源具体计划要经过下面几个过程，如图 2－5 所示。

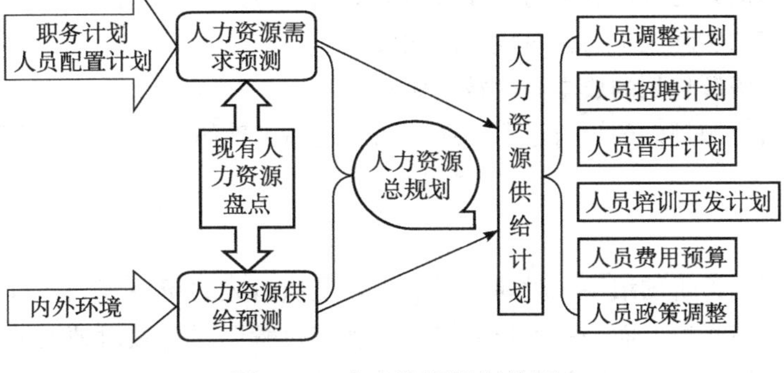

图 2－5　人力资源规划编写

一、人力资源规划执行的过程

人力资源规划的执行过程主要包括三个步骤：实施、评价和反馈。

1. 实施

实施是人力资源规划执行过程中最重要的步骤。实施前要做好充分的准备工作，实施时应严格按照规划进行，并设置监督控制机制，以确保人力资源规划实施的顺利进行。

人力资源规划实施中的控制包括两方面的内容：一是整体性控制，使人力资源规划与企业经营计划保持一致，与企业内外部各方面相互协调；二是操作性控制，即对人力资源规划的实施情况进行跟踪控制，保证企业的人力资源管理活动按规划进行。

2. 评价

在对人力资源规划进行评价时，首先要对人力资源规划的合理性进行评价。可以从以下三个方面对人力资源规划的合理性进行间接的判断。

（1）人力资源规划者对问题的熟悉程度和重视程度。一般来说，规划者对人力资源问题的熟悉程度、重视程度越高，人力资源规划的合理性就越大。

（2）人力资源规划者、规划所需资料的提供者以及使用人力资源规划的管理者之间工作配合的融洽程度。这三者之间工作关系越融洽，制定的人力资源规划就可能越合理。

（3）人力资源规划在管理人员，特别是高层管理者心目中的地位。企业的高层管理者越重视人力资源规划，人力资源规划者才可能从头到尾地重视人力资源规划的制定，这样制定出来的人力资源规划才可能合理、有价值。

其次，是对人力资源规划实施结果的评价。当然，对人力资源规划实施结果能够做出的最为明显的评价是：检查一下企业是否有效地避免了潜在的人力资源过剩或短缺的情况。当然这种基本的评价是很重要的，但在此基础上，还应该深入地研究一下这几个方面的比较。

（1）实际招聘人数与预测需求人数的比较；

（2）实际的人员流动率与预测的人员流动率的比较；

（3）劳动生产率的实际提高水平与预测的提高水平的比较；

（4）实际执行的方案与规划的方案的比较；

（5）执行方案后的实际结果与预测结果的比较；

（6）实际发生的人力资源成本与预算人力资源成本的比较；

（7）执行方案的实际成本与预算成本的比较；

（8）进行人力资源规划的成本与收益的比较。

此外，在人力资源规划的评价过程中还要注意选择正确的评价方法，以保证评级的客观、公正和准确。

3. 反馈

对人力资源规划评价的结果及时地进行反馈，是执行人力资源规划不可缺少的步骤。人力资源规划并非一劳永逸，而是一个长久持续的动态过程。通过及时地反馈，可以知道人力资源规划流程的各阶段中存在的问题和不足之处，对规划进行动态的修正，或者为企业下一期人力资源规划的制定提供借鉴。

反馈过程中最重要的一点是保持信息的真实性。由于环境或者个体等方面的原因，可能存在某些信息失真，因此，反馈时对信息去伪存真、去粗取精是非常重要的。

二、人力资源规划的执行主体

随着管理理论的发展和管理实践的深入，人力资源管理部门的角色逐渐发生了转变，人力资源管理部门不再是单纯的行政管理的职能部门，而是逐步向企业管理的战略合作伙伴关系转变。与此同时，现代人力资源管理工作也不仅仅是人力资源管理部门的任务，也是各部门经理的责任。人力资源规划也是如此。

企业人力资源规划的基础是人员补充计划、人员使用计划、培训开发计划和退休解聘计划等人力资源业务计划，这些计划都是在各部门负责人制定本部门的人员招聘使用、培训开发、晋升解聘等计划的基础上层层汇总到人力资源管理部门，再由人力资源管理人员依据企业战略分析制定出来的，人力资源管理部门无法脱离各部门的人力资源基础性工作。

人力资源规划应由具体的部门或团队负责，可以考虑下列几种方式：

（1）由人力资源部门负责办理，其他部门与之配合；

（2）由某个具有部分人事职能的部门与人力资源部门协同负责；

（3）由各部门选出代表组成跨职能团队负责。

三、人力资源规划的执行层次

人力资源规划的执行主要涉及三个层次：企业层次、跨部门层次及部门层次。

1. 企业层次

企业层次上的人力资源规划需要企业最高领导者的亲自参与，尤其是企业经营战略对人力资源规划的影响，人力资源规划对人力资源管理各个体系的影响及其指导方针、政策，必须由企业高层决策。

2. 跨部门层次

跨部门层次上的人力资源规划的执行需要企业副总裁级别的管理者参与，即对各个部门的人力资源规划的执行情况进行监督和协调，并随时对人力资源规划的实施效果给出评估意见。

3. 部门层次

部门层次上的人力资源规划又分为两种情况。

1）人力资源管理部门

人力资源管理部门不但要完成本部门的人力资源规划工作，还要指导和帮助其他部门的人力资源规划的制定和执行。因此，企业的人力资源管理人员既要做人力资源规划的专家、制定者，又要做人力资源规划的指导员。

目前，有一些企业将人力资源部门经理改为人力资源客户经理，要求人力资源客户经理持续提供面向客户（即需要人力资源管理服务的各部门）的人力资源产品和服务。因此，人力资源管理人员又有了一个“销售员”的角色。在进行人力资源规划时，人力资源客户经理就会为各个部门提供人力资源规划的系统解决方案，并为各类人才，尤其是各部门的核心人才提供个性化的服务。

2）其他部门

人力资源规划工作应该是每个部门经理工作的组成部分。但是，在实际的企业中，许多部门经理是由技术或业务人员选拔的，对于人力资源管理工作缺乏经验，就更不用说进行人力资源规划了。对于新晋升上来的经理，人力资源管理部门应进行适当的培训，并把人力资源规划工作作为经理绩效考核的重要内容之一。

另外，部门经理应该主动与人力资源管理部门沟通，在人力资源管理部门的协助和指导下共同实现人力资源规划的目标，而不要像以往那样仅仅在招聘员工和解雇员工时才想到人力资源管理部门。

【本章小结】

本章首先介绍了人力资源规划的概念、类型和内容，着重阐述了人力资源规划的程序。其次探讨了人力资源需求预测的影响因素及需求的预测方法、人力资源供给的影响因素及预测方法，在此基础上，阐述了人力资源的供需平衡。最后提出了人力资源规划执行的步骤、执行的主体及执行的层次。

【本章练习题】

一、选择题

1. 各项企业人员需求分析的方法中，不属于量化分析方法的是(　　)。

A. 德尔菲预测技术　　B. 回归分析方法

C. 劳动生产率法　　D. 趋势外推法

2. 狭义的人力资源规划实质上是(　　)。

A. 企业人力资源开发规划　　B. 企业人力资源制度改革规划

C. 企业组织变革与组织发展规划　　D. 企业各类人员需求的补充规划

3. 下列属于内部人力资源供给预测方法的是(　　)。

A. 技能清单　　B. 管理人员置换图

C. 人员接替计划　　D. 马尔可夫分析法

二、简答题

1. 人力资源规划与企业战略之间是什么关系？为什么要确立人力资源规划战略思想？
2. 人力资源规划的内容有哪些？核心是什么？
3. 人力资源规划制定的流程有哪些环节？其中哪些是关键环节？
4. 什么是人力资源需求预测？人力资源需求预测的常用方法有哪些？
5. 什么是人力资源供给预测？人力资源供给预测的常用方法有哪些？
6. 人力资源供需平衡的策略有哪些？试述各种策略的优缺点。
7. 谈谈网络的发展对企业人力资源管理信息系统的影响。

【案例分析】

某电子芯片制造公司的人力资源规划[1]

王明几天前才应聘到地处广州的某电子芯片制造公司的人力资源部当经理，就接受了一项紧迫的任务，要求他的部门在10天内提交一份本公司五年的人力资源规划。虽然王明从事人力资源管理工作已经多年，但因为不熟悉情况，时间又紧，所以面对桌上那一大堆文件、报表，不免有点压力。他告诫自己一定要静下心来，经过两天的整理和苦思，他觉得要编制好这个规划，必须考虑下列各项关键因素。

首先是本公司人力资源现状。公司共有生产与维修工人825人，行政和文秘性白领职员143人，基层与中层管理干部79人，技术人员48人，销售员33人。其次，据统计，近五年来职工的平均离职率为4%，预计未来也不会有多大的改变。不过，不同类别的职工的离职率并不一样，生产工人离职率高达15%，而技术人员和管理干部则只有3%。最后，按照既定的扩产计划，销售员要新增10%～15%，工程技术人员要增5%～6%，生产与维修的蓝领工人要增加5%。鉴于要精简行政机构，公司的政策是中、基层干部只能增加1%，虽然公司的规模不断扩大。

还有一点特殊情况要考虑：最近本地政府颁布了一项政策，要求当地企业招收新职工时，要优先照顾妇女和下岗职工，这样会享受税收优惠或者是补贴。本公司一直未曾有意排斥妇女或下岗职工，企业目前的状况是，销售员除一人是女性外全是男的；中、基层管理干部除两人是女性外，其余也都是男的；工程师里只有三个是女性；蓝领工人中约有11%女性或下岗职工，而且都集中在最底层的劳动岗位上。

为了更好地了解公司的人力资源质量，王明想不能仅仅听各部门负责人的说法以及各种人事信息表格，应该去下面的部门看一看。想到生产工人的流失率高的问题，他就先来到了第一生产车间。他发现生产车间并不如他以前所在那个公司的情况好：虽然公司的厂房宽敞，但是不够整洁；员工工作漫不经心，工具随处放、随地扔。在他停留的2分钟内，就发现好像是车间主任的人在训斥一个工人他的产品不合格。

看到这种情况，王明很生气，就问生产主任怎么回事，生产主任解释说因为员工流动率大，部分员工都是才来不到10天的新手，所以做事不熟练，产品次品率就比较多。有些工人技术一旦达到一定水平就跳槽走了，嫌公司给的工资低。因为这个缘故，公司就不愿花钱进行更多的培训，都是简单培训后就上岗，师傅带徒弟慢慢成长。

同时，在访谈过程中，王明还发现了一些问题：有些部门经理，虽然配备了助理，但是他们往往是重使用轻培养，这些助理都是公司最近几年陆陆续续通过校园招聘的方式选拔来的有潜力的大学生，吸纳他们的目的就是想增加后备人才梯队。但现在看来没有达到这样的目的，这些大学生助理们很有怨言，有的已经有了离开的想法。王明在想：这些部门经理是该“洗洗脑”了！再这样下去就向总经理建议让他们走人！

王明还有五天就得交出计划，其中包括各类干部和职工的人数预测、从外界招收的各类人员的人数以及如何贯彻市政府关于照顾女性员工与下岗人员政策的计划。此外，五金制品公司刚开发出几种有高技术含量的新产品，所以预计公司销售额五年内会翻一番，王明还得提出一项应变计划以备应付这类快速增长。另外，王明还注意到，最近几年的珠三角地区出

① http：//www.zhongguohr.com/bbs/archiver/? tid-12441.html.

现了日趋明显的所谓“民工荒”，该如何稳定这些员工以防止企业出现招不来工人的情况。

讨论题：

1. 王明在编制人力资源规划时都要考虑哪些情况和因素？
2. 在预测公司人力资源需求时，他能采用哪些技术？
3. 该公司的人力资源规划重点是什么？应该采取什么人力资源政策和措施？
4. 王明应当与什么部门或者什么人一起完成公司的人力资源规划？在进行人力资源规划的实施过程中，可能会遇到哪些问题？如何解决？

【实践课堂】

1. 实践内容

登录“中国人力资源开发”、“管理人”等相关网站，查阅人力资源管理规划的相关资料，讨论并分析如何预测人力资源需求、如何做一份人力资源规划书。

2. 实践课程学时

2 学时。

3. 实践目的

通过网站搜集和分析资料，掌握人力资源需求预测的方法、编写人力资源规划书的知识。

4. 实践环节

第一步：以组为单位（2～3 人一组），登录相关网站，查阅相关资料。
第二步：以组为单位，讨论人力资源规划书编写应注意的事项。

5. 技能要求

能够熟练应用互联网查阅资料；
能够分析一些人力资源规划方案的优劣；
能够通过案例学习，掌握人力资源需求预测的方法。

6. 实践成果

了解人力资源规划书的特点；
掌握人力资源规划书的编制方法；
能够使用恰当的方法分析人力资源需求；
能够根据人力资源供需关系采取不同的人力资源管理措施。

第三章　工作分析

学习目标

§理解工作分析的基本概念及相关术语，掌握工作分析的内容与作用；
§掌握工作分析的各种方法，明确工作分析的程序；
§明确工作说明书的编写，了解工作分析的结果和形式。

技能要求

§掌握工作分析的方法，能够对企业工作进行分析；
§尝试对工作分析的结果进行应用。

开章案例

A公司混乱的背后①

A公司是一家高技术企业。近年来，随着当地经济的迅速增长和政府相关产业政策的支持，公司有了飞速的发展。随着公司的发展和壮大，员工人数大量增加，众多的组织和人力资源管理问题逐渐凸显出来。公司现有的组织机构，是基于创业时的公司规划，随着业务扩张的需要逐渐扩充而形成的，在运行的过程中，组织与业务上的矛盾已经逐渐凸显出来。部门之间、职位之间的职责与权限缺乏明确的界定，扯皮推诿的现象不断发生；有的部门抱怨事情太多，人手不够，任务不能按时、按质、按量完成；有的部门又觉得人员冗杂，人浮于事，效率低下。

公司的人员招聘方面，用人部门给出的招聘标准往往含糊，招聘主管往往无法准确地加以理解，使得招来的人大多差强人意。同时目前的许多岗位不能做到人事匹配，员工的能力不能得以充分发挥，严重挫伤了士气，并影响了工作的效果。

公司员工的晋升以前由总经理直接做出。现在公司规模大了，总经理已经几乎没有时间来与基层员工和部门主管打交道，基层员工和部门主管的晋升只能根据部门经理的意见来做出。而在晋升中，上级和下属之间的私人感情成为了决定性的因素，有才干的人往往却并不

---

① 彭剑峰．A公司的职位评价［EB/OL］．［2009-04-12］．http：//www.chinahrd.net/zhi _ sk/jt _ page.asp?articleid=87618.

能获得提升。因此，许多优秀的员工由于看不到自己未来的前途，而另寻高就。在激励机制方面，公司缺乏科学的绩效考核和薪酬制度，考核中的主观性和随意性非常严重，员工的报酬不能体现其价值与能力，人力资源部经常可以听到大家对薪酬的抱怨和不满，这也是人才流失的重要原因。

上述问题的关键在于各岗位的工作职责界定不清，一旦出了问题，就可以相互推卸责任。同时，作为后续工作的员工招聘、绩效考核以及薪酬制度的建立，由于缺乏相应的衡量标准，实际操作中的主观性和随意性大，致使员工士气低下，组织凝聚力低。实际上，这种类似的情况经常在企业中出现，解决这类问题的一个重要途径就是进行有效的工作分析。

第一节　工作分析概述

一、工作分析的基本概念

在学习工作分析之前，首先应明确一些与工作分析相关的概念，这些概念在人力资源管理中有着严格的区分。

行动（action），也称工作要素，指在工作活动中不能再进一步分解的最小动作单位。例如，秘书接听电话前拿起电话、经理阅读完文件后的签名或盖章等都属于行动。

任务（task），指为实现既定目的所进行的某种活动，是工作要素的一个集合。如，传达一个通知、获取一个订单、策划一个项目，都是一项任务。

职责（responsibility），指由工作岗位决定的个体需要完成的一项或多项任务的组合。如某大学学院院长的职责是全面负责学院工作，具体包括负责制定和实施学院的发展规划、学院人才队伍建设、学院制度建设和学院的学术建设等多个方面的任务。

管理实践

××有限责任公司人事主管工作职责

（1）负责拟定公司人力资源规划，建立人才数据库。
（2）负责拟定和完善公司各项人事管理制度和方案。
（3）负责拟定公司机构设置、岗位序列及编制方案。
（4）负责拟定公司劳动合同管理规定。
（5）负责制定和完善公司员工评价系统并负责实施。
（6）负责建立人力资源网络需求平台，并负责应聘人员的初选。
（7）负责制订公司机关中层管理人员培养计划，完成国内外员工配置。
（8）负责为公司机关部门领导和分公司人力资源部提供人事方面的咨询服务。
（9）负责处理劳动争议、离职面谈。
（10）协助公司岗位动态评估。
（11）完成领导安排的其他工作。

职位（position），指根据组织目标为个人规定的一组任务及相应的职责的集合。职位与个体是一一对应的，即有多少职位就有多少人，两者数量相等。例如一个大学校长全面负责学校行政工作，同时又负责财务工作和科研工作。

工作（job），也称职务，指主要职责在重要性和数量上相当的一组职位的统称。例如，总经理下分设三个副总，分别负责产品的研发、生产和营销。职位是任务与职责的集合，是人与事有机结合的基本单元；而工作则是同类职位的集合，是职位的统称。

工作分析（job analysis）又称职位分析、职务分析或岗位分析，指应用系统方法对组织中某一特定工作或职位的任务、职责、权利、隶属关系、工作条件等相关信息进行收集和分析，做出明确规定，并确认完成工作所需要的能力和资质的过程，是组织人力资源规划以及其他一切人力资源管理活动的基础。

关于行动、任务、职责、职位和工作之间的关系，如图 3-1 所示。

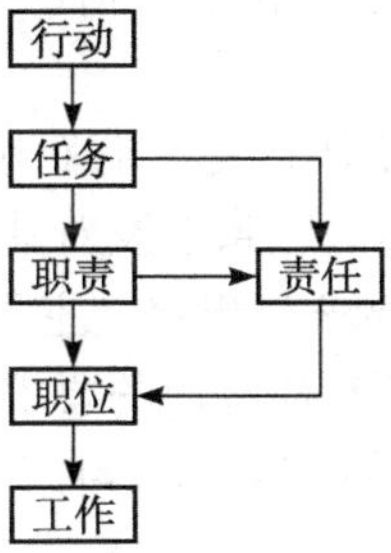

图 3-1　不同工作要素之间的关系

二、工作分析的内容

工作分析包括工作说明和工作规范两个方面的基本内容。

（一）工作说明

工作说明，也称职位描述，指以书面形式描述一项工作的任务、职责和责任，是对职位要素信息和职位特征的直接概况分析。一般来说，职位描述包括以下主要内容。

1. 工作基本资料

基本资料包括工作名称、所属部门、对应岗位等级、薪资水平、所辖人员、定员人数、工作性质等。

2. 工作详细说明

详细说明包括工作概述、工作职责、工作权限、所使用的原材料和设备、工作流程、工作结果、工作环境、与其他工作的关系等。工作详细说明是职位描述的主体内容。

3. 组织提供的聘用条件

组织提供的聘用条件包括工作时数、工资结构、支付工资的方法、福利待遇、该工作在组织中的正式位置、晋升机会、培训机会等。

（二）工作规范

工作规范，也称任职者说明，主要阐述从事某项工作的人员必须具备的能力、资质和其他特性的要求。主要包括以下内容。

1. 资历要求

资历要求主要包括任职者所需的最低学历，职位所需的性别、年龄，所接受培训的内容和时间，从事与本职相关工作的年限和经验等。

2. 心理要求

心理要求主要包括职位要求的相关的技能，任职者的性格、气质、兴趣、工作态度、敬业精神、事业心、合作精神等。

3. 生理要求

生理要求主要包括健康状况、体能要求、视力等。

工作分析的工作说明和工作规范这两个主要内容，又可表述为七个因素，通常将其概括为“6W+1H”，即

做什么（what），是任职者所从事的工作的概括，主要包括：工作活动的内容、结果以及衡量结果的标准。

为什么做（why），表示任职者的工作目的，也就是该项工作存在的理由或它对组织的作用，主要包括：工作目的、与其他工作的联系以及对其他工作的影响。

由谁来做（who），是对任职者的要求与规定，主要包括：身体素质、知识和技能、接受教育的背景、工作经验、个性特征以及其他方面的要求。

何时做（when），是对工作活动的时间要求，主要包括：工作的起始时间、固定时间还是间隔时间以及工作的时间间隔。

在哪里做（where），表示对工作活动的环境规定，包括工作的自然环境和社会环境两方面：自然环境包括地点（是室内还是户外）、温度、光线、噪声、安全条件等；社会环境主要包括工作所处的文化环境、工作群体，完成工作所需的人际交往、环境的稳定性等。

为谁做（for whom），指工作中与哪些人发生什么样的关系，主要包括：向谁请示报告、向谁提供工作信息和工作结果，可以对谁实施指挥和监控等。

如何做（how），表示任职者应该如何从事工作活动，主要包括：工作活动的程序或流程、使用的工具、操作的机器设备、涉及的文件和记录、重点和关键的环节等。

为了更加直观地了解工作分析这一活动，我们用一个系统模型把它加以表示，如图 3-2 所示。

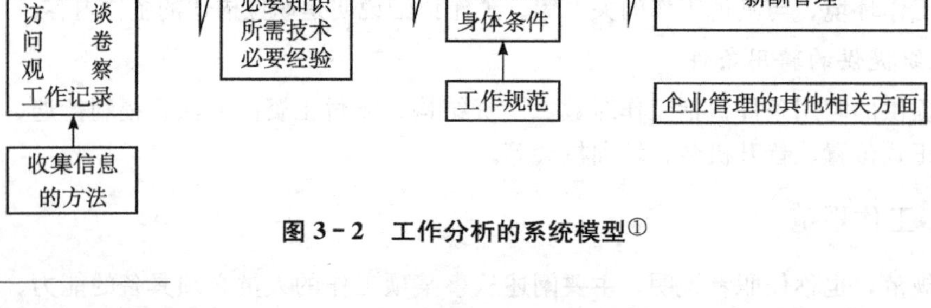

图 3-2　工作分析的系统模型[①]

① 夏兆敢．人力资源管理［M］．上海：上海财经大学出版社，2006：76.

三、工作分析的作用

工作分析是人力资源管理中最基础的工作，它在人力资源管理系统中占有非常重要的地位，发挥着非常重要的作用，工作分析在人力资源管理中的作用如图 3－3 所示。

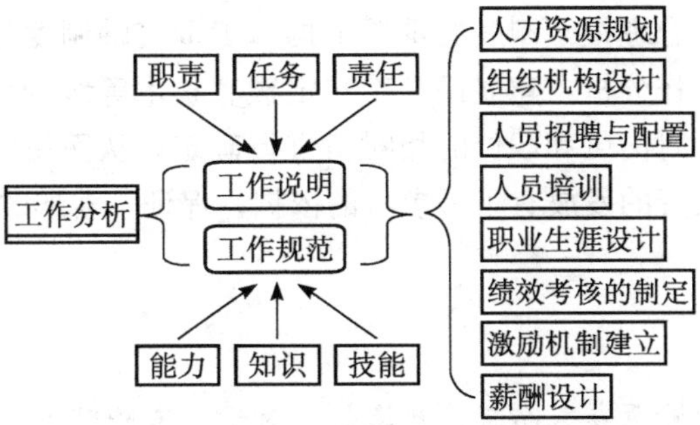

图 3－3　工作分析与人力资源管理职能的关系

工作分析对人力资源管理工作的作用表现为以下六方面。

1. 为人力资源规划提供必要的信息

组织合理规划、安排各部门的工作职位、配备适当人员，从而确保组织内所有任务的合理安排和每个岗位之间的有效衔接。要达到这一目的，必须准确而有效地预测组织在某一个时间节点上所需要的人员数量、种类和要求，以及组织在该时间节点上能够从内部或外部满足的人力资源供给，这正是工作分析的内容。因此，工作分析有效地增强了人力资源规划的准确性和有效性。

2. 为人员的招聘、甄选和任用提供明确的标准

组织在进行招聘工作时，需要对拟招聘岗位的职责和内容进行界定，也需要明确任职者的资格和要求。工作分析能够明确组织各个工作岗位的近期和长期的目标，阐明工作任务的静态和动态特点并进而提出对工作者的任职要求。

这样，人力资源管理的招聘、甄选和任用工作就有了明确而有效的标准，组织就可以确定选人和用人的标准并通过相关的测评和考核来选拔和任用符合工作需要和岗位要求的合格人员。

3. 为员工培训开发提供客观依据

培训工作遵循有效性和低成本的双向要求，培训的内容、方法必须与工作内容、岗位所需要的工作能力和操作技能相关。通过工作分析，可以明确任职者必备的技能、知识和各种心理条件的要求。按照工作分析的结果，准确地进行培训需求分析，并根据实际工作的要求和所聘用人员的不同情况，有针对性地安排培训内容、选择培训的方式和方法，就可以大大降低培训工作成本，提高培训工作的绩效。

4. 为员工职业生涯提供咨询指导

从员工的职业生涯规划的角度来看，为了满足员工在组织中的成长、发展需要，工作分析可以为员工的职业咨询和职业指导提供可靠和有效的信息，为员工在组织内的发展指明合适的职业发展路径。

5. 为绩效管理提供客观的评价标准

根据工作分析的结果，可以制定各项工作的客观标准和考核依据，既为员工的工作指明了努力的方向，又为组织的绩效管理提供了员工工作业绩的评定标准，从而可以保证绩效管理的公平和公正。

6. 为薪酬管理提供重要依据

工作分析是组织建立合理报酬制度的重要依据。工资奖励制度是与工作定额和技术等级标准密切相关的，通过工作分析，建立评定工作定额和技术等级的标准，并且能够从工作责任、所需技能等几个方面对岗位和职位的相对值进行确定，从而使组织的薪酬政策有一个明确、可解释的基础，使工资的发放有了可参考的依据，保证了薪酬的内部公平。

小贴士

“工作分析对于人力资源专家而言，就像钳子对于管道修理工。工作分析作为人力资源管理基础地位不会动摇！”

——怀勒·卡塞欧

第二节　工作分析的程序

一、工作分析的步骤

工作分析的整个过程一般来说要经过以下几个步骤来完成：准备阶段、调查阶段、分析阶段和完成阶段，如图 3－4 所示。

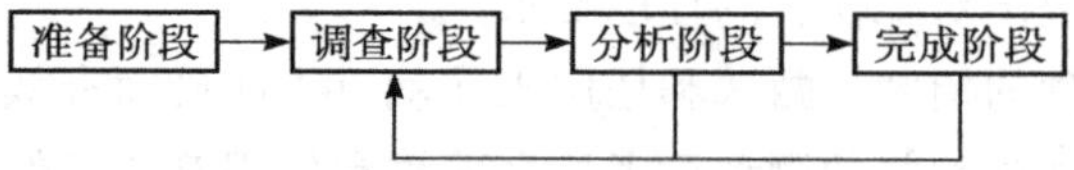

图 3－4　工作分析的步骤

（一）准备阶段

准备阶段主要完成以下几项任务：

（1）确定工作分析的目的和用途。也就是说，要明确分析资料到底是要用来干什么的？要解决什么问题？工作分析的目的不同，所要收集的信息和使用方法也会不同。

（2）成立工作分析小组。为保证工作分析能够顺利进行，在准备阶段还要成立一个工作分析小组，从人员上为这项工作的开展做好准备。小组的成员一般由以下三类人员组成：一是企业的高层领导；二是工作分析人员，主要由人力资源管理专业人员和熟悉本部门情况的人员组成；三是外部的专家和顾问，他们具有这方面的丰富经验和专门技术，可以防止工作分析的过程出现偏差，有利于结果的客观性和科学性。

(3) 对工作分析人员进行培训。为了保证工作分析的效果，还要由外部的专家和顾问对本企业参加工作分析小组的人进行业务上的培训。

(4) 其他必要的准备。例如，由各部门抽调参加工作分析小组的人员，部门经理应对其工作进行适当的调整，以保证他们有充足的时间进行这项工作；在企业内部对这项工作进行宣传，消除员工不必要的误解和紧张。

(二) 调查阶段

调查阶段需要完成的任务主要有以下几项。

(1) 制订工作分析的时间计划进度表，以保证这项工作能够按部就班地进行。

(2) 根据工作分析的目的，选择收集工作内容及相关信息的方法。

(3) 收集工作的背景资料，这些资料包括公司的组织结构图、工作流程图以及国家的职位分类标准，如果可能，则还应当找来以前保留的工作分析资料。

组织结构图指明了某一职位在整个组织中的位置，以及上下级隶属关系和横向的工作关系；工作流程图指出了工作过程中信息的流向和相关的权限，这些都有助于更加全面地了解职位的情况。职位分类标准和以前的工作分析资料也有助于更好地了解职位的情况，但是在使用这些资料时要注意绝对不能照搬照抄，而应当根据企业现时的具体情况，有选择地加以利用。

(4) 收集职位的相关信息。在完成以上的工作之后，就可以正式开始收集职位的相关信息了。一般来说，工作分析中需要收集的信息有以下几类：

①工作活动，包括承担工作所必须进行的与工作有关的活动和过程、活动的记录、进行工作所运用的程序、个人在工作中的权力和责任等。

②工作中人的活动，包括人的行为，如身体行动以及工作中的沟通；作业方法中使用的基本动作；工作对人的要求，如精力的耗费、体力的耗费等。

③在工作中所使用的机器、工具、设备以及工作辅助用品，如电话、计算机、传真机、汽车、仪器以及车床等。

④与工作有关的有形和无形因素，包括完成工作所要涉及或者要运用的知识，如公司的会计需要运用会计方面的知识，工作中所加工处理的材料、生产的产品或提供的服务等。

⑤工作绩效的信息，如完成工作所耗费的时间、所需要投入的成本以及工作中出现的误差等。需要注意的是，这里只是收集与绩效相关的信息，并不是要制定与各项工作相对应的绩效目标，后者是分析阶段所要完成的任务。

⑥工作的背景条件，包括工作时间；工作地点；工作的物理条件，如有没有噪声等。

⑦工作对人的要求，包括个人特征，如个性和兴趣；所需要的教育与培训水平；工作经验等。

(三) 分析阶段

在收集完与职位相关的信息之后，就要进入到工作分析的下一个阶段，即分析阶段。在这一阶段需要进行以下几项工作。

1. 整理资料

将收集到的信息按照工作说明书的各项要求进行归类整理，看是否有遗漏的项目，如果有，则要返回到上一个步骤，继续进行调查收集。

2. 审查资料

资料进行归类整理以后，工作分析小组的成员要一起对所获工作信息的准确性进行审查，如有疑问，就需要找相关的人员进行核实，或者返回到上一个步骤，重新进行调查。

3. 分析资料

如果收集的资料没有遗漏，也没有错误，那么接下来就要对这些资料进行深入的分析，也就是说要归纳总结工作分析的必需材料和要素，揭示出各个职位的主要成分和关键因素。在分析的过程中，一般要遵循以下几项基本原则。

1）对工作活动是分析而不是罗列

工作分析是反映职位上的工作情况，但却不是一种直接的反映，而要经过一定的加工。分析时，应当将某项职责分解为几个重要的组成部分，然后再将其重新进行组合，而不是对任务或活动的简单列举和罗列。

2）针对职位而不是人

工作分析并不关心任职者的任何情况，它只关心职位的情况，目前的任职者被涉及的原因仅仅是他通常最了解情况。例如某一职位本来需要本科学历的人来从事，由于各种原因，现在只是由一名中专生担任这一职位，那么在分析这一职位的任职资格时就要规定为本科，而不能根据现在的状况将学历要求规定为中专。

3）分析要以当前的工作为依据

工作分析的任务是为了获取某一特定时间内的职位情况，因此应当以目前的工作现状为基础来进行分析，而不能把自己或别人对这一职位的工作设想加到分析中去。只有如实地反映出职位目前的工作状况，才能根据此进行分析判断，发现职位设置或职责分配上的问题。

（四）完成阶段

完成阶段是整个工作分析过程的最后一个阶段，这一阶段的任务是

(1) 编写工作说明书。根据对资料的分析，首先要按照一定的格式编写工作说明书的初稿；然后反馈给相关的人员进行核实，意见不一致的地方要重点进行讨论，无法达成一致的还要返回到第二个阶段，重新进行分析；最后，形成工作说明书的定稿。

(2) 对整个工作分析过程进行总结，找出其中成功的经验和存在的问题，以利于以后更好地进行工作分析。

(3) 将工作分析的结果运用于人力资源管理以及企业管理的相关方面，真正发挥工作分析的作用。近几年，随着人力资源管理的逐渐升温，很多企业投入了大量的人力和物力来进行工作分析，但是在这项工作结束以后，却将形成的职位说明书束之高阁，根本没有加以利用，这无疑是一种极大的浪费。

二、工作说明书的编写

在编写工作说明书时，一般都要按照一定的格式来进行，这里首先介绍几种工作说明书的格式，如表 3-1 和表 3-2 所示。

表 3－1　工作说明书范例一

<table>
<tr><td>职位名称</td><td></td><td>部门</td><td></td></tr>
<tr><td colspan="4">工作内容：
1.
2.
3.</td></tr>
<tr><td colspan="4">任职资格：
1. 学历要求：
2. 工作经验要求：
3. 必要的知识和能力：
4. 综合素质要求：
5. 其他要求：</td></tr>
<tr><td colspan="4">工作环境：
1. 工作地点：
2. 工作条件：</td></tr>
</table>

表 3－2　工作说明书范例二

<table>
<tr><td>职位编号</td><td></td><td>职位名称</td><td></td><td>所属部门</td><td></td></tr>
<tr><td>职位类型</td><td></td><td>上级职位</td><td></td><td>编写日期</td><td></td></tr>
<tr><td>职位概要</td><td colspan="5"></td></tr>
<tr><td colspan="6">履行职责及考核要点</td></tr>
<tr><td colspan="4">履行责任</td><td>占用时间</td><td>绩效标准</td></tr>
<tr><td colspan="4"></td><td></td><td></td></tr>
<tr><td colspan="4"></td><td></td><td></td></tr>
<tr><td rowspan="3">工作关系</td><td>直接下属人数</td><td colspan="2"></td><td>间接下属人数</td><td></td></tr>
<tr><td>内部主要关系</td><td colspan="4"></td></tr>
<tr><td>外部主要关系</td><td colspan="4"></td></tr>
<tr><td rowspan="3">工作条件</td><td>工作场所</td><td colspan="4"></td></tr>
<tr><td>工作时间</td><td colspan="4"></td></tr>
<tr><td>使用设备</td><td colspan="4"></td></tr>
<tr><td rowspan="5">职位关系</td><td rowspan="2">可转换的职位</td><td colspan="2">部门：</td><td colspan="2">职位：</td></tr>
<tr><td colspan="2">部门：</td><td colspan="2">职位：</td></tr>
<tr><td rowspan="2">可晋升的职位</td><td colspan="2">部门：</td><td colspan="2">职位：</td></tr>
<tr><td colspan="2">部门：</td><td colspan="2">职位：</td></tr>
<tr><td>职位关系图</td><td colspan="4"></td></tr>
<tr><td colspan="6">任职资格要求</td></tr>
<tr><td rowspan="4">一般条件</td><td>最佳学历</td><td colspan="2"></td><td>最低学历</td><td></td></tr>
<tr><td>专业要求</td><td colspan="4"></td></tr>
<tr><td>资格证书</td><td colspan="4"></td></tr>
<tr><td>年龄要求</td><td colspan="2"></td><td>性别要求</td><td></td></tr>
<tr><td rowspan="4">必要知识和
工作经验</td><td>必要知识</td><td colspan="4"></td></tr>
<tr><td>外语要求</td><td colspan="4"></td></tr>
<tr><td>计算机要求</td><td colspan="4"></td></tr>
<tr><td>工作经验</td><td colspan="4"></td></tr>
<tr><td>必要的
业务培训</td><td colspan="5"></td></tr>
<tr><td rowspan="2">必要的
能力和态度</td><td>能力</td><td colspan="4"></td></tr>
<tr><td>态度</td><td colspan="4"></td></tr>
<tr><td>其他事项</td><td colspan="5"></td></tr>
</table>

资料来源：董克用，叶向峰．人力资源管理概论［M］．北京：中国人民大学出版社，2003：133.

表 3－1 给出了一种相对简单的描述式的工作说明书；表 3－2 则相对复杂，是表格式的工作说明书。除此之外，其他格式的工作说明书还有很多。

工作说明书无论格式如何变化，其内容一般都要包括两大部分：工作描述和工作规范。其中，工作描述，反映职位的工作情况，是关于职位所从事或承担的任务、职责以及责任的目录清单；工作规范，反映职位对承担这些工作活动的人的要求，是人们为了完成这些工作活动所必须具备的知识、技能、能力和其他特征的目录清单。

一般来说，一个内容比较完整的工作说明书都要包括以下几个具体的项目：①职位标识；②职位概要；③履行职责；④业绩标准；⑤工作关系；⑥使用设备；⑦工作环境和工作条件；⑧任职资格；⑨其他信息。这些信息中第①～⑦项都属于工作描述，第⑧项任职资格属于工作规范。

（一）职位标识

职位标识如同职位的一个标签，让人们能够对职位有一个直观的印象，一般要包括以下几项内容：职位编号、职位名称、所属部门、直接上级和职位薪点。

职位编号主要是为了方便职位的管理，企业可以根据自己的实际情况来决定应包含的信息。例如在某企业中，有一个职位的编号为 HR－03－06，其中 HR 表示人力资源部，03 表示主管级，06 表示人力资源部全体员工的顺序编号。

职位名称确定时应当简洁明确，尽可能地反映职位的主要职责内容，让别人一看就能够大概知道这一职位主要是干什么的；职位名称中还要反映出这一职位的职务，如销售副总经理、人力资源经理、招聘主管、培训专员等。在确定职位名称时，最好要按照社会上通行的做法来做，这样既便于人们的理解，也便于在薪资调查时进行比较。

职位薪点是工作评价所得到的结果，反映了这一职位在企业内部的相对重要性，是确定这一职位基本工资标准的基础。

（二）职位概要

一般用一句或几句比较简练的话来说明这一职位的主要工作职责，要让一个对这一职位毫无了解的人一看职位概要就知道它大概要承担哪些职责，例如人力资源部经理的职位概要可以这样描述，“制定、实施公司的人力资源战略和年度规划，主持制定完善人力资源管理制度以及相关政策，指导解决公司人力资源管理中存在的问题，努力提高员工的绩效水平和工作满意度，塑造一支敬业、团结协作的员工队伍，为实现公司的经营目标和战略意图提供人力资源支持”。

（三）履行职责

职位概要的具体细化，要描述这一职位承担的职责以及每项职责的主要任务和活动。在实践过程中，这一部分是相对较难的，要经过反复地实践才能准确地把握。首先，要将职位所有的工作活动划分为几项职责，然后再将每项职责进一步地细分，分解为不同的任务。如果我们将老师看成一个职位的话，那么来看一下这个职位的职责是如何分解的。首先，要将老师所从事的活动划分成几项职责，可以划分为教学、研究、学生指导和学校服务等几项。然后，继续对每项职责进行细分，例如教学这项职责可以细分为课前备课、课堂讲授、课后批改作业和期末进行考试这四项任务；研究这项职责也可以细分为在刊物上发表论文、编写著作书籍和参加学术研讨会三项任务。

将职位的活动分解完之后，就要针对每项任务来进行描述。描述时一般要注意下面几个问题。

1. 要按照动宾短语的格式来描述

要按照动宾短语的格式来描述，即按照“动词＋宾语＋目的状语”的格式来进行描述。动词表明这项任务是怎样进行的；宾语表明了活动实施的对象，可以是人也可以是事情，宾语有时也可以是双宾语；目的状语则表明了这项任务要取得什么样的结果。例如“监督和控制部门年度预算。以保证开支符合业务计划要求”，其中，“监督和控制”是动词，“部门年度预算”是宾语，“以保证开支符合业务计划要求”是目的状语。

2. 要准确地使用动词

使用动宾短语进行描述时，动词的使用是最为关键的部分，一定要能够准确地表示出员工是如何进行该项任务的，以及在这项任务上的权限，而不能过于笼统。

先来看几个例子，“负责公司的预算工作……”、“负责公司的培训工作……”、“负责公司的保卫工作……”，这是国内大多数企业在编写工作说明书时常用的语句，虽然也使用了动宾短语的格式，但是由于动词的使用不准确，因此并没有清楚地揭示出任务应当如何来完成。“负责”这个动词表面上看起来比较清楚，但是深究起来问题很多，拿“负责公司的培训工作”来说，什么是负责？是指导别人来完成培训叫负责呢？还是自己亲自完成培训叫负责呢？根本没有说清楚，因此要尽量避免使用“负责”这类模糊不清的动词，根据实际情况来准确地选择和使用动词。

在实践中，对各项职责所占用的时间进行估计，还有助于衡量职位的工作量是否饱满。如果某一职位的大量时间都分配给了非常简单的职责，那么就说明它的工作量是不饱满的；相反，一些本来应该占用很多时间的职责在某一职位那里只被分配了很少的时间，那么说明这一职位的工作量有些超负荷。

例如，对于人力资源部的招聘主管，“拟订招聘计划”这项职责占到了全部工作时间的40％，那么说明这一职位的工作量是不饱满的，因为按照正常的情况，“拟订招聘计划”根本就用不了那么多时间。再比如财务部的会计，“编制会计报表”这项职责只占了全部工作时间的10％，在其他职责的时间分配比较合理的情况下，就说明这一职位的工作量超负荷了，因为按照正常的情况，“编制会计报表”这一职责不应该只用那么少的时间，这说明分配给这一职位的其他职责太多了。通过职责占用的时间进行工作量的衡量，必须要对这些职责非常了解才可以。

（四）业绩标准

业绩标准是指职位上每项职责的工作业绩衡量要素和衡量标准，衡量要素是指对于每项职责，应当从哪些方面来衡量它是完成得好还是不好；衡量标准则是指这些要素必须达到的最低要求，这一标准可以是具体的数字，也可以是百分比。

例如，对于销售经理这一职位，工作完成的好坏主要表现在销售收入、销售成本方面，因此它的业绩衡量要素就是销售收入和销售成本；至于收入要到达多少、成本要控制在多少就属于衡量标准的范畴了，可以规定销售收入每月100万元，销售成本每月30万元。再比如对于人力资源部的薪酬主管，衡量其工作完成的好坏主要看薪酬发放是否准确、及时，因此其业绩衡量要素就是薪酬发放的准确率和及时性；至于准确率要达到多少、及时性如何表示就是衡量标准的范畴了，可以规定准确率要达到98%，薪酬迟发的时间最多不能超过2天。

（五）工作关系

工作关系是指某一职位在正常工作的情况下，主要与企业内部哪些部门和哪些职位发生工作关系，以及需要与企业外部哪些部门和人员发生工作关系。这个问题比较简单，需要注意的问题是，偶尔发生联系的部门和职位一般不列入工作关系的范围。

（六）使用设备

使用设备就是工作过程中需要使用的各种仪器、工具和设备等。

（七）工作环境和工作条件

工作环境和工作条件包括工作的时间要求、地点要求以及物理环境条件等。

（八）任职资格

任职资格属于工作规范的范畴。对于任职资格的具体内容，学者们的看法是不一致的。

罗杰（Rodger）于1952年提出了七项基本内容：①体貌特征（健康状况和外表等）；②成就（教育、资格证书和经历）；③一般智力；④特殊能力（动手能力、数学运算能力和沟通能力）；⑤兴趣（文化、体育等）；⑥性格（友善、可靠和忍耐等）；⑦特殊的工作环境（大量的出差等）。

此外，芒罗·弗雷泽（Munro Fraser）在1958年提出了另一种工作规范的内容体系，包括五项：①对他人的影响力（通过身体、外表和表达方式等）；②取得的资格（教育、培训和经历）；③先天的天赋（理解力、学习能力等）；④激励水平（设定目标并达成目标的决心）；⑤调节能力（在压力下保持稳定和与他人保持良好合作关系的能力）。

综合各方面的研究成果，一般来说，任职资格应包括以下几项内容：所学的专业、学历水平、资格证书、工作经验、必要的知识和能力以及身体状况。需要强调的是，不管任职资格包括什么内容，其要求都是最基本的，是承担这一职位工作的最低要求。

（九）其他信息

其他信息属于备注的性质，如果还有其他需要说明，但又不属于工作描述和工作规范范围的，可以在其他信息中加以说明。

管理实践

工作说明书范例见表3-3。

表3-3　××集团有限责任公司人力资源部经理工作说明书

基本资料：	
职位名称：总经理	所属部门：人力资源部
职位级别：B2	职位编码：
辖员人数：	编制日期：

续表

工作职责：	
1. 组织协调全部门的各项工作，制定公司机关行政管理费的预算和监督执行	
2. 负责组织制定完善公司境内外国内国际雇员人力资源政策，并监督实施	
3. 负责组织审查公司、分公司的编制、机构设置和制定公司人力资源规划	
4. 组织制定和完善公司、分公司、境外机构和员工的绩效考核制度	
5. 组织制订和实施公司人力资源培训计划	
6. 组织制定公司劳动合同管理制度	
7. 组织制定公司行政管理制度	
8. 组织起草公司重要文件、报告及会议纪要	
9. 组织制定公司文件档案管理规定，并指导部门和分公司执行	
10. 组织进行办公自动化的开发管理和办公设备的采购与日常维护	
11. 负责公司领导交办事项的督办、落实和反馈，并为公司领导提供办公服务	
12. 指导公司重要的对外联络和外事管理工作	
13. 组织协调公司的企业文化建设和三基工作	
14. 完成上级所安排的其他与本岗位工作相关的任务	
任职条件：	
1. 知识要求	
A 学历及学位要求	大学本科（1982 年以后毕业需具有学士学位）
B 专业知识及资格	熟悉人力资源开发与管理、公共关系管理；具有外事管理知识
C 相关知识	熟悉政务工作的相关知识，掌握劳动用工薪酬政策法规，具有人力资源管理理论和实践经验
2. 技能要求	熟悉公司事务、内部管理运作程序
3. 工作经历要求	10 年及以上相关工作经验
4. 能力要求	具有优秀的计划、控制及领导能力 具有有限公司层面的全局管理观念和控制能力 具有出色的协调管理和沟通能力 具有良好的对外合作工作能力 具有优秀的系统思维能力和判断力 具有风险意识和风险控制能力 具有良好的社交能力 具有良好的口头表达能力与文字水平 具有满足工作需要的计算机使用水平 具有良好的英语沟通能力
5. 年龄要求	男 58 周岁、女 53 周岁以下；新提任者男不超过 55 周岁，女不超过 50 周岁
6. 其他要求	为人公正、爱岗敬业、勤政廉政；既坚持原则，又有较强的服务意识

管理误区

工作说明书编写的误区

1. 功能错位

很多企业的岗位说明书，事实上仅仅是岗位职责制。岗位职责制侧重于岗位任职人应该完成的职责，并不能全面反映岗位的信息，并没有其行为或工作活动的结果。但是岗位说明书则需要全面反映岗位和岗位任职人的全面信息。

2. 职责交叉

同一项工作任务需要几个部门或几个岗位共同完成，就会出现职责交叉，正确地处理有助于发挥协作效应。但很多企业在撰写岗位说明书时对这些职责交叉的工作没有明确各岗位的职责权限及相应承担的责任，反而导致工作中岗位职责不清、多头领导，各部门间互相推诿。

3. 职责重叠

在企业的实际中，对于工作任务性质相同、工作任务量较大的工作，有的岗位不可避免会出现一岗多人的现象。很多企业在描述此类岗位时，采取了简单的一刀切的方法，归纳出该岗位的共同特征，定义了岗位的共同要求，却忽视了该岗位的不同任职者之间工作任务的差别，以及由此导致的对任职人资格的差异，不能做到"一岗一份"说明书。

4. 闭门造车

有的企业在追求管理科学化、现代化，对工作分析缺乏正确认识的情况下，就盲目随大流，要各个岗位上的任职人自己编写岗位说明书；有的企业，由人力资源部自己闭门造车，使描述脱离本企业的实际，尤其是对任职人资格的界定缺乏客观的标准，结果使岗位说明书无法在实际工作中使用，成为案头摆设，只好被束之高阁。

5. 不成体系

岗位说明书编写的过程，其实是对企业业务流程重新认识的过程。一套科学、规范的岗位说明书能对企业的各项工作及人力资源管理的其他工作提供依据。但是，不少企业的岗位描述都有不完整、夸大职责或缩小职责、任职资格主观性强等问题。有的为了节约成本，甚至只对关键岗位或部门进行岗位描述，导致后续的岗位评价、招聘等工作缺乏客观、统一的尺度，科学的人力资源管理工作也无从谈起。

三、工作分析在实际应用中的问题及对策

目前我国众多企业已经十分重视工作分析，但由于种种原因，人力资源工作人员在进行工作分析的实践过程中障碍重重，妨碍了工作分析的顺利进行，影响了工作分析的效果，最终给人力资源系统甚至整个企业组织造成了不堪设想的后果。下面介绍几个工作分析实践的具体障碍及其应对策略。

（一）员工恐惧障碍

员工恐惧是指员工由于害怕工作分析会给自己的工作环境或自身利益带来威胁，对工作分析小组成员采取不合作或敌视的态度，它是工作分析实践中经常遇到的一类障碍。具体来说，员工恐惧主要表现为两种形式：工作分析实施者在访谈、收集资料等与员工接触过程中，员工对其态度冷淡、言语讥讽，或故意对工作分析实施者索要的相关资料不予以提供，从而不支持其访谈或调查工作。

在工作分析过程中，员工对于工作分析实施者所提出的问题，提供虚假的、与实际情况存在着较大出入的信息资料，故意夸大自己所在岗位的实际工作责任和工作内容，而相应地贬低其他岗位的工作。

1. 员工出现恐惧的原因

员工之所以会出现对工作分析的恐惧，主要是由以下两方面的原因造成的。

1）工作分析的减员降薪功能是员工恐惧产生的根本原因

长久以来，工作分析一直是企业减员降薪时经常使用的一种手段。在过去，企业由于外部经济环境恶化，或者内部战略变革、组织结构调整等原因，需要对员工工作结构、工作内容等进行调整，甚至减少员工数目，对员工工资做出相应调整。由于对原因的说明不够明晰，员工会认为这是企业毫无道理的行为；或者即使管理者说明了原因，员工也会认为这些原因根本没有一个科学的基础，根本不可信，可能只是管理者为辞退员工或降低薪水所找的一个自认为合理的借口。

这样，辞退员工或降低薪水无疑会引起被辞退者或被减薪者的愤慨，甚至控告，以及在职者的不满和恐惧，从而影响员工的工作绩效，甚至造成员工与管理者之间更激烈的冲突罢工。但如果企业的这些决定是在科学的工作分析基础上做出的，它就有了一个科学的理由，由此而产生的辞退和减薪也就有了法律的保护。因此，员工就对工作分析存在着一种天生的恐惧之情。

2）测量工作负荷和强度是员工恐惧产生的现实原因

为了加重员工工作负荷，企业也经常使用工作分析。历史中不乏这样的例子。例如，在著名的霍桑实验中，实验者发现员工在工作中一般不会用最高的效率从事工作，而只是追从团队中的中等效率。从而他们总结出员工不仅仅有经济方面的需求，更有团队归属需求，因此他们只会按照本团队中的"中位数"工作。而且，更重要的是，员工认为，管理者始终存有这种想法，即员工总是喜好偷懒的，所以自己保持中位数水平的工作效率，以便给管理者增加工作强度时留有一定的空间。

但如果自己的工作效率太高，上级也还是会再增加自己的工作强度，那么自己可能就达不到管理者所要求的水平，因而会给管理者造成自己不努力工作的印象。目前，这样的情况在有些企业中同样存在。企业为确定某项工作实际所需要的工作时间，而不是员工在工作中所实际耗费的时间，常常采用工作分析的方法。员工由于担心自己的工作将会太辛苦，从而对工作分析产生恐惧之情，也是情理之中的事。

2. 员工的恐惧对工作分析的影响

员工的这种恐惧会对工作分析的实施过程、工作分析结果的可靠性及工作分析结果产生很大的影响，值得企业管理者予以关注。

1）对实施过程的影响

由于员工害怕工作分析对自己的现存利益造成威胁，因此会产生对工作分析小组的工作的抵触情绪，不支持其访谈或调查工作，从而使工作分析实施者收集工作信息的工作难以进行下去。

2）对结果可靠性的影响

因员工固有的观念认为工作分析是为裁员和增效减薪而实施的，所以他们即使提供给工作分析小组有关于工作的信息，这些信息也有可能是虚假的。而工作分析小组在这些虚假信息的基础上对工作所做出的具体分析，很难说是正确的，最终产生的职务说明书和工作规范的可信度也值得怀疑。

3）对结果应用的影响

如果在员工的培训中，根据这些不符合实际的职务说明书和工作规范中有关员工知识、技术、能力的要求而安排培训计划，那培训项目很可能并不能为公司带来预想的成效。如果采用这些虚假信息进行绩效评估，那评估结果的真实性和可信性也值得深究。甚至如果再根据此评估结果对员工进行奖惩、升降等，会打击高效率员工工作的积极性，而且会强化那些工作原本不怎么出色的员工的某些不利于公司发展的行为。

3. 如何解决员工恐惧

针对上述的分析情况，企业应该采取积极的措施来解决员工恐惧的问题，比如采取以下措施。

1）让员工参与工作分析活动

想克服员工的恐惧心理，让他们提供真实的信息，工作分析人员应该在工作分析开始之前，让员工了解实施工作分析的目的与原因，使他们知道工作分析的真正目的不在于了解现有的任职者水平，而是了解岗位要求，了解岗位的目的是改进工作方法，规范工作内容等。与此同时，要让员工尽可能参与工作分析的活动。因为只有当员工了解了工作分析的实际情况，并且参与到整个工作分析过程中之后，才会投身于工作分析，并提供真实可靠的信息。

2）对员工要适当承诺，消除有关顾虑

在工作分析过程中，应对员工所提供的资料不会给他们带来负面影响做出适当的承诺，例如不会因此而降薪、减员与缩编，让员工有一定的安全感。

3）工作分析活动结束后，应给员工一定的反馈

在工作分析过程中和工作分析完结后，应及时向员工反馈工作分析的阶段性成果和最终结果。这样员工才会有参与感，也才会对自己参与的工作分析过程和工作分析结果的执行持支持态度。

4）重视工作分析的结果在企业的应用，提高员工的参与性

工作分析的直接结果是形成工作说明书，但企业不能仅仅停留在该层面，而应及时跟进，重视工作分析的结果在制定规范的考核标准和制定合理的员工培训、发展规划中的应用，以及提供科学的职业生涯发展咨询中的重要应用，竭力避免企业的工作说明书在制定和使用中出现的“两张皮”现象。工作分析之后千万不能没有下文，否则员工会因为感觉不到工作分析之后带来的相应变化和改进，而怀疑工作分析的作用和意义，也很难在今后的工作中再度配合人力资源部的工作。

（二）动态环境适应障碍

面对现今经济和社会的快速发展，企业内外部环境的不断变化，以及企业组织结构、工作构成、人员结构不断变动，如果工作分析只注重对企业现状的描述而忽略对企业未来发展的前瞻性调整，则很有可能刚刚写的工作说明书很快就不能适应企业发展的需要。因此，如果工作分析实践不能很好地考虑动态多变的组织环境，就会经常使企业的工作说明书束之高阁，导致工作分析陷入形式主义的困境。

动态多变的环境对工作分析的影响主要表现在三个方面。

（1）外部环境的变化使作为社会基本构成单元的企业也处于高速变化之中，企业组织变革所引发的工作变革导致静态的工作分析成果不能适应企业的实际状况。

（2）企业生命周期的发展变化会影响到企业中的工作结构的变化，也会影响到工作的实际内容和从事该岗位工作的人员的主要职责等的变化。这些变化必然会使工作分析更加复杂。

因此，工作分析人员在工作分析实践过程中，必须以动态的眼光，着眼于企业的未来，而不能以静态的眼光，仅仅了解企业现存工作的实际情况。

(3) 随着员工队伍素质的逐渐提高，员工在工作中能胜任的工作范围也越来越大，员工对企业的要求不再局限于提供基本工资津贴，而是追求更多的工作责任、更好的工作环境、更多的信任和尊重，以寻求工作的满足感、组织归属感。员工能力和需求层次的提高，要求企业对现存的工作予以重新的调整和设计，从而必须引入动态的工作分析方式。

针对动态多变的环境，为实现工作分析的经常化、战略化，以增强企业对外部环境的适应能力。具体而言，企业可以采用年度工作分析、适时工作分析与弹性职务说明书的方式适应动态多变的环境。

前沿展望①

年度工作分析

年度工作分析实施的具体步骤是在一个工作分析间隔期内，各部门主管准确、详细记录本部门内的工作变化情况；在工作分析实施期间，各部门主管对一年内的工作情况进行汇总，并征询本部门员工的意见；工作分析实施之前，人力资源部门发文给各部门主管，要求其在一定期限内，递交本部门工作变化情况汇总表，并在等待期内制订工作分析的初步计划；人力资源管理部门对各部门的工作变化情况进行整理汇总，并据此制订工作分析的详细计划，实施工作分析，编写职务说明书，反馈工作分析结果。

适时工作分析

适时工作分析的具体步骤是：一旦部门主管发现本部门工作有所变化或有必要进行改变，就立即以书面形式递交人力资源管理部门；工作分析小组根据该部门主管要求，开展工作分析实践；编写职务说明书和工作规范；进行工作分析结果的反馈。

弹性岗位说明书

组织结构的扁平化趋势，使得团队成为企业组织结构的基本单位。团队中的成员没有清晰的职责划分，而是共同协作，共同为组织绩效负责。弹性岗位说明书能够较好满足团队“无边界工作”、“无边界组织”特征的需求，因为弹性岗位说明书一般只规定岗位工作任务的性质以及任职者所需的能力、技术、知识、经验等，而不再详细确定任职者的责任范围。显然，弹性岗位说明书可以更好地在组织工作方向发生变化时保持其灵活性和适应性。

尽管年度工作分析和适时工作分析在一定程度上可以使工作分析的实践和结果适应动态变化的环境，但两者的实施成本较高，尤其是适时工作分析，它要求部门管理者每一次发现工作有所变动，人力资源部门都要对该工作实施工作分析，这样会造成工作分析的无计划性，从而提高实施成本。实践证明，综合交叉使用年度工作分析和适时工作分析可以解决高成本的问题，例如可以进行一次定期的工作分析，而在这期间内可以对各部门主管认为非常重要的工作进行定期分析。

---

① 美国通用咨询公司．工作分析常见的问题及解决方法［EB/OL］．http：//www.gci-corp.com/Article/rlzy/200611/46222.html.

（三）岗位员工人数少的障碍

除了员工恐惧和动态适应这两个障碍外，工作分析实践中还会经常遇到某些工作岗位只有一个或者两个员工的情况。岗位员工较少也会对工作分析过程和工作分析结果造成较大影响。

工作分析从某种角度上是对工作的抽样，即从所要进行分析的工作当中选取适合分析的从事该工作的员工作为分析样本，对其工作行为、任职资格等进行分析的基础上展开的。抽样必须保证样本的代表性，而样本容量通常是样本代表性的重要指标。

因此，如果某岗位上只有一个或两个员工，这从前提上就影响了工作分析的合理性和准确性。另外，岗位员工较少的现实还会导致工作分析结果不可靠。由于工作分析是建立在对员工行为及其任职资格分析基础之上的，所以在岗位人员较少的情况下，工作分析的结果也就成为此工作岗位员工个体的工作行为或工作绩效的描述，而非对此工作本身的分析和描述。

要想消除员工较少的现实对工作分析实践带来的不良影响，最终的办法就是加强对工作分析实施者的培训。培养工作分析人员在进行工作分析的过程中，不仅仅着眼于现职人员工作得好坏与否，同时将注意力更多地集中在与工作本身有关的客观实际信息上，比如，工作的职责权限、主要工作内容、工作所需知识和技能等。①

第三节　工作分析的方法

对工作任务、职责和活动等方面的信息进行实际的收集时，可以运用多种技术收集这些资料，在实际中，可以根据企业工作分析的目的来选择一种进行分析，也可以将几种技术结合起来使用。工作分析的方法具体来说主要分为两大类：定性的工作分析方法和定量的工作分析方法。

一、实践法

实践法指的是分析人员亲自从事所需研究的工作，由此掌握工作要求的第一手资料。这种方法的优点是可以明确地了解工作的实际任务和体力、环境、社会方面的要求，适用于那些短期内可以掌握的工作；缺点是不适用于需要进行大量训练和危险的工作。

二、观察法

观察法是指分析人员从旁观察员工的工作活动，并用文字或图标形式记录下工作过程、行为、内容、特点、工具、环境等，然后进行分析与归纳总结。这种方法主要用来收集强调人工技能的那些工作信息，像门卫、流水线上的作业工人所做的工作。通过直接观察员工的工作，分析人员能够比较全面、深入地了解工作要求，适用于那些工作内容主要是由身体活动来完成的工作。而且采用这种方法收集到的多为第一手资料，排除了主观因素的影响，比

① 何芳芳，刘耀中．工作分析实践中的障碍与应对策略［J］．商业时代，2006（1）：36－37．

较客观、准确。

但是，观察法也有其自身的缺点：首先，它不适用于工作周期较长和以脑力劳动为主的工作，如设计师、精算师的工作。其次，它不宜观察紧急而且非常重要的工作，如急救护士的工作。再次，观察法工作量太大，要耗费大量的人力和财力，时间也过长。有关任职资格方面要求的信息，通过观察法也难以获得。最后，有些员工对于观察法难以接受，因为他们会感到自己正在受到监视甚至威胁，所以会在内心对分析人员产生反感，同时也可能导致动作变形。因此，在使用观察法时，应将分析人员以适当的方式介绍给员工，便于分析人员被员工接受。

三、访谈法

对于许多工作，分析人员不可能实际去做（如飞行员的工作）或者不可能去观察（如设计师的工作），在这种情况下，需要请员工讲述他们自己的工作目标、工作内容、工作性质与范围及所负的责任等。与观察法一样，访谈时也应使用标准格式来收集资料，这样才能使所有的问题和回答限制在与工作有关的范围内。更重要的是，使用标准格式便于比较调查过程中不同的人的反映情况。

在收集工作分析信息时，可以使用以下三种访谈法：个人访谈法、群体访谈法和主管人员访谈法。个人访谈法适用于各个员工的工作有明显差别、工作分析时间又比较充分的情况。群体访谈法适用于多名员工做同样工作的情况。需要注意的是，在进行群体访谈时，应使这些工作承担者的上级主管人员在场。如果主管人员当时不在场，则事后也应请主管人员谈一谈他对于被分析工作中所包含的任务和职责持有何种看法。主管人员访谈法指同一个或多个主管人员面谈。因为主管对工作内容有相当多的了解，主管访谈法可减少工作分析时间。采用访谈法时，必须使被访者明确访谈的目的。由于访谈常常被误解为对员工的绩效评价，若被访者是这样理解的话，他们往往不愿意对他们自己或他们下属的工作进行较为准确的描述。

访谈法适用面广，通过与工作承担者面谈，员工可以提供从任何其他来源都无法获得的资料，特别是平常不易观察到的情况，使分析人员了解到员工的工作态度和工作动机等较深层的内容。此外，访谈还为组织提供了一个良好的机会来向大家解释工作分析的必要性及功能。访谈也可以使被访者有机会释放因受到挫折而带来的不满。

最后，访谈法还是一种相对来说比较简单却十分迅速的信息收集方法。访谈法的最主要问题是收集上来的信息有可能是被扭曲的。由于员工可能对人员及访谈动机持怀疑态度（他们常常将工作分析看做是工作绩效评价，并且认为这种“工作绩效评价”会影响到他们的报酬），加上访谈人员可能会问一些含糊不清的问题，从而使信息失真（或因误解，或因有意扭曲事实），被访者可能会强化或弱化某些职责。为了避免这种情况，分析人员可以使用集体面谈法或先与员工面谈，然后再与员工的直接上级主管接触，获得其他信息，以检验从员工那里获得的信息的准确性。

四、问卷调查法

问卷调查法是工作分析中最常用的一种方法，也是获取工作信息的一种较好的方法，就是让员工通过填写问卷来描述其工作中所包括的任务和职责。问卷法适用于脑力劳动者、管理工作者或工作不确定因素很大的员工，比如软件开发人员、行政经理等。问卷法比观察法更便于统计和分析。问卷法通常包括结构化问卷和开放式问卷两种。

结构化问卷由分析人员事先准备好的项目组成，代表了分析人员希望了解的工作信息。问卷回答者只需要在问卷项目后填空、选择或对各个项目进行分数评定。回答结构化问卷简单、明确，不占用任职者太多时间，但回答方式比较呆板，不允许回答者有发挥的余地。如果问卷中有的项目表达模糊或不切实际，回答者也只能勉强作答或空着不答。开放式问卷让回答者用一段话表达自己的意见，这就给他们提供了发表不同看法的机会，如“请叙述工作的主要职责”。最好的问卷介于两者之间，既有结构化问题，也有开放式问题。

问卷法有许多优点：①它能够从许多员工那里迅速得到进行工作分析所需的资料，节省时间和人力，费用低，速度快；②问卷可以让任职者在工作之余填写，不会影响工作时间；③它可以使分析的样本量很大，因此适用于需要对很多工作进行分析的情况；④分析资料可以数量化，由计算机进行数据处理。

同时，问卷法也存在着一些问题：首先，设计理想的调查问卷要花费大量的时间、人力和物力，费用比较高。而且，在问卷使用前还应该进行测试，以了解员工理解问卷中问题的情况。为了避免误解，还经常需要工作分析人员亲自解释和说明。其次，问卷缺乏面对面交流带来的轻松合作的气氛，缺乏对被调查者回答问题的鼓励或支持等肯定性反馈，因此被调查者可能不积极配合与认真填写，从而影响调查的质量。

工作分析中使用的典型问卷，如表 3－4 所示。

表 3－4　调查问卷范例

调查问卷	
姓名________________	职位名称________________
部门________________	职位编号________________
上级职位________________	
1. 任务综述。请用自己的语言简要叙述你的主要工作任务。如果你还负责写报告或做记录，请同时完成第 8 部分的内容：	
2. 特定资格要求。请列举为完成由你的职位所承担的那些任务，需要哪些证书或许可证：	
3. 设备。请列举为了完成该职位的工作，你通常使用的设备、机器和工具：	
4. 常规工作任务。请用概括的语言描述你的常规工作任务，请根据各项任务的重要性，以及每个月每项任务所花费的时间百分比从高到低排列：	
5. 工作关系。你所从事的工作要求你同其他部门或其他人员、其他公司或机构有所接触吗？如果是，请列出要求与他人接触的工作任务并说明频繁程度：	
6. 监督。你的职位有监督职责吗？如果有，则需要监督哪些职位？如果你的职位对其他人的工作还负有责任但不是监督责任，则请加以解释：	
7. 决策。请解释你在完成常规工作的过程中所要做出的决策有哪些？ ________________ 如果你的判断或决定质量不高，采取的行为不恰当，那么可能带来的后果是什么？	

续表

8. 文件记录责任。请列出需要由你准备的报告或保存的文件资料有哪些，并指出每份报告需要递交给谁：
9. 监督的频率。为进行决策或决定采取其他正确的行动程序，你必须以一种怎样的频率同你的主管或其他人协商？ 经常（　） 偶尔（　） 很少（　） 从不（　）
10. 工作条件。请描述你是在一种什么条件下进行工作的，包括内部条件、外部条件等，请一定将所有令人不满意或非常规的工作条件记录下来：
11. 资历要求。请指出为令人满意地完成本职位的工作，工作承担者需要达到的最低要求： (a) 教育：　最低学历＿＿＿＿＿专业或专长＿＿＿＿＿ (b) 工作经验：工作经验的类型＿＿＿＿＿工作经验的年限＿＿＿＿＿ (c) 特殊培训：类型＿＿＿＿＿年限＿＿＿＿＿ (d) 特殊技能：＿＿＿＿＿
12. 其他信息。请提供前面所给项目中未能包括的，但你认为对你的职位来说非常重要的其他信息：＿＿＿＿＿ 员工签名：＿＿＿＿＿日期＿＿＿＿＿

资料来源：[美] 加里·德斯勒. 人力资源管理 [M]. 北京：中国人民大学出版社，1999.

五、工作日志法

工作日志法又称工作写实法，是由员工本人自行进行的一种工作分析法。要求从事工作的员工每天写现场工作日志，即让他们每天按时间顺序记录下他们在一天中所进行的活动。通过对员工工作日志的分析来了解员工实际工作内容、人际关系及工作负荷等，从而收集工作信息。

工作日志法的优点是可以长期对工作进行忠实全面的记录，提供一个非常完整的工作图景，不至于漏掉一些工作细节。这是其他方法所不具备的特点。它的缺点是任职者每日程式化的日志记录活动对他们来说缺乏长久的动力，难免马虎和敷衍，员工可能会夸大某些活动，同时也会对某些活动低调处理，可能存在一些误差。因此，工作日志法最大的问题可能是工作日志内容的真实性问题。要求事后对记录和分析结果进行必要的检查。检查工作可由工作者的直接上级来承担。表 3-5 是工作日志表的示例。

表 3-5　工作日志表示例

工作日志					
姓　名：					
职　位：					
所属部门：					
直接上级：					
从事本业务工龄：					
填写期限：自　年　月　日至　年　月　日					
说明： 1. 在每天工作开始前将工作日志放在手边，按工作活动发生的顺序及时填写，切勿在一天结束后一并填写。 2. 要严格按照表格要求进行填写，不要遗漏任何细小的工作活动。 3. 请您提供真实的信息，以免损害您的利益。 4. 请您注意保管，防止遗失。					
日期		工作开始时间		工作结束时间	
序号	工作活动名称	工作活动内容	工作活动结果	时间消耗	备注

资料来源：董克用，叶向峰．人力资源管理概论 [M]. 北京：中国人民大学出版社，2003：144.

六、典型事例法

典型事例法也称关键事件扩展法，指的是对实际工作中工作者特别有效或者特别无效的行为（即关键事件）进行简短的描述，通过积累、汇总和分类，得到实际工作对员工的要求。关键事件记录既能获得有关工作的静态信息，也能获得工作的动态信息。

典型事例法直接描述工作者在工作中的具体活动，因此可以揭示工作的动态性质；因为它所研究的工作可以观察和衡量，所以用这种方法获得的资料适用于大部分工作；又因为它所收集的都是典型的实例，因此它对于防范事故、提高效率能起到较大作用。该种方法的缺点在于收集归纳事例并把其进行分类需要大量时间。另外，由于描述的是具有代表性的工作行为，这样可能会漏掉一些不明显的工作行为，很难对通常的工作行为形成总体概念，因此难以非常完整地把握整个工作实际。

小贴士

如果我们能算出有几千项操作的飞机需要几个驾驶员，我们没有理由算不出只有几项或几十项任务的办公室需要几个人。现存在的唯一问题是我们愿不愿意克服困难，去把这个问题搞清楚。

——廖建桥

第四节　工作分析结果的评价及应用

工作分析的目的在于了解有关工作的信息和情况，其结果主要是工作描述。工作分析结果的一项重要用途就是工作评价，因此在学习工作分析理论和实践的同时，有必要对工作评价的相关理论与知识做一个初步了解。

一、工作评价概述

（一）工作评价的概念

工作评价是依据工作分析的结果，按照一定的标准，对工作的性质、强度、责任、复杂性及所需资格条件等关键因素的程度差异进行综合评价的活动，是对组织各类岗位工作的抽象化、定量化与价值化的过程。工作评价的主要目的是确定职位等级，建立科学、公平、公正的职位管理机制，一般用于薪酬设计活动。

在把握工作评价概念的过程中，我们应该注意它的两个基本特征。

1. 工作评价的核心是“事”而非人

评价虽然也会涉及员工，但它是以岗位为对象，以岗位所负担的工作任务或者职责为对象进行的客观比较和定位，是以工作者的工作技能、工作责任、工作强度和工作条件等关键要素为内容进行的一种评价活动。也就是说，工作评价是围绕工作本身以及工作要求展开的，其内容具有客观性，与工作者的态度、能力等主观因素无关。

在实践中这种特征表现为：一是做同样工作的员工应该领取同样的工资；二是工作评价只与岗位工作有关，与该岗位上员工的业绩无关。

2. 衡量组织中各类职位或岗位的相对价值

工作评价所衡量的是组织中各类职位或者岗位的相对价值，而不是绝对价值。也就是说，工作评价一般根据各岗位的重要性、困难度等因素来确定它们之间的相对关系，把价值相似的岗位归为一类，然后确定岗位等级层次，而不是直接用货币进行衡量。岗位评价得出的是该岗位的分数或者等级，而不会直接得出各岗位的货币价值或者薪资。薪资的最后确定以分数或者薪点为基础，再结合组织状况及薪资调查情况来制定。

（二）工作分析与工作评价的关系

从总体上来说，工作分析是工作评价的起点，工作分析所得到的信息是对工作进行评价的重要基础，而工作评价则是工作分析的重要目的和服务对象，是运用工作分析成果的主要领域之一。如果我们把工作分析和工作评价放在薪酬设计的整个过程中，则可以看到，工作信息的收集是基础，工作分析是中介，工作评价是核心，确立科学合理的薪酬体系是我们的最终目标。

信息的收集是开端，无论是单独讲工作分析还是把工作分析作为一个薪酬设计的部分来看，信息的收集都是必不可少的一环，它为薪酬设计提供了素材和基础资料。收集到的信息将用于工作分析，它是中间环节。从工作分析到工作评价再到确定薪酬，正是一个从投入到控制、从控制到产出的过程。工作分析确定的工作职位的特征信息可以直接用于工作评价当中，依据这些特征信息进行工作评价，可以衡量不同职位的相对价值，进而得到职位序列和薪酬标准，最终确定各个职位的薪酬水平。

（三）工作评价的原则

工作评价是一项系统实践工程。在工作评价的过程中，很大程度上依赖于工作评价者的主观判断，如计划的制订、方法的选择、信息的筛选、要素的确定以及标杆的选定等都是如此，而工作评价的结果直接影响各个岗位薪酬的确定。

评价工作如果过分依赖操作者的主观意识，则将导致评分的不准确和不可靠。因此，必须采取措施将主观性降到最低程度，评价的量表必须被明确界定，评价者要进行完整培训来获得熟练运用职位评价技术的能力，必须为评价者提供完整、准确、最新的工作描述。最为重要的是，我们要提供相关的评价原则，从理论层面指导工作评价行为。

1. 明确性原则

工作评价必须在工作标准、工作程序、方法选择、操作人员等各个方面明确无误，最好有明确可行的书面计划与文件规定。

2. 一致性原则

工作评价应当在人员和时间上保持一致，保证评价结果不受无关因素的干扰。只有当两个人及更多人对同一项工作评价结果相似，或者同一个人在两个以上不同场合做出的评价结果相似时，才能说明评价的一致性。实际上，也可以把一致性看做评价结果的方差问题，方差越小，一致性越高，结论也就越可靠；反之，则一致性低，结论不可靠。

3. 客观性原则

评价过程中不能牵涉评价者个人的利益，更不能有政治考虑及个人偏见的存在。只有这样，才能使工作评价的操作者保持客观的态度，控制个人主观态度对评价结果的负面影响。

4. 弹性原则

工作评价在组织的实际操作过程中不是一项可以一劳永逸的工作，随着组织内外部环境的变化，一些调整在所难免，因此组织应设计对不准确或过时评价进行修正的机制。人力资源管理部门应阶段性地核查并更新工作评价的结果。员工也应被授予对其所从事职位的工作评价进行反馈和质疑的权利，可以在不满意时向指定机构或个人对评价结果提出意见。

5. 代表性原则

这里的代表性包括工作评价委员会成员的代表性、被评岗位及其评价要素的代表性以及评价结果对工作价值的代表性，总之，就是要使评价结果在最大限度上获得员工的支持和理解。

6. 准确性原则

工作评价的评价分数必须以准确的信息为基础，以正确的处理为过程，以精确的计算分数为结果。这要求评价人员对所评价的工作理解透彻，态度端正，工作认真，方法科学，运用正确。

7. 实用性原则

工作评价的方法多种多样，在使用难度上有简单与复杂之分，成本上有高低之分，时间上也有长短之分。要根据组织的现实条件和实际需要，以实用为准则，结合各种方法的特点来选择和使用评价方法。

1）工作评价的操作实施

工作评价委员会实施评价工作的第一步就是对有关职位信息的收集。这些信息可以通过已有的工作说明书等文件获得，也可以通过问卷调查、员工访谈等形式来获取。在本章的前面已经详细介绍了工作说明书，这里就不再赘述。

接下来的工作就是确定工作评价的要素，这是各种方法都必须经过的一个阶段。工作评价涉及职位的比较，备受组织中的员工和管理者的关注。为了表现评价工作的公平性和科学性，获取有关人员支持，有必要制定一套定义明确、易于区分的标准作为比较的基础。因此，确定工作评价因素或者指标成为评价工作的关键一步，这就需要系统地选择并构造恰当的工作评价因素体系。不同的工作评价需要使用不同的因素组合，一个职位评价因素体系通常需要使用5～10种要素。

评价方法主要依赖于工作评价委员会的判断来选择评价要素。选择要素一般分两步进行，首先是构建能够充分反映职位特征和价值的足够数量的要素群，只要是有关系的要素都可以入选；然后从确定的要素群中选择最有价值的要素，并确定每个要素的作用及其在总体中应占的比重。

做好工作评价要素的选择工作，需要按照一定的原则进行。确定选择原则实际上就是明确评价要素集合时应当遵循的事项，可以确定哪些要素能够入选、哪些不能入选。我们一般可以从统计和内容两个方面来规定评价要素的选择原则。

（1）统计选择原则

要按照统计方法的要求来规定评价要素的选择。工作评价的目的在于建立一个精确、清晰的等级序列，这就要求选择的评价要素必须可靠，且有足够的弹性。

对统计方法有两个基本要求，首先是可靠性，即评价工具的准确性，它是对评价的基本要求，如果评价结果不因评价时间和操作人员的变化而变化，那么就可以认为它是客观可靠的。其次是相关性，即要素与工作职位间必须存在相关关系。也就是说，要素要能够对职位有所反映，这样评价才有意义。如何选择具有相关关系的要素取决于数学的单调属性，从统计学上我们可以把要素之间的关系分为三种：单调相关关系、多调相关关系和非相关关系，单调相关关系的要素最便于评价和比较。

(2) 内容选择原则

内容选择原则是从评价要素内容的角度来讲的。从这一角度来看，选择评价要素要从工作表现、层级差异和代表性三个方面着手。

①工作表现：工作评价的对象是与受评职位有关的因素，只有那些能够描述工作任务的因素才能作为评价要素。这是在一个内部的封闭系统内进行的，与任职人员情况和外部劳动力市场因素无关。

②层级差异：进行职位排序时，需要按照评价要素系统对所有职位逐一做出评价，每一个要素都要分为由高至低排列的若干层次，得出的评价结果也是分层级的。

③代表性：选择的评价要素要与岗位的特征相吻合，并且是其中最具代表性的因素，根据这些就可以决定职位的等级。如对打字员职位的评价，从准确性和速度的快慢就可以判断出职位等级的高低。

按照这两个原则，在选择职位评价要素时，要首先把那些可靠性差的要素排除在职位评价要素之外，然后再从中剔除与受评工作不相关的要素，再确定具有代表性的要素，最后划分要素层级。

在确定工作评价要素后，就要正式进行工作职位的排序了。职位是任务与职责的集合体，一个组织中的职位数目与人员数量常常是一致的。从严格意义上来说，两个职位是不会完全相同的，即使两个名称一样的职位，它们的具体工作内容也会有细微的差别。例如虽然同是秘书，但每个人的实际工作任务还是有差别的。尽管职位各不相同，但要区分每个工作职位的所有细微差异是不现实的，从成本收益来考虑也是不合算的，因此一般做法是限定序列中层级的数目，然后把各个职位归到相应的层级中。

但对于一些规模较大的组织而言，岗位不仅数量大，种类也很多，每个职位的性质和内容都有很大区别，对组织的价值也各不相同。这就需要采用适当的方法来使属于不同工作系列的各种职位具有可衡量性，最终把它们纳入同一个等级序列中。因此，我们需要有一个参考系，标杆就是这个参考系。这里实际运用的是标杆职位，标杆职位的选择是做好工作评价工作的另一个重点。可以作为标杆的职位一般要从以下职位中选取：

①各职位系列中最有典型性的职位；

②人员最多的职位；

③职位特征明显、职责划分清晰的职位。

标杆职位的选择必须要在大量翔实资料的基础上，经过专家组成员的充分讨论，在达成共识后确定，还要尽量征询一般员工的意见和建议。

运用标杆结合先期的排序工作，就可以得出组织内部所有受评职位的序列了。职位序列的获得也就意味着达成了工作评价的目的。

2) 工作评价进程的控制

由于工作评价在许多方面都需要依赖执行者的主观判断，同时在评价过程中还会遇到许多不可预测因素的影响，因此必然会造成工作评价操作过程中出现偏差。这些偏差应当在过程中及时发现并予以弥补，如果拖延到评价结果得出之后再进行纠正，往往既复杂又困难。因此，实施一些过程控制是必要的。

（1）要及时进行信息沟通，听取各方面的意见和建议，保障各种意见和看法的上传下达。这里的沟通是针对动态信息而言的，是伴随评价工作实施的整个过程的。

（2）通过鼓励组织各层级员工参与工作评价过程，使他们充分理解评价活动的目的和内容以及给自身带来的好处，消除顾虑，增强兴趣，减少抵制力量的阻碍作用。

（3）严格按照事先规定的程序和制定好的评价准则实施评价工作，对评价结果要有严格的技术指标要求。为了消除评价过程中的不确定因素，避免因为操作者个人原因导致的偏差，可以采用统计方法进行数据整理，如对方差的控制、对特殊个案的分别处理等。

（4）要保证良好的评价环境，提高评价环境的匹配性，对评价时间和环节进行控制，排除不利于评价工作的不良因素的干扰。这有助于帮助工作评价委员会成员和其他参与者远离干扰，从组织的大局出发进行公正、负责的评价，也有助于提高评价结果的权威感和基层员工的认可度。

二、工作评价的总结和应用

在结束工作评价活动、得到职位层级序列之后，还有许多工作需要做，主要是结果申诉和修正工作，总结工作和成果应用工作。

1. 结果的申诉和修正

即使最为尽力和训练最有素的评价者也可能出现失误，部门领导期望他们下属的工作能被更高评价以反映所在部门的地位，被评价者也可能会感到自己职位的价值受到低估，因此即使进行了过程控制，一些异议仍在所难免。同时，员工通常在得知最后结果后才会发表意见，一般较少在评价过程中提出异议，这就需要工作评价委员会在工作评价结果出来后，有充分的应对员工申诉的心理准备，并按照事先规定的程序进行应对。需要对那些引起普遍或者强烈不满的职位重新进行评价、修正，得到比较满意的工作评价成果。

2. 工作评价的总结

在最终完成评价工作后，应当进一步做好总结工作，梳理评价工作的脉络，为今后工作评价系统的长期使用和必要的调整打好基础。

由于组织的职位设置和每个职位的职责发生变化是不可避免的，因此做出一些必要调整是必然的。工作评价的成本很高，不可能每次都进行大规模的评价活动，尤其是在基本框架形成后，一般都是在原有基础上做出一些细微调整。做好总结工作主要是为这些后续活动准备好充分的资料，依靠评价委员会中工作评价专家的力量为组织培养一批熟悉新的工作评价系统的人员，使他们基本可以依靠自己的力量从事日常的维护工作。

在工作评价过程中形成的各种数据、资料、成果，要分门别类地做好存档工作，方便以后的查阅和使用。

3. 评价成果的应用

工作评价主要用于建立组织的薪酬体系，因此其第一个效用就是用于薪酬体系的建立，这是一个很自然的过程，主要通过市场薪酬调查，结合工作评价得到的职位序列和组织的实际情况，做出一套薪酬支付系统。以工作评价为基础，可以建立岗位薪资或技能薪资体系。

岗位薪资是以员工所在岗位、所任职位以及职位的责任轻重、所需努力程度以及工作环境来确定的；技能薪资则根据不同岗位、职务、职位对知识和技能的不同要求，及员工在所处的岗位上已具备的知识与技能水平来确定。

除了建立薪酬支付系统外，评价成果还可以用于以下方面：①

(1) 依据对工作职位职责、内容等信息的了解，对职位进行重整，平衡各职位之间的责任和任务，把一些联系紧密、性质相近的任务整合到同一职位中。

(2) 根据对各职位关系的了解，整合职位之间的监督、管理和合作关系，建立更适应人性化需要的职位管理结构和职位分类体系。

(3) 利用其中关于职位价值的信息，找出对组织最有价值的因素用于改善绩效考核和激励机制，引导员工的工作重点向有利于组织发展的方向转变。

(4) 用于员工的晋升、去留、培训和轮换等人力资源管理活动。

操作实务

工作分析与组织高绩效②

现代的工作分析技术可以帮助公司推行高绩效战略。在英国石油公司勘探部，由于需要比较有效的、快速行动的、扁平化的组织以及被授权的雇员，因而要求管理人员列出技能和技能水平矩阵来代替职位说明书。高级管理人员希望将雇员的注意力从职位说明书或"那不是我的工作"的想法，转移到能够激励他们获得其履行更大职责所必需的新技能的东西上去。

解决的办法是用图 3-5 所示的那种技能矩阵。他们为两组雇员的各种职位创建了技能矩阵，这两组雇员中，一组主要从事管理工作；另一组的工作比较广泛（例如工程方面的工作)。如图 3-5 所示，该矩阵列出了：①职位所需要的基本技能（例如专门技术)；②职位对每项技能的最低要求。显然，强调的重点不再是具体工作职责任务，而是要为雇员承担更大的定义通常不明确的并有相应授权的职责而开发新的技能。

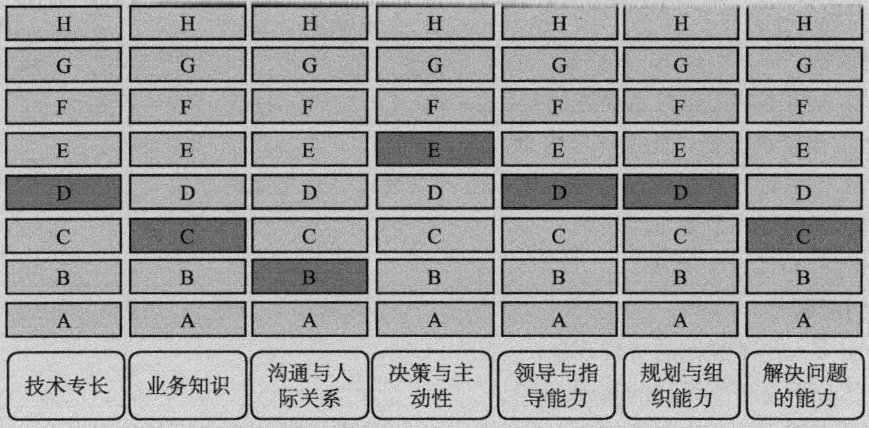

图 3-5 英国石油公司某职位的技能矩阵

注：浅灰色框表明该职位所需技能的最低水平

① 萧鸣政．工作分析的方法与技术 [M]．北京：中国人民大学出版社，2006：274-301.

② 加里·德斯勒．人力资源管理 [M]．北京：中国人民大学出版社，2008.

这种技能矩阵方法引起该部门人力资源工作的其他方面的改变。例如，该矩阵不断提醒雇员必须改进什么技能。与之相应，该企业制订了一种新的基于技能的薪资方案，根据技能改进状况来提升工资。绩效评价也更重视技能更新。人员培训强调开发更广泛的技能，如领导、规划等适用于综合承担广泛的责任和工作的技能，结果促使公司更加重视工作绩效。

【本章小结】

本章首先介绍了工作分析的含义、内容和作用。从分析前的准备阶段、调查阶段、信息收集和分析阶段、完成阶段四个步骤，探讨了工作分析的程序。其次，对工作分析的方法进行了详细的阐述。其中有工作实践法、观察法、面谈法、问卷调查法、关键事件法和工作日志法等。再次，对工作说明书的要素、内容以及编制方法等进行了介绍。最后对工作评价的原则及有效实施等进行了分析。

【本章练习题】

一、选择题

1. 成本最高的岗位分析主体是（　　）。

A. 岗位任职人员　　B. 岗位直接主管

C. 外部人力资源专家　　D. 人力资源经理

2. 访谈法的优点是（　　）。

A. 标准统一　　B. 有切身的感受

C. 互动，双向沟通　　D. 成本低

3. 下列收集工作分析信息花费时间较长的方法是（　　）

A. 问卷法　　B. 工作日志法　　C. 亲验法

D. 访谈法　　E. 观察法

4. 工作说明书的工作关系描述的是（　　）。

A. 此工作受谁监督，此工作监督谁

B. 此工作可晋升的职位，可转换的职位，以及可升迁至此的职位

C. 任职者的工作职责

D. 与哪些职位发生关系

二、判断题

1. 一岗多人是不规范的管理现象。（　　）

2. 工作分析是薪酬设计的基础。（　　）

3. 直线主管作为工作分析信息提供主体之一，具有掌握信息全面的优点。（　　）

4. 问卷法可以深入地收集到最客观的工作分析信息。（　　）

5. 工作说明书中任职人员资格条件的制定应就高不就低。（　　）

6. 有限的工作关系要优于僵硬的工作关系（　　）

三、简答题

1. 工作分析的内容包含哪些方面？

2. 怎样理解工作分析中的责任分工？

3. 企业如何开展工作分析？

4. 工作说明书主要应包含哪些具体的项目？

5. 简述工作分析中的重要方法，并指出它们的优缺点。

6. 怎样理解工作分析与工作评价的关系？

【案例分析】

A公司高层的决策

A公司是中关村的一家从事软件开发与生产的股份有限公司。A公司高层坚信科学的管理能够带来巨大的利益和效益，因此他们非常重视采用现代管理技术和手段。

因此，在1999年10月公司组织并进行了大规模的工作分析，并根据工作分析的结果，编制了各岗位的职务说明书，规定了各个岗位的人员编制，制定了各个岗位的薪酬水平。在初期，这些变革确实给企业带来了高效率和高效益，但是后来的发展却事与愿违。从2000年7月开始，各部门经理就不断抱怨职务说明书不符合其部门现在的主要职责和任务，人员编制禁锢了其部门及公司的发展，薪酬水平也不能体现各岗位的实际工作，公司员工的士气大大下降等。A公司现在正处于一种尴尬的境地。

公司专门找人对此进行了细致的分析和调研，得出的结论是，随着生产技术的飞速发展，产品生命周期逐渐缩短（大约为12个月）。有了职务说明书后，降低了公司人力资源使用的弹性。当今软件开发所要求的产品知识更新速度较快，相应地，任职人员的资格条件也会随之变化，刚刚通过工作分析所得到的职务说明书基本上不起什么作用。所以该公司高层领导决定不再进行工作分析，也不再使用职务说明书和任何工作分析的结果。

讨论题：

1. 工作分析在当今社会所面临的困难有哪些？如何解决？

2. A公司高层做出不再进行工作分析、不再使用工作说明书和资格说明书的决定是否有道理？为什么？

【实践课堂】

1. 实践内容

登录中国人力资源开发、人力资源管理等相关网站，查阅工作分析和工作说明书编写的相关资料，讨论并分析工作说明书对保证企业正常运转的重要性，以及编写工作说明书有哪些应注意的事项。

2. 实践课程学时

2学时。

3. 实践目的

通过网站收集和分析资料，掌握企业工作分析的程序、工作说明书编写的注意事项等。

4. 实践环节

第一步：以组为单位（2～3人一组），登录相关网站，查阅相关资料。

第二步：以组为单位，讨论编写工作说明书应注意哪些事项。

5. 技能要求

能够熟练应用互联网查阅资料；

能够分析一些企业工作说明书的优点和劣势；

能够通过案例学习，总结工作说明书编写的原则。

6. 实践成果

了解企业工作分析的意义和流程；

掌握工作说明书编写的要点；

能够采用恰当的方法对不同企业的不同工作进行分析；

能够了解并初步运用工作分析的各种方法。

第四章 员工招聘

学习目标

§了解员工招聘面临的机遇和挑战，明确员工招聘的概念、意义及作用；
§掌握员工招聘的原则、程序、渠道和方法，内外部招聘的途径及各自优缺点；
§掌握员工招聘的具体步骤，以及各步骤中的相关内容；
§了解面试的类型、程序以及面试过程中常见的错误；
§了解能力测试的几种方法及各自的优缺点。

技能要求

§掌握面试程序和技巧；
§能够采用不同的人员甄选技术，为组织选聘优秀的人才。

开章案例①

某企业集团正处于快速发展时期，急需高素质的人才加盟，因此集团要求引进中高级管理人才，包括人力资源部副经理、集团公共关系部经理、财务副经理等重要职位。人力资源部门和多家猎头公司签订了合作协议，开始了大张旗鼓的招募选拔。该公司招聘面试的流程是：猎头公司推荐候选人，候选人资料（简历）经人力资源部经理筛选交总经理审阅后决定是否面谈，决定面谈后人力资源部和候选人协调时间，来公司面谈。

面谈的程序是人力资源部接待候选人，参观公司的展厅、厂区，然后就是泛泛地谈话，包括了解候选人的学习工作经历、兴趣特长等。经面谈后人力资源部经理根据自己谈话的感觉向总经理汇报，询问总经理是否见面。总经理求才心切，怕好的人才被人力资源部误杀，一般都要亲自面谈，根据谈话的感觉决定是否聘用。

总经理对猎头公司推荐来的公关部经理人选经面谈后感觉非常好，当天就留下候选人跟随其去参加公司的对外接待，并通知人力资源部立刻办理录用手续。该公司在办理录用手续时需要填写员工登记表，在学历一栏里公关部经理填的是某名牌大学的两年制大专，而猎头

---

① http：//www.cb.com.cn/cbj/channel.

公司推荐的简历上写的是某名牌大学的中文系本科生。

这两者间学历相去甚远，并且总经理对人力资源部有要求公关部经理的学历必须是名牌大学的中文专业的本科生或研究生。无奈人力资源部经理早在公关部经理正式入职前的介绍会上就说是某名牌大学中文系的本科学历，于是乎人力资源部只有把学历不符作为秘密保守。然而，过了新人试用的甜蜜期后，公关部经理在很多方面的表现很普通，总经理对此颇有微词，人力资源部也表现得很无奈，只好继续招聘，找到合适的后再让那个公关部经理走人。

在人才竞争日益激烈的今天，作为企业人力资源部门的招聘部门及其负责人，最为头痛的事也许就是如何才能及时地招聘到各用人单位所需要的人才；而当人才进入公司以后，为什么却又总是做不了多久就纷纷地走人，问题到底出在了哪里？人才招不到、留不住，用人部门埋怨，老板责备办事不力，人力资源部的日子不好过啊。由此可见，作为组织中人员入口的把关者，人力资源管理部门负责的招聘工作是非常重要又是非常难做的。

员工招聘是企业人力资源管理的一项重要职能，它在人力资源规划和人力资源管理的其他职能之间搭建了一座桥梁，它的有效实施不仅是人力资源管理系统正常运转的前提，也是整个组织正常运转的重要保证。

第一节　员工招聘概述

有人说起来员工招聘是很容易的事情：需要什么样的人才就去人才市场、智联招聘、职业中介、大学校园去找，再经过层层筛选、笔试、面试后，觉得谁合适就招谁呗！实际上，招聘是一件很有艺术又很有技术含量的活，需要一定的专业知识，许多公司的人力资源部都专门设立招聘部和招聘主管。招聘职能和组织的发展有着密切的联系。

一、员工招聘的概念

员工招聘是指组织为了实现经营目标与业务要求，在人力资源规划的指导下，根据职务说明书的要求，按照一定的程序和方法，招募、甄选、录用合适的员工担任一定职位工作的一系列活动。

（一）基本要点

准确理解员工招聘的职能，需把握以下几个要点：

(1) 员工招聘应以企业人力资源规划和职务说明书为依据。其中，人力资源规划对员工招聘下达了工作任务，职务说明书对员工招聘提出了任职资格等具体要求。而人力资源规划和职务说明书又是依据企业战略和人力资源战略制定的，所以员工招聘是实现企业战略目标的重要环节。

(2) 员工招聘过程也必须进行有效的管理，遵循一定的程序，并根据企业的实际情况选取适当的招聘渠道和方法，以提高招聘效率和降低招聘成本。

(3) 员工招聘是一系列活动的整合，包括招募、甄选和录用，忽视任何一项都不能称之为有效的员工招聘。

管理误区

招聘与招募的区别：招募是指组织寻找员工的可能来源以及吸引他们前来组织应聘的过程，其目的是让潜在的合格人员对企业的相关职位产生兴趣并吸引他们前来应聘这些职位。而招聘除了招募这项工作外，还包括甄选和录用两项重要的活动。甄选是要对企业招募来的人员使用各种测评技术进行选拔，而录用就是利用甄选的结果做出决策。

（二）招聘目标

良好的招聘活动必须达到6R的基本目标①。

(1) 恰当的时间（right time），就是要在适当的时间完成招聘工作，及时补充企业所需的人员，这也是对招聘活动最基本的要求。

(2) 恰当的来源（right source），就是要通过恰当的渠道来寻求目标人员，不同的职位对人员的要求是不同的，因此要针对那些与空缺职位匹配程度较高的目标群体进行招聘。

(3) 恰当的成本（right cost），就是要以最低的成本来完成招聘工作，当然这是以保证招聘质量作为前提条件的，在同样的招聘质量下，应当选择那些成本最小的方法。

(4) 恰当的人选（right people），就是要把最合适的人员吸引过来参加企业应聘，这包括数量和质量两个方面的要求。

(5) 恰当的范围（right area），就是要在恰当的空间范围内进行招聘活动，这一空间范围只要能够吸引到足够数量的合格人员即可。

(6) 恰当的信息（right information），就是在招聘之前要把空缺职位的工作职责内容、任职资格要求，以及企业的相关情况做出全面而准确的描述，使应聘者能够充分了解有关信息，以使对自己的应聘活动做出判断。

二、员工招聘的意义和作用

（一）员工招聘的意义

员工招聘是人力资源进入企业的重要入口，也是确保企业生存和发展所必需人才的重要来源。它对人力资源管理活动乃至整个企业运作过程具有非常重要的意义，主要表现在以下几个方面。

1. 招聘工作决定了企业竞争力的大小

如今，企业间的竞争越来越表现为人力资源的竞争，对优秀人才的争夺也成为企业间较量的一个重要方面。有效的招聘可以为企业赢得组织发展所需的人才，获得比竞争对手更为优秀的人力资源，从而增强企业的竞争力。

2. 招聘工作影响着人力资源的流动

一方面，招聘渠道中的内部招聘使员工发生工作或职位上的变化，从而促进企业内部人

① 莫寰，张延平，王满四．人力资源管理——原理、技巧与应用［M］．北京：清华大学出版社，2007：152-153.

力资源流动。另一方面，招聘活动又通过招聘过程中信息传递的真实与否会影响人员的离职率：如果招聘时只对外宣传企业的正面信息，隐瞒负面信息，就会使员工在进入企业后产生较大的失落感，进而导致较高的离职率。

3. 招聘工作影响着企业的人力资源成本

作为人力资源管理的一项基本职能，招聘成本构成了人力资源管理成本的重要组成部分，招聘成本主要包括广告费用、宣传费用、招聘人员的薪金等。有效的招聘应该力争大大降低成本，从而降低人力资源管理的成本。

4. 招聘工作是企业进行形象建设的重要途径

在招聘过程中，企业通常会向外部发布公司的基本情况、发展方向、方针政策、企业文化以及产品特征等各项信息，这些都有利于企业更好地展现自己，使外界更好地了解自己。必须注意，招聘人员的素质和招聘工作的质量在一定程度上也反映了企业的管理水平和工作效率。

（二）员工招聘的作用

招聘处于整个人力资源管理过程的前端，对其他工作的正常进行发挥着重要作用。

（1）招聘是对人力资源规划的落实，而人力资源规划又依企业战略而制定，是企业战略在人力资源方面的要求，所以招聘对企业实现其战略目标有着重要的作用。

（2）招聘是企业能够正常运作的前提，如果没有招聘到合适的员工，则企业的研发、生产、销售等工作也无法进行，因为这些工作都是由人的活动来完成的。

（3）招聘是人力资源管理其他职能得以发挥的前提，没有招聘，没有对招聘人选的甄选和确认，职业生涯管理、员工培训、绩效考核、薪酬管理等工作也就无从谈起。

（4）招聘方式中的内部招聘可以促进员工在企业内部流动，有利于激励员工，提高他们的积极性；外部招聘可以为组织注入新的思想，带来新的技术，增添新的活力。

总之，员工招聘不仅是企业人力资源管理工作的基础，而且是整个企业正常运作的前提。搞好员工招聘工作，企业才能在此基础上继续前进，实现自己的战略目标。

三、现代企业员工招聘面临的机遇和挑战

（一）现代企业进行员工招聘的机遇

改革开放以来，我国的劳动人事制度发生了重大变革。以前由国家统包统分的人员配置方法也由企业自主招聘、人才自主择业、供求双向选择所替代，人事制度改革以及相应的保障制度的逐步完善使人员流动成为可能，市场机制在人力资源优化配置方面发挥了重要作用，大大便利了我国企业的员工招聘工作。

（1）员工招聘受到广大企业的普遍重视，逐渐成为企业最为重要的工作之一。随着知识经济时代的来临，越来越多的企业认识到，拥有一支高素质的人才队伍是企业生存和发展的关键因素。而企业招聘工作的好坏，直接决定着企业能否引进适当的人才，从而决定着企业的竞争力。另外，企业的招聘工作还涉及广告、宣传以及与公众的交流，直接关系着企业的形象问题，从而也影响着企业的竞争力。以上这些因素都使得招聘工作越来越受到企业的重视。

(2) 我国是人口大国，人力资源丰富，能够为企业招聘工作提供广泛的人员来源。近些年来，我国各地的人才市场、劳动力市场如雨后春笋般出现，各种职业介绍机构相继挂牌经营，大大方便了企业招聘工作的开展。同时，随着高等教育和各种职业技术教育的发展，相关方面的专业人才也越来越多，企业的人才库得到了源源不断的补充。这些因素都为企业的招聘工作提供了有利条件。

(3) 员工招聘的工作方法和技术体系也得到了不断完善和发展。许多企业都在招聘的技术方面不断探索，学术界也在对招聘工作不断进行深入的理论研究和技术开发，从而使招聘技术体系得到不断完善。另外，招聘方法的科技含量也越来越高，计算机和网络技术以及心理学等学科在招聘工作中的广泛应用大大提高了招聘工作的工作效率和准确性。

(二) 员工招聘面临的挑战①

员工招聘工作虽然面临许多有利因素，但由于我国人力资源管理起步较晚，各方面工作尚不完善，招聘工作同时也面临一系列挑战。由于招聘工作本身的复杂性，也由于不同企业所面临行业背景的不同，管理模式和管理水平也都有差异，招聘工作中存在的问题及其原因也各不相同。

(1) 企业外部影响招聘工作开展的因素很多，有历史方面的原因，也有制度方面的限制。例如，虽然我国人口基数大，但高端人才供给相对不足，这使得企业高端人才的招聘工作难度较大。招聘环境还很复杂，当前在我国社会人情泛滥的情况下，托关系、走后门的风气还难以杜绝，一些组织或个人可能会要求企业承担过多的社会义务，或安排不符合企业需求的人员进入企业就业，这就可能使招聘工作难以坚持任人唯贤、公平竞争等原则，直接或间接地影响着企业招聘工作的顺利进行。

招聘工作的复杂性还表现在国家法律法规和各级政府规定的制约方面，如现行的户籍管理制度，就可能在一定程度上制约着人才的自由择业和企业的自由择人，还有如子女入学入托问题、配偶调动安置问题等，也是制约人才流动的重要因素。

(2) 企业内部也有许多因素影响着招聘工作的正常开展。有些企业还没有专业的招聘人员，招聘缺乏技能，招聘工作组织不力；还有些企业没有建立起完整的招聘工作流程，缺少录用决策的客观依据，聘任与否全凭个人好恶与感觉。这些不利的内部因素，一般都与企业的管理水平有直接联系，直接影响着企业招聘工作的效率和效果。

(3) 从招聘工作本身来看，招聘工作和其他管理工作一样，需要将科学与艺术相结合。

一是招聘计划的制订，现在还很难做到完全科学和客观。由于市场形势瞬息万变，如何根据市场形势的变化来制订和刷新招聘计划，一个员工的产能究竟有多大，如何合理判断用人部门的招聘申请，都是很难靠数学公式就能解决的。

二是录用标准的确定，还很难科学公正。无论是进行笔试还是面试，如何界定59分与60分的差别，如何确定合格标准，在实际工作中有时很难进行抉择；在确定录用标准时，如何把握原则性和灵活性的度，现在还只能是个人经验和艺术问题。

三是招聘的方法和手段，现在还很难做到完全科学化和系统化，尤其是在人员面试筛选过程中，由于诸多因素的影响，要想达到完全科学公正、可靠可信的程度是很难的。要了解一个专业技术人员的真实水平可能需要几天的时间，而要了解一名高层管理人员则要几个月

① 赵永乐，沈宗军，刘宇瑛，等．招聘与面试［M］．上海：上海交通大学出版社，2006：6－7．

甚至更长的时间。因此，通过短短的几小时的面试过程，要想完全了解一个人，并对其将来的绩效做出正确的预测是很困难的。

第二节 员工招聘的原则与流程

理解员工招聘对组织的重要影响，重视员工招聘工作就必须清楚员工招聘的具体管理流程和步骤，以及员工招聘中应该坚持的原则和注意事项。

一、员工招聘的原则

员工招聘是企业人力资源管理活动的一部分，而企业的人力资源管理活动离不开企业和社会环境的框架。所以，员工招聘活动应在企业经营和社会规范要求的条件下展开。为此，员工招聘应遵循以下几项基本原则。

1. 公平公正原则

员工招聘必须遵循国家的法律、法规和政策，在一定范围内面向社会公开招聘条件，对应聘者进行全面考核，公开考核的结果，通过竞争择优录用。企业对所有应聘者应该一视同仁，不得有民族、种族、性别、宗教信仰、身体状况等方面的歧视。这种公平公正原则是保证单位招聘到高素质人员和实现招聘活动高效率的基础，是招聘的一项基本原则。

2. 双向选择原则

双向选择原则是目前市场上人力资源配置的基本原则。它指用人单位根据自身发展的需要自主选择人员，同时劳动者又可根据自身的能力和意愿，结合市场劳动力供求状况自主选择职业，即单位自主择人，劳动者自主择业。该原则一方面能使企业不断提高效益，改善自身形象，增强自身吸引力；另一方面，还能使劳动者为了获得理想的职业，努力提高自己的科学文化知识、技术业务等方面的素质，在招聘竞争中取胜。

3. 因职择人原则

一般来说，选聘人员应该是根据职位说明书的要求进行选择，尽量选择素质高、质量好的人才，但也不能一味强调高水平，只要人尽其才、职得其人就行了。企业招聘工作的目标就是让组织的每个岗位上都有最合适的人员，达到组织整体效益的最优化。目前因为高素质人才的增多，有些单位在招聘时盲目要求高学历、高职称，而不根据岗位的实际要求来考虑，结果花费了大量的人力物力招聘到的优秀人才，由于现有的岗位无法满足个人的成长而最终选择离开。

4. 效率优先原则

效率优先是市场经济条件下一切经济活动的内在准则，员工招聘工作也不例外。招聘过程中发生的成本主要包括广告费用、宣传资料费用、招聘人员工资补助等。效率优先要求企业在招聘过程中以效率为中心，力争用最少的招聘成本获得最适合组织需要的员工。这就需要人力资源部门和其他部门进行密切配合，在招聘时采取灵活的方式，利用适当的渠道，做出合理的安排，以提高招聘工作的效率。

管理误区

企业招聘中的误区①

1. 过于重视学历，而轻视应聘人员的能力

几乎所有的招聘广告里都有学历要求，有的拼命追求高学历，动辄要求研究生学历以上，甚至普通操作工都要求中专以上学历。可以说是一种资源浪费，也可以说是一种歧视。人力资源管理中应做到选择能力和职位的匹配，并不是学历越高越好，否则不仅对企业是一种浪费，对应聘者也是一种浪费，大材小用不行，小材大用也不行，要知道"战车能攻坚，渡水不如舟；骏马能历险，耕田不如牛"。

2. 太过重视经历，忽视应聘人员的潜力

一些企业总是希望员工入职后马上就可以投入工作，所以要求应聘者需有工作经验，把一些有潜力的刚走出校门的应聘人员拒之门外。其实长远来说，人的潜力比经验更重要，经历只代表过去，潜力体现的是将来！能找到有潜力的人比找有经历但没潜力的，对企业更重要！

3. 过于强调专业，考虑技能太少

特别是一些国有企业，要求专业必须对口，比较少地考虑应聘者的技能和兴趣。对于一些技术性比较强的，是应该考虑专业要求。但由于种种原因，一些人是迫不得已才学自己不喜欢的专业的，有可能其最佳的技能并不在其专业上，如果过分强调专业对口，有可能失去一个人才。所以在招聘时，专业是需要考虑，但不能太死板，要根据应聘者的实际情况决定是否录用。

4. 企业对招聘人员的选择不重视

招聘虽然看上去是一件简单的工作，其实不然，招聘工作涉及的范围比较广，招聘人员必须有能力去识别应聘人员的潜力、能力、兴趣、个性特征等，所以对他们的素质要求应该是比较高的，除了上述能力之外，还应具备一定的人格魄力，如亲和力、礼仪、口才、判断力等，所以企业的招聘人员也很重要，必须具有相关能力，必要时可以请企业外的招聘专家参与。

二、员工招聘的流程

正如前文所述，员工招聘是一项复杂、完整、连续的工作，须按照一定的程序来完成。员工招聘包括招募、甄选和录用三个阶段。但在招聘工作开始之前，首先要做必要的前期准备，具体包括：确定招聘需求、组建招聘团队、选择招聘渠道、制订招聘计划等；准备就绪后，招聘工作方可展开。

招募是企业寻找和吸引合格的求职者前来应聘的过程，具体包括：发布招聘信息、接待应聘人员、收集应聘材料等；甄选是企业从众多应聘者中选出适合工作岗位要求的最佳人选

---

① http://www.bokee.net/company/weblog_viewEntry/3325151.html/.

的过程，具体包括：初步甄选、笔试、面试、能力测试、综合评价等；录用则是根据甄选的结果做出相应的决策。

（一）准备工作

1. 确定招聘需求

招聘需求一般由用人部门提出，包括拟招聘的人数、要求等，并向人力资源部提交正式的人员需求表。人力资源部根据组织的人力资源规划，与用人部门一起共同识别并确定哪些职位确实需要补充人员，有些缺员现象通过内部调剂或加班等方法即可解决，无需进行招聘。当人力资源部认定确有招聘需求时，应立即展开下一步工作，确保人员的及时补充。

2. 组建招聘团队

一般来说，招聘人员团队应由人力资源部门和具体用人部门挑选出来的成员组成。为什么需要两个部门的人员共同参与招聘呢？用人部门主要从专业角度出发，多方面、深层次地测试申请者的资格，而人力资源部门更多的是扮演辅助者和建议者的角色，表 4－1 列出了招聘过程中用人部门与人力资源部门的工作职责分工。在招聘过程中，两者应密切配合，确保招聘工作的顺利进行。

表 4－1　招聘过程中用人部门与人力资源部门的工作职责分工①

用人部门	人力资源部门
1. 用人计划的制订和审批	1. 招聘信息的公布
2. 招聘工作说明书及录用标准的提出	2. 应聘者申请登记，资格审查
3. 应聘者初选，确定参加面试人员的名单	3. 通知参加面试的人员
4. 负责面试与考试工作	4. 面试及考试工作的组织
5. 录用人员名单，人员工作安排及试用期间待遇的确定	5. 个人资料的核实和体检
6. 正式录用的决策	6. 试用合同的签订
7. 员工培训决策	7. 试用人员报到及生活方面安置
8. 人力资源规划修订	8. 人力资源规划修订

3. 选择招聘渠道

招聘按照渠道不同可分为内部招聘和外部招聘。内部招聘是从组织内部发掘人才以填补职位空缺的方法，外部招聘与之正好相反，侧重于从组织外部吸取人才来解决内部人员缺乏的问题。内外部招聘各有利弊，我们在本章第三节中将对两者进行详细介绍。企业应根据空缺职位的特点权衡利弊，选择恰当的招聘渠道，以此来提高招聘的成功率。

4. 制订招聘计划②

在正式开展招聘工作以前，须制订详细的招聘计划，以确保招聘工作有条不紊地进行。其内容一般包括招聘的规模、招聘的范围、招聘的时间和招聘的预算。

① 曾晖．第一次做人力资源经理［M］．北京：中国经济出版社，2003.

② 莫寰，张延平，王满四．人力资源管理——原理、技巧与应用［M］．北京：清华大学出版社，2007.

1）招聘的规模

招聘规模是企业计划吸引的应聘者数量。招聘规模既不能过大也不能过小：过大会增大招聘者的工作量，加重其负担，同时增加招聘成本；过小又不利于企业获得所需的人才。招聘的规模应适中，一般来说，企业是通过金字塔模型来确定招聘规模的，如图 4－1 所示。

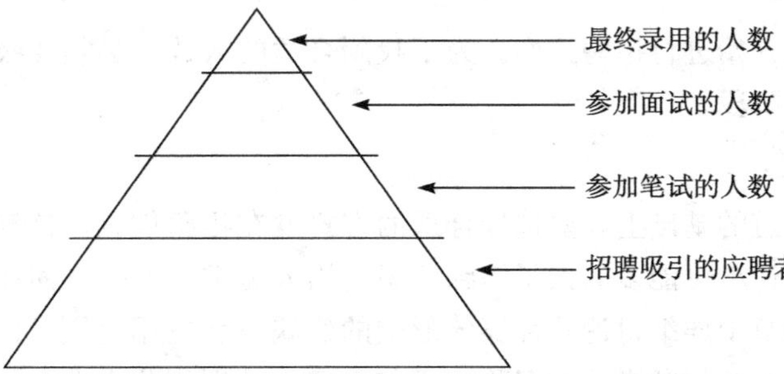

图 4－1　企业招聘规模的确定

在金字塔模型中，招聘被分为招募、面试、笔试和录用四个阶段，每个阶段参与者的人数与拟招聘的人数都有一个确定的比例。例如，当企业的职位空缺为 10 个时，如果确定面试与录用的比例为 3∶1，则需 30 人来参加面试；而笔试与面试的比例为 10∶3，所以需要 100 人来参加笔试；应聘者与参加笔试者的比例为 10∶1，因此，需有 1 000 人来参加应聘，也就是说企业的招聘规模应为 1 000 人。

如果企业招聘所经历的阶段不止四个，则企业还应根据以往的经验适当扩大招聘规模，以确保有足够的应聘者前来应聘。招聘收益金字塔可以帮助企业的人力资源部门很好地策划招聘活动，同时估算招聘所需要的费用。

2）招聘的范围

一般来说，招聘活动的地域范围越大，越有可能招聘到合适的人才，但相应的成本也会越高，因此，招聘须在适当的范围内进行。首先，要视空缺职位的类型而定：对于技能要求较低或比较普通的职位来说，企业从当地的劳动力市场上就可获得所需人员；随着职位层次的提高，由于符合要求的人员比例降低，招聘范围也应随之扩大，有时需要超出本地劳动力市场范围才能找到合适的人选。其次，还要考虑当地的劳动力市场状况：如果当地劳动力较为富余，则依靠本地劳动力市场即可解决问题；相反，如果当地劳动力市场比较紧张，则须将招聘范围扩大至本地区以外的劳动力市场以弥补空缺。所以，企业就须权衡招聘成本与招聘效果，视自身情况控制招聘范围。

3）招聘的时间

招聘工作需要花费一定的时间，而且时间越宽裕，招聘效果通常会越好。但企业是因为有人员需求才进行招聘，如果不能及时填补职位空缺，则会影响企业的正常运转。所以，企业应合理确定招聘时间。在确定招聘时间时，企业应全面考虑可能发生的情况，如通知的邮寄时间、应聘者的行程时间等，以使规定的期限符合实际。同时，还要依计划将总的时间分摊到每个阶段，确保每个阶段的工作质量。在具体实施的过程中，还应灵活安排，如果某阶段所用时间超出了计划期限，则须适当缩短其他阶段的时间以使总时间保持不变，确保空缺职位的及时填补。

4）招聘的预算

招聘需要一定的成本，因此在招聘工作开始前，要对招聘的预算进行估计，便于保证招聘工作的顺利进行，以及日后对招聘效果进行评估。招聘过程中发生的费用通常包括人工费用、广告费用、业务费用等，有的企业还为应聘者报销食宿及往返路费，这些都要包括在招聘预算中。

（二）招募

准备就绪后，就开始进行招聘工作。为了找到合适的人选，必须要吸引一定数量的应聘者，这就进入了招募阶段。

1. 发布招聘信息

在确定了招聘渠道的基础上，要选择合适的方式发布招聘信息。信息发布媒体的选择要有针对性，一方面要让尽可能多的人了解到组织的用人需求，另一方面还需将成本因素考虑在内，我们将在第四节中详细讨论几种媒体形式的优缺点和适用范围，以供企业参考。招聘信息中应详细列明企业拟招聘岗位的名称、工作内容、计划招收人数、任职资格、相关工作条件、工作权限等信息，同时还应包括方便求职者应聘的联系方式、应聘地点及相关事宜等。

操作实务

发布招聘信息应遵循以下原则[①]

- 广泛原则。发布招聘信息的面越广，接收到该信息的人就会越多，那么应聘人员中符合职位要求的人员比例就会越大。
- 及时原则。在条件允许的情况下，招聘信息应该尽早地向人们发布，这样有利于缩短招聘进程，而且有利于使更多的人获知信息。
- 层次原则。由于潜在的应聘人员都是处在社会的某一层次，因此要根据空缺职位的特点，通过特定渠道向特定层次的人员发布招聘信息，以提高招聘的有效性。
- 真实原则。在向外界发布招聘信息时，一定要客观真实。早在20世纪70年代，美国管理协会就建议企业使用真实职位预览法（realistic job preview，RJPs），通过向求职者提供有关职位的真实信息，从而降低人员进入企业后的流动率。
- 全面原则。除了要向外界提供有关职位本身的信息外，还要尽可能地提供其他的相关信息，比如企业的概况、工作的条件以及发展的机会等。应聘者对企业了解得越多，就越有助于他们做出判断和选择。

2. 接待应聘人员

招聘信息发布后，必然会有许多对该职位感兴趣的人通过电话、信件、E-mail等形式询问有关事宜，或者直接前来公司应聘。在接待应聘人员的过程中，招聘人员要牢记自己所代表的是整个公司的形象，注意自己的言行举止要得当和职业化。招聘人员须耐心回答应聘者所提的相关问题，指导他们填写应聘材料。在这个过程中，招聘人员也可以视情况对应聘者做一下简单的分析和了解，如通过一个人的谈吐可以看出他的修养和素质，以为后面的筛选工作做准备。

---

① 莫寰，张延平，王满四．人力资源管理——原理、技巧与应用［M］．北京：清华大学出版社，2007：169.

3. 收集应聘材料

在收集应聘材料（如简历、求职登记表等）的过程中，招聘人员应将明显不符合职位要求的应聘材料予以剔除，同时尽量将剩余的材料归类整理（如招聘多个职位时，按职位的不同进行分类），以减少今后的工作量。值得注意的是，有些被剔除的人员只是不符合企业此次招聘的要求，但很有可能在以后的招聘中符合条件。所以应将这些人的信息统计到一个专门的后备人员信息库中，以便在以后的招聘中派上用场。

（三）甄选

通过招募工作将对空缺职位感兴趣的人员吸引来之后，就要运用一定的方法对这些求职者进行鉴别和考察，为企业挑选出最适合职位要求的员工。甄选工作大致经历笔试、面试和能力测试三个阶段，不同职位按照不同需要可增加或减少步骤，最后对通过以上测试的候选人进行资料核实及体检，以为最后的录用决策提供依据。

1. 初步筛选

招聘人员可通过对应聘者的简历或求职登记表的信息的阅读对所有应聘者进行初步筛选，鉴别出哪些人员不符合职位要求，并将这些人员剔除，从而缩小人员甄选的范围，使后续选拔工作能够更加集中、细致地展开。关于如何利用简历和求职登记表进行初步筛选将在本章第四节中介绍。

2. 笔试

笔试是大多数企业所采用的一种人员甄选方法，由应聘者以书面作答的形式回答企业事先拟好的题目。该方法可以有效地测试应聘者在基础知识、专业知识、管理知识以及综合分析能力、文字表达能力等方面的差异。

3. 面试

面试是由招聘人员和应聘者进行面对面的交流，以直观的形式对应聘者进行考察的一种人员甄选方法。通过面试，企业可以全方位地考察应聘者的口头表达能力、判断能力、分析能力和其他综合能力，直观地了解应聘者的各种素质和潜能。应聘者的一些主体特质，如风度、气质、修养等，也可以通过面试获得比其他甄选方法更为准确的观察效果。有关面试的具体类型和过程将在本章第四节中做详细介绍。

4. 能力测试

有的时候，比较大型的企业在招聘管理人员时还会让应聘者进行能力测试——企业运用一系列方法包括“公文筐”、无领导小组讨论、角色扮演、模拟演讲等来考察应聘者的实际工作能力。能力测试方法的有关内容将在本章第四节中做详细介绍。

5. 候选人资料核实及体检

通过以上测试的应聘者，其专业知识和基本能力均符合组织的要求。招聘人员须对这些候选人的资料进行核实，做背景调查，以保证得到的是候选人的真实信息。然后组织候选人进行体检。最后结合测试结果、资料核实结果和体检结果对候选人做出综合评价，为最后的录用决策提供依据。

知识链接

何谓“背景调查”①？

背景调查一般是在企业招聘新员工时，通过各种正常的、符合法律法规的方法和途径，获得被调查员工的关于个人资料、工作履历等方面的信息，并对获得的信息与被调查者所提供的简历信息进行统计和对比，以确定被调查者的实际情况，成为企业对员工聘用的重要依据，避免因人员招聘不当而产生经济及技术损失。

在广州的某家计算机公司。据了解，该家公司在招聘财务主管时，由于一开始没有对录用人员进行起码的审查，仅仅由于他的高级职称而录用了他，结果一年后，该公司的近100万元现金不翼而飞。等公司发觉时，那人已不知去向。后来经过调查，才发现那人原来是个有贪污前科的人。

背景调查的方式和内容包括：身份、学历的确认，向原雇主的HR了解被调查者的工作内容、工作业绩、工作履历、气质性格的真伪。

背景调查对于企业的意义：对应聘人员简历内容（学历、认证、从业经历、工作业绩等）去伪存真，了解应聘员工的诚信背景和职业操守，降低公司在财产、核心技术、劳动仲裁方面的潜在风险，保证企业吸纳到业务精、人品好的人员；通过背景调研，对员工忠诚度、职业态度的判定提供客观参考依据，降低员工的流失率。

（四）录用

初步确定人员名单后，企业应为这些人员安排具体的岗位并与其签订试用期合同。企业通常还要对新员工进行适应性培训，以使其了解企业文化，尽快适应新的工作环境。试用期满后，用人部门根据候选人在试用期内的表现进行评定，并在此基础上做出最终的录用决策。

第三节　员工招聘的渠道选择

员工招聘的渠道主要有两种：内部招聘和外部招聘。下面分别详谈这两种渠道的特点、方法及其比较和选择。

一、内部招聘

内部招聘是指当组织产生职位空缺时，企业从组织内部发掘、获取所需人才以填补空缺的一种方式。

（一）内部招聘的途径

1. 内部晋升

内部晋升是一种用现有员工填补高于其原级别职位空缺的方式。内部晋升的好处是可以

① http：//www.26job.com/news/detail.asp？id=3799/.

增强员工士气，提高他们的积极性，因为他们认为企业给他们提供了广阔的成长空间，有助于他们实现自我价值；内部晋升还能促进内部竞争机制的形成，使整个企业呈现出努力向上的良好局面；通过内部晋升获取的员工，对企业情况比较熟悉，可以减少培训成本、降低招聘风险。

但是，采用这种方式也有一定的弊端：由于企业文化的影响，有的企业中的员工晋升在很大程度上取决于与上级领导间的关系，增加了组织内部滋生腐败的风险；同时，内部晋升容易形成员工间的勾心斗角与恶性竞争，现代企业所提倡的合作与信息共享也将难以实现。

2. 内部调动

内部调动是指在相同或相近的级别间调动人员以补充空缺职位。这种方式通常能够节约招聘成本、降低招聘风险，而且可以在较短时间内解决组织的职位空缺问题；同时，新的工作任务有利于克服工作的单调性，提高员工多方面能力，激发工作的热情。

但是，由内部其他岗位调来的员工，可能因不熟悉该岗位工作或不具备相应技能而导致工作效率低下，从而影响部门的整体效率。所以，内部调动更适合于那些工作较为简单且容易上手的岗位。

3. 工作轮换

工作轮换也称岗位轮换（轮岗），是指企业有计划地按照大体确定的期限，让员工轮换担任若干种不同工作。这样做首先可以满足员工的内在需求，减少工作的单调性，提高员工的工作生活质量；其次，还可以使员工根据自己的性格爱好找到适合自己的工作，满足其成长需要，促进企业人力资源的优化配置；最后，工作轮换还可以为组织储备和培养具备跨专业、跨行业、跨企业、跨文化管理能力和工作经验的经营、管理人才，增强组织内各部门间协作，促进组织的发展。

但是，经常性的工作轮换可能会减少员工对某一领域进行深入研究的机会，不利于企业培养某方面的专门人才。因此，轮岗需有备而行。

管理实践

岗位轮换：组织与员工发展双赢①

轮岗（job rotation）如今已成为企业培养人才的一种有效方式，很多成功的公司如IBM、摩托罗拉、西门子、爱立信、华为等都已经在公司内部或跨国分公司之间建立了岗位轮换制度。

在IBM，没有人会为上司的频繁更换无所适从，因为定期或不定期的轮岗已经形成了一种企业文化，不管是中层经理还是普通员工都已经习惯了在任何上司的领导下都有条不紊地工作。IBM有一个"2—2—3"的规则，即在一个职位上工作2年，上一年的绩效考核是2（即良好）以上，用3个月时间处理完原职位的遗留事务之后，就可以轮岗。

加拿大北电网络公司则把轮岗作为促进员工职业发展的重要手段。在北电网络，员工工作两年后，通常可以根据工作的需要或自己的要求交换彼此的岗位。公司高层之所以这

① 岗位轮换：组织与员工发展双赢［EB/OL］.［2007-10-27］. http://hi.baidu.com/attlee/blog/item/97a065add91a0a0a4a36d629.html.

样做，是基于这样一种考虑：要想留住人才，单靠物质奖励是难以奏效的。因为员工个人的物质水平随着时间的推进提高，薪金的奖励作用在慢慢降低。对于北电网络公司来说，轮岗提供了职业发展的空间，留住了优秀人才。而在员工看来，在交换工作岗位的过程中，不但享受到了类似"跳槽"的新鲜和乐趣，而且从中学到了不少东西，对自己日后的职业发展大有好处。

管理实务

如何保证轮岗成功率①

- 轮岗范围：一定要在具有相关性（如流程上下游）的岗位间进行轮岗。同时，要根据个人的素质和特长，安置适合的岗位。
- 轮岗周期：轮岗应该是在原有岗位上工作三年以后再开始。因为三年内，可能很难准确判断一个人在这个岗位上的潜力。但也不宜超过五年，超过五年便易滋生腐败。
- 轮岗时机：企业发展处于稳定期时，比较适宜。
- 轮岗培训：在轮岗前，应该对当事人进行比较充分的岗前培训，使他对未来的岗位有一个清晰的了解。这样，既能降低风险，提高成功率，又能让当事人感到企业对自己职业生涯负责的态度。
- 轮岗调查：在轮岗后，要定期对当事人进行追踪调查，倾听他的个人意愿。同时，也可以对其进行专业性的评估，了解他的特点和不足，给予尽可能的培训和帮助。

4. 返聘

返聘是指组织重新聘用已退休或下岗员工重回组织工作的方式，这是一种既经济又有效的途径。首先，这些员工大多熟悉组织情况和岗位工作，无需对其进行过多的培训，能够很快适应工作岗位；其次，老员工对组织往往有较深厚的感情，有为组织继续做贡献的愿望，利于形成强大的凝聚力；最后，对下岗职工而言，往往更加珍惜再次就业的机会，表现出更高的工作积极性。但是，这些人的观念通常较为陈旧，不利于企业引进新思想和发生变革。

（二）内部招聘的方法

1. 员工推荐法

员工推荐法是指由本组织员工根据组织的需要推荐其熟悉的合适人员，供用人部门和人力资源部门进行选择和考核的方法。由于推荐人对用人单位和被推荐者都比较了解，所以其成功概率较大，是企业经常采用的一种方法，内外部招聘均适用。组织内部最常见的员工推荐法是主管推荐，其优点在于主管一般比较了解潜在候选人的能力，由主管提名的人选具有一定的可靠性。而且，主管也会因此感到自己有一定的决策权，满意度也会比较高。其缺点在于这种推荐容易受个人因素的影响，主管提拔的可能是自己的亲信而不是一个胜任的人选，从而影响招聘水平。

---

① 邓羊格，邓康明．轮岗带兵两个月［J］．中外管理，2006（3）．

管理实践

柯达：力行“内部提拔法”①

柯达公司的“内部提拔法”已经在全球实施了多年，具体是这样的：公司有职位空缺时，首先会把这个空缺职位的相关信息在网上公布，让员工在第一时间知道，员工可以根据自己的职业设计进行选择。另外，每个员工每年都会与自己的业务主管有一次谈话，一起制定出该员工的长期和短期职业发展方向。由于主管熟悉每一个下属的职业发展情况，当公司有职位空缺时，主管可以向其他部门推荐。这样每个员工在公司内部的发展就有了两个渠道：自己提出发展申请，业务主管也考虑员工的职业发展。

2. 职位公告法

职位公告即将职位空缺公之于众，通常要列出有关空缺职位的工作性质、人员要求、上下级监督方式以及工作时间、薪资等级等，同时应附以公告日期和申请截止的日期、申请的程序、联系电话、联系地点和时间、该职务是否同时也在企业外部招聘等，如表 4－2 所示，并将公告置于企业所有员工都可以看见的地方，如企业的布告栏、内部报刊、公司网站等。职位公告的优点在于它让员工感觉是提供了一个公平公正的晋升环境，可以较好地规划自己的职业生涯。

表 4－2　职位公告示例②

公告日期：____________________

截止日期：____________________

在________部门有一全日制职位________可供申请。此职位对/不对外部候选人开放。

薪资支付水平：最低________，中间值________，最高________ 。

职责：（参见所附职务说明）

所要求的技术或能力（候选人必须具备此职位要求的所有技术和能力，否则不予考虑）

1. 在目前/过去的工作岗位上表现出良好的工作绩效，其中包括：

（1）有能力完整地、准确地完成任务；

（2）能够及时地完成职务并能够坚持到底；

（3）有同其他人合作共事的良好能力；

（4）能进行有效的沟通；

（5）可信、良好的出勤率；

（6）较强的组织能力；

（7）良好的解决问题的态度和方法；

（8）积极的工作态度：热心、自信、开放、乐于助人和奉献精神。

2. 可优先考虑的技术和能力：____

（这些技术和能力将使候选人更具竞争力）

员工申请程序：

1. 电话申请可在上午________，下午________，拨打________。

2. 保证在同一天将已经填好的职务申请表连同履历表一同寄至________。

公司对所有申请人将根据上面的资格要求进行初步审查。甄选工作由________负责。

---

① 徐光华，暴丽艳，张晔林，等．人力资源管理实务［M］．北京：清华大学出版社，2005：119.

② ［美］加里·德斯勒．人力资源管理［M］．第 6 版．北京：中国人民大学出版社，1999：121.

3. 人事档案法

信息技术的普及使得企业可以了解员工的资格、技能、经验、教育背景、绩效评估和培训等相关方面的信息，这些信息不仅能够帮助决策者获得职位申请者的相关信息，而且还可以帮助组织及时发现那些具备相应资格，但由于种种原因没有进行申请的员工。该方法的优点是可以使组织在其内部发掘合适的人选，且耗时较短。其缺点在于这些信息通常只包含一些"硬"指标信息，如教育程度、资格证书、所接受的培训等，而一些诸如人际关系技能、判断力、品德、创造力等"软"指标信息往往被排除在外，而这些信息对于招聘是否有效往往是最重要的。

二、外部招聘

外部招聘有以下渠道和途径。

1. 广告招聘

广告招聘一般是由人力资源部门按照组织的员工招聘规划，选择合适的广告媒体或宣传媒介，通过发布由自己或专业部门制作的招聘广告吸引外部人才前来应聘的方法。常见的广告媒体有报纸杂志、广播电视、网站以及随机发放的宣传材料等。组织进行广告招聘时，首先，要了解各种媒体的优缺点和适用范围，选择合适的媒体，表 4-3 比较了部分主要媒体形式的特征。其次，要注意广告形式与内容的设计，好的广告形式有利于吸引更多的求职者，并且可以树立组织的公共形象；广告内容应尽量包括有关职位的工作条件、任职资格、薪资水平、工作权限等信息，同时还应包括方便求职者应聘的联系方式及相关事宜；还有一个重要问题是要合法，不要违反我国的诸如《中华人民共和国劳动合同法》等立法内容，比如，不得因性别拒绝录用，不得提高对女性的录用标准，实行男女同工同酬，不得给予因性别、地域和身体状况的歧视等。

表 4-3　各种广告媒体的优缺点及适用范围的比较①

类型	优　点	缺　点	适用范围
报纸	发行量大，能够迅速将信息传达给读者；广告的大小可以灵活选择	发行的对象缺少明确的针对性；保留的时间较短，而潜在的候选人可能会错过这个时间；报纸的纸质和印刷质量可能会对广告的设计造成限制	由于大部分发行量大的报纸都具有地区性的特点，因此比较适合于在某个特定地区招聘；比较适合在短期内需要得到补充的空缺职位；适合于候选人数量较大的职位；适用于较高流失率的行业或职位
杂志	接触目标群体的概率比较大；杂志便于保存，能够在较长时间内被看到；杂志的纸质和印刷质量相对于报纸要好	申请的职位的期限会比较长，发行的地域可能较为分散，广告的预约期较长	当要寻找的职位候选人集中在某个专业领域中时，选择该领域中人们比较广泛阅读的杂志会比较适合；所需要的候选人地区分布较广；空缺职位并非迫切需要补充
广播电视	可以产生有较强冲击力的视听效果；如果选择在黄金时段，则受众人数众多；容易给人留下深刻印象	广告的时间较短，费用一般比较昂贵，也存在为不可能的接收者付费的问题	当公司需要迅速扩大影响时，可以将企业形象的宣传与人员招聘同时进行；用于引起求职者对其他媒体上广告的注意

① 吴志明．员工招聘与选拔实务手册［M］．北京：机械工业出版社，2002：107-108.

续表

类型	优点	缺点	适用范围
网站	不受时间空间的限制；方式灵活、快捷；可以与招聘及人力资源管理的其他环节形成整体；成本不高	没有在网站上查找工作习惯或条件的潜在候选人可能会错失职位空缺信息	适用于有机会使用计算机和网络的人群，不论是急需招聘的职位还是长期招聘的职位都适合
印刷品	容易引起应聘者的兴趣，并引发他们的行动	宣传力度比较有限，有些印刷品可能会被人抛弃	在特殊的场合比较适合，例如展示会、招聘会等，或者在校园等特殊的地点；适合与其他形式的招聘活动配合使用

管理实践

招聘广告好雷人 属蛇属猪都不要

“忌，属蛇属猪属猴者。”近日，成都一家公司打出的招聘广告上，竟然出现了这样的文字。属蛇属猪属猴者犯了什么大忌呢？该公司的负责人蒋利敏称：“我是江浙人，在我们那里一带很忌讳属相‘相克’，包括员工发现自己‘属相’与老板不合，也会辞职不干。”

对于公司打出“属相”禁忌的招聘广告，求职者表示不能接受。“这分明是就业歧视！”成都市武侯区劳动监察大队对该公司开出了调查询问通知书，“属相”禁忌涉嫌违规，责令该公司对招聘广告做出更改。蒋利敏称，在招聘广告里打出“属相”禁忌确实有些不妥，对求职者不尊重，承诺会在以后的招聘消息中做出修改。他同时表示，如果有必要，他会在报纸上向求职者致歉，以表公司的诚意。

在科学文明高度普及和发展的今天，竟有用人单位迷信到这种程度，其中的荒唐无知真让人既好气又好笑。然而遗憾的是，时下的人才招聘市场上，如成都这家“属相招聘”公司一样的单位还真是不少。

比如，有招聘者要求应聘者的血型要是O型或B型的；有招聘者要看求职者的生辰八字是否“吉利”；有招聘者要看求职者长得是否“富贵相”，……虽然他们大多树起文明招聘的大旗，但是所表现出来的实在是没有“文明”。

《中华人民共和国就业促进法》规定：用人单位招用人员、职业中介机构从事职业中介活动，应当向劳动者提供平等的就业机会和公平的就业条件，不得实施就业歧视。

管理实务

招聘广告应满足以下条件①

1. 真实

真实是招聘广告撰写的首要原则。招聘的企业必须保证招聘广告的内容客观、真实，并且要对虚假广告承担法律责任。对广告中所涉及的对录用人员的劳动合同、薪酬、福利等政策不仅要合法，而且要兑现。

① 最合格的招聘广告怎么样？［EB/OL］.［2009-05-18］http://blog.sina.com.cn/s/blog_45e36a0c0100d21w.html.

2. 合法

广告中出现的信息要符合国家和地方的法律、法规和政策。

3. 简洁

广告的编写要简洁明了，重点突出招聘的岗位名称、任职资格、工作职责、工作地点、薪资水平、社会保障、福利待遇、联系方式等内容。对公司的介绍要简明扼要，重点突出，不要喧宾夺主。

2. 熟人推荐

外部招聘中的熟人推荐通常是指由组织的员工、客户、合作伙伴等熟人将组织外部的合适人选介绍给组织。该方法同内部招聘中的员工推荐法一样，可以减少招聘成本，缩短招聘时间，提高招聘效率。但是如果这种方法被他人的私心所利用，则可能会导致组织中出现“小团体”、“亲戚党”等不好的现象，不利于组织的健康发展。

3. 职业中介机构

企业可以将其空缺职位的具体要求传达给职业中介机构，由他们利用自己手中掌握的求职者资源和信息，为企业提供专业咨询和服务。这种方法可以大大缩小企业的寻找范围，节约招聘时间，同时也因这些机构提供信息的匹配度较高而提高工作效率。

但是借助中介机构的一个不利因素就是需求者与求职者之间存在一定的信息不对称，而组织的需求一旦被中介机构误解或理解不充分，就容易造成人职不匹配。因此在选择职业中介机构时，要尽量选择信誉较高的介绍机构，要求它们提供尽可能多的适合职位要求的人选。利用职业中介机构招聘的一般是技术含量较小的岗位上的普通员工。

4. 人才交流市场

相对于职业中介机构来说，人才交流市场可以为需求者和求职者提供相互交流的平台，使企业能够获取大量应聘者的相关信息，在条件允许的情况下，甚至可以对其进行现场面试，极大地提高了招聘的成功率。而且这种招聘是在信息公开、竞争公平的条件下进行的，便于树立企业的良好形象。

5. 校园招聘

应届毕业生是企业获取人才的重要来源。应届毕业生与具备工作经验的社会人才相比，充满活力，素质较高，具有较强的可塑性和较大的发展潜质。校园招聘的形式除了定期宣传、开招聘会外，许多企业还通过赞助校园文化活动、学术活动等来扩大其知名度。一些知名企业还设立奖学金、助学金等，与学校建立长期合作关系，使学校成为未来员工的培养基地。

另外，让学生到企业中实习也是一种吸纳人才的有效方法。但是，应届毕业生缺乏相应的工作经验，进入企业后需要一段时间的适应期，这往往是一些企业不愿意招应届毕业生的主要原因。

6. 网络招聘

互联网的发展使网络招聘成为一种新兴的招聘方式。企业通过互联网发布招聘信息，并采用 E-mail 或简历库等形式收集相关应聘信息，经特定程序进行筛选后，初步确定职位人选。这种方式扩大了招聘范围，增强了招聘信息的时效性，供需双方可随时通过资料传输进行实时洽谈与交流，缩短了时间，提高了效率，节约了成本。

同时，由这种方式形成的简历库还可作为企业的人才库，为以后的招聘工作提供信息。但正是由于其收集到的信息多，会造成筛选的困难，增大招聘人员的工作量。

7. 猎头公司

猎头公司是近来发展起来为企业寻找高层管理人员和高级技术人员的服务机构。它们一般从事两类业务，一是为企业搜寻特定的人才，二是为各类高级人才寻找工作。这些猎头公司作为企业和人才的中间桥梁，掌握着大量人才供求的信息。

它们通晓各种企业、组织对特殊人才的需求，同时根据市场变动及时收集大量的人才信息，拥有自己的人才数据库，因此通过猎头公司招聘的人才一般成功率较高，素质也相对较高。但是通过猎头公司招聘人才的费用相对较高，大致为推荐人才年薪的25%～40%。该方式一般用以招聘高级管理人员和技术人员等企业核心人才。

三、内外部招聘比较与招聘渠道的比较和选择

内部招聘和外部招聘各有其优缺点，表4-4概括了两者的特征。在选择招聘渠道时，应视企业的具体情况而定。一般来说，对于需要保持相对稳定的组织，其中高层管理人员更多的应该从组织内部晋升；而当组织需要引入新的文化、新的工作氛围时，可以从外部引入合适的人员。

研究表明：内部招聘与外部招聘相结合能够产生最佳效果，具体的结合力度取决于组织战略、企业发展的阶段、企业文化、职位类别以及组织在劳动力市场上的相对位置等因素。通用电气公司数十年来一直从内部选拔CEO，日本企业的管理特色之一就是内部提拔，而IBM、HP等公司的CEO则更多的是外部“空降”。①

表4-4　内外部招聘的优缺点②

项目	优　　点	弊　　端
内部招聘	● 被聘者因熟悉环境可以迅速展开工作 ● 有利于保证选拔的正确性，成功概率高 ● 充分利用内部资源 ● 可降低招聘的风险和成本 ● 有利于激励被提拔员工和其他员工，调动工作积极性 ● 有利于维系员工对组织的忠诚，降低流动率	● 易出现思维和行为定势，缺乏创新性，从而使组织丧失活力 ● 易造成“近亲繁殖” ● 易引起内部争斗 ● 复杂关系不利于被聘者展开工作 ● 选择范围有限，组织中最适合的未必是职位最适合的
外部招聘	● 有助于突破组织原有的思维定式、利于组织创新 ● 人际关系单纯 ● 有利于平息和缓和内部竞争者之间的关系 ● 招到有经验员工，培训费用少	● 被聘者需较长的“调整适应期” ● 对内部员工的晋升通道形成堵塞 ● 被聘者可能会对组织文化不适应 ● 被聘者的实际工作能力与选聘时的评估能力可能存在较大差距，使选拔的实际效果打折扣

① 彭剑峰．人力资源管理概论［M］．上海：复旦大学出版社，2003：271.

② 钱振波．人力资源管理［M］．北京：清华大学出版社，2004：138.

实务操作

从历史数据看招聘渠道的有效性①

有一定招聘历史的企业可通过对以往招聘数据的统计分析，抽丝拨茧，从中找到渠道选择的落脚点。相关招聘数据包括以下方面：不同阶段各种渠道（包括细分渠道）的简历数量、面试人数、录取人数等，进而计算出各种渠道的有效简历率（$\frac{面试人数}{简历总数}$）、录取成功率（$\frac{录取人数}{面试人数}$）与综合成功率（有效简历率×录取成功率）（这个道理通过概率论的知识可知），以上三个指标可以在每个季度与年度统计一次，以评估招聘渠道的有效性。

例如，A企业由于业务急剧扩张，面临2009年招聘10名区域经理的重大招聘任务。企业首先对2008年招聘同职位数据进行汇总统计（见表4-5）。

表4-5　A企业2008年招聘数据

渠道	细分渠道	简历总数	面试人数	录取人数	有效简历率	录取成功率	综合成功率
现场招聘	某高级人才招聘会				30%	33%	9.9%
	某综合人才招聘会						
	大型行业招聘会						
	合计						
网络招聘	综合招聘网站1				24%	25%	6%
	综合招聘网站2						
	合计						
报刊广告	全国性报纸和杂志1				15%	16%	2.4%
	区域报纸1						
	行业报纸1						
	合计						
猎头公司	猎头公司1				62%	20%	12.4%
	猎头公司2						
	合计						
内部推荐	企业高层推荐				27%	30%	8.1%
	企业中层推荐						
	普通员工推荐						
	合计						

由此，根据综合成功率来看，A企业招聘渠道的有效性排序为：猎头、现场招聘、内部推荐、网络招聘与报刊广告。在此基础上，企业对导致各种渠道有效性不同的原因进行了分析：猎头渠道由于简历是来源于猎头公司的高级人才库，猎头公司对其情况较为了解，

① 突发性企业招聘的渠道之战［EB/OL］.［2009-05-15］. http：//hr. cqjob. com/info _ show _ 11915. html.

并凭借其甄选人才的专业性晋升了招聘成功率；现场招聘特别是高级人才招聘会与行业招聘会的人才较为集中，综合质量较高；内部推荐的人才虽然在企业文化认同度较高，但由于推荐人对相关岗位的专业要求了解不多，所以推荐的人选在岗位胜任能力方面有所不足；网络招聘渠道存在很多无效简历，需要花费大量的时间去筛选与面试，且人才质量参差不齐，影响了招聘成功率；报纸媒体的有效简历率与录取成功率均为最低，是因为其涉及面太广，对目标群体的传递性较低，也导致大量无效简历。

通过以上分析，A企业得出了2009年自身招聘渠道的最优组合，即以猎头与现场招聘为主要招聘渠道，内部推荐、网络招聘与报刊广告作为辅助招聘渠道，从而确定了企业应该在各种渠道投入资源的多寡。

第四节　员工招聘的评价与甄选

在员工招募阶段，企业吸引了一定数量的应聘者前来应聘空缺职位。虽然这些应聘者在某些“硬件”方面（如学历）条件大致相同，但在能力、素质和潜力方面未必适合职位要求，这就需要对所有的应聘者进行甄选，使符合职位要求的最佳人选脱颖而出。

甄选是指通过运用一定的方法和手段对招募的求职者进行鉴别和考察，区分他们的人格特点、知识、技能水平，预测他们未来的工作绩效，从而最终挑选出恰当的职位空缺填补者①。甄选工作应努力做到既没有遗漏符合要求的人员，也没有录用不符合要求的人员。在这一阶段，首先要利用简历或求职登记表对应聘者进行初步筛选，然后对资料合格的人员进行面试及能力测试，并结合其他测评结果进行综合评价，最后做出录用决策。

一、初步甄选

大多数组织通常是利用求职者的简历或求职登记表对应聘者进行初步筛选的。简历是应聘者自带的个人介绍材料，通常包括了求职者的基本信息，如个人信息、教育背景、工作经历等，同时还附有应聘者对自己的描述及评价。求职登记表是企业为了解求职者的基本信息而设计的标准化表格，如表4-6所示，须由应聘者依个人情况如实填写。

通过简历和求职登记表，组织往往能够较清楚地了解到应聘者是否具备空缺职位所要求的教育背景及工作经验，了解到他的成长及进步状况，以及他的工作稳定性如何，借此来推断其是否是这个职位的合适人选。对于那些明显不符合该职位要求的人员可直接剔除，将那些背景和潜质都与要求相符的人列为候选人，并安排其参加后续选拔。

由于简历在格式和风格上千差万别，所以利用简历进行初步筛选费时且费力。在筛选过程中为了减少工作量，可以重点观察简历的几个特征。

① 莫寰，张延平，王满四．人力资源管理——原理、技巧与应用［M］．北京：清华大学出版社，2007：157.

表 4-6　求职人员登记表①

姓名		性别		民族	
政治面貌		籍贯			
出生年月		婚姻状况			
工作时间		技术职称			
文化程度					
毕业学校			毕业时间		
所学专业					
第一外语		熟练程度			
第二外语		熟练程度			
计算机水平					
所获证书					
求职意向	单位性质				
	薪酬要求				
联系方法	联系电话				
	E-mail				
	通信地址			邮编	
工作简历					
成果及获奖情况					
自我评价					

1. 简历结构

从篇幅和内容的分布情况可以大致看出一份简历的结构是否合理，而简历的结构可以从侧面反映出应聘者的组织及表达能力。结构合理的简历一般不超过两页，且内容安排恰当，重点突出。

2. 有关个人的客观描述

在利用简历进行筛选时应将注意力放在简历中对个人情况的客观描述上，如教育背景、工作经历等，因为这些内容都是有据可查的，应聘者夸张的可能性也比较小。招聘人员利用这些客观信息也可以判断出应聘者是否具备空缺职位所要求的知识背景、技能水平或工作经验，对于不符合要求的就可将其直接剔除。简历中应聘者对于自己的评价及描述等主观内容仅供参考，而不应过分相信。

3. 内容的逻辑性

在工作经历和个人成绩方面，要注意简历的描述是否有条理，是否符合逻辑。比如一份简历在描述自己的工作经历时，列举了一些著名的单位和一些高级职位，而他所应聘的却是一个普通职位，这就要引起注意。再如另一份简历中称自己在许多领域取得了什么成绩，获得了很多证书，但是从他的工作经历中分析，很难有这样的条件和机会，这样的简历也要引

① 赵永乐，沈宗军，刘宇瑛，等．招聘与面试［M］．上海：上海交通大学出版社，2006：73-74.

起注意。如果能够断定简历中有虚假成分存在，就可以直接将这些简历剔除掉；对于有疑惑或感兴趣的地方可以标出，面试时可询问应聘者①。

求职登记表采用的是标准格式，所以相对于简历来说，利用求职登记表进行筛选就要容易一些。招聘人员可通过填表人的字迹和内容完整性来判断他的态度是否认真，对于明显不认真的人可直接将其剔除。同时要注意登记表中与职位要求相关的求职者信息，对于明显不符合要求的可直接剔除，对于有疑问的地方做出标记，面试时可向应聘者提问。

应该注意，由于简历和求职登记表反映的信息并不全面，在筛选过程中要努力避免个人主观臆断和盲目自信，切莫因此遗漏合适人才。

二、笔试

笔试是由招聘者根据拟聘职位所需的知识和能力事先拟好试题，由应聘者笔答试题，并由招聘人员根据其解答对应聘者评定成绩，以作为进一步选拔的依据。笔试可以有效地测试应聘者在基础知识、专业知识、管理知识以及综合分析能力、文字表达能力等方面的差异。

笔试作为一种广泛的甄选方法为大多数企业所采用。笔试的优点主要体现在以下几个方面：一是笔试可以对大批应聘者同时进行，成本相对较低，且省时省力；二是笔试试题可以涵盖较多的考点，能够对应聘者的知识进行全面的测试；三是所有的应聘者面对同样的试题，体现了招聘的公平原则；四是应聘者在面对一张试题时心理压力相对较小，在很大程度上能够发挥自己的真实水平；五是笔试试题和结果可以作为一种档案资料被长期保存，以为综合评定提供依据，也可以为以后的招聘工作提供参考。

笔试方法同时也存在一定的局限性：首先，由于笔试要求应聘者以书面形式作答，所以该方法无法考察应聘者的口头表达能力、灵活应变能力、操作能力、组织管理能力等；其次，可能会因某些应聘者能力较低但善于考试而出现“高分低能”的情况；最后，考试过程中可能会出现舞弊等现象，使考试成绩不能反映应聘者的真实水平。考虑到笔试方法的局限性，在采用笔试的同时，还应采用其他甄选方法，以更加全面地测评应聘者的知识和能力。

实务操作

笔试试题的基本要求②

笔试的试题因职位的不同而不同，但总体来说，应符合下列基本要求：

（1）试卷考查的范围要尽可能广，考核点多且分布合理，考查的内容能很好地反映职位所需的知识、能力，考试的广度、难度、深度要符合职位的要求。

（2）试题要保持独立，出题用语客观、独立，不带任何感情色彩，以免应聘者揣测出题者的意图，不能真正表达出个人观点。

（3）试题语言应当规范，含义明确，切忌模棱两可，让应聘者无法理解，难以解答。

---

① 莫寰，张延平，王满四．人力资源管理——原理、技巧与应用［M］．北京：清华大学出版社，2007：185.

② 赵永乐，沈宗军，刘宇瑛，等．招聘与面试［M］．上海：上海交通大学出版社，2006.

（4）试题要难易比例适中，由简到难逐步深入，具有明晰的区分度。

（5）试题应当新颖，要综合考查应聘者的记忆、表述、应用、构思水平，问题的正确答案要明确有定论，但不是生搬硬套。试题形式要灵活多样，不出生题、怪题。

（6）按题型由易到难排列，同类型试题之前应扼要说明该类型试题的解答要求，使应聘者明确答案以什么形式出现，以提高应聘者的解题速度，利于发挥水平。

三、面试

面试是指面试者同应聘者直接见面，采取边提问、边观察的方式评定应试者各方面能力的一种考试方式[①]。面试是企业最常用的一种人员甄选方法。一项调查显示，70%的企业在招聘录用中使用了某种形式的面试方法；而另一项调查表明，99%的企业使用面试作为筛选工具[②]。

通过面试，企业可以全方位地考察应聘者的表达能力、判断能力、分析能力和其他综合能力，直观地了解应聘者的各种素质和潜能。应聘者的一些主体特质，如风度、气质、修养等，也可以通过面试获得比其他甄选方法更为准确的观察效果。

管理实践

微软成功选拔人才的策略[③]

比尔·盖茨认为：聪明就是迅速地、有创造性地理解并深入研究复杂的问题。为了能拥有一批“聪明人”，微软有一套严格的人员选拔制度。

微软公司为招聘人才每年大约走访50多所美国大学。应聘者在一天之内要与4～6位面试者交谈，有希望的候选人还要到微软总部进行进一步的面试考核。面试不仅有人事部门的招聘人员参加，相关部门的专业人员也参与面试。面试既要考核候选人的专业技能和专业水平，更要判断候选人的基本素质。对于新员工主要从四个方面来考核：雄心、智商、技术知识、商业判断能力。面试中有一些非常有名的问题，诸如估计密西西比河河水的流量或美国加油站的数量。应聘者的答案通常并不重要，重要的是他们分析问题的方法。

微软在严格考核应聘者的同时，对面试者也提出严格的要求。面试者要对每一位候选人进行认真面试，并写出书面评估报告。一般情况下只有10%～15%的应聘者能参加复试，最后被录用的人员仅占应聘者的2%～3%。正是这样一套严格的人员选拔程序，才使微软拥有世界上最优秀的计算机人才。

（一）面试的种类

依据不同的标准，面试可以划分为不同的种类。下面我们就几种重要的标准对其进行划分。

---

① 赵永乐，沈宗军，刘宇瑛，等．招聘与面试［M］．上海：上海交通大学出版社，2006.

② 莫寰，张延平，王满四．人力资源管理——原理、技巧与应用［M］．北京：清华大学出版社，2007：176.

③ 徐光华，暴丽艳，张晔林，等．人力资源管理实务［M］．北京：清华大学出版社，2005：147.

1. 根据面试的结构化程度划分

1）结构化面试

结构化面试是指按照事先设计好的问题进行提问的面试。这些问题主要包括有关应试者的工作经历、教育背景、专业知识、业余爱好、自我评价等方面，形式也较为规范。这种面试的优点在于面试官根据事先设计的问题提问，可以避免遗漏一些重要的问题，而且所有应试者回答的都是同样的问题，相互之间可以对照比较，容易得出结论。其缺点在于缺乏灵活性，面试者不便对其他问题进行提问，局限了谈话的深入性，如表 4－7 所示。

表 4－7　结构化面试表①

致面试考官：求职面试指导的目的是帮助企业进行员工选拔和配置。若用于某一职位的全体应聘者，则可帮助你对应聘者进行比较，并且可能提供比非结构化面试更客观的信息。

因为这是一般性指导，所有项目可能并不都适用于每一种情形。请跳过不适用的项目，加入对特定职位适用的项目。在表格提问结尾处有加额外问题的空间。

一、工作兴趣

姓名________应聘职位________

你认为工作（职位）包含什么？________

你为什么应聘这一工作（职位）？________

你为什么具有工作的资格条件？________

你的工资要求是多少？________

你对我们公司了解些什么？________

你为什么要为我们工作？________

二、当前工作情况

你现在工作吗？是____否____。如果没工作，你失业多久了？你为什么失业？________

如果你在工作，那么为什么应聘本职位？________

你什么时候能开始和我们一起工作？________

三、工作经历

（从求职者的当前或最后职位开始往后，所有时期都应计算。依据求职者的年龄，至少追溯 12 年，军事服务也视为工作）

当前/最后雇主________地址________

就业日期：从________到________

你的职责是什么？________

你是否在该公司中一直从事同样的工作？是________否________

如果不是，那么说明你从事的各种工作，每一工作的就职时间及担负的主要责任________

你的起薪是多少？________你现在的收入是多少？________评语________

你最后或当前主管的姓名________

对于那份工作你最喜欢的是什么方面？________

你最不喜欢的是什么方面？________

你为什么要离开？________

你为什么要立即离开？________

面试考官的评语或观察________

在从事最后一项工作前你做什么工作？________

你在何处工作？________

地点________工作单位名称________职责________

你在该公司一直从事同一工作吗？是________否________。如果不是，请描述你所从事的工作、时间及每一项工作担负的责任________

你的起薪是多少？________你离开时的工资是多少？________

你最后的主管的名字________

我们可以和该公司联系吗？是________否________

你最喜欢在什么地方工作？________

---

① 廖泉文．招聘与录用［M］．北京：中国人民大学出版社，2004：150－152.

续表

你为什么离开现职？________

你考虑在其他公司工作吗？________

（致面试考官：如果各就业时期之间有间隔，则应当向求职者询问间隔问题）

面试考官的评语和观察________

在该公司工作前你做什么工作？________

你有什么其他的工作经历？简要地进行说明并解释每一工作的一般职责________

在过去的五年里，你是否曾经失业？是________否________。

为寻找工作你做了什么努力？________。你具有其他能帮助你胜任本职位的经历和培训吗？解释你是在什么地方和怎样获取这一经历或培训的________

四、教育背景

你接受过哪些能够帮助你从事所应聘工作的教育和训练？________

说明你接受的任何正规教育（如果相关，则面试考官可用技术培训代替）________

五、业余活动

业余时间你干什么？________兼职工作________竞技运动________

娱乐活动________俱乐部________其他________请说明________

六、面试考官的特别问题

（致面试考官：请补充面试中提出的其他问题，留出空间用于作答，注意避免可能被视为歧视的问题）

七、个人问题

你愿意迁至新地方吗？是________否________

你愿意出差吗？是________否________

你愿意出差的最长时间是多少？________

你能够加班吗？________

你怎样看待周末加班？________

自我评价________

你认为你的优点是什么？________

你认为你的缺点是什么？________

（致面试考官：请比较应聘者的回答和应聘者申请表提供的信息。澄清任何不一致的地方）

在应聘者离开之前，若尚未提供关于企业和职位的基本信息，面试考官应当予以提供。应聘者应当得到关于工作地点、工作时间、工资或薪金、报酬类型（薪金或薪金加红利等），以及其他会影响应聘者工作兴趣的信息。

八、面试考官的印象

对每一特征用1～4来评定，1是最高评定，4是最低评定。

项　目	1	2	3	4	评　语
个人特征					
个人外貌					
举止、姿态					
言谈					
与面试考官的合作					
工作关联特征					
工作经历					
工作知识					
人际关系					
有效性					

九、总体评定

________很好________平均以上________平均________勉强________不令人满意评语

____

面试考官________日期________

2）非结构化面试

在这种面试中，面试者可就与工作有关的问题向应试者随意提问，没有事先设计好的框架，而且可以根据应试者对某一问题的回答进行追问，达到对这一方面信息的深入了解。对于不同的应试者，可以视情况提问不同的问题，而且面试的话题也可以围绕不同的方向展开。这种面试的优缺点与结构化面试正好相反。

它具有很大的灵活性，针对不同的应试者可获得不同的信息，而且可以对某些信息进行深入了解。其最大的缺点就在于容易遗漏一些关键信息，而且对面试者的能力要求也比较高。所以采取非结构化面试前，需要对面试人员进行必要的培训，而且要将有关重要信息的问题事先列出，以免面试过程中发生遗漏。

3）半结构化面试

半结构化面试是介于结构化面试和非结构化面试之间的一种面试方法。面试者根据事先设计好的问题向应试者进行提问，但同时又可以根据他们的回答情况做进一步的提问，以求更加深入地了解应试者。这种面试方式结合了结构化面试和非结构化面试的优点，同时又克服了两者的缺点，对全面了解应试者的各方面情况具有一定的实际意义，被许多企业广泛采纳。

2. 根据面试的组织方式划分

1）一对一面试

顾名思义，这种面试就是由一个面试者对一个应聘者进行单独面试，面试者进行口头提问，应试者进行口头回答的方式。这种方式比较省时，但是通常由一个面试者决定应聘者的命运，很可能由于个人的主观臆断而排除掉最佳人选。

2）陪审团式面试

陪审团式面试是由多个面试者对一个应聘者进行面试的方法。每个考官都从自己的角度观察和提问应聘者，可以得出对应聘者较为全面的评价，得到的结果也更加可靠。但是协调每个面试者的意见也是一件复杂耗时的工作；这种面试方式还会带给应聘者较大的压力，可能会影响面试结果的真实性。

3）集体面试

集体面试是由一个或多个面试者同时对多个应聘者进行面试的方法。这种方法可以节省面试官的时间，同时可以就多个应聘者对同一问题的不同反应快速做出比较评价。但是面试者在此过程中要同时观察所有应聘者的反应，容易遗漏某些重要的细节，从而影响评价结果的真实性。所以这种面试对面试者的要求相对来说也比较高。

3. 根据面试的目的划分

1）压力面试

在压力面试中，面试者通常从应聘者背景中的弱点入手，采用穷追不舍的方法对某一问题进行追问，以观察应聘者的反应。该方法的目的在于考察应聘者能否承受工作中的压力，以及应对和处理突发问题的能力和心理素质。这种方法适用于独立性强、难度大、责任重、压力大的职位人员的招聘。但是压力面试下获得的信息通常都是被扭曲的，不能反映应聘者真实的水平，而且这种面试对面试者的面试技巧和控制能力要求很高，稍有疏忽就会导致面试的失败，所以这种面试方式应该慎用。

2）非压力面试

大多数企业在招聘过程中都采用非压力面试。在非压力面试中，面试者力图营造一种宽松亲切的氛围，使应聘者能够在压力最小的情况下回答问题，以获取所需要的信息。应聘者在轻松的环境中通常能够展现自己的真实水平，面试者据此才能获得真实的信息，并且做出正确的决策。

（二）面试的过程

面试作为招聘过程中重要的一环，也是遵循一定的步骤完成的。一般来说，面试过程包括面试的准备阶段、实施阶段和结束工作，具体介绍如下。

1. 面试准备

1）面试人员的选择

面试人员的选择非常重要，因为他们是组织和应聘者交流的窗口，代表着公司的形象和管理水平。一个合格的面试人员应该具备良好的个人品格和修养，能公正地对待每一位应聘者，同时还应具备相关的专业知识，了解组织状况和职位需求，经验丰富，具备驾驭和掌握整个面试进程的能力。企业通常会组建一个面试小组来完成整个面试工作，小组应由人力资源管理人员和用人部门主管构成。

用人部门主要从专业角度出发，多方面、深层次地考察应聘者的专业情况，而人力资源部门更多的是扮演辅助者和建议者的角色。企业在面试前需要对面试人员进行一定的培训，培训内容包括如何观察和评价不同应聘者的表现、如何规避可能发生的错误等，以保证面试的顺利有效进行。

2）确定面试时间

要尽早确定面试的时间并且通知面试人员和应聘者。这样一方面可以让应聘者做相应的准备，另一方面可以让面试者根据面试时间安排自己的其他工作，避免和面试时间冲突，保证面试工作准时展开。

3）安排面试场所

面试场所对面试效果也有很大的影响作用。企业安排面试场所时应尽可能易于应聘者寻找。此外，还应使面试场所宽敞明亮、大小适中、安静优雅，为应聘者提供一个舒适的环境，同时也为企业树立一个以人为本的形象。

4）了解应聘者情况

面试前，应该通过简历或求职登记表大致了解每个应聘者的基本情况，做到心中有数。对其经历存在疑问和感兴趣的应做出标记，在面试时进行询问。这样面试者在面试过程中的提问会更有针对性，可以提高面试的效率。

5）准备面试材料

面试中需要准备的材料主要有面试评价表和面试提纲。面试评价表用于记录应聘者在面试过程中的表现以及面试人员对他的评价，如表 4-8 所示，注意对于不同的职位，面试评价表中的各项要素应有所增减而且要有不同的权重。面试提纲是指面试人员在面试前拟定的准备向应聘者提问的问题，这对结构化面试和半结构化面试尤为重要。

2. 面试实施

1）导入阶段

在正式面试开始时，应聘者通常都比较紧张。此时面试人员应该先与应聘者聊一些轻松的话题，以减少应聘者的紧张程度，而不是直接切入主题。这个阶段被称为面试的导入阶段。

表 4-8　某公司面试评价表①

<table>
<tr><td>序号</td><td></td><td>姓名</td><td></td><td>性别</td><td></td><td>年龄</td><td></td><td>文化程度</td><td></td><td>应聘岗位</td><td></td></tr>
<tr><td colspan="2">面试要素</td><td>举止仪表</td><td>相关经验与知识</td><td>应变能力</td><td>进取心</td><td>计划组织能力</td><td>人际交往能力</td><td>思维能力</td><td>语言表达能力</td></tr>
<tr><td colspan="2">权重</td><td>5</td><td>10</td><td>10</td><td>10</td><td>15</td><td>10</td><td>20</td><td>20</td></tr>
<tr><td colspan="2">观察要点</td><td>仪表举止、形象气质</td><td>经验丰富，掌握工作技巧</td><td>对事物的变化反应迅速，遇事沉着</td><td>有上进心、有明确的发展目标</td><td>计划组织周密、有条理</td><td>具有人际交往的意识与技巧</td><td>思维活跃、富于创造性</td><td>语言表达准确、流畅，逻辑严密</td></tr>
<tr><td rowspan="4">评分标准</td><td>优</td><td>4～5</td><td>9～10</td><td>9～10</td><td>9～10</td><td>11～15</td><td>9～10</td><td>16～20</td><td>16～20</td></tr>
<tr><td>良</td><td>3</td><td>6～8</td><td>6～8</td><td>6～8</td><td>7～10</td><td>6～8</td><td>11～15</td><td>11～15</td></tr>
<tr><td>中</td><td>2</td><td>3～5</td><td>3～5</td><td>3～5</td><td>3～6</td><td>3～5</td><td>6～10</td><td>6～10</td></tr>
<tr><td>差</td><td>0～1</td><td>0～2</td><td>0～2</td><td>0～2</td><td>0～2</td><td>0～2</td><td>0～5</td><td>0～5</td></tr>
<tr><td colspan="2">考官评语</td><td colspan="8">面试官签字：
年　月　日</td></tr>
</table>

2）正题阶段

待到应聘者基本放松后，就进入面试的正题阶段。在这一阶段，面试人员根据面试提纲和进程安排对应聘者进行提问，同时观察和记录应聘者的反应。在此过程中面试者要特别注意提问的方式：提问应当明确，不能含糊不清或产生歧义；提问应当简短，过长的提问既不利于应聘者抓住主题，也会挤占他们的回答时间；提问时尽量不要带感情色彩，以免影响应聘者的回答；提问时不要问一些难堪的问题，除非是某种特殊需要。

此外，面试者还要注意自己的态度举止，尽量不要出现异常的表情和行动，如点头、皱眉等，这些体态语言会让应聘者感到面试者在肯定或否定自己的答案，从而影响应聘者的回答②。

3）收尾阶段

就相关问题提问完毕后，面试者可以让应聘者提出一些对企业或职位感兴趣的问题并为其解答，以此来结束面试。同时，面试者还应提醒应聘者关注面试结果的通知，并感谢应聘者对面试工作的配合。

3. 面试结束

与应聘者谈话结束后，面试人员应尽快整理面试记录，并对每个应聘者的表现做出评价，以免间隔时间过长导致淡忘。面试评价表用以确定进入下一步选拔的人选，并且为最后的综合评定提供依据。

（三）面试中常见的错误

在面试过程中，面试者可能出现以下几个方面的知觉错误，影响对应聘者的评价。

1. 第一印象

面试者往往趋向于在面试开始的几分钟内就根据应聘者的简历、外貌或言行举止等对其下结论，随后的面试也只是在为自己的判断寻找证据。

---

① 赵永乐，沈宗军，刘宇瑛，等．招聘与面试［M］．上海：上海交通大学出版社，2006：174-175.

② 莫寰，张延平，王满四．人力资源管理——原理、技巧与应用［M］．北京：清华大学出版社，2007：180.

2. 过分强调负面信息

面试者受负面信息的影响通常要大于受正面信息的影响。这主要是因为组织对面试者成功的招聘工作通常没有奖励，而一旦招到不合格的员工就会对其表示不满，这就导致面试者在面试中比较保守，不愿承担风险，甚至主动搜寻应聘者的负面信息。

3. 不熟悉拟招聘岗位的工作内容

面试者如果不熟悉拟招聘职位的工作及人员要求，就会对合适人员的标准下错误的定义，并且按照这个定义去评价应聘者，从而做出错误的判断。

4. 面试次序差异

许多面试者往往通过对前后应聘者的表现进行对比而做出判断，在这种情况下，应聘者面试次序的安排就会对面试结果产生很大的影响。一个表现一般的应聘者如果被安排在几个优秀的应聘者之后面试，常会得到较低的评价；但是如果被安排在几个不合格的应聘者之后面试，往往会得到高于其实际情况的评价。

5. 非语言行为的影响

面试者在与应聘者交谈的过程中，很容易受到其非语言行为，如微笑、目光、坐姿、点头等的影响，从而对其做出过高或过低的评价。而没有任何证据表明这些非语言行为与应聘者的能力和素质有任何程度的相关性。

6. 刻板效应

面试者很可能根据应聘者所属的群体以及他对该群体的一贯印象而对应聘者做出简单评价，而且这种评价在以后的面试过程中很难改变。如认为大学生总是眼高手低，而对所有的大学生都持这种评价。这种程式化的思想往往会影响面试者客观、准确地评价应聘者。

7. 与我相似效应

面试者对于那些与自己有某些相似之处（如毕业于同一所学校、有共同爱好、相似的经历等）的应聘者往往会在评价中加入个人感情色彩，影响面试的公平性。

8. 晕轮效应

这是指应聘者某一方面的突出特点有可能掩盖其他方面的全部特点，而面试者就根据这一突出的特点对应聘者下结论。晕轮效应又包括两种：一种是“光环效应”，是指应聘者某一方面的突出优点掩盖了他其他方面的不足而使面试者对其所有表现都持肯定态度；另一种是“触角效应”，与前者正好相反，面试者可能会因应聘者某个不好的表现而对其全面否定，不给他“平反”的机会。

9. 雇用压力

雇用压力也可能影响面试的效果：如果组织要求招聘的员工数量较多但应聘者又相对不足时，面试者就会不自觉地放宽标准，对应聘者给予高于实际水平的评价；相反，如果职位有限但竞争者较多，面试者就会抬高门槛，以更为挑剔的眼光评价应聘者。

在面试过程中，面试人员要尽量避免以上错误的发生，对每一位应聘者做出公正、客观的评价，切莫挑选了“庸者”、埋没了人才，最终损害了组织的利益。

四、招聘中的人才测评

招聘作为员工入口的重要环节，为了提高招聘的效率，应用人才测评的方法和程序是非常重要的。

（一）人才测评的概念

人才测评是指根据一定目的，综合运用定量与定性的多种方法，对人的德、智、能、绩、勤、体进行客观、准确评价的一种社会活动，以达到职业与个人能力素质的更好匹配。人才测评除了在评价目标上与社会发展保持同步外，在理论层面主要引入了实证主义方法论，在工具层面则增添了客观定量方法。

在人力资源开发与管理的各个环节，人才测评起着特别重要且不可缺少的作用。员工的招聘选拔、考核晋升、培训发展、人力规划、企业文化建设等都需要一套科学、客观、公平、权威的人才测评体系，包括一系列的方法、技术和流程以及操作规范，以此为人员吸纳、人员评价和人员培养提供重要依据。成功的企业都有一套适合它们自身的战略目标、业务流程、行业特点、企业文化的人才评价体系。世界500强企业都有高度专业化的人才测评体系，这是它们成功的重要法宝之一。

心理测试和评价中心技术是人才测评的重要工具。

（二）心理测试

学习过组织行为学的人都知道，人的一些心理特征是具有遗传的生理属性的，是不太容易改变或较难改变的，比如人的气质、性格和某些能力，所以人表现出个性特征的差异性和持久性。因为不同的工作或职业要求不同的素质，由此决定了人的心理特征应该和职位相匹配才能更容易成功。另一方面，随着社会的发展，人与人之间的接触面更大，但接触的深度越小了，人际关系越来越表面化、快捷化，通过这种表面和快捷的接触，在招聘中仅仅通过面试难以对应聘者有一个正确的了解。

通过心理测试，可以对个体的兴趣、人格、能力、技能等多方面进行分析，为实现人才的合理安置提供信息，使人事决策更为科学、准确。美国1942年通过使用弗朗那根（J. C. Flanagan）等编制的全套心理测试选拔程序，使飞行员淘汰率由65%下降到36%。中国空军也于20世纪80年代中后期开始研制和启用飞行员选拔的心理素质检测系统，使招收飞行员的成功率有了显著的提高。所有这些都体现了心理测试对人才选拔的科学贡献，它已经成为当代人事工作不可缺少的一个重要组成部分①。

1. 优点

心理测试中常用的是测试量表，比如，智力测试量表、人格测试量表、灵敏度测试等。心理测试在员工招聘中有许多优点，主要列举下面四点②。

1）简单

心理测试可以在相对较短的时间内通过对一些指标的考察较为全面深刻地了解一个人的

① 心理测试在招聘中的应用［EB/OL］.［2006-10-16］. http：//www.manaren.com/news/1010036686.

② 心理测试在员工招聘中的优缺点［EB/OL］.［2008-08-20］. http：//nmai.intebankjp.com/news200809/2008090117738.html.

心理素质、潜在能力、优势能力、性格特质等其他各种指标。

2）科学性

世界上目前还没有一种完全科学的方法，可以在短期内全面了解一个人的心理特质和潜在能力，而目前心理测试能相对比较科学地了解一个人的基本素质。

3）公平性

员工招聘中往往会出现不公平竞争的倾向，往往认为自己是最适合岗位要求的。心理测试可以在一定程度上避免这种不公平性。因为通过心理测试的筛选，心理素质等各项指标比较高的员工可以脱颖而出，而心理素质较低的应聘者，落选也感到是公平的，因为他们能很明显地看到自己的重要的心理特质不符合目标岗位的要求。

4）可比性

用同一种心理测试的方法对不同的被测试者同时进行测试并分析，得出的结果在各个纬度上有可比性。

2. 缺点

心理测试在员工招聘中还是存在明显的缺陷。

1）测试人员存在误用测量工具的倾向

心理测试虽然是一种科学的测量手段，但是如何编制或修正心理测试题以及如何在招聘中正确应用心理测试仍然是一个难题。比如，有些公司在员工招聘中滥用不具备测量效度和信度的量表，或者量表是科学的却反复使用，或者是测评人员的专业水平不够高，这样得出的结论就不能达到预期的效果。

2）招聘方把心理测试结果当成录用人员的唯一的标准

由于种种原因，心理测量的结果和相应的评价并不总是科学的，不能成为各种人事活动的唯一的评价标准，应该结合受聘人的其他相关信息进行筛选。

（三）评价中心技术及其常用方法

人的行为和工作绩效是在一定环境下产生的，只有将其置身于真正的工作环境中，才能体现出一个人的能力。基于这种理论，如果要预测应聘者的能力和未来绩效等素质特征，就可以设计一定的工作环境，使应聘者在该环境下完成组织交予的任务，并观察该任务完成的过程及结果，以此来对应聘者做出评价。这种甄选应聘者的方法就是能力测试，通常也称之为评价中心技术。

该方法多用于对管理人员和专业人才的选拔，通常先由测试人员根据空缺职位所需的知识和能力，设置一定的模拟工作场景，然后由应聘者参与到该场景中，完成测试人员布置的任务。在此过程中，由测评人员观察并记录应聘者的表现，并在测试完成后形成评价报告，以此作为综合评定的依据。

1. "公文筐"测验

该测验在假定的环境下实施，让应聘者以管理者的身份去处理该职位在真实环境中需要处理的各类公文。这些公文可能涉及财务、人事备忘录、市场信息、政府法令公文、客户关系等，包括下级呈交的报告、请示、计划，同级部门的备忘录，上级的指示、批复、规定，以及用户、供应商、政府部门的有关文件等。公文的具体类型和内容可根据该职位在实际工作中遇到的问题来设计。

应聘者被要求在规定的时间和条件下处理这些公文，并形成公文处理报告。最后由测评组根据处理结果，按照既定的考评维度和标准对应聘者做出评价。该方法可以考察应聘者的计划能力、组织能力、书面表达能力、分析决策能力、预测能力以及自信心等个人素质，用以预测应聘者在管理岗位上独立工作的胜任能力与长远的发展潜力。

“公文筐”测验是目前企业使用最为广泛的一种测试方法。首先，它可以根据不同的工作内容和工作特征来设计题目，因而可以应用于多种职位的招聘中，具有较强的灵活性。其次，在处理公文的过程中，可以对应聘者的行为进行直接的观察，通过其处理公文的顺序和所用时间的安排，可以对其分析问题的能力和计划能力做出评价。再次，该方法可以对所有应聘者同时进行测试（每人置于不同的房间），为其提供同样的条件，所处理的公文也完全相同，便于对所有应聘者进行对比。最后，该方法采用多维度评价指标，可以对应聘者做全方位的考察，从而提高招聘的有效性。

在运用“公文筐”测验时，要注意公文选取的适当性。这些公文一定要符合实际中的情况，最好是以公司发生过的事实为素材进行提炼加工而成的。文件中的信息须足以使应聘者做出合理的决策，而不应存在信息缺失或信息错误。另外，这一系列公文在处理难度和重要性上要有所差别，这样才能通过应聘者对不同公文处理的顺序安排和时间分配对其统筹能力和计划能力做出评价。

2. 无领导小组讨论

无领导小组讨论是对一组应聘者同时进行测试。该方法将几个应聘者（通常是5～7人）分为一个临时的小组，共同讨论招聘人员提供的议题，并且要在给定的时间内得出一个结论或制定出一项决策，评委们在一旁或通过录像监测观察所有应聘者的表现并对其做出评价。该方法最大的特点就是在测试开始前并没有指定小组的领导，对每个人也没有明确的分工，所有参与者的地位都是平等的。

该测试的目的就是要考察哪个应聘者具有自发的领导能力，能够从所有应聘者中脱颖而出。除了考察应聘者的领导能力外，无领导小组讨论还可以反映出一个人的沟通能力、说服能力、人际交往能力、分析归纳能力、合作精神和组织协调能力等，是企业招聘管理人员的有效甄选工具，如表4-9所示。

表4-9　无领导小组讨论样题示例①

指导语： 现在我们要根据企业的要求开一个讨论会。在座的各位现在就组成一个专案工作小组。现在公司要对下列问题进行讨论、分析，并做出决定。请大家充分讨论，并拿出小组的意见来。讨论只有35分钟，请大家充分利用时间。讨论一旦开始，将不再回答你们的任何提问，也不干预你们的讨论。 样题： 你认为什么样的领导是好的领导？是以工作为导向还是以人为导向？

无领导小组讨论作为一种有效的测评工具，具有以下几个方面的优点：首先，由于个人发挥空间比较大，应聘者在该测试中能够从多方面展现自己在面试中所表现不出来的特点，从而可以得出对其更加全面的评价。其次，评委们在讨论过程中和讨论结束后一直保持对应聘者的观察，通过其在整个过程中的表现评分，可以得出对其更加合理的评价。再次，每个小组的成员之间通常都是竞聘同一个职位的对手，将他们放在一起，通过讨论过程中每个人

① 彭剑峰．人力资源管理概论［M］．上海：复旦大学出版社，2003：290.

的表现对其做横向比较，容易显示出孰优孰劣，从而得出更加公平的评价。最后，该方法涉及小组成员间的合作问题，通过对他们互动情况的观察，可以看出每个人的集体主义观念和团队合作精神，从而得出更加符合组织利益的评价。

无领导小组讨论方法的运用有以下几点需要注意：①会议桌通常选用圆形桌子，以使每个人在座位安排上没有主次之分。②论题的选取一定要和拟招聘职位有高度的相关性，以达到最大限度的情景模拟；同时，论题的设置一定要有多个答案或多种观点，使小组成员间形成争执，以观察应聘者的协调能力和说服能力等。③招聘人员在给应聘者提供了必要的材料和指导后，就一定不能再参与其中，更不能提问、回答或一起讨论，以免给应聘者提示，即使讨论过程出现争吵或僵局，也不能干预，令其自发解决。

3. 角色扮演

该方法是由招聘人员设计一个模拟情境，该情境中有其故意制造的一系列矛盾和冲突，应聘者要以某种角色进入该情境，去处理解决这些矛盾和冲突。该情境中的其他角色通常由招聘人员或其专门安排的人员扮演，这些人随时会为应聘者制造一些棘手的问题，并要求其在一定时间内解决。通过对应聘者在不同问题下所表现出来的行为进行观察和记录，评价其是否具备与拟招聘职位相符合的素质。该方法旨在考察应聘者的随机应变能力、解决问题能力、情绪控制能力以及处理问题的方法和技巧等。

角色扮演突破了实际工作在时间和空间上的限制，将大量的现实工作场景融入到短时间的情境模拟中，可以更加全面地考察应聘者的实际能力。同时，该方法所模拟的场景接近实际工作情况，真实感强，任务具有挑战性和趣味性，容易引发应聘者的兴趣，充分调动其积极性，有助于其真实水平的发挥，从而使评价结果更加贴近真实。

需要注意的是，情境中所设计的矛盾和冲突应该是现实中该职位经常面对的情况，这样才能通过应聘者在解决问题过程中的表现判断其是否具备该职位所必需的能力。而不应随意设置那些无端刁难的困境来为难应聘者，分散其解决重要问题的精力，从而妨碍其正常表现，最终影响到招聘的效果。

4. 模拟演讲

模拟演讲通常是由招聘人员出一个题目或提供一些材料，应聘人员在拿到题目或材料后稍做准备，继而按照要求进行发言。题目的设置可以是做一次动员报告，可以是在集体活动上发表祝词，也可以是针对具体职位发表就职演说等形式，有时演讲结束后，招聘人员还可以针对演讲内容对应聘者进行提问和质疑。该方法主要考察应聘者的思维能力、语言组织能力、理解能力、反应速度、言谈举止、风度气质等方面的素质。

模拟演讲具有操作简单、成本较低等优点，由于该过程主要是由应聘者进行演讲，招聘人员只需在演讲前向应聘者阐明题目要求，必要时在演讲完毕后就有关问题向应聘者进行提问，多数情况下都充当听众和观察者身份，所以该方法相对于以上三种方法来说，对招聘者的要求比较低，同时招聘者的工作负担也比较轻。

该方法也存在一定的局限性。演讲只能反映出应聘者某些方面的特质，至于应聘者在实际工作中处理具体问题的能力，仅仅通过演讲是表现不出来的。一个人的口才好并不代表此人的动手能力也强。所以，模拟演讲在实际中往往与其他测试方法结合使用，以此来反映应聘者各方面的综合素质，例如在无领导小组讨论后，由小组代表进行总结陈述等。

（四）评价中心技术的优缺点

评价中心技术能够全方位地考察应聘者的各方面能力，包括语言表达能力、领导力、沟通能力、计划组织能力、创造力、参与和冒险性等二十多个项目，可以体现一个人的综合水平。由于应聘者在测试过程中面对的是以后工作经常会遇到的实际问题，解决这类问题的能力一般不易伪装，所以这种预测的准确率也较高，可以防止或减少对所需人员任用的错误。

但是相对于其他方法来说，这种测试所耗费的成本比较高，而且使用起来也比较困难。在测试过程中，通常要综合运用多种手段，每种手段都侧重于考察应聘者不同方面的能力，这就要求整个测试要按部就班、深入细致地进行。同时，还要求测试人员有较强的观察能力和分析判断能力，这就需要在测试实施前对测试人员进行系统的培训。最后，测试人员在对应聘者的表现做评价时主观性较大，这就要求在测试前针对设计的任务制定统一的评价标准，但是由于所设计任务的复杂性，标准的制定也存在一定的困难。

虽然存在以上缺点，评价中心技术仍然以其能够全面准确反映应聘者素质的优点而被大多数公司所采用。

管理前沿

如何对一个人的品德进行测评①

在人才测评中，对最为重要的因素——品德，至今还没有找到一个合适的方法对其进行有效的测量。产生这一问题的原因是由品德自身的特点决定的，比如，品德具有交易性、不可预测性、模糊性、掩蔽性和时代性等特点。过去对个人品德的鉴定主要依据组织上的考核与调查，然后对被考核人做出定性、描述性的评价。

这种考察有其优越性，但缺乏定量的分析和比较，难以在人群中找出一个品德发展水平的相对位置，不能在品德方面对人与人之间进行相互比较。这些问题同日益发展的人才测评事业的要求极不适应，加强对品德测评的研究和实际操作研究已经成为国家公务员录用和人才选拔过程上迫在眉睫的事情。加强品德测评的研究，应注意以下几点。

1. 确定品德测评要素

应该对人才与职位的适应性必须具备的品德素质进行剖析，找到其中几项最基本、最典型、最具有代表性的品德要素，如廉洁自律、敬业精神、责任心、诚实、团队精神、乐于助人、公正正直等，在确定品德的测评要素之后，对所要测量的品德项目给出其操作定义，使通常认为只能进行定性描述的品德内容变得可以操作、量化。

2. 确定测评品德的方法

一是量表测评法。这是一种应用比较广泛、使用效果比较好的科学评价方法。它主要根据品德的内容编制成等级量表，让参与测评的人针对一个问题对被测评人进行不同等级的评判，最终统计得出被测评人在某一品德特性上的相应的水平，并能够同其他参加测评的人进行比较，找出他们在群体中的相对位置。这种评价方法克服了传统定性评价方法导致的以偏概全、以点代面、主观性较大的缺点。能够从多个方面收集评价信息，按等级、按分数进行评价，因而能够比较全面、客观、公正地对一个人的品德做出总体的评价。但

① 当前人才测评技术开发与应用的几个问题［EB/OL］.［2007-06-04］. http：//hi. baidu. com/hrmclub/blog/item/16264a0f8f430c2b6159f342. html.

是这种方法也存在缺陷，容易被被试者按照实验者的喜好或社会标准拟定“标准答案”，不容易鉴别出来真实的想法。

二是主观投射法。这是一种利用心理学的知识将测验的真正目的加以隐蔽的方法。这种测验是事先设计好一些问题，可以是图形，也可以是一段文字的描述，在这些材料中均包括一些品德方面的问题，通过被测评者的不同反应，了解他的品德态度及行为的可能性。这种方法比量表法要优越些，但设计成本较高。

五、综合评价和信息核实

经过层层筛选后，招聘人员对应聘者的专业知识及能力都有了大致了解，在此基础上，可以综合以上测试结果做出录用决策。对于笔试、面试和能力测试三种方法均采用的企业，应视拟聘职位的不同要求对每种测试结果设置适当的权重。

例如，企业可能更加注重财务人员的专业知识水平，所以在进行综合评价时应将笔试结果赋以较大的权重；而在招聘营销人员时，企业可能更加相信应聘者在面试过程中所表现出来的水平，所以在进行综合评价时会对面试结果赋以较大权重。评价结果须清晰地显示应聘者之间的层次和差别，并且能够真实反映出应聘者的实际水平，以使企业做出正确的录用决策，招聘到所需的合格人才。

确定了初步人选后，需要对候选人的相关材料进行核实。这些材料包括候选人所提供的个人信息以及应聘过程中的全部信息。所有的信息都应真实、准确、可靠，对于存在捏造和欺瞒现象的候选人，要坚决将其剔除。

另外，还要组织候选人进行体检，以检验其身体健康状况和其他特殊的身体运动能力，如手指灵敏度、颜色辨别能力、手眼足协调能力等。将体检放在甄选过程的最后阶段是出于对招聘成本的考虑，因为在甄选的最后阶段，企业只需为符合要求的候选人支付体检费用即可。在对测试结果、材料真实性和体检结果综合考虑的基础上，即可得出候选人的初步名单。

六、录用

人员录用过程包括签订试用合同；员工的初始安排、适应性培训与试用；正式录用。

1. 签订试用合同

试用合同是对被录用人员与组织双方的约束与保障，它包括以下主要内容：试用的职位、期限、报酬与福利、试用期应接受的培训、员工在试用期的工作绩效目标与应承担的义务和责任、应享受的权利、转正的条件、试用期组织解雇员工的条件与承担的义务和责任、员工辞职的条件与义务、员工试用期被延长的条件等。

2. 初步安排、适应性培训与试用

员工进入组织后，要为其安排合适的职位。一般来说，员工的职位均是按照招聘的要求和应聘者意愿来安排的。在初步确定职位后，需要对新员工进行有关企业文化和职位要求的培训，以使新员工能够尽快适应企业，投入工作的角色。而试用是对员工的能力与潜力、个性品质与心理素质的进一步考核。

3. 正式录用①

员工的正式录用即我们通常所称的“转正”，是指试用合格的员工正式成为该组织成员的过程。员工能否被正式录用关键在于试用部门对其考核的结果如何，组织对试用员工应坚持公平、择优的原则进行录用。正式录用过程中用人部门与人力资源部门应完成以下主要工作：试用期的考核鉴定，根据考核情况进行正式录用决策，签订正式的雇用合同，提供相应的待遇，制订员工进一步发展计划，提供必要的帮助与咨询等。

在录用决策做出以后，应及时向被录用者发出录用通知，如表 4－10 所示，通知中要说明报到的时间、地点及报道的程序和应携带的材料等，并且要让被录用者了解他们的加入对企业发展的重要意义，表明企业对人才的尊重。同时，还应以礼貌的方式通知未被录用的人员，感谢其对本企业的关注，以树立企业的良好形象，并为以后的招聘工作做铺垫，如表 4－11 所示。

表 4－10　录用通知书

____________先生/女士： 　　非常高兴地通知您，我公司将向您提供________职位。接受该职位的工作意味着您应该完成下列工作职责：1. ________，2. ________。 　　很希望您能接受这项工作。我公司将会为您提供难得的发展机会、良好的工作环境和优厚的报酬。您的月薪是________元，其他福利：________。 　　敬请您在________月________日前来公司报到，报到地点：________。如果您还有什么问题，请速与我部联系，联系电话：________。 　　此致 人力资源部经理：______ ______年___月___日

表 4－11　辞谢通知书

尊敬的________先生/女士： 　　十分感谢您对我们企业的________职位的兴趣。您对我们企业的支持，我们不胜感激。您在应聘该岗位时的良好表现，给我们留下了深刻的印象。但是由于我们名额有限，这次只能割爱。我们已经将您的有关资料备案，并会保留半年，如果有了新的空缺，我们会优先考虑您。 　　感谢您能够理解我们的决定。祝您早日找到理想的职业。 　　对您热诚应聘我们企业，再次表示感谢！ 　　此致 人力资源部经理：______ ______年___月___日

【本章小结】

本章首先阐述了组织员工招聘的重要性。分析了员工招聘的基本原则，即守法并维护国家利益、职能匹配原则、效率优先原则、平等竞争原则、内部优先原则等。

其次，介绍了员工招聘的基本流程，包括招聘需求、招聘计划制订与审批、招聘渠道与招聘方法的选择、筛选简历、面试与笔试、评价中心测评、录用决定、确定薪酬、背景调查及体检、岗前培训、正式录用、招聘效果评估等。

再次，分析了内部招聘和外部招聘的优劣势。其中外部招聘主要有广告招聘、就业机构招

① 章达友．人力资源管理［M］．厦门：厦门大学出版社，2003：178－180.

聘、猎头公司、校园招聘、员工推荐、顾客推荐、网络招聘等。接下来给出了员工招聘的程序。

最后，阐述了人员甄选的概念及内容。并提出了人员甄选的方法。其中面试法、评价中心等被广为采用。

最后，说明了未录用应聘者的处理、对拟录用员工的背景调查，并给出了员工录用的程序，并对员工招聘进行有效评价。

【本章练习题】

一、选择题

1. 心理测验不包括（　　）。

A. 能力测验　　B. 个性测试

C. 职业兴趣测试　　D. 信度测试

2. 员工招聘的原则包括（　　）。

A. 公平公正原则　　B. 双向选择原则

C. 因职择人原则　　D. 效率优先原则

3. 内部招聘的优点包括（　　）。

A. 被聘者因熟悉环境可以迅速展开工作

B. 有利于保证选拔的正确性，成功的概率高

C. 可降低招聘的风险和成本

D. 有利于维系员工对组织的忠诚，降低流动率

4. 外部招聘的优点包括（　　）。

A. 有助于突破组织原有的思维定势、利于组织创新

B. 有利于保证选拔的正确性，成功的概率高

C. 招到有经验员工，培训费用少

D. 有利于平息和缓和内部竞争者之间的关系

二、简答题

1. 员工招聘对组织有何意义及作用？
2. 新时期员工招聘面临哪些机遇和挑战？
3. 员工招聘的原则有哪些？
4. 员工招聘的程序是什么？
5. 内外部招聘的途径、方法和优缺点各有哪些？如何选择招聘渠道？
6. 面试有哪些基本类型？
7. 面试的基本程序是什么？
8. 面试中常见的错误有哪些？
9. 技术评价中心有哪些类型？各类型的优缺点分别是什么？

【案例分析】

A公司是一家以体育器材生产为主的公司，由于正赶上全民健身的东风，再加上2008年

奥运会在中国举行的机遇，仅仅三四年的时间，A公司便从一家不知名的私人企业发展成了亚洲最大的体育产业集团。集团在北京、上海都设有销售机构，生产基地设在一家地级市的开发区。2006年7月，虽然距离2008年奥运会还有一段时间，但是，A公司有多项体育器材产品已稳握进奥的入场券。

受此影响，各省的省运会的订单也似雪片一样不断飞来，各生产车间是一片热火朝天的繁忙景象。工人们每天加班加点，但是订单任务仍旧很重，为此有不少产品采取了外协加工的方式。最后，公司领导决定扩大生产规模，首先是机加工车间，新上两个车间。截至7月18日，新车间已完工，只等待新设备购进后安装调试投产，预计到8月中旬新设备可全部到位。

在7月18日这一天，公司领导召集各部门召开了例会，决定要新招150名技术工人，其中焊工100人，车工、钳工、打砂工、喷涂工和剪板机操作工各10名。会后，公司人力资源部经过商议，制订如下计划：采取在周围五个城市的电视台以电视广告的形式发布招聘信息。招聘信息明确说明了招聘的工种、人数，并且就薪资也简要说明如下：工资实行计件工资，每月不低于1 000元。7月19日晚上，招聘广告在周围五个城市的电视台同时播出。

7月20日，人力资源部的电话便成了热线，一个接一个，几乎全部是外市人员的咨询电话，而咨询的内容也大致相同，一般包括以下几个问题：

(1) 你们公司主要生产什么？

(2) 你们公司在什么地方？

(3) 一天上几个小时班，食宿如何安排？

……

同时，现场报名的人员也是接连不断，全是本市人员。由于报名人员太多，而车间又忙于生产任务，没法进行实践测试，只能询问一下有几年的工作经验，然后介绍一下公司产品以及作息时间后，如果应聘人员感觉可以，就为其办理正式录用手续。

接连七八天，每天电话咨询、现场报名人员不少于20个。截止到7月27日，办理手续的人员已达到100多人，并且90%都是本市人员。工作人员每天忙得嘴都上火了，本以为可以稍微休息一下。但是，另一种情况又发生了。

每天都有新招进来的员工来抱怨，要求离职。当询问原因时，所得到的回复无非就是包括以下几条：

(1) 你们招聘的是技术工，为什么我们在车间里只做一些零活？

(2) 你们不是说计件工资吗，我们做零活如何计件？

(3) 你们广告上不是说工资不低于1 000元，为什么老员工们都说新来的员工月工资是400元？

(4) 工作环境不像你们说的那么好，太差劲，适应不了。

(5) 技术要求太高，做不了。

就这样，仅两三天的时间，新招的人员走了一半多，到7月31日时，仅还留有49个人，全部是本市人员。

一看这个情况，人力资源部感觉不妙，便与车间联系，给新员工召开一个座谈会。会上，相关负责人向新工人说明了相关情况，其内容如下：

这一次招聘的新工人是为新车间储备的，但是目前新车间设备尚未购进，所以，你们只能先暂时在一车间过渡一下，做些零活，等新车间设备一到，马上把你们调入新车间，从事你们的专业工作。为此，第一个月，也就不能按计件工资了，但是，工资绝对不会是400元钱。我们会尽快对你们进行测试，然后根据技术水平，给你们定级别，保证让你们拿到满意的工资数。同时，工人工资每月15日之前一定打到你们的工资卡上，你们现在还没有拿到工资，一定不要听车间工人乱说……

到8月10日时，车间对新聘人员进行了测试，结果，真正能达到技术要求的却少得可怜，留下来的49人中，有25人不能胜任技工岗位，则或转为不需要技术的包装岗位或自己走人。而为了本次招聘仅广告费用就花了12 000元，还不包括招聘中的其他人力、物力费用。情况反馈给人力资源部，人力资源部只能再做广告，继续招聘。

讨论题：

1. 该公司的员工招聘为什么没有达到目的？
2. 从该案例中，对人力资源管理的招聘工作，你有什么新的认识或者是启示？

【实践课堂】

1. 实践内容

登录中国人力资源开发、管理人等相关网站，查阅饭店培训的相关资料，讨论并分析组织人员招聘的渠道、方法等。

2. 实践课程学时

2学时。

3. 实践目的

通过网站收集和分析资料，掌握面试的种类、内容及步骤；角色扮演、无领导小组等评价中心所采用的测验方法。

4. 实践环节

第一步：以组为单位（2～3人一组），登录相关网站，查阅相关资料。

第二步：以组为单位，对面试及评价中心方法进行评价。

5. 技能要求

能够熟练应用互联网查阅资料；

能够分析一些组织招聘的案例；

能够通过案例学习，组织有效的面试、无领导小组测验等。

6. 实践成果

了解评价中心各种测验方法的优劣势；

掌握组织人员招聘的渠道、人员甄选的方法等；

能够根据招聘对象的不同，设计组合不同的人员甄选方法；

能够了解组织人员招聘的规划及实施。

第五章　员工培训与开发

学习目标

§了解培训与开发的含义并理解两者的联系和区别；
§掌握员工培训的系统流程，掌握确定员工培训需求的分析方法；
§掌握员工培训评估的模型和方法，了解员工培训的一般方法；
§了解员工人力资源开发的基本形式。

技能要求

§掌握如何确定企业的培训计划与培训内容，使之符合企业人力资源发展的需要；
§尝试针对不同层次的员工，制定并选择不同的培训内容、选择不同的培训方法。

开章案例

某国营机械公司新上任的人力资源部部长王先生，在一次研讨会上获得了一些他自认为不错的其他企业的培训经验，于是，回来后就兴致勃勃地向公司提交了一份全员培训计划书，以提升人力资源部的新面貌。不久，该计划书就获批准。王先生便踌躇满志地对公司全体人员——上至总经理、下至一线生产员工，进行为期一周的脱产计算机培训。为此，公司还专门下拨十几万元的培训费。

可一周的培训过后，大家议论最多的，便是对培训效果的不满。除办公室的几名员工和45岁以上的几名中层干部觉得有所收获外，其他员工要么觉得收效甚微，要么觉得学而无用，大多数人竟达成共识地认为：十几万元的培训费用只买来了一时的“轰动效应”。

有的员工甚至认为，这场培训，是新官上任点的一把火，是在花单位的钱往自己脸上贴金！而听到种种议论的王先生则感到委屈：在一个有着传统意识的老国企，给员工灌输一些新知识怎么效果不理想呢？他百思不得其解：当今竞争环境下，每人学点计算机知识应该是很有用的呀！怎么不受欢迎呢？

员工培训是企业提升员工素质与技能进而实现企业发展的重要手段，企业通过员工培训，不仅可以拓展员工职业发展空间，而且还可以激励和稳定优秀员工。然而，在实施培训时，企业如果不重视培训自身的一些规律和原则，就不可能达到预期的培训效果。

案例中出现的培训问题就与忽视这些规律和原则有关。案例中存在着培训与需求严重脱节的问题。在一些培训收效不佳的企业里，高层认为："钱没少花、精力没少投入，是中间管理层没做好"；中层管理人员则说："不明白现在的员工到底想要什么"；而一线工人埋怨："上面思路不明，瞎给我们吃药"。结果，用心良苦的培训换来所有人的不满。因此，应当根据岗位特色、员工层次选择合适的受训人员和培训内容。做好培训需求分析是培训活动的首要环节，它既是明确培训目标、设计培训方案的前提，也是进行培训评估的基础。

第一节　员工培训与开发概述

一、员工培训与开发的含义

员工培训和开发，是指企业为了实现其组织目标、提高竞争力而有计划、有组织、多层次、多渠道地组织员工从事学习和训练，从而不断提高员工的知识和技能，改善员工的工作态度、激发员工的创新意识的管理活动。工作中人们常常把培训与开发两个术语混用，实际上两者是有一定的联系和区别的。

具体讲，员工培训（training）是根据实际工作需要，通过提高员工知识与技能水平，从而使他们在现有或将来工作岗位上的业绩能达到组织要求的一种有组织有计划的活动。员工开发（development）则是指组织为满足未来发展需要通过培训、激励、文化等机制的作用提供给员工的各项活动，包括正规教育、人员测评、工作实践以及开发性人际关系等具体形式，从而使员工的知识技能得以增加，观念意识得到转变，个性特征逐步完善，以及对工作绩效起关键作用的行为得到改善。

二、员工培训与开发的作用

员工培训与开发的基本作用就是通过提高员工的知识、技能和素质，重塑其行为方式、思维模式，从而加强其解决问题的能力，使其适应新环境、胜任新岗位、进入新层次、发展新技能等，如图 5-1 所示。

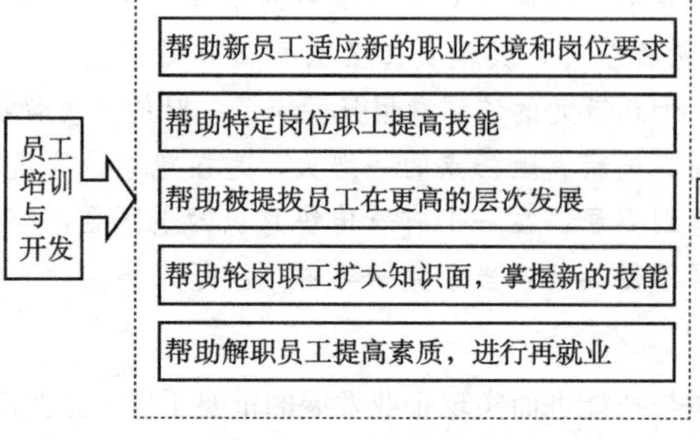

图 5-1　员工培训的基本作用

三、员工培训与开发的意义

人是生产力诸要素中最重要最活跃的因素，一个企业组织的命运归根结底取决于员工素质的高低。因此，加强员工培训是一项具有深远意义的战略决策。具体来说，员工培训的意义主要体现在以下几个方面。

1. 员工培训是发现人才、快出人才、多出人才的重要途径

企业的发展仅仅依靠正规学校教育是难以满足发展要求的，因此必须大力支持成人教育。人员的任用和晋升与培训有密切联系。员工培训不仅可以开阔选拔人才的视野，使其智力资源得以深入开发，还可以建立人才储备库，为企业高级管理层输送人才，实现人才的梯度开发。

2. 培训是员工实现自我价值的需要

在现代企业中，员工工作的目的更重要的是为了高层次需求——自我价值的实现。培训不断教给员工新的知识与技能，使其能够适应或接受具有挑战性的工作任务，实现自我成长和自我价值。这不仅使员工在物质上得到满足，而且精神上也获得成就感，从而实现职业生涯规划的目标。

3. 强化员工培训，可以增强企业可持续发展的竞争力，实现企业战略目标

培训与开发对于企业的意义并不局限于对员工技能和能力的培养，更是深化组织发展、推行企业管理行为与文化实践的重要内容。作为外在薪酬表现形式的培训与开发，对激励和保留员工具有一定的积极作用。利用培训与开发可以强化员工对组织的认同，提高员工的忠诚度，培养员工的客户服务意识，提高员工的适应性和灵活性，从而使员工与组织同步成长。

4. 员工培训是提高企业经营效率的关键环节

现代人力资本理论认为，企业员工的智力、技能、经验、品德是企业人力资源质量的重要组成部分。提高员工的智力水平、专业技能、品行道德，已经成为企业提高员工工作效率的关键所在。通过对员工的培训，使他们掌握与工作有关的实际知识和技能，并使他们能适应和担当起随工作内容变化的新工作。

第二节　员工培训的流程

要做好员工培训工作，遵循科学、合理的流程是非常重要的。员工培训流程大致可分为培训需求分析、确定培训目标、拟订培训计划、实施培训方案和培训效果评估五个阶段。如图 5-2 所示。

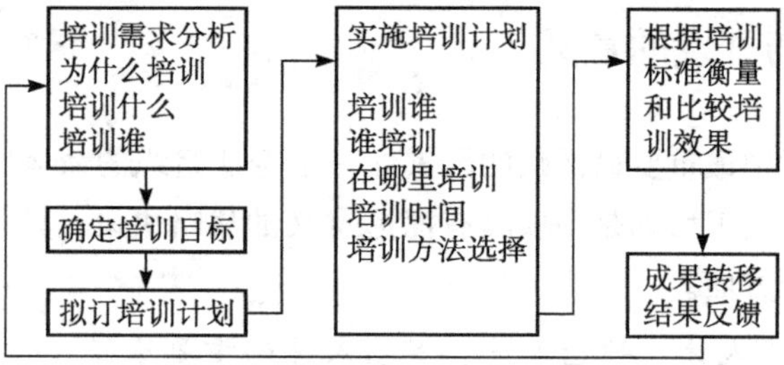

图 5－2　员工培训的系统流程

一、培训需求分析

培训需求分析是培训系统流程的起点，它在整个培训活动中具有举足轻重的作用。一个全面准确的培训需求分析可以使培训活动事半功倍。

培训需求分析是指在规划与设计每个培训项目之前，由培训部门、主管人员及相关工作人员采取各种方法和技术，对组织及其成员的目标、知识、技能等方面进行系统的鉴别与分析，从而确定培训的必要性及培训内容的过程。

根据需求产生的动机可以分为主动培训需求和被动培训需求。所谓主动培训需求，是指组织根据发展战略提出的具有前瞻性的培训需求，被动培训需求则是针对需要解决的问题而产生的培训需求。

根据需求产生的来源可分为静态培训需求与动态培训需求。静态培训需求是指因岗位设置而产生的培训需求，它是与岗位相伴而生的；而动态培训需求则是指因员工的知识、技能与岗位工作要求之间的差距而产生的培训需求。具体包括以下几方面。

1. 组织分析

组织层面的分析指的是对环境、战略和组织资源进行检查，确定组织范围内的培训重点，以保证培训计划符合组织的整体目标与战略要求。

1）对组织目标的分析

如企业的合并与兼并通常要求员工扮演新的角色，承担新的职责，适应新的企业文化和开展业务的方式。其他因素如技术的革新、全球化、企业再造、全面质量管理等都会影响到工作方式的改变和所必需的各项技能。一些策略性的因素同样会对培训需求产生重要影响，如机构重组、规模缩减、权力下放和团队合作等会立即产生培训需求。

2）对组织资源的分析

组织分析涵盖了对众多资源的分析，所有的分析都必须建立在资源分析的基础上，从而确定符合实际的培训目标。组织资源分析主要包括对组织的人力资源、时间、财务等方面的分析。其中人力资源状况包括员工的数量、年龄、质量、态度、技能和知识水平、工作绩效等；时间的确定非常重要，时间对于组织就是效益和金钱，如果时间安排不当，培训的效果就会大打折扣。财务划拨是培训经费的主要来源，组织的财务实力决定了组织所能提供的培训经费的规模，这将直接影响培训的广度和深度。

3）对组织特质与环境的分析

组织特质与环境分析主要是对组织的系统结构、文化、资讯传播情况的了解。培训计划与组织价值理念、组织环境氛围相一致时，则容易保证良好的培训效果。文化特质包括组织文化、经营理念、软硬件设施、规章制度、组织运营方式、成员沟通交流与待人处事的风格等。这些有助于管理者了解组织的本质，而非仅仅停留在表面和现象上的认识。系统特质，是指组织的输入、输出、次级系统互动以及与外界环境之间的交流特质。通过系统特质的分析，可以全面客观地了解组织，避免组织分析的因素缺失。

2. 任务分析

任务分析主要分析每一工作所提出的职责和任务、工作绩效应达到的标准，以及员工达到理想的工作绩效所必须掌握的技能和能力。任务分析的方法主要是根据系统收集的反映工作特性的数据、资料和信息，制定每个岗位的工作标准，同时明确员工有效工作行为所需的知识、技能和其他要件。

工作分析、绩效评价、质量控制报告和顾客反应等都为这种培训需求评估提供了重要信息。具体操作时有实践法（即人员亲自从事所分析的工作职位，了解相关信息）、观察法（主要通过对工作现场的观察获取掌握信息）、问卷调查法、访谈法、座谈会和统计判断法等。

3. 人员分析

人员层面的分析是将员工目前的实际工作绩效与企业的员工绩效标准进行比较，或者将员工现有的技能水平与预期未来对员工技能的要求进行比较，发现两者之间是否存在差距。个人层面的分析信息来源包括业绩考核的记录、员工技能测试成绩以及员工个人填写的培训需求问卷。

二、确定培训目标

目标可以根据层次的不同分为：组织目标、部门目标、团队目标和个人目标四种。也可以根据时间的不同分为：短期目标、中期目标和长期目标三种。也可以根据内容的不同分为：更新知识、提高技能、改变思维、转变观念和调整心理五种。

以上是从理论角度进行的划分，实际上组织在设立培训与开发目标的过程中，倾向于三种目标类型结合起来考虑。例如，新员工进入组织伊始，即可结合其职业生涯规划和组织需要，设置短、中、长期的培训与开发目标。再比如一家公司通过分析组织战略来确定高层管理者的培训需求，发现他们短期内的培训与开发目标是更新知识和转变观念；最高层管理者最关心的问题则是企业战略、变革与创新、企业文化建设、社会责任等问题。

中期目标是新技能的掌握和思维的转换，最关注的问题是领导艺术、决策与判断力、新形势下的投融资技术、与公司利益相关的人事沟通、政策把握、政府关系与团队建设。长期目标却是追求心理的调整，所关注的问题包括如何平衡工作与生活的关系，如何在生活上获得更多的幸福感，以及渴望系统学习一些哲学、社会学和心理学方面的知识等。

还有其他一些公司这样来确立培训与开发目标：长期目标是建立与现代企业制度相适应的企业培训体系；中期目标是针对工作岗位的不同需要，构建“一横一竖”的员工岗位培训体系；竖线代表从新员工到集团高层管理者的不同人员；横线代表员工根据岗位所需要掌握的培训内容。近期目标是对员工进行分级分类的培训。

高层管理者则基于其工作忙、责任重的特点，重点围绕驾驭全局的宏观决策、综合协调能力开设专题班次，学习 WTO 相关知识、现代金融贸易、信息科技知识，学习国际市场运作规则和跨国公司经营管理等；中层管理者重点加强和规范工商管理培训，学习 WTO 相关知识、法律法规知识、现代管理知识等，抓好中层管理人员经营理念、经营思想、管理方法等培训；对于普通员工，按照岗位职责，重点精通本岗位要求的业务知识与技能，熟练掌握计算机。

三、拟订培训计划

员工培训计划涉及的内容大到企业战略、经营计划，小到确定培训内容，选择培训对象，运用学习原理设计切实可行的培训方案等。因此培训计划需要结合前面的培训需求分析制订，主要目的是保证培训工作的合理开展，提高培训效率以及规范培训秩序等。

1. 计划的种类

根据培训与开发的需求和长期目标，结合组织已有的人力、物力、财力，配合组织的战略目标，制订相应的长期计划；长期培训计划一般为三至五年。长期培训计划是考虑到企业长远战略发展而对人才种类（特别是管理人才）进行粗略规划的培训计划，侧重于培训的方向规划。

年度培训计划是对长期培训计划的具体化，是对企业各部门该年度应该完成的培训任务的详细安排，包括培训时间安排、培训内容的确定、培训完成和协助部门、经费预算。年度培训计划应由人力资源部与各部门充分沟通后负责制订。项目或课程培训计划是在年度计划基础上制订的具体培训计划，是企业为了使某一个具体培训目的可操作化而设计的培训项目或课程计划。它可以具体到培训日期、培训内容、受训员工姓名、组织部门、授课老师、经费落实、培训程序、地点、培训考核和培训评估等内容。

2. 计划的内容

计划通常至少包括五个方面的内容，即由谁参加培训（who）、何时培训（when）、在哪里培训（where）、培训具体内容（what）、培训效果如何评估（how），其中最重要的是学员学习什么内容。如表 5－1 所示。

表 5－1　员工培训计划表

计划编号：　　　　　　　　　　　　　　　　　　　　　　　　　　月份：

No. 1 编号 1　□Inside Training 内部培训　□ Outside Training 外出培训	
Training Item 培训项目	
Training Name 培训名称	
Time/location 培训时间/地点	
Objective 培训目标	
Examine Approval 考核方式	
Training Rate（Advance）培训费用（预算）	

通常一个优秀的培训计划有助于培训目标的实现。在时间、费用和学习精力都有限的条

件下，必须考虑对培训内容进行层次划分。对于能够突破工作胜任力瓶颈的内容应该是必须学习的，能够开发潜力和开阔视野的内容是应该学习的，对实现目标有帮助却并不重要的是可以学习的。

制订培训计划还必须兼顾企业具体的情况，如行业类型、企业规模、客户要求、技术发展水平与趋势、员工现有水平、政策法规、企业宗旨等，而最关键因素则是企业领导的管理价值观和对培训重要性的认识。

四、实施培训计划

培训实施是员工培训系统流程的关键环节，在实施员工培训时，培训者要考虑到方方面面的可能的因素，确保具体工作任务的顺利实施。人力资源部门要想保证培训的良好效果与质量，必须在每一次的员工培训项目中把握下面几个具体方面。

1. 确定合适的培训人选

一般来说，企业的重点培训对象包括：新招聘的员工、可以改进目前工作的人、组织要求掌握其他技能的人和有潜力的人。影响员工培训效果的因素是三维的——员工的态度、学习能力和技能差距。因此员工必须具有基本的学习能力、学习动机，并具有自我效能感。

2. 选择合适的培训师

企业应该充分重视培训师的选择。有三个维度可以考核培训师水平高低：知识和经验、培训技能、个人魅力。根据这三个维度可将培训师分为六种类型：卓越型、专业型、技能型、浅薄型、讲师型和弱型培训师。企业应选择那些表达能力强，有教学愿望，有广博的理论知识、丰富的实践经验、扎实的培训技能，热情且受尊敬的人为培训教师。

培训师的来源渠道一般有两种，一种是外部聘请，一种是内部开发，两种渠道各有利弊。两者的优缺点如表 5-2 所示。

表 5-2　培训师来源渠道的优缺点比较

来源渠道	优点	缺点
外部聘请	培训者比较专业，具有丰富的培训经验，不受束缚，可以带来新观点和新理念，员工容易接受	费用比较高、风险大，对企业不了解，培训内容可能不实用，针对性不强
内部开发	对企业比较了解，培训更有针对性，培训专业技能和知识比较有优势，费用比较低，可以和受训人员进行更好的交流	可能缺乏培训经验和技巧，受企业状况的影响比较大，思路没有创新，可能耽误培训者自身的工作

3. 确定合适的培训组织形式

为适应不同的培训目的、培训内容和受训者，培训的组织形式需视具体情况而定。根据不同的划分依据，培训的组织形式有很多种。

从员工培训的组织时间看，培训有全脱产培训、半脱产培训与业余培训等。全脱产培训是受训者在一段时期内完全脱离工作岗位，接受专门培训后，再继续工作。半脱产培训是受训者每天或每周抽出一部分时间参加学习的培训形式。业余培训是受训者完全利用个人业余时间参加培训，不影响正常生产或工作的培训形式。

4. 选择和准备培训场所

选择什么样的培训场地是确保培训成功的关键。首先，培训场地应具备交通便利、舒适、安静、独立而不受干扰，为受训者提供足够的自由活动空间等特点。其次，培训场地的布置应注意一些细节：检查空调系统以及临近房间、走廊和建筑物之外的噪声；场地的采光、灯光与培训的气氛协调；培训教室结构选择方形，便于受训者看、听和参与讨论；教室的灯光照明适当；墙壁及地面的颜色要协调，天花板的高度要适当；桌椅高度适当，椅子最好有轮子，可旋转便于移动等；教室电源插座设置的数量及距离也要适当，便于受训者使用；墙面、天花板、地面及桌椅反射或音响能保持合适的清晰度和音量。最后，注意座位的安排，即应根据学员之间及培训教师与学员之间的预期交流的特点来布置座位。

一般地，扇形座位安排对培训十分有效，便于受训者相互交流。也可根据培训目的与方法来布置教室，例如培训主要是获取知识，讲座和视听演示为主要培训方法，那么传统教室的座位安排就比较合适。总之，选择和准备培训场所应以培训效果为重。

5. 课程描述与计划

课程描述是有关培训项目的总体信息，包括培训课程名称、目标学员、课程目标、地点、时间、培训的方法、预先准备的培训设备、培训教师名单以及教材等。它是从培训需求分析中得到的。详细的课程计划也非常重要，包括培训期间的各种活动及其先后次序和管理环节。它有助于保持培训活动的连贯性而不论培训教师是否发生变化，有助于确保培训教师和受训者了解课程和项目目标。课程计划包括课程名称、学习目的、报告的专题、目标听众，培训时间、培训教师的活动、学员活动和其他必要的活动。

6. 选择培训教材

培训的教材一般由培训教师确定。教材有公开出版的、企业内部的、培训公司的以及教师自编的四种。培训的教材应该是对教学内容的概括与总结，包括教学目标、练习、图表、数据以及参考书等。

7. 确定培训时间

培训时间的确定应适应员工的特点，包括何时开始、何时结束、每个培训周期的详细时间等都要视企业和员工双方的具体情况而定。

五、培训效果评估

培训效果评估简称培训评估，产生于20世纪50年代，经过半个多世纪的发展，已经有了很多方法和模型。我们知道，培训效果是指在培训过程中受训者将所学知识、技能、才干等应用于工作的程度。培训效果可能是积极的，也可能是消极的，还可能是中性的，即培训对工作绩效的提高可能会有促进、阻碍或不明显的作用。

评价培训项目的结果需研究以下问题：员工的工作行为是否发生了变化？这些变化是不是培训引起的？这些变化是否有助于组织目标的实现？下一组的受训者在完成相同的培训后是否会发生相似变化？

培训评估本质上是一种信息活动，主要提供科学、全面、准确的信息，便于人们做出正确决策。从培训评估的定义看，评估过程须收集相关数据，以便为决策者提供所需事实和评判依据。下表5－3是常用评估数据采集方法及各自优缺点比较，具体方法如表5－3所示。

表 5-3　培训评估所用的数据采集方法比较①

方法	具体的过程	优　点	缺　点
访谈	和一个或多个人进行交谈，以了解他们的信念、观点和观察到的东西	● 灵活 ● 可以进行解释和澄清 ● 能深入了解某些信息 ● 私人性质的接触	● 引发的反应在很大程度上是回应性的 ● 成本很高 ● 面对面的交流障碍 ● 需要花费很多人力 ● 需要对观察者进行培训
问卷调查	用一系列标准化的问题去了解人们的观点和观察到的东西	● 成本低 ● 匿名的情况下提高可信度 ● 可以在匿名的情况下完成 ● 填写问卷的人可以自己掌握速度 ● 有多种答案选项	● 数据的准确性可能不高 ● 如果是在工作中完成问卷填写的，那么对这个过程很难进行控制 ● 不同的人填写问卷的速度不同 ● 无法保证问卷回收率
直接观察	对一项任务或多项任务的完成过程进行观察和记录	● 不会给人带来威胁感 ● 是用于测量行为改变的极好途径	● 可能会打扰当事人 ● 可能会造成回应性的反应 ● 可能不可靠 ● 需要受过训练的观察者
测验和模拟	在结构化的情景下分析个人的知识水平或完成某项任务的熟练程度	● 买价低 ● 容易计分 ● 可迅速批改 ● 容易实施 ● 可大面积采样	● 可能会带来威胁感 ● 也许与工作绩效不相关 ● 对常模的依赖可能会扭曲个人绩效 ● 可能由文化带来偏差
档案记录分析	使用现有的信息，比如档案或报告	● 可靠 ● 客观 ● 与工作绩效关系密切	● 要花费大量的时间 ● 对现实进行模拟往往很困难 ● 开发成本很高

六、促进培训成果转化

培训成果转化是指把培训中所学到的知识、技能和行为应用于实际工作的过程。它很大程度上受工作环境影响，包括转化氛围、管理者与同事的支持、运用所学知识能力的机会、信息技术支持系统以及受训者自我管理能力等因素，如表 5-4 所示。

表 5-4　影响培训成果转化的工作环境

促进培训成果转化的工作环境特征	直接主管和同事的鼓励； 工作任务安排：工作可以依照适用新技能的方式重新设计； 反馈结果：主管应关注那些应用培训内容的受训者； 不轻易惩罚：对使用从培训中获得的技能和行为方式的受训者不公开责难； 外部强化：受训者因应用从培训中获得的技能和行为方式受到物质奖励； 内部强化：受训者因应用在从培训中获得的技能和行为方式受到精神奖励
阻碍培训成果转化的因素	与工作有关的因素（缺乏时间、资金、设备，少有机会运用新技能）； 缺乏同事支持； 缺乏管理者支持

① 彭剑峰．人力资源管理概论［M］．上海：复旦大学出版社，2007.

不利的工作环境会妨碍受训者使用所学的新技能，影响学习的保存、推广和持续，使培训流于形式，难以进行，这是许多培训项目的通病。因此，营造良好的工作环境对培训成果转化具有重要意义。

为提高培训成果的转化效果，在培训的组织实施过程中需注意以下几个问题：

(1) 受训者必须知道培训的根据是什么，明白并接受培训的程序和方法，这是培训效果转化的重要环节；

(2) 加强培训中示范和参与，增强培训的实用性；

(3) 培训模拟和操练会强化受训者的感受，讨论和反馈会增强学习效果；

(4) 增加实际应用机会，与受训者探讨进展情况，增加培训的转移效果；

(5) 实际应用过程由专人指导，一般是直接上级，这是培训过程的必要延续。

(6) 良好的信息技术系统可支持知识共享和学习成果的保存与积累。

操作实务

摩托罗拉的员工培训

摩托罗拉非常重视员工培训工作及其系统的建立，并将其作为企业发展战略中重要的一部分。摩托罗拉一贯认为，人是企业中最宝贵的资源，只有向这些有限的资源提供各种培训机会并给予发挥的空间，才能释放其最大的能量，从而培养成一支同行业的优秀人才队伍，以不断满足公司在全球范围内日益增长的业务需求。

为此公司每年为员工培训投入了大量的人力、物力和财力，并规定每年每位员工至少要接受40小时与工作有关的学习。学习内容主要包括新员工入职培训、企业文化培训、专业技能培训、管理技能培训、语言培训及海外培训等。摩托罗拉还积极推广电子学习（e-learning），公司要求每个员工每年要通过电子学习自学8个小时。

摩托罗拉大学（MU-Motorola University）是一所摩托罗拉内部专门设置的，为摩托罗拉各事业部、客户、员工及合作伙伴设立的教育培训机构。基于公司的发展要求，摩托罗拉大学提出了为公司发展和员工成长提供“及时而准确的知识”的学习方案，通过长期实践和探索，公司建立了一套完整、先进的员工培训与培养系统。

摩托罗拉的教育培训系统主要由四部分组成，即培训需求分析、培训设计与采购、实施培训和培训评估四部分。相应地，摩托罗拉大学设置了四个职能部门：客户代表部、课程设计部、培训信息中心及课程运作管理部。这四个部门承担着这个系统的运行，源源不断地为公司各事业部提供着一流的培训课程。下面我们简要介绍这套教育培训系统是如何运作的。

一、培训需求分析

摩托罗拉的培训工作是以客户为导向的，摩托罗拉大学客户代表部的主要职责是与各事业部的人力资源组织发展部门紧密合作，分析组织现状与组织目标之间的差距，判断这些差距中哪些是可以通过培训解决的，并以此确定组织的培训需求，并提供组织发展的咨询和培训方案。之后，他们将与各事业部的各级领导合作，制订学员的培训计划。培训需求分析经常采用的方法是找出理想状态与实际的情况差距。

通过查找，公司能够找出事业部真正想要解决的实际问题，即找出这个“差距”。再通过对该“差距”的进一步分析，确定哪些“差距”是培训所应解决的问题，哪些“差距”

是培训所解决不了的。比如，某事业部明年的战略是要申请通过ISO 9000质量系统认证，那么客户代表部就将与该事业部的有关部门合作，对该事业部质量系统方面的培训需求做出分析：首先从理想的状态来看，通过ISO 9000系统认证的相关人员都应该具有该方面的知识和经验，熟知该系统认证的过程；然后对该事业部现有的相关人员该方面的知识与经验进行分析，确定他们现有的水平；理想与现实之间的差距就是该事业部当前或认证前所要急需解决的问题。依据这个"差距"，制定出相关的培训方案。

依据"差距"，摩托罗拉大学客户代表部还根据事业部的发展目标和任务，分别对其事业部的各部门或专业乃至员工个人的培训需求做出分析，并依据找出的"差距"，分别制定相应的培训方案与培训课程。

依据对员工个人工作及职业发展的需求分析，在组织发展部的协助下，制订出员工个人的职业发展计划，包括个人教育培训计划（IDP）。应该说，培训需求分析是整个教育培训系统的基础，也是最为关键的环节。没有准确的需求分析，就没有让"顾客完全满意"的培训方案与课程。培训需求分析后，客户代表部基于需求分析的结果为各事业部做出一年的培训计划。

二、培训采购与分析

当客户代表部从各事业部获取了第一手客户培训需求后，会提出一整套培训咨询和方案。在这些培训方案中，有些现有的课程即可满足事业部的要求，但是有些现有的课程尚不能够或不能够完全满足客户培训的需求。在这种情况下，课程设计部就会介入来采购、设计、开发、改编以及翻译培训课程以满足公司及事业部发展的实际需求。

例如，摩托罗拉天津地区事业部的业务以生产制造为主，加之业务及自身发展迅速，对一线生产主管提出了更高的要求。但由于劳动力市场等的限制，许多一线主管均是刚大学毕业的本科生。如何加速提高生产一线主管的管理水平是一个当务之急。计划、组织、领导与控制是一线主管主要的职责，但他们不仅要管理产品、质量与费用，而且要振作员工士气，探究工作方法，提供必要培训，并保证生产安全。

大量一线主管成功的经验表明，一线主管所具备的基本管理知识与技术主要有与生产相关的专业知识，如生产知识、生产管理知识、相关政策与法规及生产计划能力、组织能力、沟通能力、激励能力。解决实际问题的能力等。由于没有现成的相应培训项目，在借鉴有关培训项目的基础上，公司设计开发了一个主管走向培训项目（supervisor orientation program，SOP）。该项目实施后，深得学员及各事业部的欢迎。

摩托罗拉的课程设计部应用ISD（instructional system design）模型设计课程或项目，其领域涵盖了管理、质量、工程、技术、文化、语言等方面。例如，为了支持领导发展战略和组织更新的需要，他们设计出了许多优秀的课程项目，这其中包括外界熟悉的明星客户学院课程。

课程的设计还对课程的学习方法、学习效果的评估等做出规定或建议以保证培训课程的有效实施。为了保证课程设计的有效性，在课程设计完成之后，该课程不是直接进入实际培训阶段，而是课程设计部要对该课程进行试运行。届时相关领域的专家、项目设计人、学员代表、相关经理等将对课程提出各自的建议，并据此对课程进行必要的修改，以保证课程的设计达到培训的需求。

三、培训的实施

一般地，课程运作部负责授课教师的认证与管理、教学材料的打印、教室及其教学设备的安排与管理，以及进行核心项目的管理等。对于摩托罗拉大学所开设的课程，课程运作管理部将负责认证讲课教师。只有经过认证合格后的教师才有资格执掌该课程的教鞭。

培训信息管理中心则负责培训信息的发布、登记，课程的安排，学员培训记录及培训评估结果的分析与管理等，并配合全球系统，集中信息资源。

四、培训评估

培训结束后，学员的感受是怎样的？培训是否达到了所设定的目标？其效果如何？通过培训，学员是否掌握了所学的知识？其所学知识是否已经转化成了能力？以及培训的投资回报率如何？所有这些问题都是大家非常关心的问题。

摩托罗拉依据上述问题将整个培训的评估分为四个水平，即：

水平1：考查学员对所学课程的反映如何，其目的在于考查学员对课程的满意度。例如，在摩托罗拉，每个员工参加培训后都要填写一份课程评估表，其中的问题包括学员对教师、教材、时间安排等各项问题进行评估，并给予建议。这些都将成为课程设计部改进课程的重要依据。

水平2：考查学员对课程内容的掌握情况。为了不给学员带来不必要的负担，我们采取许多灵活、有趣的方式对学员学习情况做出评估，如通过游戏活动。

水平3：课程学员是否将所学的知识转化为了相应的能力。由知识转化为能力需要时间，因此对能力的评估需要一个较为先进的评估方法。例如，为了配合摩托罗拉在华四大业务方针之一的加速管理人员本土化进程，他们设计发展了“中国强化管理培训（CAMP＝China accelerated management program)”。学员在即将接受培训前，要接受多项评估以确定其培训前的能力水平。接受培训后3～6个月，进行再次能力评估。通过两次评估结果的对比分析，就可确定培训对学员能力发展所带来的影响和作用。

水平4：投资回报率，即考查培训投资为各事业部及员工个人所带来的效益。例如，摩托罗拉公司于1992年推出“6西格码黑带”项目计划，其目的是培训一批具有丰富经验的专业技术人才，在其领域内推广、应用解决问题的技能和改进质量系统，从而取得产品在设计、制造、服务等各方面的不断进步。经过几年的发展和完善，黑带计划已显示出巨大的功效。对黑带项目第四水平评估结果表明，黑带专业人才通过带领团队解决公司内部的质量，生产率甚为可观，为摩托罗拉带来了丰硕的成果和回报率。

通过上述评估体系，一方面验证了培训的结果是否达到了各事业部及员工个人的培训期望，另一方面，也为客户培训需求分析、课程设计、实施与管理提供了有科学价值的反馈信息，为改进培训系统与效果提供了可靠的依据。

现在，摩托罗拉大学正致力于成为摩托罗拉全球培训教育服务的供应商。与事业部经营原则一样，客户是第一位的。长期以来，摩托罗拉大学一直不断地完善这套员工培训与培养系统，并通过这套系统，基于公司各事业部的业务发展战略方针，不断加强与各事业部的伙伴合作关系，并努力致力于更好地解决公司各事业部业务及培训发展的需要，努力成为摩托罗拉所需人才培养的热土。

资料来源：http：//www. xici. net/u6190068/d25148152. htm.

第三节　员工培训的方法和类型

一、员工培训的一般方法

要保证员工培训的效果，选择适当的培训方法是非常必要的。下面介绍各种培训方法及其优缺点和适应范围，为培训者提供设计和选择培训方法的指导。

（一）传统的课堂讲解方法

传统的课堂讲解方法主要包括讲座和讨论。一般是培训者向一群受训者进行课堂讲授，在讲授过程中常常还辅之以问答、讨论或者案例研究等传授形式。优点是可以在短时间内将大量的经验和教训告知别人，缺点是对讲师和学员的要求都很高。最差的效果可能会导致学员认为耽误了时间和金钱。这是一种能够以最低的成本、最少的时间耗费向大量的受训者提供某种专题信息的方法之一。

受训者越是能够积极地参与，培训师在课堂讲授中引用的与工作相关的例子越多、在讲授过程中穿插的练习越多，则受训者就越有可能学会并且在工作中应用在培训中所了解到的信息。尽管像交互式录像和计算机辅助讲解系统之类的新技术不断涌现，但是讲座和讨论仍然是最常用的一种培训方法。

视听讲授内容包括投影、幻灯和录像等，录像是最常用的培训方法之一，广泛运用于员工沟通技能、面谈技能、客户服务技能等方面的提高，也被运用于描绘如何完成某些工作程序方面。它常常与课堂讲授结合使用，以便向受训者展示真实的工作实例。在培训中使用录像有许多优点：①培训者可以重放、慢放或加快课程的进度，赋予培训者根据受训者的特点调整课程安排的灵活性。②可以让受训者直接感受到真实的工作情景。③受训者得到具有一致性的指导。④通过将受训者的反应录制下来，使他们能在无培训人员讲解的情况下观看自己的现场表现，取得较好的反馈效果。

（二）案例研究

案例研究是将实际发生过或正在发生的客观存在的真实情景，用文字、录音、录像等视听媒介描述，让受训者分析思考，学会诊断和解决问题以及决策。它特别适用于开发高级智力技能，如分析、综合及评价能力。优点是提供了一种系统的思考模式，通过培训可增长一些管理知识和原则，树立先进的思想理念，有利于受训者参与企业实际问题的解决，还可以使受训者在分析具体情况的基础上，提高承担不确定性风险的能力。

为使案例研究教学法更有效，须确保学习环境能为受训者提供案例准备、讨论、分析及做结论的机会；安排受训者面对面讨论或通过电子通信设施进行沟通，提高受训者的参与程度。缺点是所选案例可能缺乏针对性，案例所含信息量不如课堂传授法集中，所需时间较多，培训效果取决于受训者的参与程度。

（三）商业游戏

商业游戏要求受训者收集信息，对其进行分析并做出决策，主要用于管理技能的开发。游戏可以刺激学习，而且参与者在游戏中所做的决策涉及诸多管理活动：劳动关系（谈判和签订合同）、市场营销（为新产品定价）及财务预算（支持购买金技术）。目前往往运用计算机记录信息、计算结果，时间跨度可以是半年到三年，实际操作时间只是在半小时至两小时之间。商业游戏效果良好，受训者参与性高，实用性也强，但由于设计费用昂贵，企业租用费用也相对较高，因此限制了商业游戏的推广。

商业游戏的优势包括几个相互作用的决策的整合、试验决策的能力、决策中反馈机制的提供和利用数据做出决策的要求等，这基本上模拟了现实；不足主要是缺乏制定决策的新奇性或反应性，开发和管理的成本较高，一些模型不现实，许多参加者寻求赢得游戏的关键也并不是集中精力做出好的决策。

（四）角色扮演法

角色扮演法是设定一个最接近真实情景的培训环境，由两个以上的学员扮演指定的角色，借助角色演练来理解角色的内容，从而提高主动地面对现实和解决问题的能力。受训者要扮演的往往是工作情景中经常碰到的人，例如上司、下属、客户、其他职能部门经理、同事等。通常有一个简单的剧本提供给参加者，有时被制作成录像，并对作为开发情形的部分重新分析。角色扮演一般安排 12 人左右的小组，效果主要取决于培训师的水平，如果培训技能得到及时适当的反馈和强化，则效果相当理想，且培训效果转移到工作情景中去的程度也高，但最终成功与否在于所设计的角色人物的能力。

角色扮演的优点是能给学员提供模拟的试验机会，学员有亲身体验他人工作岗位的机会，从而增加彼此的理解和融通；缺点是信息量小、需要的时间较长、培训费用较高，主要原因是这种培训只能以小组进行，人均费用会提高。角色扮演法适用于人际关系技能的培训，可以帮助经理人员更了解他人的感受，对他人感受会更加敏锐。

（五）情景模拟

情景模拟是一种模拟现实中真实生活情况的培训方法，受训者的决策结果能反映出他在“模拟”工作岗位上可能发生的真实情况。该方法常用以传授生产、加工、管理及人际关系技能。模拟环境必须与实际工作环境有相同的构成要素。这种环境可通过模拟器仿真模拟出。情景模拟是否有效关键在于模拟器对实际工作情形模拟的仿真程度，即模拟器应与工作环境的因素相同，在受训者给定的条件下，模拟器的反应要与真实工作设备的反应完全一致。仿真模拟法的优点在于，能成功地使受训者通过模拟器简单练习增强信心，使其能顺利地在自动化生产环境下工作；缺点是模拟器开发很昂贵，且工作环境信息的变化需要经常更新，使得利用仿真模拟法进行培训的成本较高。

将模拟现实技术运用于情景模拟领域的方法即虚拟现实。这种计算机技术为受训者提供了一种三维学习的方式，即通过使用专业设备和观看计算机屏幕上的虚拟模型，以及利用技术来刺激受训者的多重知觉，让受训者感受模拟环境，并同虚拟要素进行沟通。

在虚拟现实中，受训者所获得的知觉信息数量、对环境传感器的控制力以及受训者对环境的调试能力都会影响其“身临其境”的感觉。优点在于它能使员工在没有危险的情况下进行危险性操作，可以让受训者进行连续学习，还可以增强记忆。开发虚拟现实培训项目可能会有一些障碍，比如劣质设备对真实感会有影响，而且一旦受训者的感觉被歪曲，容易使其感到恶心、晕眩等。虚拟现实适用于复杂的工作任务或需要广泛运用视觉提示的员工培训。

（六）行为塑造

行为塑造是向受训者提供一个演示关键行为的模型，并给他们提供实践机会的方法。该方法基于社会学习理论，适应于学习某一种技能或行为，不太适合事实信息的学习。有效的行为塑造培训包括四个重要步骤。

1. 明确关键行为

关键行为就是指完成一项任务所必需的一组行为。常通过确认完成某项任务所需的技能和行为方式，以及有效完成该项任务的员工所使用的技能或行为来确定关键行为。

2. 设计示范演示

即为受训者提供一组关键行为。录像是示范演示的一种主要方法。科学技术的应用使得示范演示也可通过计算机进行。有效的示范演示应具有几个特点：能清楚显示关键行为、示范者对受训者来说是可信的、提供关键行为的解释与说明、向受训者说明示范者采用的行为与关键行为之间的关系、提供正确使用与错误使用关键行为的模式比较。

3. 提供实践机会

让受训者演练并思考关键行为，将受训者置于必须使用关键行为的情景中，并向其提供反馈意见。如条件允许，还可以利用录像将实践过程录制下来，再向受训者展示自己模拟正确的行为及应如何改进行为。

4. 应用规划

让员工做好规划，比如可签订一份合约，承诺在工作中将应用关键行为，以促进培训成果的转化，培训者应跟随观察受训者是否履行了合约。

（七）交互式视频

交互式视频是以计算机为基础，综合文本、图表、动画及录像等视听手段来培训员工的方法。它通过与计算机主键盘相连的监控器，让受训者以一对一的方式接受指导，进行互动性学习。受训者可以用键盘或触摸监视器屏幕的方式与培训程序互动起来，培训内容可存储在影碟或可读式光碟上。交互式视频培训法可以用来指导技术程序和人际交往技能。该方法有很多优点：

（1）受训者个性化，完全能自我控制学习内容和学习进度；培训内容具有连续性，能实现自我导向和自定进度的培训指导。

（2）内置的指导系统可以促进员工学习，能及时提供指导和进行信息反馈。在线服务能监控受训者的绩效，受训者也可自己得到绩效反馈。缺点是课程软件开发费用昂贵，不太适用于对人际交往技能的培训，不能快速更新培训的内容，受训者对运用新技术来培训可能会有所顾虑。

（八）远程学习法

远程学习是参与培训项目的受训者同时进行学习的一种培训方式，在这种培训方式下，受训者可以与位于其他地点的培训人员以及其他受训者进行双向沟通。远程学习包括会议、电视会议以及电子文件会议，还包括利用独立的个人电脑进行培训。培训课程的材料及讲解可通过互联网或者可读光盘分发给受训者。可视电话可使观看培训演示的受训者通过打电话来提问题或对培训人员所讲授的内容提出自己的看法。

此外，卫星网络还可以使公司与某些行业专用的课程及某些教育课程建立起联系，从而使雇员可以通过这个网络获得相应的证书。远程学习的好处之一在于企业可以因此节省一大笔差旅费，地域上较为分散的企业常利用远程学习向员工提供关于新产品、公司政策或程序、技能培训以及专家讲座等方面的信息；最大缺点是可能会导致培训者和受训者之间缺乏互动。

（九）在职培训

在职培训是员工在某一工作岗位上通过工作实践来接受培训，也就是干中学，这是一种与工作同时进行的广泛使用的培训方法，主要包括职前教育、教练法（让有经验的员工或直接上级进行训练）、助理制（用以培养公司的未来高级管理人才）和工作轮换（让未来的管理人员有计划地熟悉各种职位）。事实上，由于在职培训能够为员工提供一个真实的工作环境，大多数培训特别是非管理工作的培训都采用在职培训的形式。

在职培训的优点是：①节约训练成本，不需要在工作场所以外再安排仿真教室，也不需要准备专门的训练器材和教材。②受训者迅速得到工作绩效的反馈，学习效果明显。缺点是在职培训不易得到经理人员态度上的重视，常常得不到很好的设计，培训目标不明确，实施过程中并不指派训练有素的教员，结果是员工经过在职培训之后收获甚微。因为它几乎不发生任何的直接成本，因此成本比较小，但是其潜在风险在于，新员工可能损坏机器设备，生产不合格产品，浪费原材料。为防止这些问题的发生，培训者必须小心仔细地对受训者进行指导和培训。

操作实务

CISCO的员工培训之道

在网络经济异常红火的今天，人们盛赞思科公司对于新经济蓬勃发展的巨大推动作用。公司的市值也一度飙升至华尔街股市的榜首，有人甚至认为它将领导21世纪前20年的风骚。然而正所谓冰冻三尺非一日之寒，思科能够成为同行业的翘楚，全系公司上下员工精诚努力而就。思科始终把员工培训当做公司的头等大事，即使是在它独占鳌头的现在，其领导层依然为如何开展好员工培训、让员工越跑越快而殚精竭虑。非常特别的一点就是员工的学习。

思科中国有限公司的培训总体上分为管理培训、E-learning、销售培训、常用技能培训。而E-learning在公司的整个培训体系中，已越来越显得重要了。值得学习的有以下几个方面。

一是确立了“Training is up to me”的培训理念。

“Training is up to me”这个信念已在思科中国有限公司深入人心，公司对该信念的解释是：员工要学会培训自己，明白让自己得到训练和发展是他个人的事情。公司内部是一个充分授权的环境，人力资源部门每年的培训目标是“来做我的培训”，职业发展的目标是“我来负责我的发展”。

公司要做的是提供一个良性的、不断挑战目标、挑战自我的工作环境，让员工的努力得到精神上的认可。比如员工接受公司的培训尤其是关于网络的培训，如果他自己不多下功夫，那么即便他在培训课堂坐上一整天，仍然会什么也学不到。

二是开放的电子学习（E-learning）系统。

思科是一家生存在网络上的公司，它拥有一个庞大的开放的 E-learning 系统，今天有什么员工培训都发布在网上，所以不需要说"请问一下人事主管，我可不可以参加某个培训?"举一个例子，新员工刚上班，什么都不懂，怎么办？在传统的培训方式下可能要人力资源部门以及他的主管从一大堆的《新员工须知》中找出有关他的内容给他复印一份，费时费力。

而在思科公司，他就可以通过上网找到《新员工须知》，所有的内容都在这个电子文件当中，其中包括所有的培训计划，可以让员工知道有什么样的培训，他需要参加什么培训。新员工可以通过键盘和鼠标选择某一培训课程并报名，在他报名的同时，有一个电子邮件送到主管那里去了，告诉他新员工现在报名去参加某项培训课程，主管在系统上确认一下，如果没有问题，新员工就可以参加培训了。

不仅如此，公司所有员工只要登录思科自己的培训网站后，选择他所从事的工作，比如一名销售人员，就会看到一个关于他的完整的职业发展计划图，从刚刚加入公司时的培训，到您目前要上什么样的产品课、销售课，就像组织树一样展现在那儿；比如一名工程人员，进去以后也会看到一棵与他工作相关的培训内容的组织树。这个网站设计是互动式的，员工上了课之后，系统会自动提供一份最新的记录，这样员工可以了解自己培训历史，老板也可以看到这些信息。这相当于有一些公开的培训资料，员工登记要上什么课，然后网站帮助跟踪进度和结果。

职业发展计划图是由各个培训模块组成的，有一些是电子教学，有一些是课堂教学，有一些可以链接到电子书店，让学员直接选购书籍。公司把这些培训模块全部放手，由员工自己决定自己的培训方式和时间。从网站上可以看到所有课程的一个滚动的日程安排，比如选一门销售课，日程表上列着这门课 3 月份开一次，8 月份开一次，员工可以在自己选择的日期下做登记，电脑会自动统计参加这次培训的人数。

员工可以完全自主规划培训计划，而各部门的主管和人力资源部门也仍然可以通过系统的记录来监控员工的学习情况。

三是大力推广 E-learning 。

通过 E-learning，思科改变了对员工、渠道伙伴及客户的教育与培训方式。1999 年 11 月，公司初步推出了 E-learning 课程及远程实验室设备，为全面的 E-learning 方案打下基础。思科系统公司最受欢迎的职业认证：CCNA 的准备工作也完全在网上进行。思科遍布全球的 2 500 多个网络大学将全面实施 E-learning 策略，包括基于 Web 发送的内容、电子化的管理及互联网上的学习社区。思科系统公司宣布将在其网站上为思科 Interactive Mentor（思科交互顾问）建立一个学习社区。公司目前正在采用 E-learning 进行其组织效率领域的管理培训。

思科中国有限公司之所以花很大的精力去推动电子学习，一方面是因为现在变化太快，新东西来得太快，如果不通过电子学习，公司没法跟上变化。另一方面，优秀的培训师是很少的，这些很少的优秀老师，如果叫他今天飞到这个地方教课，明天飞到那个地方教课，那就太浪费了。公司现在请了优秀的老师，就把他精彩的讲课拍下来放在网上，思科中国的几万名员工，包括代理商，愿意的话都可以将这个课程下载，放到自己的PC里面，随时都可以去学。另外，如果真的需要跟老师沟通，也可以定一个时间通过网络跟他沟通。整个充分体现了网络资源共享和交互的方便与快捷，所以电子学习在公司发展得很快。

资料来源：http：//www.amteam.org/k/HR/2002-12/457462.html.

（十）团队建设法

团队建设法是用以提高小组或团队绩效的培训方法，旨在提高受训者技能和团队的有效性，包括团队培训、行为学习和探险性学习。团队建设法让受训者共享各种观点和经历，比如对团队的感受和对信念的检验与讨论，建立群体统一性，了解人际关系的力量，审视自身及同事的优缺点，制订计划促进培训效果转移。

1. 团队培训

这是指通过协调在一起工作的不同个人的绩效来实现团队目标的培训方法。团队培训可以利用讲座或录像向受训者传授沟通技能，也可通过角色扮演或仿真模拟给受训者提供讲座中强调的沟通性技能的实践机会。团队培训的主要内容是知识、态度和行为。团队知识是使团队队员记忆力好、头脑灵活，使其能在意料外的或新的情况下有效运作；团队行为是指团队成员必须采取可以让他们进行沟通、协调、适应且能完成任务以实现目标的行动；团队队员对任务的理解和对彼此的感觉或态度因素有关。同时团队的士气、凝聚力、统一性与团队绩效密切相关。

研究表明，受过有效培训的团队能设计一套程序，能发现和改正错误、协调收集信息及相互鼓舞士气。如波音公司利用团队培训提高了设计波音777的工作团队的有效性。在波音公司有250个工作团队，每队有8～15个成员从事飞机设计工作。队员包括不同专业背景的工程师、可靠性能专家、质量专家及市场营销专业人员。这种类型的团队叫做同期工程团队，其优点在于设计和营销方面的问题可在组装过程前期被发现，这正是工程师与市场营销人员在一起工作的结果。

团队培训的方式有交叉培训、协作培训与团队领导技能培训。交叉培训即指团队队员熟悉并实践所有团队成员的工作，以便团队队员离开团队后，其他成员容易承担其工作。协作培训即指对团队进行如何确保信息共享和承担决策责任的培训，以实现团队绩效的最大化。团队领导技能培训即指团队管理者或辅助人员接受的培训，包括培训管理者如何解决团队内部冲突，帮助团队协调各项活动或其他技能。

2. 行为学习

行为学习即给团队或工作群体一个实际工作中面临的问题，让他们合作解决并制订出一个行动计划，然后由他们负责实施这一计划的培训方式。一般地，行动学习包括6～30个员工，其中包括顾客和经销商，当然团队构成可以不断变化。其基本假设认为许多学习是通过在正式培训过程中直接处理同工作相关的问题发生的，培训的重点是理解并解决真实生活中复杂的问题。行为学习允许参与者反应、实验和从经历中学习，对提高组织有效性非常重要。行动学习涉及员工实际面临的问题，使学习和培训成果的转化达到最大化，有利于发现阻碍团队有效解决问题的一些非正常因素。

3. 探险性学习

探险性学习又称为户外拓展训练或野外培训。它注重利用组织的户外活动来开发团队协作和领导技能，适合开发与团队效率有关的技能，如自我意识、问题解决能力、冲突管理和风险承担能力。它可以包含一些费力的、富有挑战性的体育活动，如登山、攀岩、爬墙、信任感练习等有助于克服人与人之间合作沟通中心理障碍的活动。

利用探险性学习的方法，其户外练习应和参与者希望开发的技能类型有关。练习结束后，应由一位有经验的辅导人员组织讨论，主要是关于学习内容、练习与工作的关系，以及如何设置目标，将所学知识应用于工作等问题。探险性学习的不足是它对受训者的身体素质的要求高，在练习中常常会让受训者之间发生接触，会给组织带来一定风险，这些风险有时是因私怨、感情不和而导致的故意伤害。因此，探险性学习的采用应慎重。

上述方法的适应范围、培训效果等均有所不同。作为管理者或培训者，在实际工作中如何选择恰当有效的培训方法至关重要，管理者需根据各种方法的培训成果转化程度、方法的应用成本及有效性进行选择。

二、按人员类型划分的培训方法及重点

受员工的年龄、心理、阅历、经验等各因素影响，培训项目需针对各类型的员工有重点有选择地进行。需结合不同类型员工的实际情况选择合适的培训方法，包括新员工培训、管理人员培训、专业技术人员培训及操作人员培训。

（一）新员工培训

新员工培训，是指在新进组织的员工正式工作之前向其介绍组织、工作任务、上级和同事的一种导向培训，目的在于为新进入企业的员工指引方向，使之对新的工作环境、条件、工作关系、工作职责、工作内容、规章制度、组织期望等有所了解，能够尽快顺利地融入企业并投入工作。通常新员工培训分为两个阶段。

第一阶段是岗前导向培训。即在新员工正式工作前的几天专门安排一些培训活动，比如参观、听讲座、户外操练、礼仪训练等；如果企业的组织战略和结构、文化和生产经营性质，以及新招聘员工岗位均有所不同，导向培训的内容就会存在差异，但仍有一些共同内容，特别是第一阶段的导向培训，主要内容如表 5－5 所示。

表 5－5　新员工导向培训内容

	方面	内容
总公司与子公司层面	组织概况	创业成长、文化、战略、愿景、价值观、产品和服务、生产经营范围与方式、组织机构、高层领导成员等
	规章制度	纪律规范及管理程序、薪酬福利制度、职业生涯及发展制度、绩效考评制度、行为规范和标准、社会保险制度等
	安全教育	职业安全教育、职业健康教育等
部门层面	部门和设施参观	员工餐厅、卫生院、停车场、员工活动室等
	部门与岗位层面	介绍与员工有关的部门、所在部门目标、部门结构及部门内各岗位之间关系、工作说明书的讲解等

第二阶段是岗上导向培训，即从试用期到转正之间，进行在职相关培训，以岗位专业知识、工作方法和技巧为主。

新员工培训时间从半天到三个月不等，主要根据企业的实际需要，大约80%的企业进行这类培训，但并不一定规范。一般以2～3天为佳。常用方法有授课、研讨会、户外训练、电影、网络学习等。

新进员工入门培训具有非常重要的意义。它可以帮助新员工熟悉环境、增强归属感和组织意识，使其尽快融入新集体当中，顺利进入工作角色；还可以帮助那些不适应员工调整心态、弥补其内心的期望与现实的落差；新员工培训在宣传和灌输企业文化与价值理念的同时，可以培养员工积极的态度和价值观，强化组织提倡的观念和行为；另外，还可以降低启动费用，也为主管和同事节省了指导新员工的时间，确立新员工真实的工作期望和满意度，促使其养成良好的习惯。

操作实务

柯达的员工培训种类

“聚焦柯达”——新员工培训

柯达会对新员工进行为期三天的入职培训，名为“聚焦柯达”，会让柯达六大业务部门及柯达不同职能部门的高级负责人为新员工介绍各自部门的信息。这些内容也发布在柯达公司的内部网上，方便新员工随时上网查阅。

首先，人力资源部会为新员工做半天的导引，接着将由员工所在的部门帮带员工。公司会为新员工指派一名资深的人士来帮带新员工。任何一名新上任的主管到职后，为了让他（她）很快融入新环境，柯达都会给予特别的支持。公司会为他（她）安排一名“师傅”或“导师”帮助解决所遇到的疑惑与困难。其次，新任主管有一个网络，他们会经常通过沙龙等方式进行沟通与交流，与新老主管进行信息的沟通。

高级管理培训

柯达公司会为有发展潜力的员工提供MBA或EMBA培训教育机会，在中国，柯达与中欧国际工商学院（CEIBS）合作为员工提供EMBA教育培训。有的员工愿意自己选择一些大学学习MBA或EMBA课程，公司也会根据情况接受。

柯达中国还为经理人进行一个为期九天的“迷你”MBA培训项目，针对在职的经理人开展，满足员工职业发展的需要。

在职国际化培训

柯达是一家多元化、全球化的公司，业务遍布全球各地。为了让柯达的员工具备全球化的思维方式与行为能力，柯达经常将员工派往全球各地的分公司工作，包括公司纽约Rochester总部。在职国际化培训为柯达缔造了一支强大的全球化人才队伍。

资料来源：http：//finance. sina. com. cn/roll/20040309/1527663088. shtml.

（二）管理人员培训

管理人员培训是目前企业中进行最多的一类培训，对象主要是管理人员，有时也会让一些有潜力的非管理人员参加。管理培训有利于提高管理者的能力，提高管理绩效；促使企业发现并抓住新的市场机会；有利于引入组织变革的新观点、新态度和新技术，鼓励学习和创新，有利于建立积极向上的企业文化，提高企业的效益。通过管理培训，企业需要解决三个基本问题：

（1）让未受过正规管理学习的管理人员掌握必要的管理技能。

（2）让管理人员学习新的管理知识和先进的管理技能。

（3）帮助管理人员更好地面对来自企业内外环境的压力与挑战，树立正确的心态，以便更好地领导和管理下级。

管理人员培训的内容相当多，除了一些职能部门特定的培训项目之外，主要有以下一些项目：追求卓越心态、领导技能、人际关系技能、聆听技能、团队建设、时间管理、解决问题技能、决策技能、开会技能、信息沟通、授权、管理变化、员工指导、员工激励、公共演讲技能、目标管理、多元化管理、谈判技巧、计划、战略管理、憧憬策划、职业道德、阅读技巧、组织发展、企业再造等。需要注意的是，不同层次的管理者培训重点也不相同。

前面介绍的许多方法都可以用来对管理者进行培训和开发，最典型最普遍的方法主要有研讨会、案例研究、角色扮演等。

操作实务

面对应届生的管理培训生

所谓管理培训生，就是从应届毕业生中挑选出来的优秀的、有培养潜力的储备管理人员。他们进来后有一套严格的培训计划，而且每一期的培训都会有相应的考核进行总体评估，然后根据前一期的培训考核进行下一期的培训。

管理培训生最突出的培训特色是轮岗培训。管理培训生进来之后，并没有明确的工作岗位，而是先到各个岗位进行轮岗，大约一年的时间。然后根据他们在各个岗位的表现，评估后再安排他们到最适合的岗位中。对管理培训生，企业一般都会安排一名资深的经理人带教，也就是所谓的“导师”，引导其尽快融入公司的文化，为他们的成长发展提供有针对性的、个性化的建议。

（三）专业技术人员培训

专业技术人员一般有会计师、工程师、设计师等各类专业技术人员。随着知识经济时代的到来，尤其是技术成果的应用不能与社会需要相脱节，必然要求专业技术人员具备过硬的专业技术能力、敏锐洞察市场需求的眼界，以及根据企业发展战略研制相应产品的能力。

对专业技术人员进行培训需重点满足以下要求：①开发适合市场需求的产品；②主动为企业战略目标做出贡献；③善于指导员工操作；④完成企业各项科技任务。

目前，对于专业人员培训的重点主要是专业知识的更新，使之及时了解本专业最新动态和最新知识，跟上社会经济技术发展步伐。同时，企业团队工作方式日益重要，专业技术人员的沟通协调能力也是培训需要重视的一个方面，越来越多的企业重视专业技术人员综合素质的提高，因此，专业技术人员还可以接受其他项目的培训，如追求卓越心态、创造性思维训练、非财务人员的财务培训、非营销人员的营销培训、时间管理、沟通、职业道德、团队建设、员工指导、大众心理学、外语等。专业技术人员培训的方法主要有研讨会、授课、计划性指导、案例研究、网络学习、情景模拟和电影等。

（四）操作人员培训

操作人员培训又称为工人培训，是指对一线员工的培训。企业产品是一线员工的直接劳动成果，而产品质量至关重要，操作人员的素质对企业不言而喻。操作人员培训的主要目的有以下几点：①培养员工积极的心态；②全面完成各项任务；③掌握正确做事情的原则；④掌握正确做事情的方法；⑤提高工作效率。

各个企业的操作人员由于工种不同，所需要知识和技能也不相同。因此，有必要对操作人员所需的特定知识与技能进行培训。除此之外，还可以进行以下这些培训项目：追求卓越心态、安全与事故预防与处理、减少浪费、全员质量控制、企业文化、团队建设、新设备操作、压力管理、人际关系技能、时间管理、个人电脑实务等。操作人员培训的方法主要有现场指导、授课、研讨会、游戏、电影、户外训练等。

第四节　员工的人力资源开发

员工的人力资源开发，是指企业出于一定的功能、目的或认识，对人力资源进行的挖掘、整合、教育、培训或引导等一系列工作。人力资源开发的范围相当广泛，包括体力、智商、情商等各个方面。

一、开发内容

对于人力资源开发的内容，不同主体基于不同的角度有不同的理解。我们从企业的客观实际及未来发展的趋势考虑，认为现阶段企业对员工的人力资源开发应以下面几个方面的内容为主。

1. 劳动技能开发

劳动技能是指劳动者的劳动技术和能力，它既包括劳动者从事体力劳动的技巧，也包括其从事脑力劳动的能力。体力劳动的开发包括新技术、新工艺、新方法、新设备等的学习和掌握；脑力劳动能力的开发则包括专业知识、学术动态等的学习、交流与讨论。

2. 心智水平开发

所谓心智水平，是指人所具有的包括记忆力、理解力、反应力、创造力等知识和能力的集成状况。它是人类生存和发展的基础。心智水平的开发即运用科学恰当的手段和方法强化人的知识和能力。

3. 道德修养开发

道德修养开发，是指人们依据一定的道德规范和原则进行的自我锻炼、自我改造、自我陶冶、自我教育的道德实践活动，以及在这一过程中所形成的道德修养和达到的道德境界。而道德修养的开发则是指依据这一道德规范，提升人的道德修养和道德境界，并有针对性地加强职业道德意识和社会道德观念的培养。

4. 生理素质开发

生理素质包括生理解剖素质和身体运动素质。良好的生理素质主要表现为健康的体型、体质、体格、潜能、体能、智能及神经系统、脑、感觉器官、运动器官等，是生存及参与社会活动的基础和前提。良好的身体运动素质主要表现为开展一定的肌体运动的能力，既包括生活自理的能力或从事自食其力的生产劳动的能力，也包括以充沛的精力、敏捷开阔的思维、周密细致的思虑进行开创性活动的能力。生理素质开发即是依据个体的生理机能充分地发掘其潜能和发挥其能力。

5. 员工职业开发

员工职业开发即一个人从参加工作开始的一生中所有的工作活动与工作经历按时间顺序组成的整个规划与发展的过程。由于科学技术的发展与市场竞争日益激烈，企业对员工及其主动性与创造性越来越依赖；科技发展又促使员工素质提高，自我发展意识增强。21 世纪的管理者应掌握员工职业开发的理论与技能，这将是企业人力资源管理的重要组成部分。

二、人力资源开发的具体实现形式

人力资源开发的方式灵活多样，一般分为四种：正规教育、人员测评、工作实践以及开发性人际关系的建立等，下文分别对这四种方式进行介绍。

（一）正规教育

正规教育项目包括员工脱产和在职培训的专项计划，由顾问或大学提供的短期课程，在职工商管理硕士课程，以及住校学习的大学课程计划。一般通过专家讲座、商业游戏、仿真模拟、冒险性学习等方法来实施。比如摩托罗拉、IBM 和通用电气等许多跨国公司都设有自己的培训与开发中心，可为其学员提供 1～2 天的研讨会以及长达一周的培训计划。

（二）人员测评

人员测评是在收集关于员工行为、沟通方式以及技能等方面信息的基础上，为其提供反馈的过程。在这一过程中，员工本人、其同事与上级以及顾客都可以提供反馈信息。企业人员测评方式多种多样，很多企业都向员工提供绩效评价的信息。当前比较流行的人员测评工具主要有梅耶斯-布里格斯人格类型测试（Myers-Briggs Type Indicator，MBTI）、评价中心、基准评价法、心理测试、绩效评价与 360 度反馈系统等。

一些拥有现代开发系统的企业采用心理测试来评价员工的人际交往风格和行为。人员测评通常用来衡量员工管理潜能及评价现任管理人员的优缺点，也可用于确认向高级管理者晋升的管理者潜质，还可与团队方式相结合来衡量团队成员的优势与不足及团队效率和交流方式。

（三）工作实践

在实际工作中，许多员工开发是通过工作实践来实现的，工作实践是指员工在工作中所遇到的各种关系、问题、需要、任务以及其他一些特征。该方法的前提假设是：当员工过去的经验和技能与目前工作需要不相匹配时，就需要进行人员开发活动。为了有效开展工作，员工必须拓展自身技能，以新的方式来应用其技能和知识，并积累新的经验。利用工作实践进行员工开发的方式包括工作扩大化、工作轮换、工作调动、晋升、降级与其他临时性工作安排。

（四）开发性人际关系的建立

员工可以通过与企业中更富有经验的员工的互动来开发自身技能，学习企业和客户的相关知识。导师指导和教练辅导是两种建立开发性人际关系的常见方式。

1. 导师指导

在企业中，导师是指那些富有经验的生产效率高的资深员工，他们承担着开发经验不足的员工（被指导者）的责任。导师指导可使员工更好地适应社会，提高其适应工作环境的能力。大多数导师关系是基于导师和受助者的共同兴趣或价值观形成的。有研究表明，具有某些个性特征的员工（如对权力和成功的强烈需求、情绪稳定、较强的环境适应能力等）更有可能去寻找导师并得到导师赏识。有些公司实施团体指导计划，即一个资深的高层管理人员与4～6名经验不足的被指导对象组合成小组。

企业可将成功的高级员工和缺乏工作经验的员工安排在一起工作，形成导师关系。首先是制订正式的导师指导计划。虽然许多导师关系是通过非正式方式建立的，但正式的导师计划仍具有显著优点：它能确保所有员工都能找到导师并能得到帮助；使指导与被指导关系的参与者知道企业的期望值。当然正式的导师关系也有局限性，因为人为的导师关系可能使导师无法向被指导者提供有效的咨询或培训。

其次要重视指导关系为企业带来的收益。因为导师和受助者双方都能从辅导关系中获益，导师为受助者提供职业支持和心理支持、更强的晋升能力、加薪和在组织中的影响力；受助者也为导师培养其人际交往能力、增强其对自身价值的认可提供了机会和平台。

最后是明确实现导师计划目标的条件。正式导师关系是建立在高素质导师和导师报酬体系的基础上的，否则还不如非正式导师关系质量高。

2. 教练辅导

教练就是同员工一起工作的同事或经理。教练可鼓励员工，帮助其开发技能，并能提供激励和工作反馈。教练一般可扮演三种角色：第一种角色是向员工提供一对一的训练；第二种角色是帮助员工自我学习，包括帮助员工找到能协助其解决问题的专家，以及教导员工如何从他人那里获得信息反馈；第三种角色是向员工提供通过导师指导、培训课程或工作实践等途径无法获得的其他资源。

为了开发或培养管理人员的教练辅导技能，培训计划应集中在为什么有些管理者们不愿向员工提供教练辅导和帮助的原因上。这种原因可能有四个方面：首先，为避免双方关系对立，有时培训的对象是一位能力很强、能胜任工作的员工，管理者不同他讨论绩效问题，当管理者的专业知识不如员工时，情况更是如此。其次，管理者们可能善于发现或认识员工的绩效问题，但不善于帮助员工解决绩效问题。再次，管理者可能觉得员工会将教练辅导当成是一种批评。最后，当公司压缩规模、削减人员时，管理者们可能会感到没有时间去提供教练式的辅导。

3. 职业生涯设计

职业生涯设计（career planning）又叫职业生涯规划，是指个人发展与组织发展相结合，对决定一个人职业生涯的主客观因素进行分析、总结和测定，确定一个人的事业奋斗目标，并选择实现这一事业目标的职业，编制相应的工作、教育和培训的行动计划，对每一步骤的行动计划都做出行之有效的安排。职业生涯设计的目的一是帮助个人按照自身资历条件找到一份合适的工作，实现个人目标，更重要的是帮助个人真正了解自己，筹划未来，拟定事业发展方向，根据主客观条件设计出合理且可行的职业生涯发展规划。

三、员工人力资源开发的机制

讨论员工的人力资源开发机制，即讨论组织中什么机制有助于员工人力资源的开发。在企业中人力资源开发的机制一般包括培训机制、激励机制、流动机制、沟通机制和文化机制。这些机制的建立和完善对员工的深入开发具有持续作用。

1. 培训机制

培训是实现员工人力资源开发的基本手段，培训机制旨在提升员工的知识、技能和其他素质，培训一方面是企业工作的必要环节，另一方面增加了企业的人力资源总量，使人力资本增值。一套完整的培训机制包括培训目标、培训内容和方法、培训实施以及培训效果评估。培训目标需与组织生存与发展目标相一致。培训机制通过对员工基本技能、态度、知识的训练与补充，解决了企业基本的人才需求，也为员工的开发工作奠定了基础。

2. 激励机制

激励机制旨在提高员工工作的积极性，它能使现有的人力资源更充分地发挥作用。根据系统论的观点，个人绩效 $p=f$（个人能力，个人积极性，系统环境）。激励机制通过影响员工的积极性影响工作绩效，主要由动力机制（奖励）和约束机制（惩罚）两大部分组成。合理的激励机制关键在于把员工得到的报酬（包括物质报酬和精神报酬）和员工对组织的贡献对等起来，实现奖惩分明。激励机制一般采取物质激励与精神激励相结合的方式。物质激励是最传统、最容易运用的激励手段之一，以绩效为基础的加薪、奖励及其他物质刺激在决定员工积极性上起着重要的作用。

如何以最佳的物质方式激励员工，使员工和所在单位双方的利益最大化，这是企业经营者在建立有效的激励机制时必须考虑和重视的问题。根据马斯洛的需求层次理论，对员工的物质激励也必须恰到好处，保证物质激励与精神激励相结合。须根据员工个人的不同情况，采用灵活的激励措施。常见的物质激励方式有调薪、员工持股计划、股票期权等；精神激励的方式更灵活，有员工生活计划、休假、建立图书室、文化熏陶等，主要侧重员工的精神世界，包括日常生活、潜力激发以及追求卓越等方面的各种措施。

3. 流动机制

流动机制旨在使企业适应劳动力市场的流动性。它在人力资源开发中的作用为在流动中使现有的人力资源增值。给员工尝试不同岗位的机会，有利于使他们发现什么样的工作自己最喜欢、最能够发挥自己的才能，从而找到适合自己的职业发展道路。这样做可以满足他们实现自我价值的欲望，激发他们的工作动力。让员工在不同的岗位上锻炼，或提升优秀员工到更高层次的岗位上去，还能够提升员工的知识和技能，培养他们的领导才能，提高他们的综合素质。

企业内部流动制度可以提高工作与深层志趣的契合度。极具天赋的专业人士和关键型的知识员工本身就有较强的流动倾向，针对这种情况，企业可以采取内部流动的方式来迎合这种需求，减少离职倾向。比如，通过实行工作轮调，可以帮助员工消除对单调乏味工作的厌烦情绪，使工作内容扩大化、丰富化。或者通过内部劳动力市场的公开招聘，使愿意尝试新工作或愿意从事更具挑战性、重要性工作的知识型员工能有机会获得新的职位，从而满足其流动意愿。

如 SONY 公司定期公布职位的空缺情况，员工可以不通过部门主管直接去应聘，如果应聘成功，则可以得到新的工作；如果失败，则仍从事原工作，同时等待下一次机会，而且不必担心会受到原主管的偏见，因为整个应聘过程是保密的。事实证明，内部流动能在一定程度上减少员工的流失率。

4. 沟通机制

沟通是指通过信息的不断双向传递获取彼此理解的过程。沟通方法有语言沟通和非语言沟通，正式沟通与非正式沟通，上行沟通、下行沟通和平行沟通等。员工沟通对企业十分重要，不能把员工沟通仅仅归结为劳资谈判、招聘、员工分类、培训、咨询和提拔员工等事项。员工沟通涉及企业管理的方方面面，特别是员工积极性和创造性的激发和企业人力资源的充分利用等问题，也涉及企业的竞争能力和对环境变化的适应能力。

事实上，有效沟通也是一种激励。沟通机制有利于人力资源开发工作的改进。建立有效的沟通机制可以通过许多渠道，比如定期进行内部调研，了解员工的需求；建立内部投诉制度，了解员工的意见；让员工参与管理，倾听员工的建议。当然这些不能仅仅停留在形式上，必须得到最高领导的支持，而且这种支持必须是充分的和现实的。

5. 文化机制

企业文化是指企业在探索如何适应外部环境和进行内部整合的过程中，由少数群体创造和发现，再由大多数成员所发展的企业基础信念的一种模式。该模式运转良好、效果显著，因此被作为处理这些问题的正确方式传授给企业所有成员。

具体来讲，是指组织中大多数成员所共有的思考问题的方法和做事情的习惯。新成员要想在该组织中工作，就必须学习和接受这些做法。它一般包括人们互相交往时的常规行为，如组织礼仪、礼节以及使用的共同语言；整个组织所共有的行为标准；该组织特有的主要价值观念，如“产品质量”、“价格主导作用”或“服务主导作用”；指导组织对待员工及员工对待顾客的原则；由组织实物布局等所展示出的组织气氛。其主要表现形式是企业的经营理念、价值观、决策模式和公开的行为规范。从本质上看，企业文化是企业价值观在日常运作及其成员行为上的具体表现，它反映着一个企业的立足之本、管理之本、成长之本，对员工是一种无形的感染和训练。

良好的企业文化对人力资源开发的意义在于：①有利于形成强大的团队精神。良好的企业文化可以使团队凝聚力增强，保持成员对团队的高度忠诚和强烈的归属感、荣誉感，并把个人前途与团队命运紧密联系在一起。②有利于产生高昂的团队情绪。基于共同的价值观，在信任、和谐、开放、民主管理的组织中，员工的活力与热忱、积极性、主动性、创造性等都将得到极大的发挥，能够产生较高的绩效。

【本章小结】

本章在界定员工培训与开发内涵的基础上，阐述了进行员工培训的具体流程，并对一般的员工培训方法与按任意类型划分的培训方法进行了介绍，最后从人力资源开发的内容、具体实现实行及员工人力资源开发的机制三个方面对员工的职业开发进行了阐述。

【本章练习题】

一、选择题

1.（　　）是调动员工工作积极性，实现人事和谐的重要手段。

A. 考评　　B. 管理　　C. 开发　　D. 培训

2. 企业有效的经营管理，就是以（　　）获取最大的经济和社会效益。

A. 最小的产出　　B. 最小的投入　　C. 最大的产出　　D. 最大的投入

3. 人力资源开发的意义是（　　）。

A. 人力资源开发是现代化大生产的客观要求

B. 人力资源开发是提高劳动生产率的主要手段

C. 人力资源开发是提高经济效益的重要手段

D. 人力资源开发是推动企业发展的基本动力

二、判断题

1. 人力资源培训是进行人力资源开发的重要手段，人力资源开发是不断提高人员素质、改进工作质量和效率的主要方式。（　　）

2. 人力资源开发侧重于近期目标，重心是提高员工当前工作的绩效。（　　）

3. 人力资源开发从根本上说取决于教育的功能，取决于教育的水平及质量状况。（　　）

4. 培训具有周期短、见效快、成本低等特点，是回报率极高的投资，是最有效的生产性投入。（　　）

5. 新员工只要随着时间的推移，就会逐渐适应环境而胜任工作，不需要培训。（　　）

三、简答题

1. 什么是员工培训？它的作用和意义是什么？

2. 员工培训与开发的内容是什么？两者各自有什么侧重点？

3. 管理人员通常可以采用哪些培训方法？都有什么优点和局限性？

4. 试描述培训设计过程中的四个阶段。假如你是人力资源部门的工作人员，你如何针对企业的具体情况设计合适的培训系统？

5. 假如公司刚招聘来一批大学生，你作为人力资源部门经理，如何对新进员工进行培训？

6. 确定企业培训需求的分析方法都有哪些？如何把握培训的循环评估模型的思路？

7. 培训评估的指标体系设计都包括哪些内容？

8. 企业员工人力资源开发的机制都有哪些？这些机制对人力资源开发有什么作用？

【案例分析】

搞员工培训值得吗？

青春化妆品公司是南方某市一家有名的生产女用系列化妆品的国有公司，公司创办于

1981 年，主要生产和经营化妆品和幼儿保健用品。在创办最初的十多年里，该公司每年以 25%的速度迅速地发展，产品不但销往全国各省市，而且销往国外十多个国家和地区，成为一家国内外享有声誉的化妆品公司。

2000 年，原来负责销售的副总经理张一民退休后，由原销售部经理杨旭接任负责销售的副总经理，而原来销售部的负责国外地区销售的副主任春花被提升为销售部经理。春花上任后不久，即参照国外的经验制订了有关销售人员的培训计划。计划规定对销售人员集中培训两次，一次是在春节期间，另一次为六月份最后一个星期，每次时间为 3～5 天。把所有的销售人员集中起来，听取有关国内外最新销售技术知识的讲座和报告，再结合公司的销售实际进行讨论。每次都聘请一些专家顾问参加讲座和讨论。这样每年集中培训两次的费用不大（每次四十多个人，费用只用了六千多元），但培训收效却很大。

近年来，由于化妆品市场的激烈竞争，公司的生意停滞不前，国家又要紧缩财政支出，公司在经济上陷入了困难。为了扭转局势，总经理下令，要求各副总经理都要相应地削减各自负责领域的费用开支。

在这种情况下，负责销售的副总经理便找销售部经理春花商讨，他们两人在讨论是否应削减销售人员的培训问题上进行讨价还价。副总经理杨旭建议把销售人员原来一年两次的培训项目削减为一次。杨旭提出："春花，你知道，我们目前有着经济上的困难，一则希望通过裁减人员来缩减开支。你我都知道，公司的销售任务很重。目前四十多位销售人员还转不过来，所以，人员不能裁减。那么剩下的一条路就是削减培训项目了。我知道，我们目前的销售人员大多数都是近几年招进来的大学毕业生，他们在学校里都已经学过关于销售方面的最新理论知识，他们中有些人对这种培训的兴趣也不很大。而少数一些销售人员，虽不是大学毕业，但他们都在销售方面有了丰富的经验了。因此，我认为，销售人员的培训项目是不必要的开支，可以取消或缩减。"

春花回答道："老杨，我知道，我们大多数销售人员都是近几年来的大学毕业生。但是，要知道，他们在大学里学的只是书本上的理论知识和抽象的概念，只有他们在第一线干一时期的销售工作以后，才能真正理解在学校里学习到的理论知识。再者，这些销售员对国外销售方面最新技术知道了解更少。你是知道的，在培训中，我们让从学校出来的人与有经验的销售人员一起工作一段时期，他们实际销售工作中碰到许多具体的问题，在此基础上再参加我们的培训，一边听取有关最新销售技术知识的讲座和报告，一边结合我们公司的具体实际与专家们共同研讨。正是由于我们坚持不懈地进行了这种培训，我们才在国内和国际市场上扩大了我们的销售量，也才减少了顾客对我们的抱怨，赢得了顾客的信誉。因此，我认为，我们绝不能削减我们这个培训项目！"

"对不起，春花。总经理要我们必须缩减开支，我真的没有办法。我对你说了，我们销售任务很重，我们不能裁减销售人员，所以，我们只得下死心只有通过削减你的销售人员培训计划来缩减开支了。我决定，从明年开始，把每年两次的培训项目缩减为一次，总之，销售人员的培训削减 50%～60%。也许，待公司的经济好转以后，我们再考虑是否恢复增加销售人员的培训费用问题。"

（摘自武汉大学 MBA 网）

讨论题：

1. 你是否同意在公司经济困难的情况下，可以减免人员的培训计划？为什么？
2. 你有什么好方法能使这两个销售经理都感到满意？

【实践课堂】

1. 实践内容

登录中国人力资源开发、管理人等相关网站，查阅企业培训的相关资料，讨论并分析企业培训的方法、培训的效果、培训的实施、员工职业生涯规划等问题。

2. 实践课程学时

2 学时。

3. 实践目的

通过网站收集和分析资料，掌握培训的内容、方法以及培训实施等方面的知识。

4. 实践环节

第一步：以组为单位（2～3 人一组），登录相关网站，查阅相关资料。

第二步：以组为单位，讨论培训工作开展应注意哪些事项。

5. 技能要求

能够熟练应用互联网查阅资料；

能够分析一些培训的案例；

能够通过案例学习，归纳培训的各项环节及开展步骤。

6. 实践成果

了解培训的特点及意义；

掌握饭店培训的内容、培训的方法；

能够分析不同员工需要什么内容的培训、应采取什么培训方法合适；

能够了解员工职业生涯规划的内容。

第六章　员工职业生涯规划与管理

学习目标

§掌握什么是职业生涯管理以及职业生涯管理的意义；

§明确职业生涯管理的内容，掌握职业生涯管理的步骤和方法；

§了解职业生涯管理的理论发展和管理的发展趋势。

技能要求

§能够运用职业生涯管理的相关知识，对自己的职业生涯进行有效的管理。

开章案例

小刚的"目标"

18岁，高中毕业典礼上，小刚发誓要当李嘉诚第二、中国首富！

20岁，春节老同学聚会上，小刚想创立自己的公司，30岁时拥有资产2 000万元。

23岁，在某工厂当技术员，第二职业是炒股。"在这里工作太没前途了。我将全力炒股，三年内用5万元炒到300万元。"

25岁，炒股失意情场得意，开始准备结婚。希望一年后能有10万元，风风光光地结婚。

26岁，不太风光的婚礼上。小刚的理想是生一个胖小子，将来当个车间主任，别的不多想。

28岁，工厂效益下滑，正逢妻子怀胎十月。小刚希望这次下岗名单里千万不要有自己的名字。

对于这样的生活写照，宗耀民[①]（Barry Chung）从职业规划的角度谈了他的看法："要想在未来职业生涯中获得成功，首先必须确定一个切合实际的职业定位和目标，再把目标分解，设计出合理的职业生涯规划，并且付诸行动。"从另一个方面来说，这个案例也说明了职业生涯管理的意义所在，它对于组织和员工都非常重要。因此作为企业的管理者，熟悉并掌握职

① 美国佐治亚州立大学咨询与心理服务系教授，美国国家职业生涯发展协会2006—2007年度主席。

业生涯管理的相关知识是必不可少的。

第一节　员工职业生涯管理概述

一、相关概念介绍

职业生涯管理是现代企业人力资源管理的重要内容之一，是企业帮助员工制定职业生涯规划和帮助其职业生涯发展的一系列活动。职业生涯管理应看做是竭力满足管理者、员工、企业三者需要的一个动态过程。

从职业生涯发展观的角度来看，职业生涯开发有三个步骤："测、定、学"，测是指潜能测评，定是指职业生涯规划和职业生涯目标，学是通过教育和培训的方法强化潜能。职业生涯管理也有三个步骤："干、评、发"。干是指职业生涯实践，评是指职业生涯评价，发是指职业生涯发展。"测、定、学、干、评、发"构成了职业生涯开发与管理的直线。

二、职业生涯管理的意义

职业生涯管理，是当今人力资源管理的趋势，引起了整个社会的普遍关注，它对个人对组织甚至对整个社会都具有极为重要的意义，具体表现在以下几个方面。

1. 促进个人目标与组织目标的整合

组织目标在组织运行过程中，有着重要的地位和作用，但这个作用能否发挥出来，关键取决于组织目标和构成组织的个人目标的一致性程度的高低。

通过职业生涯管理，可以使员工了解自己所在组织的发展战略，并根据自己的个人特点、所处环境及发展远景，设计自己的个人目标，这种个人目标的设计，不是单纯考虑员工的个人利益，它是在组织战略目标的基础上演化而来的。同时，组织在帮助员工规划个人职业生涯的过程中，必须充分考虑员工的个人需要、兴趣特点及发展目标，并将此目标与组织目标结合起来。

职业生涯管理，可以在一定程度上将个人目标与组织目标结合在一起，在组织战略基础上设计个人目标，有助于促进组织目标的实现；同时，个人目标的实现也只有在组织目标实现过程中才能得以实现，两者是相辅相成的。这样设立组织目标，体现了以人为管理出发点和归宿的现代管理哲学思想，符合时代的要求，必然具有旺盛的生命力和发展前景。①

2. 有利于保持企业和员工的竞争优势

在全球经济发展多变的背景下，任何一个企业都难以摆脱区域经济和社会某种事件的影响。如果一个企业没有长远的人才战略规划，那么它必然难以形成应对这种动荡的承受能力，也难以保持企业持久发展的竞争优势。企业员工的职业生涯管理可以成为企业的一种相对长久的激励核心员工的措施。

---

① 曹蓉．论知识经济时代对职业生涯管理的意义［J］．人文杂志，2001（5）：165－168.

对员工个人来说，管理好自己的职业生涯，就能应对企业大量裁员的困境，有较强的知识和技能，就不会因组织变化而长期失业。组织和员工只有在一种通力合作的前提下，才能在竞争的环境中保持优势，而职业生涯管理能达成组织和员工的通力合作。

3. 有利于企业掌握人力资源信息，是企业人力资源的合理配置的有效依据

首先，准确的人力资源信息是进行高效的人员需求、供给预测及制订培训计划的基础。职业管理中的一个基本问题是“员工适合做什么”，要回答这个问题就要明确员工的职业倾向、能力素质等，这是职业管理研究的内容，也是人力资源开发的出发点，人力资源开发只有跟员工的特长、能力、气质、性格、兴趣和优势结合起来，才能扬长避短，最大限度地开发员工的潜能。职业生涯管理有利于员工和组织更好地了解个人的实力和专业技术水平，使组织更好地做出需求及供给预测，有目的地进行招聘与选拔。

其次，可以使企业获得培训需求最基础的信息。基于员工职业发展计划的各项培训会更好地得到员工的认同和积极参与，有效的培训会直接作用于企业整体绩效的提高，使组织获得更高的培训收益。

最后，可以使企业通过确认组织中的职位空缺和职位要求，结合员工的个人能力和素质，根据人岗匹配的原则对员工进行调动、整合和再配置等活动，以便合理配置企业内的工作岗位。因此，加强职业生涯管理，人尽其才、才尽其用，是企业资源合理配置的重要举措。

4. 有利于改善组织的文化建设

企业员工的职业生涯管理是激励员工的一种特殊形式，对企业制度创建和员工的行为规范以及企业价值观的形成都会产生积极的影响，同样还会影响到员工主人翁意识。一个企业文化比较健康的组织，一定会凝聚一大批有事业心、有能力、高素质、对企业忠诚的员工。管理好员工的职业生涯，可以保证员工队伍相对稳定，这也是企业文化建设所关心的问题。

员工只有在良好的组织文化氛围中，才会更加关心热爱企业，以饱满的工作热情获得良好的工作业绩来回报企业。也只有优良的组织文化，才能让员工因留恋组织而拒绝高薪和其他利益的诱惑离开组织。

三、职业生涯管理的特点

职业生涯管理是目前人力资源管理的一个重要方面，它对组织的管理具有重要的意义。但是，企业在实施职业生涯管理的时候也要灵活运用，只有掌握了职业生涯管理的特点，企业实施起来才能起到事半功倍的效果。职业生涯管理有以下几个特点。

1. 职业生涯管理是个人和组织共同的任务

职业生涯管理，应是组织和个人共同完成的对职业生涯的管理。个人和组织都必须承担一定的责任。在职业生涯管理中，员工个人和组织都须按职业生涯管理工作的具体要求做好各项工作，无论是个人或组织都不能过分依赖对方，因为有些工作是对方不能代替的。从个人角度看，职业生涯规划必须由自己决定，员工个人和组织都须按自己的个性特点设计。而组织在进行职业生涯管理时，所考虑的因素主要是组织的整体目标，以及组织的所有整体职业生涯管理，充分发挥组织成员的集体潜力和效能。

2. 职业生涯管理是一种动态管理

职业生涯管理贯穿于职业生涯发展的全过程，每一个组织成员在职业生涯发展的不同阶段，其发展特征、发展任务以及应注意的问题都是不相同的。每一个阶段都有各自的特点、各自的目标和各自的发展重点，所以对每一个发展阶段的管理也应有所不同。由于决定职业生涯的主客观条件的变化，组织成员的职业生涯规划和发展也会发生变化，职业生涯的侧重点也应有所不同，以适应情况的变化。

3. 职业生涯管理具有灵活性

制订职业生涯的发展计划是实现目标的有效方法，但是，这并不是说职业生涯的计划要逐年逐日排列，因为这样做既烦琐又无用，也是不现实的。因此在制订职业生涯计划中要留有余地，事业的目标和方案可有高、中、低三种，在具体实施过程中，可根据当时的环境和提供的机会灵活选择。职业生涯管理，是组织给职工个人创造恰当配合的机会，而非把职工的发展固定化、模式化。

4. 职业生涯管理是完善的信息管理

在职业生涯管理中，员工需要了解和掌握有关组织各方面的信息，例如组织的发展战略、经营理念、人力资源的供求情况、职位的空缺及晋升情况等。组织也需要全面掌握组织成员的情况，比如员工个人的能力、气质、性格、兴趣、价值观等。此外，职业生涯信息总是处于变动过程之中，组织的发展在变、员工的能力在变、员工的需求在变、员工的生涯目标在变，因此只有建立完善的信息管理系统，才能满足企业在实施职业生涯管理时所需要的大量的组织和个人信息，才能保证实施的成功。

四、职业生涯管理的内容

职业生涯管理的具体内容包括以下几个方面。

（一）进行员工测评，帮助员工明确职业发展目标

测评的内容包括测量员工的素质，即工作技能、团体协作能力、潜能和品格、职业动机等，还要了解员工的自我评价和员工想要获得的技能和经验、对未来职业发展的看法，从而对员工的能力、志向、兴趣、特长等有一个全面的认识。

在科学、系统地对员工进行了全面的心理测试、能力测评和实施了职务分析的基础上，企业人力资源管理部门根据企业未来的发展需要和人力资源规划的要求，在既尊重个人的意愿，又从公司发展的全局出发的前提下，指导员工进行切实可行的职业目标选择和短期、中期、长期职业生涯目标的制定，帮助员工认识自己，找到自己最合适的、最能做出成绩的职位，进而为每个员工设计一条经过努力可以达到个人目标的道路。同时企业采用先进的方法甄选核心员工，保证实施对象的有效性。

（二）职业路径设计

职业路径设计是指组织为内部员工设计的自我认知、成长和晋升的管理方案。职业路径设计通过帮助员工胜任工作，确立组织内晋升的不同条件和程序对员工职业发展施加影响，使员工的职业目标和计划有利于满足组织的需要。

职业路径设计指明了组织内员工可能的发展方向及发展机会，组织内每一个员工就可能沿着本组织的发展路径晋升工作岗位。良好的职业路径设计一方面有利于组织吸收并留住最优秀的员工；另一方面能激发员工的工作兴趣，挖掘员工的工作潜能。因此，职业路径的设计对组织来讲十分重要。这里主要介绍四种职业路径设计方式：传统的职业路径、行为职业路径、横向职业路径及双重职业路径。

1. 传统职业路径

传统职业路径是一种基于过去组织内员工的实际发展道路而制定出的一种发展模式。这种模式将员工的发展限制于一个职业部门内或一个组织单位内，通常是由员工在组织中工作年限来决定员工的职业地位。例如，某一组织的销售部门从下而上设计为销售小组、社区销售、地区销售、全国销售及全球销售五个等级。一个销售人员可在五年后成为销售组长，10年后成为社区销售主管，15年后成为一个地区销售主管，25年后成为跨国公司在某一国家的销售主管，30年后成为某一国家的销售总监。

这种组织职业发展路线有一个很大的缺陷，就是它是基于公司过去对员工的需求而设计的。但实际上随着组织的发展，原有职业需求已不再适应企业发展要求，技术的进步、外部环境的变迁、公司战略的改变都会影响公司对人力资源的需求，因此组织更需要一种灵活、可以不断改进的模式来设计组织内的职业发展路径。在这种情况下，行为职业路径产生了。

2. 行为职业路径

行为职业路径是一种建立在对各个工作岗位上的行为需求分析基础上的职业发展路径设计。它要求组织首先进行工作分析来确定各个岗位上的职业行为需要，然后将具有相同职业行为需要的工作岗位化为一族（这里的族，是指对员工素质及技能要求基本一致的工作岗位的集合），以族为单位进行职业生涯设计。这种设计所产生的职业路径是呈网状分布的，具体可如图6－1所示。

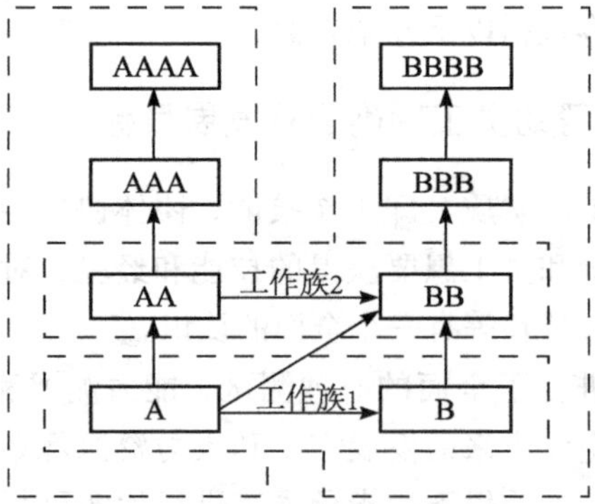

图6－1　行为职业路径

如图6－1所示，分属于不同职业部门的岗位A与B对员工的基本技能的要求以及员工进行的基本工作活动是相似的，因此可将这两个岗位化为同一工作族，AA与BB也对员工的技能要求基本相同，可化为同一工作族，但它们对员工技能的要求比A和B要更高一些。按照传统的职业发展路径设计，处于A岗位的员工将会沿着有A→AA→AAA→AAAA的方向发展，处于B岗位的员工将会沿着B→BB→BBB→BBBB的方向发展。

按照行业职业发展计划的思想，由于A岗位与B岗位所要求的基本技能大致相同，处于A岗位的员工有三种选择，可以水平移动，转换到B岗位上，沿着B部门的职业发展路线前进；可以在本部门内沿着传统的职业发展路线前进；可以提升到BB岗位上，再沿着B部门的职业发展路线前进。同样处于B岗位的员工也有三种选择，这里不再详述。这样如图6-1所示，一个员工的职业发展路线就呈现出一个网状结构。这里只列出了两个具有相同技能要求的工作岗位，现实中一个组织可能拥有多个具有相同技能要求的岗位，那么职业发展路径也就更为复杂。

这种灵活的职业发展路径设计能够给员工和组织带来巨大的便利。对员工来讲，这种职业发展设计首先为员工带来了更多的职业发展机会，尤其是当员工所在部门的职业发展机会较少时，员工可以转换到一个新的工作领域中，开始新的职业生涯；其次，这种职业发展设计也便于员工找到真正适合自己的工作，找到与自己兴趣相符的工作，实现自己的职业目标。对组织来讲，这种职业发展设计增加了组织的应变性。当组织战略发生转移或环境发生变化时，能够顺利实现人员转岗安排，保持整个组织的稳定性。

3. 横向职业路径

前两种职业途径都被视为组织较高管理层的升迁之路。但组织内并没有足够多的高层职位为每个员工都提供升迁的机会，而长期从事同一项工作会使人倍觉枯燥无味，影响员工的工作效率。因此，组织也常采取横向调动来使工作具有多样性，使员工焕发新的活力、迎接新的挑战。虽然没有加薪或晋升，但员工可以增加自己对组织的价值，也使他们自己获得新生。按照这种思想所制订的组织职业路径就是横向职业路径。如上图6-1中由A到B，由AA到BB。这种设计一般也是建立在工作行为需求分析基础上的。

4. 双重职业路径

双重职业路径主要是用来解决某一领域中具有专业技能，既不期望在自己的业务领域内长期从事专业工作，又不希望随着职业的发展而离开自己的专业领域的人的职业发展问题。因此组织有必要进行双重职业路径设计，即在为普通员工进行正常的职业路径设计的同时，为这类专才另外设计一条职业发展的路径，从而在满足大部分员工的职业发展需要的同时，满足专业人员的职业发展需要。

这类专业人员职业发展不体现在岗位的升迁上，而是体现在报酬的变更上。同一岗位上不同级别专业人员的报酬是可比的。双重职业路径的设计有利于鼓舞和激励在工程、技术、财务、市场等领域中的贡献者。这种设计使这些领域的人员能够增加他们的专业时间，为企业做出更大的贡献，同时得到更多的报酬。实现双重职业路径能够保证组织既聘请具有高技能的管理者，又雇用到具有高技能的专业技术人员。

（三）职业选择

为了改善企业和员工所做的职业选择决策，企业及其员工可以做而且应该做两件基本的事情：首先，员工自己必须对于自己的职业选择负责，即员工应当明白，职业选择中的许多重要决策必须由自己来做出，而进行这些决策又要求员工制订大量的个人计划并付出大量的努力。进行职业规划的关键是进行自我透视：①透视个人希望从职业中获得什么；②透视个人的才能和不足；③透视自己的价值观以及它们是否与自己当前正在考虑的这种职业相匹配。

职业咨询专家约翰·霍兰德（John. Holland）认为，人格（包括价值观、动机和需要等）是决定一个人选择何种职业的另一个重要因素。他特别提到决定个人选择何种职业的九种“人格倾向”。霍兰德基于自己对职业性向测试（Vocational Preference Test，VPT）的研究，一共发现了九种基本的人格类型或倾向。

实际倾向：具有这种倾向的人会被吸引去从事那些包含着体力活动并且需要一定的技巧、力量和协调才能承担的职业。这些职业的例子有：森林工人、耕作工人及农场主等。

调研倾向：具有这种倾向的人会被吸引去从事那些包含着较多认识活动（思考、组织、理解等）的职业，而不是那些主要以感知活动（感觉、反应或人际沟通以及情感等）为主要内容的职业。这种职业的例子有：生物学家、化学家以及大学教授等。

社会倾向：具有这种倾向的人会被吸引去从事那些包含大量人际交往内容的职业，而不是那些包含着大量智力活动或体力活动的职业。这种职业的例子有：诊所的心理医生、外交工作者及社会工作者等。

常规倾向：具有这种倾向的人会被吸引去从事那些包含大量结构性的且规律较为固定的活动的职业，在这些职业中，雇员个人的需要往往要服从于组织的需要。这种职业的例子有：会计以及银行职员等。

企业倾向：具有这种倾向的人会被吸引去从事那些包含大量以影响他人为目的语言活动的职业。这种职业的例子有：管理人员、律师及公共关系管理者等。

艺术倾向：具有这种倾向的人会被吸引去从事那些包含大量的自我表现、艺术创造、情感表达以及个性化活动的职业。这种职业的例子有：艺术家、广告制作者及音乐家等。

然而，大多数人实际上并非只有一个倾向（比如，一个人的倾向中很可能同时包含着社会倾向、实际倾向和调研倾向这三种倾向）。霍兰德认为，这些倾向越相似或相容性越强，则一个人在职业选择时所面临的内在冲突和犹豫就会越少。然而，如果这些倾向是相互对立的（比如同时具有实际倾向和社会倾向的话），那么在进行职业选择时将会面临较多的犹豫不决的情况，这是因为多种兴趣将驱使人在多种不同的职业之间去进行选择。

（四）制定培训措施，完善员工培训体系

企业希望拥有全方位的人才，员工则希望企业提供一个自身成长的平台，如何使两者结合，达到企业的发展与员工的成长相一致的目的，是企业保持可持续发展的关键。

大量的人类学、心理学研究结果表明：人的需求是多层次的、无止境的。因此，改变人的内心愿望、目标、抱负和标准，进而有组织、有秩序、系统地使每个人的需求得到满足，是有效激励的重要手段。对企业而言，建立有组织、有步骤、系统的培训体系，是实现这一目标的主要方式。

在分析员工个人发展愿望和组织内部的人力资源需求基础上，企业能够有针对性地开展各类职业发展教育培训活动，制定相应培训措施，以同时满足员工的职业发展要求及组织内部的人力需求，这也是企业帮助员工进行职业发展规划的核心工作。通过这样的培训，不仅能够提高员工的工作技能和工作效率，而且可以为每个员工创造一个满足事业成长需要的机会和空间，使不同个性、特长的员工都能通过培训建立在企业的职业计划和人生归宿。

（五）职业咨询

职业咨询是指帮助被解聘员工找到合适的工作，或是重新选择职业，同时向他们提供一部分资助以帮助他们度过职业转换期。

企业职业咨询是非常重要的，主要体现以下方面：

（1）由于各种原因，组织内部裁员或员工解职的情况越来越普遍，解职在组织中已经不

是一个偶然发生的情况了。因此，需要建立针对这种情况的人力资源管理政策。

（2）解职，无论出于何种原因，都会给员工带来自尊心的伤害和失业的威胁。组织在出于一定目的的裁员之后，有责任对被解职的员工给以相应的物质和精神帮助。

（3）切实而富有人情味的职业咨询，可以维持组织同员工的感情直至双方契约关系解除以后。解职后对员工的妥善处理会增加留在组织中的员工的忠诚度，使解职带来的组织内部震荡的消极作用减至最小。

（六）职业生涯管理中组织和员工各承担的角色和任务

1. 组织承担的角色和任务

员工与企业是相互依存的，在职业生涯管理系统中，企业相对于员工掌握着更多的物力、财力、信息等资源，企业能否充分利用所掌握的资源来支持员工职业生涯管理，将决定着系统能否获得成功。

首先，企业针对员工所处的不同职业阶段特点，可以采取不同方法进行管理。

在员工准备进入企业的阶段，企业的任务首先是进行招聘、挑选和配置工作。这一阶段对员工来说往往意味着职业生涯的开始，俗话说良好的开端是成功的一半，企业应向求职者充分提供企业以及所招聘职位的信息，使求职者有清晰、正确的认识；同时采用科学的方法对员工的兴趣、技能、价值观、潜力等进行综合评估，力求在这一阶段为空缺职位找到最合适的人选，即人适其岗，这对于一个新雇员未来的职业生涯发展非常关键。

员工进入企业，即开始了职业生涯的早期阶段，企业通过试用及新工作的挑战，发现员工的才能，帮助员工建立和发展职业锚，确立长期贡献区。这个阶段是企业和员工相互发现的阶段。企业会为新员工安排入职培训，以帮助员工尽快熟悉工作，融入企业；同时企业会为员工安排第一任主管，新员工的第一任主管对员工职业生涯非常关键，他不仅是企业文化的代表，其言传身教和对新员工的态度将会极大影响员工职业生涯。

在新员工进入企业后，企业还应适时交给他具有挑战性的工作，培养其独立工作的能力，并将其工作结果及时反馈给员工，与员工沟通，帮助员工发现才能，形成正确的自我观，找到自己的职业锚。

员工在职业的中期，个性的发展趋于稳定，在企业中开始独立承担任务，做出独立贡献，员工有可能在职业道路上继续前进，走向辉煌，也可能遇到职业中期危机。企业在这一阶段要特别加强职业管理，一方面，企业的任务是促进员工的职业向顶峰发展，可以针对员工个人的不同情况，分类指导，积极采用各种措施，促进职业发展，如为员工设计多种职业通道、安排工作轮换、继续教育和培训等。

另一方面，职业中期员工的人生情感复杂化，可能引发职业中期的危机。员工可能需要重新审视自己人生理想和现实的差距，考虑接受现实还是争取看得见的前途等。企业应通过与员工的沟通，帮助员工解决实际问题，激励员工继续奋进，使员工顺利度过职业中期的危机。

在后期职业阶段中，企业的任务主要是鼓励员工运用自己的经验、智慧而不是直接的技术能力来为企业继续做出贡献，并帮助他们承担良师益友的角色，向同事和新员工传授自己的经验，发展他们的人际和群体技能，获得职业的满足感。

2. 员工的角色和任务

作为员工本人，在职业生涯规划中承担着重要的角色，并负有最直接的责任。在职业生涯的不同阶段，员工的角色和任务各不相同，我们可以将员工的职业生涯划分为四个主要阶段。

1）辅助贡献阶段

这一阶段是员工职业生涯的早期，年龄跨度可以从17岁直至30岁左右。在这一阶段，员工开始进入组织，成为一名正式成员。这一阶段的特点是员工还不能独立地完成非常有价值的整体任务，必须依赖他人的指示、管理和帮助才能对企业做出贡献。员工在职业生涯的早期最重要的任务是学习知识与技能，建立个人可信度，建立在组织内部的联系，熟悉企业和团队做事的方法等，既要有所依赖，又要学会独立，学会如何在某个贡献区发挥专长。

2）独立贡献阶段

这一阶段是员工职业生涯的中期，年龄在25岁以上，员工在企业中逐渐脱离学员角色，开始独立承担任务。这一阶段的特点是员工专业技能发展到较高水平，在企业内已建立了良好的联系和基础，工作成果越来越受到重视。在这个阶段，员工要有自信，能判断自己的实力，独立和可靠地行事，还要不断学习以保持所从事的领域的领先水平。很多人在这一阶段感觉到最有成就感，其职业生涯就发展到这一步，永远做某一领域的专家，从而保持对企业的贡献。

3）领导贡献阶段

这一阶段的时间跨度可以从40岁左右直到退休，特点是员工开始通过他人来实现自己更有价值的贡献。职业生涯的这一阶段并不意味着一定要成为经理或其他管理角色，现代企业中越来越多的专才是在非经理人的角色上领导和影响他人。在领导贡献阶段，员工有以下几种角色可以影响他人共同成功：师傅或教练、项目或工作领导、谋士、内部顾问等。员工在这一阶段的任务是学习如何在专业技能以外运用经验和智慧影响别人，并发展必要的监督和管理职能，主动关注他人的职业生涯发展，成为他人的良师，同时在企业内建立广泛的联系和威信，从而可以选用这些关系帮助团队或他人成功。

4）组织领袖阶段

并不是很多人能够达到这一阶段，但企业的确需要领袖角色的人带领企业不断走向成功。这一角色具有以下特点：改革者，能够不断设定新的目标，推动企业的各种变革去实现目标；创业者，敏锐地捕捉到业务机会，及时将决策变成业务成果。

表6－1是施思教授对不同职业阶段员工面临的广义问题和主要任务做的一个全面归纳，将更有助于员工明确在不同职业阶段的任务。

表6－1　职业周期的阶段和任务

阶　段	面临的广义问题	特定任务
早期职业的正式成员资格 （年龄：17～30岁） （角色：新的正式成员）	1. 承担责任，成功地履行与第一次正式分配有关的义务； 2. 发展和展示自己的特殊技能和专长，为提升或进入其他领域的横向职业成长打基础； 3. 在自己的独立需要与组织约束和一定时期附属、依赖的要求之间寻求平衡； 4. 决定是否在这个组织或职业中干下去，或者在自己的需要和组织约束和机会之间寻求一种更好的配合	1. 有效地工作，学会如何处事，改善处事方式； 2. 承担部分责任； 3. 接受附属状态，学会如何与上司和自己的同事相处； 4. 在有限的作业区内发展进取心和现实水平的主动性； 5. 寻求良师和保护人； 6. 根据自己的才干和价值观，以及组织中的机会和约束，重估当初决定追求的工种； 7. 准备做出长期承诺和一定时期的最大贡献或者流向一个新职位和组织； 8. 应付第一项工作中的成功感或失败感

续表

阶　段	面临的广义问题	特定任务
正式成员资格，职业中期 （年龄：25 岁以上） （角色：正式成员，任职者，终生成员，主管或经理） （个人有可能停在这个阶段）	1. 选定一项专业，就成为一名多面手和（或）进入管理部门，决定如何保证成为一名专家； 2. 保持技术竞争力，在自己选择的专业（或管理）领域内继续学习； 3. 在组织中确立一种明确的认同，成为人所共知的人； 4. 承担较高水平的责任，包括对他人和对自己的工作； 5. 成为职业中的一名能手； 6. 根据抱负、所寻求的进步类型，用以衡量进步的指标等。开发个人的长期职业计划	1. 取得一定程度的独立； 2. 发展自己的实绩标准，相信自己的决策； 3. 慎重估价自己的动机、才干和价值观，以此决定要达到的专业化程度； 4. 慎重估价组织和职业机会，以此制定下一步的有效决策； 5. 解除自己与良师的关系，准备成为他人的良师； 6. 在家庭或自我和工作事务之间取得一种适当调节； 7. 如果实绩平平，任职被否定，或失去挑战力，应付失败情绪
职业中期危机 （年龄：35～45）	1. 针对自己不得不决定求安稳或换工作或迎接新的更大的挑战的想法，重点重新估计自己的进步； 2. 就中年过渡的更为一般的方面——个人梦想和希望对现实，估价职业抱负； 3. 决定工作和个人职业在自己一生中究竟有多大的重要性； 4. 适应自己成为他人良师的需要	1. 开始意识到个人的职业锚，个人的才干、动机和价值观； 2. 现实地估价个人职业锚对个人前途的暗示； 3. 就接受现状或者争取看得见的前途做出具体选择； 4. 围绕所做出的具体选择，与家人搭成新的调节； 5. 建立与他人的良师关系
非领导者角色的职业后期 （年龄：40 岁至退休） （角色：骨干成员，有贡献的个人或管理部门的成员，有效贡献者或朽木） （许多人停留在这个阶段）	1. 成为一名良师，学会发挥影响，指导、指挥别人，对他人承担责任； 2. 扩大兴趣和以经验为基础的技能； 3. 如果决定追求一种技术职业或职能职业，要深化技能； 4. 如果决定追求全面管理角色，要担负更大范围的责任； 5. 如果打算求安稳，在职业或工作之外寻求成长，接受影响力和挑战能力的下降	1. 坚持技术上的竞争力，或者学会用以经验为基础的智慧代替直接的技术能力； 2. 发展所需要的人际和群体技能； 3. 发展必需的监督和管理技能； 4. 学会在一种政治环境中制定有效决策； 5. 应付“崭露头角”的年轻人的竞争和进取； 6. 应付中年危机四伏家庭的“空巢”问题； 7. 为高级领导角色做准备
处于领导角色的职业后期 （可能年轻时获得，但仍会被看做是在职业“后期”） （角色：总经理、官员、高级合伙人、内企业家、资深幕僚）	1. 为组织的长期福利发挥自己的才干和技能； 2. 学会整合别人的努力和扩大影响，而不是进行日常决策或事必躬亲； 3. 挑选和发展骨干成员； 4. 开阔视野，从长计议，现实地估价组织在社会中的作用； 5. 如果身为有贡献的个人或企业家，学会如何推销观点	1. 从主要关心自我，转而更多地为组织福利承担责任； 2. 负责地操纵组织机密和资源； 3. 学会操纵组织内部和组织环境边界两方面的高水平的政治局面； 4. 学会在持续增长的职业承诺与家庭，特别是配偶的需要之间谋求平衡； 5. 学会行使高水平的责任和权力，而不是软弱无力或意气用事

第二节　职业生涯发展阶段的划分及发展

一、职业生涯发展阶段的划分

关于职业生涯发展阶段的理论有很多，如舒伯、金斯伯格、格林豪斯等都有自己的观点，他们对阶段的具体划分虽不完全一致，但出发点和基本思路是相同的，都是以年龄作为依据。美国著名人力资源管理专家加里·德斯勒（Gary. Dessler）综合其他专家的研究成果，将职业生涯划分为成长阶段、探索阶段、确立阶段（包括尝试子阶段、稳定子阶段和职业中期危机阶段）、维持阶段和下降阶段。这里以加里·德斯勒的划分为参考，结合中国实际国情，重新划分了职业生涯的发展阶段。

（一）基础教育阶段（7～16岁）

这是个体生长发育、储备知识的阶段。对于我国的青少年，绝大多数人会接受九年义务教育，掌握基础知识和基本生存技能。此时，他们形成了一定的自我观念，对自己的兴趣、爱好、能力、价值取向有了基本的了解，为职业探索奠定基础。

（二）职业初探阶段（17～23岁）

有望在未来的职场中成为佼佼者的，大都会在初中毕业后进入高中、大学阶段。在学校的各项学习与活动中，个体加深了对自己的认识，并于周围的环境中获取了一定的职业信息，开始试探性地将自身特点与相关职业进行匹配。

前两个阶段，由于个体并未进入职场，从严格意义上讲不属于职业生涯的范畴，但是从宏观的角度，它们是职业发展必不可少的储备期，与后期的发展应该是一个连贯的过程。

（三）立业阶段（24～45岁）

个体开始从进入职场、初露锋芒，到站稳脚跟、有所建树，沿着规划好的职业发展方向一路攀升，达到事业发展的高峰。具体包括以下阶段。

1. 职业确定阶段（24～26岁）

我国的大学生23岁或24岁毕业，刚刚毕业的2～3年内，在自己最初选定的职业领域中，通过对实际工作的体验与反思，确定当初的选择是否适合自己，并在必要时重做决定，真正给自己的职业准确定位。

2. 稳步发展阶段（27～45岁）

个体对选定的职业及工作环境逐渐适应，不断提升专业技能，形成自身优势，树立良好形象，在职业发展道路上稳步前进。

3. 职业中期危机阶段（35～45岁中的某个阶段）

由于企业结构趋于扁平化，进入职业中期的员工晋升空间非常有限，达到事业的顶峰，他们突然感受到现实对理想的冲击与未来发展的不确定性。而且对于职业中期的中国人，上有老、下有小的家庭重担更使他们在职场中多了一份彷徨。

（四）维持阶段（45～55岁）

一般情况，个体这时在职场中已占有一席之地，重点就是保住现有的工作地位，维持现状。而我国目前存在另一种情况：企业精简机构，一些处于该年龄段的员工由于知识技能老化、体力和精力衰退而面临下岗，他们在50岁甚至45岁左右就进入了退离阶段，而不是理论中的维持阶段了。

（五）退离阶段（55岁以后）

我国的法定退休年龄是55岁或60岁。这时，大部分人对成就和发展的愿望已经减弱，权利和责任逐渐减少，开始为退休做准备。

二、面对新的发展趋势，职业生涯管理必须相应地变革和发展

在21世纪，伴随着职业生涯管理内容及角色的巨大变化，企业也应该迅速地调整自己的人力资源战略，改革职业生涯管理的实施策略，才有可能在激烈的竞争中生存下来。具体来说，企业可以从以下几个方面入手。

1. 从重视就业安全性向重视就业能力转化

今天人们已经充分认识到，没有任何组织能保证雇员的就业安全，他们所能做的就是让雇员具有可供就业之用的技能。组织和个人职业生涯管理的基础，由就业的安全转向就业能力建设。个人开发自身就业的能力，组织则帮助他们提高自己的就业能力，这样，即使不能在同一个企业长期稳定地就业，当他们被推向劳动力市场时，再就业的能力也会提高。

2. 重视工作内容的丰富化及扩大化，不断发现和开发可转移的能力

因为企业晋升的机会将越来越少，所以职业生涯开发工作应该大力强调在自己当前的岗位上发展和学习的观念，同时通过探索本公司内部其他领域来保持工作的稳定性。

Dany（1995）主张，组织职业生涯管理不是重要不重要的问题，而是这套措施和办法如何适应变化了的形势。他注重对组织职业生涯管理的概念进行修正，认为这种职业生涯管理并不一定意味着工作岗位的变化，也不一定意味着晋升。例如，职业生涯可以通过个人在其工作岗位自主权的扩大或对其业绩评价的提高表现出来。

3. 开发多重职业发展通路

随着知识经济的来临，专业技术类员工在企业中所占比重较以往有了大幅度增加。企业应建立双重职业生涯路径，向专业技术人员提供与管理人员相平等的职业发展机会，并及时给予指导和帮助。研究和实践表明，这种做法不仅可以使员工感到被企业重视，提高其忠诚度，同时也可以使企业做到人职匹配，提高自身的创新能力和适应变化的能力。双重职业生涯路径模式提供两条或多条平等的晋升阶梯，一条是管理通道，另外几条是技术通道。

几种阶梯层级结构为平行关系，对每一个中、高级技术等级都有其对应的管理等级。显然，在双重职业生涯路径模式下，能够晋升到企业中、高级技术等级都有其对应的管理等级。专业技术人员可以自行决定其职业发展方向，他们可以继续沿着技术生涯路径向上攀升，或转而进入管理职业生涯路径。在两条职业生涯路径中，员工薪酬水平相近，发展机会也较为

相似，因此，他们会选择一种符合自己职业兴趣和能力的发展通道。

4. 帮助员工进行自我职业生涯管理

随着职业生涯管理主体的变化，职业生涯管理将以自我职业生涯管理为主。但这并不是说组织不再对职业生涯管理承担责任，而是说组织在职业生涯管理上的角色发生了变化。组织的责任变为为员工的职业生涯管理提供必要的支持和激励。如安排挑战性的工作、提供必要的发展信息和发展资源等，以帮助员工进行职业生涯发展。

5. 建立学习型组织

根据美国麻省理工大学斯隆管理学院对学习型组织的定义，学习型组织是指通过不断的学习来改革组织本身的组织，通过培养弥漫于整个组织的学习气氛而建立起来的一种符合人性的、有机的、扁平化的组织。其真谛在于通过组织成员和整个组织的持续学习，来保持组织的持续竞争力。可见，学习型组织能够将组织的发展与员工的职业生涯发展有机地结合起来，着重于培育企业的创造力、凝聚力和竞争力，使企业保持旺盛的活力，使员工在工作中活出生命的意义。①

第三节　员工职业生涯设计与实施

一、职业生涯管理开展的步骤和方法

（一）职务分析

运用“职务分析问卷”、“任务调查表”、“职务分析面谈”和“关键事件调查”等方法获得职务分析的基础数据，包括以下内容。

1. 每个职务的基本资料

职务编号、职务名称、职务类别、所属单位、直接上级、定员人数、管辖人员数、工资等级、工资水平、直接升迁的职务、可相互转换的职务、由什么职务升迁至此、其他可担任的职务。

2. 职务描述

将各职务的工作细分成条目，输入每个条目的编号、工作内容、基本功能和工作基准。其中，工作基准的确定是一项至关重要的工作。工作基准确定的基本原则是：按优、良、中、差四个等级对职务的每一项工作做出明确的界定，并尽可能采用量化指标。

3. 职务要求

最低学历，最低职称，适应年龄，适应性别，适应身高，适应体质，所需的专业训练，所需的上岗证书，所需的经验要求，所需的培训要求，适应性格，职业兴趣要求，智力要求，工作行为要求，气质要求，一般职业能力要求，特殊职业能力要求，领导类型，管理能力要求。

---

① 康淑斌．知识经济背景下职业生涯管理的变革与发展［J］．科技与管理，2003（5）：127.

（二）员工基本素质测评

通过对员工的个性特点、智力水平、管理能力、职业兴趣、气质特征、领导类型、一般能力倾向等方面的测评，对员工有一个全面的了解，便于安排适合他所做的工作；较全面地分析员工的长处与不足，在使用中扬长避短；针对他的不足，拟定相应的培训方案；根据员工的上述特点，结合职务分析的结果，对其进行具体的职业生涯规划。

测评的主要内容包括以下几方面。

1. 管理能力测评

应用情景模拟方法中的公文处理技术对每个管理人员或应聘人员的管理能力进行测评。主要从以下三个方面进行测评：对“公文筐”中提及的各个人员情况的认知；对“公文筐”中提及的事件、时间、地点、产量图、废品图、绩效考核记录等资料的认知；对“公文筐”中提及的各种资料之间相互关系的认知。

2. 智力测验

测验人的逻辑推理、言语理解、数字计算等方面的基本能力。

3. 卡特尔16种个性测验

测验人的内向或外向、聪明或迟钝、激进或保守、负责或敷衍、冒险敢为或胆小畏缩、顾全大局或矛盾冲突、情绪激动或情绪稳定等方面的个性特征。

4. 职业兴趣测验

职业兴趣分为现实型、企业型、研究型、社会型、艺术型和常规型六种。通过对人的职业兴趣的测验，有助于被试者选择适当的工作。

5. 气质测验

人的气质分为四种类型：胆汁质、多血质、黏液质和抑郁质，对人的气质的测验，有助于帮助被试者选择较适合的工作，有助于管理人员对被试者的了解。

6. 一般能力倾向测验

测验人的图形识别、空间想象、计算的速度与准确性、言语理解、词语组合等方面的能力倾向性。

7. A型行为与B型行为测量

A型行为的人对自己要求较高，经常定出超出自己实际能力的计划，完不成计划又很焦虑。B型行为的人随遇而安，不强迫自己紧张工作。对A型行为的员工，在管理工作中要注意为其减压，帮助其制订合理的工作计划，使得他总能按计划完成任务，一直保持高昂的工作热情。对B型行为的员工，要施加压力，使其不得松懈。

8. LPC领导测评

对每个管理人员或应聘人员的领导类型进行测评，确定其是否适合在当前职务上工作，哪些职务适合其工作，如何提高管理水平等。

（三）建立与职业生涯管理相配套的员工培训与开发体系

在公司原有培训管理的基础上，根据对员工基本素质测评和职务分析的结果，找出员工在管理能力、智力、个性、领导类型等方面与本职工作所存在的差距以及今后职业发展路线上会面临的问题，有针对性地拟定员工培训与开发方案，帮助他们尽快成长，以适应本职工作和今后职业发展的需要。

依照绩效考核的结果，发现员工在工作中出现的问题，有针对性地拟定员工培训与开发方案，以适应本职工作和今后职业发展的需要。通过培训，进一步发现员工的潜在能力与特长，为其职业生涯的规划打下良好的基础。

（四）制定较完备的人力资源规划

在公司原有的人力资源规划的基础上，注意以下内容。

1. 晋升规划

根据企业的人员分布状况和层级结构，拟定员工的提升政策和晋升路线。包括晋升比例、平均年薪、晋升时间、晋升人数等指标。在实施中，根据人事测评、员工培训、绩效考核的结果，并根据企业的实际需要对各个结果赋予相应的权重系数，得出各个职位的晋升人员次序。

2. 补充规划

使公司能合理地、有目标地把所需数量、质量、结构的人员填补在可能产生的职位空缺上。

3. 配备规划

在制定配备规划时，应注意解决两个问题：当上层职位较少而待提升人员较多时，则通过配备规划增强流动。这样，不仅可以减少员工对工作单调、枯燥乏味的不满，又可以等待上层职位空缺的出现；在超员的情况下，通过配备规划可改变工作的分配方式，从而减少负担过重的职位数量，解决工作负荷不均的问题。

（五）制定完整、有序的职业生涯管理制度与方法

（1）让员工充分了解单位的企业文化、经营理念、管理制度。

（2）让员工详细了解各个职务的工作内容、方法、任职资格、职务升迁路线。

（3）员工根据自己的兴趣、能力、个性和实际的工作经验与体会，觉得目前能做好哪些工作，如果加以培训和实际工作的锻炼，将来能做好哪些工作，将这些工作按一定次序排列出来。分三个阶段制定自己的职业生涯目标。

短期目标（3年以内）：要具体做好哪些工作，在能力上有什么提高，准备升迁到什么职位，以什么样的业绩来具体表现。

中期目标（3～5年）：在能力上有什么提高，准备升迁到什么职位，在知识、技能方面要接受哪些具体的培训，是否需要进修或出国学习。

长期目标（5～10年）：准备升迁到什么职位，在知识、技能方面要接受哪些具体的培训，是否需要进修或出国学习，为公司做出哪些较突出贡献，个人在公司处在什么样的地位，个人的价值观与公司的企业文化、经营理念融合的程度如何。

人力资源管理部门根据公司的发展需要和人力资源规划的要求，在科学、系统实施了职务分析和对员工进行全面的心理测验、干部测评的基础上，既要尊重个人的意愿，也要从公司发展的全局出发，帮助员工进行切实可行的职业目标选择和短期、中期、长期职业生涯目标的制定。

人力资源管理部门根据单位发展情况，将各个职位的需求时间、需求数量、任职资格等做出规划。人力资源管理部门根据上述规划的内容，结合职务分析中任职资格的分析、员工心理测验与干部测评的结果、绩效考核的结果、培训中的表现以及员工职业生涯规划，对各个职位升迁的人选做出较明确的排序。①

(六) 设立多种发展员工职业生涯的方法

职业生涯发展的形式多种多样，但主要可分为职务变动发展和非职务变动发展两种基本类型。职务变动发展又可分为晋升与平行调动两种形式。晋升是职业生涯发展的常见形式，对晋升的渴望是一种积极的动机，它会使员工在工作中创造出更好的业绩，特别是对处于职业生涯早期和中期的员工而言，其激励效果更明显。

平行调动虽在职务级别上没有提高，但在职业生涯目标上可以得以发展，从而为未来的晋升做好准备。美国心理学家施恩提出个人在特定企业内的三种流动方式，如图 6-2 所示，以实现企业对个人职业生涯的帮助和管理。

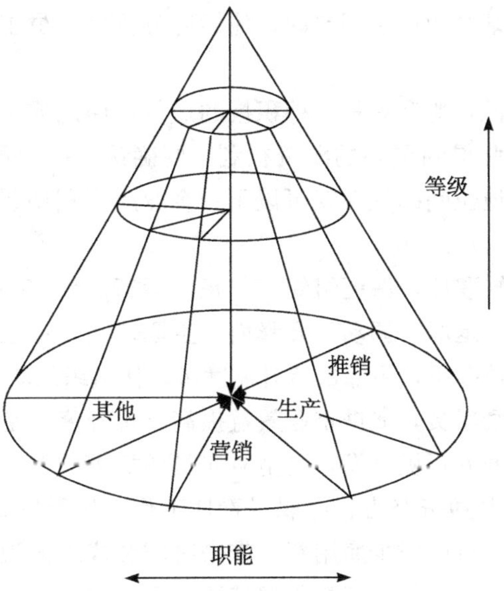

图 6-2　职业流动方式

图 6-2 中将企业描绘成三维圆锥体，根据中垂线，它反映出一系列的层面，沿圆锥体圆周线部分代表部门类型或职能区。在企业中工作的员工可以有三种职业道路：

一是在某一职能区沿着等级维度向上移动，也就是说，他们在自己选定的某一职业领域不断获得提升，可以达到他们所属职业的一定层面，我们将这种运动称为垂直的职业成长，如从普通员工成长为部门经理，属于这一维度的成长。

二是沿圆周在不同职能部门间流动，如一个员工从技术部流向生产部、经销售部最后进入综合管理部门，这种沿职能维度的运动是一种横向的职业成长。

三是更微妙的维度，涉及进入内圈或者说是向职业或企业核心的运动。随着个人了解情况越多，逐渐受到企业中、老成员的信任，承担更多责任，此时，他实际上正沿着一种成员

① 戴良铁，刘颖．企业职业生涯管理开展的步骤与方法 [J]. 中国劳动，2002 (1)：33-34.

资格维度向组织核心移动。一般来说，按等级向上运动与进入核心的运动多少是相关的，但一个人完全可能停留在一个给定等级上，由于他拥有经验而更接近核心，受到更多信任。

非职务变动发展也越来越成为职业生涯发展的重要形式，特别是随着组织机构呈现出扁平化发展，组织机构削减管理层，上层的空间越来越小。为留住最有才干的中层工作人员，组织机构不得不对成长和成功的真正含义做出建设性的思考。

职业生涯的成功可以通过横向调整的形式实现，通过工作丰富化在“原地成长”日益成为共识。具体而言，非职务变动发展包括工作范围的扩大、职务丰富法、员工参与管理、改变观念以及方法创新等内容。

1. 晋升

晋升是员工职业生涯发展的直接表现和主要途径。企业有必要建立合理的晋升和调动的管理制度，保证员工得到公平竞争的机会。企业可以按预先确定的晋职日程表晋升员工的职务（例如，每隔两年晋升一次员工的职务），或在某个职位出现空缺时调动员工工作。如果按照晋职日程表管理人员需为多名员工安排新工作，就要根据各位员工的能力分析哪位员工最适合担任哪个职务；如果某个职位出现空缺，他们应分析哪位员工具有或最有可能迅速掌握该职位需要的能力。

对获得晋升的员工来说，晋升总是一种积极的成就，使他或她具有了更高的职业工作地位和更重的责任，可以由此得到更多的薪资福利。要确认某一雇员职业变动是否有所晋升，只要明确其变动前后工作地位间的关系就可以了。企业应当利用晋升这一职业流动形式，加强职业生涯管理。

（1）利用晋升弥补空缺职位，保证组织工作正常运行。任何一个企业，经过较长时间的运行必然会发生雇员退休、退职、调动、升降而产生职位空缺；或者公司规模扩大或建新公司，有新职位需求。在此情况下，可靠的晋升制度可以使组织的职位空缺及时得到补充。

（2）利用晋升有效激励雇员，促进企业效益提高。晋升流动是对雇员多年工作的充分肯定，是一种对雇员职业生涯的积极开发，也是对雇员的极大鼓舞和激励，能促使他们在新的担负更大责任的工作岗位上勤奋努力、尽职尽责地工作，从而提高劳动生产率和工作效率。同时，提拔本公司企业雇员可以减少雇用新人带来时间和成本的浪费，因为新雇员熟悉企业的目标、规章制度以及融入特定的企业文化都需要一个过程，而在这个过程中总是要支出成本的。

（3）晋升有利于雇员队伍的稳定和素质的提高，合理的晋升制度可避免企业人才外流。此外，合理的晋升制度及其执行可激励雇员为达到晋升目标而不断进取，不断自觉提高自己的知识技能和职业工作的综合素质，因而有利于建设一支高素质的人力资源队伍。

（4）合理的晋升制度有利于吸引组织所需优秀人才。所谓合理晋升，一是公平，对全体雇员一视同仁，不搞任人唯亲、走关系拉帮派及违反原则；二是严格依据晋升标准、规则、程序行事，使晋升之路通畅；三是不压抑人才，及时提升。合理的晋升制度及晋升管理不但能留住人才还能吸引人才，而且吸引真正有才华的人才。

2. 职务扩大法

职务扩大法是使员工有更多的工作可做。该方法是通过增加某一职务的工作内容使员工的工作内容增加，要求员工掌握更多的知识和技能从而提高了员工的工作兴趣。根据一些研究人员结果，职务扩大法的主要好处是增加了员工的工作满意感和提高了工作质量。IBM 公司报告职务扩大法导致工资支出和检查设备的增加，但因质量改进、职工满意度提高而抵消了这些费用；美国梅泰格（Maytag）公司声称通过实行职务扩大法提高了产品质量，降低了劳务成本，工人满意度提高，生产管理变得更有灵活性。

职务扩大法的途径主要有两个："纵向工作装载"和"横向工作装载"，"装载"这个名称是指将某种任务和要求纳入工作职位的结构中。借着增加纵向工作装载来扩大一个工作职位，是指增加需要更多责任、更多权利、更多裁量权或更多自主权的任务或职责，这是指某些职能要从监督人员身上转到员工身上。横向工作装载是指增加属于同阶层责任的工作内容以及增加目前包含在工作职位中的权利。例如一个出纳职位的纵向扩大可以包括增加总额的汇总、把不同面额的钞票分开、收支调整以及填写现金摘要表等，这一职位的横向扩大可以包括给客户提供资料、处理货品的退换交易以及训练或协助其他职工等。

3. 职务丰富法

职务丰富法是一种比职务扩大法更为复杂的方法，该方法是重新设计一个职务，把那种可以提高员工心理参与感的任务或活动纳入工作。这种设计包括重新安排工作任务和进程、加入新任务、增加任务的变化性以及增加与别人接触的机会。

行为科学家麦克瑞格和赫兹伯格曾指出，当人们被赋予较多的自由裁量权和较多的责任时，大多数人都会感到较多的激励，这使得职务丰富化的需要受到承认。麦克雷格的Y理论认为人在本质上是创造性的，他会追求责任、能自由裁量、自我控制并且能将成就视为一种报酬。根据赫兹伯格的激励理论，当一个人被赋予机会，从一项有趣和有需要的工作中进行自我提高、自我发展、自我成就和自我认可时，他就会受到激励。

实施职务丰富化的原因是由于工资提高而必须使员工更充分地发挥作用，有时利用工作重组的方式常常可以达到这种效果。另一个原因是现今的职工都受过良好的教育，对工作的要求也多。他们如果对工作不满意，就会以不良的工作品质、缺勤和偏高的人事流动率来表示他们的不满。

实施职务丰富化的方式：

（1）有些职务丰富化的方法使得员工可以自行决定工作的方法和步调；

（2）职务的重新设计使得一项可辨认工作单位的整套工作可以进行，并且使得一个人或一个小组对该单位的工作享有自由裁量权；

（3）把一件可辨认最终产品的整套工作赋予该员工，并且允许员工在目标的设定上享有较多的自由；

（4）减少或改变监督的层次，使监督变成支持性或建议性的而不是严格控制性的，控制虽然取消一个人却仍然要对其工作负责；

（5）引入更多难度高的工作并且提供更多有关成果的反馈。

4. 参与管理

在国外，股票期权、福利和参与管理被认为是三大辅助性的（相对于员工职业生涯发展和有竞争性的薪酬）留住优秀员工的激励措施。

优秀的员工希望增加职责和工作的挑战，参与决策的欲望比一般的员工更强烈，并且他们能够提出许多好的建议，让他们成为主要问题的解决者有助于增加他们的参与感并提高他们的主人翁意识。有个家具制造公司非常好地运用了这个方法，一些顾客抱怨该公司运输人员在他们的房子里留下了泥巴足迹，公司的CEO召集一群优秀员工用头脑风暴法来解决这个问题，在会上他们提出了白手套、红地毯、包扎鞋子服务的解决方案。通过这种方式，不仅表达了公司对优秀员工工作业绩的承认，而且也获得了新的市场差异化工具。

5. 工作轮换

工作轮换对员工的职业生涯发展具有重要意义。它一方面可以使员工在一次次的新尝试中了解自己的职业性向和职业锚，更准确地评价自己的长处和不足；另一方面可以使员工经受多方面的锻炼拓宽视野，培养多方面的技能，从而为将来承担更重要的工作打下基础。

1）岗位轮换应坚持的原则

从理论上讲实施岗位轮换其作用是明显的，但企业在实际推行岗位轮换制度中还存在诸多需要克服的困难和阻力。为此，在实施岗位轮换制的过程应坚持以下原则。

（1）用人所长原则

在推广岗位轮换制的同时，必须要注意人才资源管理的基本原则，即“用人所长、避人所短”。在制定岗位轮换制时应制订详尽的长期计划，根据每个员工的能力特点和兴趣、个性统筹考虑安排，在企业内部人才合理流动的基础上，尽量做到使现有员工能学有所长，提高人才使用效率。为了保证企业内部组织的相对稳定，岗位轮换应控制在一定范围内，具体范围大小可根据企业的实际情况决定。

（2）自主自愿原则

虽然岗位轮换制可以提高员工的工作满意度，但因具体情况的不同，效果也各不一样，要使得岗位轮换制发挥应有的作用，应提前和员工进行有效的沟通。在企业制定有关的岗位轮换制度后，与参与岗位轮换的员工进行有效的沟通，实行双方见面、双向选择等方式方法减少由于岗位突然变化给员工带来的心理不安定和焦虑，使岗位轮换达到应有的效果。

（3）合理流向原则

企业组织中各个部门所负担的工作职责有所不同，对于员工素质要求也不一样。在岗位轮换时，既要考虑到企业各部门工作的实际需要，也要能发挥岗位轮换员工的才能，保持各部门之间的人才相对平衡，推动组织效能的提升。

（4）合理时间原则

岗位轮换制实施过程中应充分考虑轮换的时间周期，岗位轮换有其必要性但必须注意岗位轮换的时间间隔。如果在过短时间内员工工作岗位变换频繁，对员工心理带来的冲击远远大于工作新鲜感给其带来的工作热情，岗位轮换的效果就会适得其反。一般来说，每个员工在同一工作岗位上连续五年以上又没有得到晋升的机会，就可考虑岗位轮换。如果一名员工一直在同一企业中工作，考虑其晋升和岗位轮换的总数在7～8次较为合适。

2）企业进行职业生涯管理时应很好地把握职务轮换的适用场景

（1）新雇员巡回实习

新雇员在入职培训结束之后，根据最初的适应性考察被分配到不同部门工作。在部门内不立即确定他们的工作岗位，而是让他们在各个岗位上轮流工作一段时间。经过这样的岗位轮换使新雇员尽早了解工作全貌，亲身体验不同岗位的工作情况，为以后工作中的协作配合打好基础；同时企业对新雇员的工作能力和适应性有了进一步的了解，利于最后将其安排到适宜的正式工作岗位上，这一过程一般需要一年左右。

（2）培养复合型雇员的轮换

在科学技术迅猛发展和市场竞争加剧的当今时代，企业为了适应日趋复杂而多变的经营环境，要求雇员具有很强的适应能力，不仅要掌握单项专长，还应是“多面手”或“通才”。

一旦企业经营方向和业务内容发生转变，有能力迅速实现转移适应新的情况。企业日常有意识地安排雇员轮换做不同的工作，目的即在于让雇员学习多种技能以适应可能发生的突变。

(3) 培养经营管理者的轮换

企业经营管理者特别是高层领导者应当对企业业务工作有全面了解，应当具有对全局性问题的分析判断能力和统领指挥全局能力。而这种能力的培养，只在狭小部门由下而上的纵向晋升流动远远不够，必须在不同部门间横向轮换流动以开阔眼界、扩大知识面，同企业各部门的同事有更广泛的交往接触和了解，为做高层领导者和管理者打下基础，这种轮换周期较长，通常为2～5年不等。

通过岗位轮换成长起来的明基公司广州区总经理王曼在谈到自己成长的经历时说："岗位轮换培养了我适应新环境的能力，也使我们的组织更具有弹性和活力。这种岗位轮换加强了我对明基业务工作的全面了解，也提高了我对全局性问题的分析能力，不仅开阔了我的眼界，也扩大了我的知识面。"

(4) 消除僵化活跃思想的轮换

心理学的研究表明一般人普遍具有墨守成规的弱点。一个人长期固定从事某种工作，久而久之他的敏锐、兴趣、创造性、干劲会逐渐丧失而多了些迟钝、冷漠、疲沓、守旧，这是企业具有高效率高效益和创新力的决定性的制约因素。通过职务轮换、岗位更新，能激发雇员的兴趣、新鲜感和活力，使雇员保持对工作的敏感和创造精神。

同时，通过岗位轮换可以强化部门间、工作岗位间、人与人之间的相互联系，利于工作中的团结协作。例如，企业中销售服务部门与产品设计部门之间人员互相轮换，这种方法起到强化相互联系、改善新产品创新市场的作用。

(5) 其他轮换

当企业需要调整某些部门的年龄结构，雇员不适应工作需要，加强某些部门或者合并增加某些业务部门等情况之时均可以采取职务轮换。

3) 充分发挥职务轮换的作用，积极促进员工职业生涯发展

(1) 运用职务轮换对员工进行全方位的能力开发

职务轮换应用面很广，新员工和老员工、经营管理层和一线员工、高层领导者与中基层领导者都可实施职务轮换。运用职务轮换这一形式可以对企业内广大成员进行能力开发，同时利用职务轮换可以对广大员工进行多种知识多种技能的实践训练开发。

(2) 利用职务轮换选拔高级管理人才

高级管理者是高瞻远瞩、统观全局、统领指挥的德才兼备者。实施在不同部门轮换任职，可以实地考察个人多方面的能力（如知识技能、组织、协调、决策、人际关系等）及思想素质、价值取向、人格品质、心态性格等，为提拔人才提供可靠依据。对于个人来讲，通过职务轮换获得了全面了解情况、增强工作适应性的机会，为其胜任高一级职位打下基础。

(3) 利用职务轮换调动员工积极性

职务轮换是对员工进行开发训练的手段和过程，也是激励的手段和过程。通过不同工作岗位上的轮换工作，增进才能、增长见识，成为"多面手"或"通才"，甚至被有意识有目的地通过职务轮换进行培养，为晋升做准备，从中可使员工感受到企业对自己的信任和重用，员工必然会越发努力勤奋地工作。

同时，企业也要注意职务轮换工作中的问题和困难：①对掌握某些复杂的专业技术不利；②对保持和继承长期积累的传统经验不利，可能使工作效率降低；③有的员工因故未能如期

参加轮换会产生错过机会的感觉，从而影响情绪；④职务轮换相应引起职务工资变动，可能影响员工收入并使企业工资计算复杂化；⑤每年大量的人事横向流动加重了人力资源部门的负担，给业务部门工作也造成一定的影响；⑥有的部门不愿放走业务骨干致使轮换不能如期执行。

任何一个事物并非十全十美，职务轮换中的问题和困难都在所难免，企业职业生涯管理应予以正确理解，积极解决。首先，不能因噎废食，不能因麻烦而废止它；其次，实施职务轮换的出发点既要看到企业当前利益，更要着眼于企业长远利益和发展前途，不能仅以眼前利益得失为标准，要很好地将长远利益与眼前利益相结合；最后，职务轮换是牵动全局的事情，必须建立改进和完善其他配套制度和措施以适应职务轮换的需要。

在职业生涯管理的具体实施过程中，注意及时反馈有关信息，并做出相应调整。既要使得员工的职业目标选择和职业生涯目标的确定起到有效的激励作用，又要适合企业发展的需要。在建立上述制度与方法时，还应建立科学、有效的绩效管理体系和薪酬管理体系。

二、职业生涯管理的具体实施——实行因人而异的职业生涯阶段管理

根据职业生涯发展阶段理论，从员工个人的角度而言，职业生涯发展阶段大致可分为职业生涯早期阶段、职业生涯中期阶段和职业生涯后期阶段等不同的时期。由于在不同的时期雇员个人生命特征和职业生涯特征的不同，其所面临的职业生涯发展问题也各不相同，因此，不同阶段的职业生涯管理工作也应存在明显的差别。

（一）职业生涯早期阶段的管理

职业生涯早期阶段是指一个人由学校进入组织，在组织内逐步“组织化”，并为组织所接纳的过程。这一阶段一般发生在20～30岁，是一个人由学校走向社会、由学生变成雇员、由单身生活变成家庭生活的过程。一系列角色和身份的转化，使人必然要经历一个适应过程。

1. 职业生涯早期阶段的个人特征

在职业生涯早期阶段，员工个人年龄正值青年时期，从整个生命空间周期来看，其任务都较为单纯、简单。这一时期，其突出的个人心理特征是：

（1）进取心强，具有积极向上、争强好胜的心态。

（2）职业竞争力不断增强，希望能做出一番轰轰烈烈的事业。

（3）开始组建家庭，逐步学习调适家庭关系的能力，承担家庭责任。

2. 职业生涯早期阶段的主要问题

在职业生涯早期的个人组织化阶段，新雇员对组织尚不十分了解，与上司、同事群体之间尚不熟悉，处于相互适应期，可能会引起某些矛盾和问题。这一时期常见的问题主要有以下几类。

1）现实震荡（reality shock）

在一个人的职业生涯中，初次进入企业时的组织化阶段是员工最需要企业将他们的职业生涯发展情况加以考虑的时期。正是在这一时期，雇员们被招募、雇用并第一次被分配工作和认识上司，新雇员的较高工作期望所面对的往往却是枯燥无味和毫无挑战性的工作现实。现实震荡即是指由新雇员对其工作所怀有的期望与工作实际情况之间的差异所引起的心理冲

击和震惊。

2）新雇员难以取得上司的信任和重用

新雇员刚刚进入组织，对组织人员和环境都不了解，组织对他也缺乏深入的了解，因此，他很难立即取信于上司。

3）组织成员往往会对新雇员心存偏见或嫉妒

组织中的老雇员常常会对新雇员持有某种偏见或成见，认为新雇员幼稚单纯、好高骛远、书生意气、自视清高等，这种成见具有很大的片面性；老雇员还往往感觉新雇员是个威胁，因为新雇员往往比他们有更好的教育起点和较高的起薪。

3. 组织实施职业生涯管理

1）在招聘时提供较为真实的未来工作预览（realistic job previews）

避免现实震荡从招聘过程就已经开始。在面试阶段由于彼此都急于将自己优秀的一面表现给对方，双方可能都传递了一些不真实的信息，结果往往是，面试人员对求职者的职业目标可能难以形成较真实的印象，而求职者对企业也形成了一种较好的但也许是不现实的印象。

在招聘过程中，应向应聘者提供现实的未来工作预览，也就是把应聘成功后进入企业的岗位，特别是最初的岗位所要遇到的某些工作内容和工作情境描述或展现给应聘者，让应聘者在决定进入企业之前就知道实际情况，有心理准备，从而减少现实震荡。

实际上，提供未来工作预览的作用不仅是让应聘者在决定应聘前有思想准备，而且也是相互选择的决策过程。企业通过向应聘者提供现实的未来工作预览，让应聘者分析其个人的价值观与企业的价值观是否相容，只有两者相容，员工与企业的“婚姻”才有价值观的基础，在以后的职业生涯发展中才不至于产生严重的利益与目标冲突。

2）对新员工进行上岗引导（new employee orientation）

新员工进入组织，其最初的上岗引导非常重要。它是指给新员工提供有关组织的基本背景情况，并向其灌输组织及其所在部门所期望的主要态度、规范、价值观和行为模式等。这些信息对雇员做好本职工作是必需的，还有助于减少其上岗初期的紧张不安，以及可能感受到的现实震荡。

为新员工安排正式的“导师”，这在国外已被证明是成功的经验。导师对组织文化比较了解，可以将组织的价值观、行为准则有效地传递给新员工。

3）提供一个富有挑战性的最初工作

在新雇员与其上级之间往往存在一种“皮格马利翁效应”（Pygmalion Effect），也就是说，上司的期望越高，对自己的新雇员越信任、越支持，那么新雇员干得就越好。研究发现，新雇员在公司的第一年中所承担的工作越富有挑战性，他们的工作也就显得越有效率、越成功，即使是到了五六年之后，这种情况依然存在。霍尔指出，提供富有挑战性的最初工作是“帮助新雇员取得职业发展的最有力，然而却并不复杂的途径之一”。

4）鼓励和帮助新雇员开展职业生涯规划活动

组织还应当采取措施，加强新雇员对他们自己的职业生涯规划和开发活动的参与。如开展一些相关培训活动，使雇员意识到对自己的职业生涯加以规划以及改善自己的职业决策的必要性，并学到一些职业生涯规划的基本知识；同时开展各种帮助雇员了解自己的职业性向、明确自己职业锚的活动，最终帮助雇员形成较为现实的职业目标；企业还越来越多地举行一些职业咨询会议（有时可能是作为工作绩效评价面谈会的一个组成部分），鼓励雇员早激活自己的职业热情，积极地思考、计划和完成自己的发展活动，而不是消极地看待自己的职业生涯。

（二）职业生涯中期阶段的管理

个人职业生涯在经过了早期阶段、完成了雇员与组织的相互接纳后，必然步入职业生涯中期阶段。职业生涯中期阶段是一个时间周期长（年龄跨度一般是从25～50岁，长达20多年）、富于变化、既有可能获得职业生涯成功又有可能出现职业生涯危机的一个很宽阔的阶段。职业生涯中期作为人生最重要的时期，其特殊的生理、心理和家庭特征也使其职业生涯发展面临着特定的问题与管理任务。

1. 职业生涯中期阶段的个人特征

（1）职业生涯中期处于三个生命周期的完全重叠时期，生命运行任务最为繁重。家庭生命周期在这一阶段也发生显著变化，并产生相应的问题和任务。职业生涯中期阶段雇员由单身变为有家庭和子女，且子女逐渐长大成人，上面还有年迈的父母，家庭关系复杂、任务重。要学会担当家庭责任，处理好同配偶、子女的关系；要抚养、教育子女；要为子女自立门户及随之而来的生活方式和角色变化做好准备；及时调整及建立与配偶的新关系；还要担当赡养父母的责任。

（2）不同生命周期间的相互作用性最强。一般来讲，这一时期正是个人职业发展进步并逐步达到顶峰的时期，同时也是家庭任务和负担最沉重的时期，因此，三个生命周期间的矛盾冲突也最多。通常最容易发生的是三个生命周期在时间分割上的矛盾。时间是一定的，投入自我发展和职业工作时间越多，相对地给予家庭的时间（用于关心照顾配偶、抚育子女、增进亲情等）就越少，甚至为了工作，不得不牺牲个人和家庭的利益。如果牺牲家庭利益超过一定限度，家庭生命周期运行就会制约和阻碍个人生物社会周期及职业生涯周期的运行。

（3）承认时间有限和生命有限的事实，从而产生心理变化。在职业生涯早期和中期的初始阶段，人们往往尚未意识到时间和生命的有限，总认为有充裕的时间来实现自己的抱负、做自己想做的事。当步入中年遇到朋友、同事、父母或者配偶甚至子女的去世时，才真正认识到了死亡的可能性和生命的有限性，并会重估自己的抱负和建树，思考在自己的职业和一生中是否完成了预计要做的事情。当意识到个人学习和能力正在下降，感到力不从心，已没有精力、时间和机会去完成各种梦寐以求的事情时，常常会出现抑郁、忧虑的心态，从而产生心理负担。

（4）职业认同感受到冲击，青春期的心理冲突复活。进入职业生涯中期，特别是人到中年后，开始面临个人梦想和实际成就之间的不一致，青春期曾发生的在选择职业和生活道路时的矛盾与冲突的情感，会复活和再现。此外，父母同子女间存在代沟，年轻的子女常常向父母的价值观、成就提出挑战，这会进一步加重他们对自己职业生涯的焦虑和怀疑。

（5）意识到职业机会有限而产生焦虑。人到中年会逐渐意识到职业机会随年龄增长越来越受到限制，个人更加难以做出职业选择，由此产生焦虑不安的心情。

2. 职业生涯中期危机

在这个阶段，危机主要表现在三个大的方面。

（1）缺乏明确的组织认同和个人职业认同。一个人工作了十余年后，却发现还没找到自己的职业锚，尚没有明确的专长和贡献区，工作绩效平平等。他们往往陷入既没有可清晰认同的工作、不被雇用组织所赏识，也没有显赫地位、不为人知的默默无闻的境地，不仅难以向家人或朋友讲述自己的职业工作，也很难认同自己的贡献区是什么、自己的突出成绩和作为是什么。

这往往会出现两种结果：一是放弃工作参与，转向更多地关注工作之外的自我发展和自己的家庭；二是对工作本身失去反应，其积极性、兴奋点、注意力已不在工作上，而是放在了组织的福利奖酬上，例如对报酬、津贴、安全、工作条件等问题的计较等。

(2) 现实与早期职业理想不一致。许多人在职业中期陷入一种自我矛盾之中，发现现实职业发展同其早期的职业目标、理想不一致，一般有两种情况：虽然从事自己理想中的职业，然而并未取得所期望的成就；自己的职业锚完全不同于最初的设想，现实的职业比最初设想的低，或者与早期的职业设想抱负相比，更需要职业以外的其他东西。

(3) 到达职业生涯顶峰，职业工作发生下滑或急剧转折。

在这一阶段，常常出现的问题有以下几个方面：

①由于工作对他们来讲不再富有挑战性，也就不能再使他们感到兴奋，反而感到落入组织或职业陷阱。

②对工作不再有进取心，平淡应付，得过且过，没有生气和活力，消沉抑郁。

③发生"战略"转移，由原来以事业和工作为重心，转向以家庭和个性发展为重心，能量指向个人业余爱好、兴趣、社交关系等方面。

④如果经济收入不减少，其他条件也允许的话，会突然、戏剧性地转换职业。

3. 组织实施职业生涯管理

1) 避免职业顶峰（plateauing）

处于职业生涯中期的雇员最有可能达到职业顶峰。职业顶峰指雇员已不太可能再得到职务晋升或承担更多的责任。导致雇员到达职业顶峰的主要原因有：能力不够、缺乏培训、对成就感的需求不强烈、工作责任混淆不清、公司的低成长性导致发展机会减少等。当雇员到达职业顶峰，感到工作受阻和缺乏个人发展的空间时，就易变得情绪异常，这种受挫感可能会导致工作态度恶劣、缺勤率上升及工作绩效不佳。

帮助到达职业顶峰的雇员有以下几种方法：①雇员需要了解到达职业顶峰的原因。②公司应鼓励到达职业顶峰的雇员积极参与各项开发活动，如培训课程、职务轮换、短期任职等。③鼓励雇员获取职业生涯咨询，更好地了解到达顶峰的原因及处理该问题的方法，并对某些解决方法进行实际检验。

2) 避免技能老化（obsolescence）

处于职业生涯中期的雇员还常常面对技能老化的问题。技能老化指在雇员完成初始教育后，由于缺乏对新的工作流程、技能和技术知识的了解而导致的能力下降。雇员的技能老化对劳资双方都会产生不利影响，公司也不能再为客户提供新成品或新服务，从而会丧失竞争优势。

我们可以采取以下措施来避免技能老化所带来的影响。公司应该建立终身学习的氛围，鼓励雇员参与多种培训项目，时刻考虑技能更新；鼓励雇员进行人际交往：与同事共同探讨问题、提出想法，共享信息；在薪酬体系上给予支持：提供带薪休假，为雇员开发活动支付费用，对得到改进的行为、建议及创新活动给予奖励等。

3) 工作-家庭平衡计划

帮助处于职业生涯中期的雇员对工作与家庭生活进行协调。

（三）职业生涯后期阶段的管理

从年龄上看，职业生涯后期阶段的雇员，一般处在50岁至退休年龄之间。这一阶段，个人职业工作、生活和心理状态都发生了与以前不同的变化，并呈现出某些明显的特征。

1. 职业生涯后期阶段的个人特征及主要问题

（1）雇员的家庭境况发生很大变化。雇员家庭出现空巢，夫妻相依为命，产生了对家庭的依赖感，温馨的家庭成为职业生涯后期阶段雇员的一大需求。

（2）自我意识上升，怀旧、念友心重。

（3）进取心显著下降，开始安于现状，淡泊人生。

（4）职业工作能力和竞争力明显下降。

（5）权力、责任和中心地位下降，角色发生明显变化。到达职业生涯后期，一个个夺目的光环会渐渐消失，领导职务往往逐渐被年轻人所取代，权力与责任随之削弱，核心骨干、中心的地位和作用逐步丧失。

（6）优势尚存，仍可发挥余热，尽职贡献。年老的雇员在长年的职业工作中，练就了娴熟的技能，积累了丰富的生产、业务实践知识；他们有丰富的人生阅历，见识广，具有处理工作中各种复杂的人与事、人与人之间矛盾的能力和经验。他们完全有条件凭借自身的经验、技能和智慧优势，担当良师的角色，继续发挥自己独有的作用。

2. 组织实施职业生涯管理

（1）退休计划管理。大量事实表明，退休很可能会伤害雇员，对组织的工作也会产生影响。因此，为了减少和避免可能的伤害与影响，对雇员退休事宜加以细致周到的计划和管理非常必要，许多企业也越来越注重良好的退休计划，以使雇员尽快顺利地适应退休生活，维持正常的退休秩序，最终达到稳定组织从业人员心理、保持组织员工年龄结构的正常“新陈代谢”的目的。树立正确观念，坦然面对退休：“长江后浪推前浪”是自然规律，雇员到了职业生涯后期，年老体衰，甚至丧失了劳动能力，结束职业生活是不可避免的。

组织有责任帮助雇员认识并心悦诚服地接受这一客观现实，使即将退休的雇员有充分的思想准备；开展退休咨询，着手退休行动：退休咨询就是向即将和已经退休的人提供财务、住房、搬迁、家庭和法律、再就业等方面的咨询和帮助，常见的一些做法包括：说明各项社会保障福利、休闲咨询、财务与投资咨询、健康咨询、生活安排、心理咨询、公司外第二职业咨询、公司内第二职业咨询等。

组织开展的递减工作量、试退休等适应退休生活的退休行动，对雇员适应退休生活也具有重要帮助；采取多种措施，做好雇员退休后的生活安排：帮助即将退休者制订具体的退休计划，尽可能地把退休生活安排得丰富多彩又有意义。例如，鼓励退休雇员进入老年大学，发展多种兴趣爱好，多参加社会公益活动和老年群体的集体活动；组建余热团体，将虽已退休但仍有心有力的员工组织起来，鼓励他们为组织和社区服务来满足他们的特殊情感需要和社会需要。

（2）组织可以通过经常召开退休雇员座谈会的方式，增进退休雇员与企业的互动。向退休雇员通报企业发展情况，互通信息；征求退休雇员对企业发展的意见和建议等。

（3）组织要以多种形式关心退休雇员。如关心退休雇员的疾苦，切实解决其实际困难和问题；节假日慰问安抚退休雇员等。

(4) 组织还可以采取兼职、顾问等方式返聘一些退休雇员，使其发挥余热。

【本章小结】

本章首先介绍了职业生涯管理的概念、特点、主要内容，以及在职业生涯管理中组织和员工各自承担的角色和任务；其次简要阐述了职业生涯发展的阶段，并展望了职业生涯发展的趋势。最后重点阐述了职业生涯管理开展的主要步骤和实施方法。

【本章练习题】

一、选择题

1. 下列关于职业生涯管理意义的表述中，正确的有(　　)。

A. 促进个人目标与组织目标的整合　　B. 有利于保持企业和员工的竞争优势

C. 有利于改善组织的文化建设　　D. 有利于节约人力资源管理的成本

2. 职业路径设计包括(　　)。

A. 传统职业路径　　B. 行为职业路径

C. 横向职业路径　　D. 双重职业路径

3. 岗位轮换应坚持的原则包括(　　)。

A. 用人所长原则　　B. 自主自愿原则

C. 合理流向原则　　D. 合理时间原则

二、简答题

1. 怎样理解组织和员工在职业生涯管理中的角色?

2. 面对职业生涯管理新的发展趋势，企业和员工应该如何做?

3. 结合我国国情，职业生涯发展包括几个阶段?

4. 企业如何开展职业生涯管理?

5. 职业生涯早期经常出现的问题有哪些?

6. 如何对处于职业生涯后期的员工进行管理?

【案例分析】

某省级电信企业分公司网络运维部小张工作积极肯干，勤于思考，深得省公司企业发展部赵总的赏识，一年前赵总力将小张从其所在市公司借调到省公司工作，负责省公司新职能战略管理。小张工作十分努力用心，仅在一年中，就深入参与省公司年度战略规划的制定工作，并向省公司提交了多篇电信企业竞争环境的分析报告，工作获得了不小的成绩。

小张的直接主管刘经理是一位精通业务的技术骨干，但却对下级工作挑剔，经常不分场合地批评员工，对于本是借调并且内向寡言的小张更是多次指责。刘经理苛刻的工作作风虽受到小张等多名下属的抱怨，但是大家对这位顶头上司也只能沉默屈从，小张本人更是兢兢业业、如履薄冰。

小张借调时值一年，省公司进行中层领导的竞聘上岗。在省公司职能部门任职多年的赵总要到分公司去竞聘老总，刘经理也要重新参加部门主管的公开竞聘。小张则处于职业发展何去何从选择中，自己原定两年的借调期目前时已过半，虽然工作业绩与个人能力受到赵总的赏识，但是赵总如果到地市分公司竞聘成功，小张将直接面对苛刻严厉的直接领导——刘经理，小张很难预料自己留在省公司的发展前途。

如果此时小张以两地分居为由，向赵总申请缩短借调期，回到原单位继续本职工作，工作轻车熟路，既受老领导器重，又可以与家人团圆。然而如此一来，小张在省公司企业发展部的工作成绩，掌握的关于企业发展战略方面的知识与技能便失去了意义。他觉得通过参与公司战略规划项目，能够站在企业最前沿关注公司环境的变化，了解最新的技术动向、市场动向，这些是自己在网络部技术岗位所接触不到的。

小张现在很矛盾，究竟是回市公司网络部去发展，还是坚持留在省公司呢？

讨论题

1. 你认为小张应该怎么办？为什么？

2. 如果你是公司管理者，了解了小张的困惑，你会怎么做？同时，你会怎么对待刘经理？

3. 你认为该电信企业分公司在职业生涯管理上存在什么问题？

【实践课堂】

1. 实践目的

（1）了解职业倾向测评对员工职业生涯管理的意义；

（2）能够根据自己的实际情况进行个人的职业生涯规划；

（3）根据背景材料，模拟设计科学的员工职业生涯规划书。

2. 实践内容

撰写员工的职业生涯规划书。

3. 实践步骤

（1）登录 http：//www. yiiway. com/ysds/，进行网上免费 SDS 职业兴趣测评，获得个人的职业倾向测试报告；

（2）运用职业生涯规划的理论内容，撰写自己的职业生涯规划报告。

4. 实验报告撰写要求

（1）实验报告的内容：职业生涯规划书；

（2）实验报告要内容完整、要素齐备、层次清晰、文字精练、写作规范。

第七章　绩效管理

学习目标

§理解绩效管理的内涵，了解绩效管理在人力资源及对其他职能部门的支撑作用；
§掌握关键绩效指标、360 度绩效考核、目标管理及平衡计分卡四种绩效考核工具；
§掌握绩效管理的流程，掌握绩效考核的具体方法。

技能要求

§掌握采用正确的绩效考核方法对员工进行有效考核，并将考核结果反馈给员工；
§能够根据不同层次员工确定考核指标，对员工进行有效考核。

开章案例

摩托罗拉公司的绩效管理

关于管理与绩效管理，摩托罗拉公司有一个观点，就是“企业＝产品＋服务”，“企业管理＝人力资源管理”，“人力资源管理＝绩效管理”。由此可见，绩效管理在摩托罗拉公司地位的重要性。正因为如此，摩托罗拉公司的绩效管理才开展得好，正因为定位准确，摩托罗拉公司的业绩才会越来越好，员工才会越来越有干劲，企业的发展才会越来越有希望。

摩托罗拉公司将绩效管理上升到了战略管理层面，并给予高度重视，这给我们许多的企业做出了榜样，树立了学习的标杆。企业的发展就是要走出去，引进来，不断学习先进的管理经验并应用于本企业，企业才会兴旺发达，员工才会努力工作，与企业共兴亡。

摩托罗拉公司对绩效管理给出了明确的内涵：绩效管理是一个不断进行的沟通过程，在这个过程中员工和主管以合作伙伴的形式就员工应该完成的工作、员工所做的工作如何为组织的目标实现做贡献、用具体的内容描述怎样才算把工作做好、员工和主管怎样才能共同努力帮助员工改进绩效、如何衡量绩效等问题达成一致。

从这个内涵中我们可以看出绩效管理在摩托罗拉公司的地位，绩效管理关注的是员工绩效的提高，而员工绩效的提高又为组织目标的实现服务，这就将员工和企业的发展绑在了一起，同时也将绩效管理的地位提升到了战略层面，战略性地看待绩效管理，战略性地制定了绩效管理的策略并执行策略。在内涵之外，摩托罗拉公司进一步强调绩效管理是一个系统，用系统的观点看待绩效管理，将绩效管理置于系统之中，使其各个组成部分互相作用，并以各自独立的方式一起工作去完成既定的目标。

通过职位分析、招聘、甄选和培训等一系列人力资源活动，组织力图形成一支高素质、人岗匹配的员工队伍。但高质量的员工队伍并不必然导致令人满意的组织绩效，为了通过员工来赢得竞争优势，企业还需要构建良好的绩效考核和管理系统。

以上案例中，摩托罗拉公司通过有效的绩效管理，极大地提升了公司的绩效。在本章中，我们将探讨有效的绩效管理系统，介绍多种常用的绩效考核方法及其选择。

第一节　绩效管理概述

一、绩效管理的含义

绩效管理是管理者为确保员工的工作活动和产出与组织目标保持一致而实施管理的过程，具体包括绩效计划制订、绩效辅导沟通、绩效考核评价和绩效结果应用等方面的内容。

绩效管理不是一个阶段或者一个时点的工作，而是一个封闭的循环，即通过管理者与员工之间持续不断地进行绩效管理循环过程，实现绩效的改进。这个封闭的系统由四个部分组成，即绩效管理计划（plan）、绩效管理实施（do）、绩效管理检查评估（check）和绩效管理反馈提高（action），也就是 PDCA 循环系统。企业绩效管理通过 PDCA 四个步骤，能够促进企业绩效不断改善和提高，如图 7－1 所示。

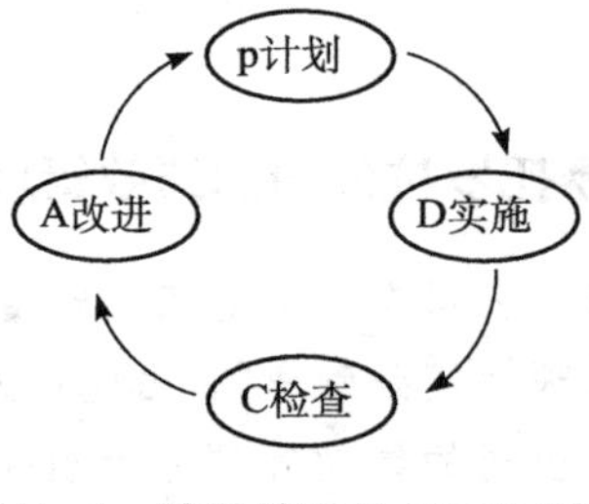

图 7－1　绩效管理的 PDCA 循环

二、绩效管理的目的

绩效管理的目的有三个：战略目的、管理目的以及开发目的。

1. 战略目的

绩效管理应当将员工的工作活动与组织的目标联系起来，从而达到战略目的。绩效管理的起点是明确组织对每位员工的期望。即能够有效地界定为了实现某种战略所必需的结果、行为以及员工个人特征，并设计出相应的绩效衡量和反馈系统，以确保员工能够最大限度地展现出这些特征、表现出这样一些行为以及制造出这样一些结果。

绩效管理对每个员工的绩效进行评估，判断哪些期望实现了，而哪些期望没有实现。它使组织能够采取修正的行动，如培训、激励或惩戒。只有当衡量指标真正与组织目标结合起来，而且目标和绩效反馈能够传达给员工的时候，绩效管理才能实现其战略目的。

2. 管理目的

组织在进行很多管理决策时，都需要用到绩效管理（尤其是绩效考核）的信息，如薪资管理、职位晋升、保留-解雇等。因为绩效管理对这些管理决策提供支持，所以绩效考核中的信息将会对未来员工的工作产生重大影响。

3. 开发目的

绩效管理的第三个目的是对员工进行进一步的培训和开发，以使他们能够有效地完成工作。有效的绩效反馈能够使员工了解自己的优势、弱点和不足，并在其工作完成情况没有达到他所应当达到的水平时，提供改善其绩效的方法。

综上所述，有效的绩效管理目的是将员工的活动与组织的战略目标联系在一起，并且为组织针对员工所做出的所有决策提供有效和有用的信息，同时还要为员工提供有用的开发方面的反馈。

三、绩效管理与绩效考核的关系

1. 绩效管理与绩效考核的联系

绩效考核是对员工工作绩效进行评价，以便形成客观公正的决策的过程，它是绩效管理一个不可或缺的组成部分，通过绩效考核可以为组织绩效管理的改善提供资料，绩效管理以绩效考核的结果作为衡量的参照，通过与标准的比较，找出存在的差距，提供相应的改进方案，并推动方案的实施。

2. 绩效管理和绩效考核的区别

对于绩效管理与绩效考核两者的区别，可以通过表 7-1 表示。

表 7-1　绩效考核与绩效管理比较

绩效考核	绩效管理
管理过程中的局部环节和手段	一个完整的管理过程
只出现在特定时期	伴随管理活动的全过程
注重事后结果的评价	侧重日常绩效的提高
绩效管理人员与员工对立	绩效管理人员与员工是绩效合作伙伴关系
回顾过去一个阶段的成果	前瞻性地规划组织和员工的未来绩效提升
单向的	多维立体式的

总之，绩效管理和绩效考核既相互联系，同时又存在较大的差异。绩效管理是人力资源管理系统中的核心内容，而绩效考核是绩效管理中的关键环节。但两者又是密切相关的，通过绩效考核可为组织绩效管理的改善提供参考依据，帮助组织不断提高绩效管理水平和有效性，使得绩效管理真正帮助管理者改善组织管理水平，帮助员工提高绩效水平，帮助组织获得满意的绩效水平。

第二节　绩效管理系统设计

由于每一个企业在企业文化、管理模式、组织结构和人员结构方面都会有一定的差别，因此，在组织实施绩效管理时相应地也会存在一些差异。但从整体来看，一个有效的绩效管理系统的主要内容基本相同。一般而言，绩效管理系统的基本内容包括：绩效计划、绩效实施与管理、绩效考核和绩效改善四个阶段，如图 7－2 所示。

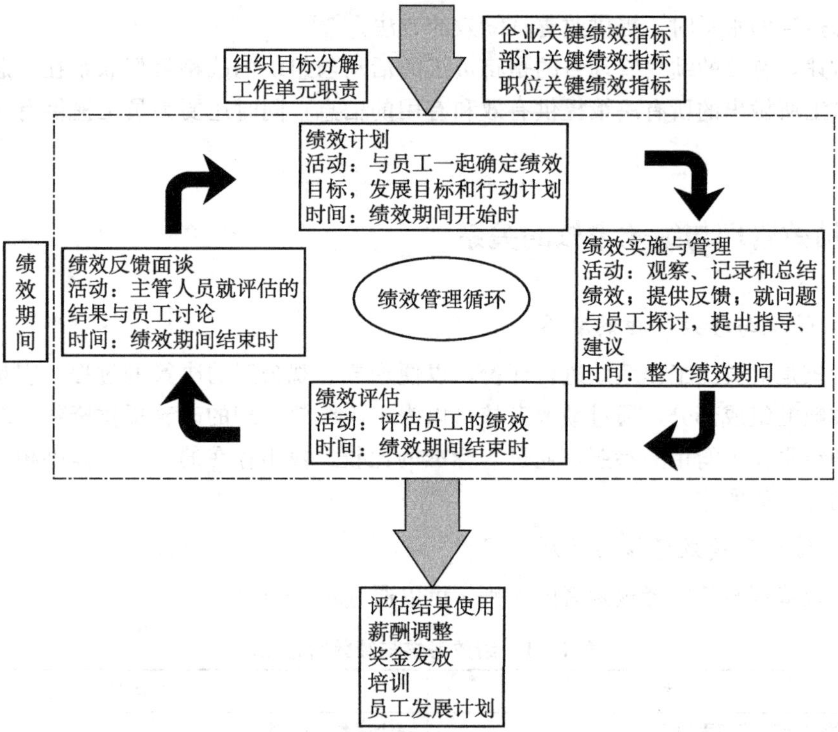

图 7－2　绩效管理工作流程图

一、绩效计划

企业管理活动离不开计划的支撑，绩效计划是进行绩效管理活动的基础性环节。绩效计划主要包括三部分的内容。

（一）绩效管理实施计划的制订

制订具体的绩效实施计划主要是对绩效管理的整个流程运作从任务上、时间上、方法上、宏观层面和微观层面上进行总体规划，如在哪一具体时间段开展什么工作以及谁来做、做的具体效果要达到什么水平和层次等细节性问题。在这一步，我们要明确以下几个方面的问题。

（1）绩效计划是关于工作目标和标准的契约。在绩效期开始的时候，管理人员和员工必须对员工工作的目标和标准达成一致，在此过程中应至少包括以下几个方面的内容：员工在本次绩效期间内所要达到的目标是什么？达成目标的结果是怎样的？这些结果可以从哪些方面去衡量，评判的标准是什么？从何处获得关于员工工作结果的信息？员工的各项工作目标的权重如何？

（2）绩效计划是一个双向沟通的过程。建立绩效契约的过程是一个双向沟通的过程。所谓双向沟通，也就意味着在这个过程中管理者和被管理者双方都负有责任。建立绩效契约不仅仅是管理者向被管理者提出工作要求，也不仅仅是被管理者自发地设定工作目标，而需要双方进行相互的沟通。如表 7－2 所示。

表 7－2　绩效目标制定中的双向沟通

管理者向员工说明的内容	员工向管理者说明的内容
组织整体的目标是什么？ 为了完成这样的整体目标，自己所在部门的目标是什么？ 为了达到这样的目标，对员工的期望是什么？ 对员工的工作应该制定什么样的标准？完成工作的期限应该如何制定？	自己对工作目标和如何完成工作的认识； 自己所存在的对工作的疑惑和不解之处； 自己对工作的计划和打算； 在完成工作中可能遇到的问题和需申请的资源

（3）绩效计划制订的前提是参与和承诺。在绩效计划中充分体现的一个原则就是员工参与，另外一个原则就是绩效的实施者要做出正式承诺。当人们亲身参与了某项决策的制定过程，他们一般会倾向于坚持立场，并且在外部力量作用下也不会轻易改变立场。大量的研究发现，人们坚持某种态度的程度和改变态度的可能性主要取决于两种因素：一是他在形成这种态度时卷入的程度，即是否参与态度形成的过程；二是他是否为此进行了公开表态，即做出正式承诺。

（二）绩效目标的确定

主管和员工一起讨论，以搞清楚在计划期内员工应该做什么工作，做到什么地步，为什么要做这项工作，何时应做完，以及其他的具体内容，如员工权力大小和决策级别等。具体来讲，制定一个可行的绩效目标要做好三方面的工作：①弄清企业未来一段时间内的战略目标，并根据企业现有的实际情况从战略目标中提炼出绩效目标；②弄清部门和岗位的职责，并依据其分解企业层次的绩效目标，形成各部门和各岗位自身的绩效目标；③制定绩效目标时要清楚企业和部门内外部环境，使制定的绩效目标能够与企业内外现有的环境状况和未来预测的环境走势相协调，如图 7－3 所示。

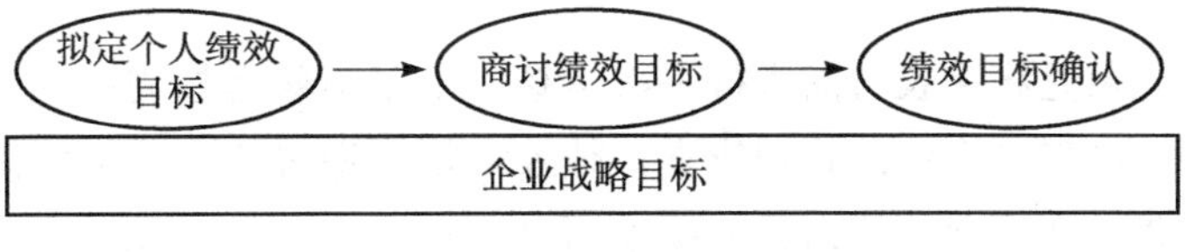

图 7－3　绩效目标制定过程

小贴士

绩效目标制定的 SMARTBC 原则

SMARTBC 是七个英文单词首字母的缩写：

S 代表具体（specific），指每一个实施目标都要具体详尽，不能笼统。

M代表可度量（measurable），要求每一个目标从成本、时间、数量和质量等四个方面能做综合的考察衡量；验证这些绩效目标的数据或者信息是可以获得的。

A代表可实现（attainable），员工绩效目标需要和部门、事业部及企业的指标相一致且在付出努力的情况下可以实现。

R代表实现性（realistic），指绩效指标是实实在在的，可以证明和观察。

T代表有时限（time bound），注重完成绩效指标的特定限期。

B代表以竞争对手为标杆（benchmark），目标需要有竞争力，需要保持领先对手的优势。

C代表顾客导向（customer oriented），绩效目标要能够满足顾客和股东的期望。

（三）编制绩效考核指标

在编制绩效考核指标的过程中，要全面定义一个评价指标，需要考虑的问题很多：绩效衡量的目的、衡量的方法、衡量的尺度、绩效的目标水平、数据来源、谁来衡量等。

在编制绩效考核指标阶段，上述模板能在确定出衡量指标设计的具体规定后识别出需要解决的诸多问题，它迫使设计者仔细考虑每一个指标的准确性及适用性，并指明数据来源。因其实用性，这类模板在许多组织中得以采用。在定义组织的绩效系统时，衡量尺度、公式、目标值的设定是极为重要的环节，因为这些衡量方法将对组织的行为产生影响。设计出能激励组织朝预期的方向前进的指标是一项具有挑战性的工作。

小贴士

构建绩效指标应注意的问题

（1）能够量化的指标一定量化，不能量化的指标不能勉强量化。

（2）评估标准坚持适度原则，切忌过严或过松。

（3）评估指标要针对不同的工作岗位的性质而定，切忌一刀切。

（4）评估指标的制定必须经过民主协商，一致认同。

（四）确定评估周期

所谓评估周期，就是指多长时间进行一次考核。由于绩效考核需要耗费一定的人力、物力，评估周期过短，会增加企业的管理成本；绩效考核周期过长，又会降低绩效考核的准确性，不利于员工改进工作绩效，从而影响绩效管理的效果。因此，在准备阶段，还应当确定出恰当的绩效考核周期。

绩效考核周期与评估的目的和被考核职位有关系。如果评估的目的主要是为了奖惩，那么自然就应该使评估的周期与奖惩的周期保持一致；而如果评估是为了续签聘用协议，则评估周期与企业制定的员工聘用周期一致。

此外，被考核对象所处的岗位的性质也影响着考核的周期。不同的岗位其工作的内容是不同的。一般来说，如果岗位的工作绩效比较容易评估，评估周期相对要短一些。例如，生产一线员工的评估周期相对就可以比中层管理人员的要短，可以是一个月评估一次，也可以是一周一次。中层管理人员可以半年、一个季度评估一次；而高层管理人员的评估周期可能更长，往往是一年一次。其次，如果岗位的工作绩效对企业整体绩效的影响比较大，则评估周期相对要短一些，这样将有助于及时发现问题并进行改进。例如，销售岗位的绩效考核周期就应当比支持性部门岗位的要短一些。

二、绩效实施

绩效实施就是按照绩效计划对员工工作绩效进行原始数据搜集，并对员工绩效进程进行监控、辅导与改进的过程，具体包括以下几方面的工作。

(一) 绩效考核主体选择

1. 上级部门评估

上级部门考核主要指的是员工所在部门的上级管理者在对本部门评价的基础上，进一步核对直接主管的考核结果，做出评价。具体又分为高层主管考核和多元主管考核两类。

(1) 高层主管考核。在很多企业中，由一名高级主管对直接主管的考核结果进行检查和补充。

(2) 多元主管考核。由管理部门负责，组织几个与员工联系密切的主管组成一个评分小组，对员工做出评价。

2. 直接主管评估

作为员工的直接领导者，上级对员工的工作技能、工作行为和工作结果最了解，因此，在正常的情况下，上级对员工的考核结果比较准确，具有重要的参考价值。同时，在大多数企业里，员工的直接主管是负责其工资晋级和晋升工作的，如果由直接主管对员工进行考核，可以将员工的工作表现与奖励结合在一起，而且还可以通过绩效考核的过程对员工的工作进行直接的指导和培训。

因此，在绝大多数情况下，直接上级是完成该项任务的最佳人选。当然，上级对员工进行考核也有其缺点。这主要表现为：上级对员工的考核可能比较片面，可能会受到与员工个人关系的一定影响，带有一定的个人偏见和好恶。

3. 同事或同级员工评估

同事或同级员工不仅清楚工作的要求，而且也是最有机会观察员工日常工作活动的人。员工的同事往往能够为绩效考核过程带来不同的角度，而这些不同的角度对全方位地评价一个人的绩效往往是有价值的。在管理人员之间进行这种考核，还会有利于管理人员之间的工作配合，有利于各部门之间的合作与协调。同时，我们也应注意到：

(1) 同事评估很可能成为员工彼此竞争的牺牲品，上级主管不愿意失去其在绩效考核过程中的控制权。

(2) 那些在绩效考核中得到较差结果的人可能会报复其同事。

(3) 同事会依靠世俗惯例来做出评估等。

4. 下属评估

在评估上级主管时，员工是非常有资格发言的，因为他们经常与其上司接触，并站在一个独特的角度观察许多与工作有关的行为。因此，下属非常适合去评价其上司在某些方面的表现，比如领导能力、口头表达能力、授权、团队协调能力、对下属的关心程度等。但是，对经理人员工作的某些特殊方面运用下属评估却不太恰当，比如计划与组织能力、预算、创造力、分析能力等方面。

这种考核具有独特的作用，在操作时，要注意有些员工担心和害怕上级的打击报复，不敢说真话。为了避免潜在的麻烦，下属评估应该采用匿名提交的形式，并将多人的评估结果综合考虑。

5. 自我评估

员工自我考核能够给员工提供一个陈述自己观点、发表自己意见的一个机会，让组织更好地了解员工；同时，自我考核能够增加员工的参与意识和满足感，提高员工对考核的认识，使考核工作能够更有效地进行；最后，自我考核能促进员工发现自己的问题和缺点，有利于改善今后的工作。

但是这种绩效考核方法易导致个人有意识抬高自己的绩效考核结果，并把不良绩效归咎于外部因素的倾向。

6. 客户

随着服务业的增长，与组织外部的客户有工作联系的工作越来越多，许多公司都把客户纳入自己的绩效考核体系中来。由于服务所具有的独一无二的性质——产品的生产和消费通常同时在一个时点上发生，所以无论是上级、同事还是下级都没有机会去观察员工的行为。相反，客户经常是唯一能够在工作现场观察员工工作绩效的人，因此在这种情况下，他们就成了最好的绩效信息来源。如表 7－3 所示。

表 7－3　客户评价表

姓名：　　　　　　　　　　　　　　日期：　　年　月　日 地址： 您的事业成功和满意对我们非常重要。为了确保安装和服务质量，我们非常感谢您填写这张评价表并将它寄回我们商店。下列每一个陈述是用来描述合格安装的事项。您填写这张表格可以得到我们免费清洗两个房间地毯的服务，该项服务在本次安装一年之内有效。 如果安装工人符合陈述，请您选“是”；如果安装工人不符合陈述要求，请选“否”。 1. 是　否　安装者实现与顾客商量接缝的位置，并将它们安排在最理想的位置。 2. 是　否　所有的接缝都安排在行走较少的地方而不是门厅里。 3. 是　否　看不见接缝。 4. 是　否　接缝处很牢固。 5. 是　否　安装没有损坏物品。 6. 是　否　安装者将地毯拉得足够紧，没有出现褶皱和波纹。 7. 是　否　安装者将地毯边缘修剪得与墙壁很齐整贴切。 8. 是　否　安装者清理了整个区域，没有留下碎片。 9. 是　否　安装者与顾客一起检查并确保顾客满意。 其他评论（如果需要请用该表的背面）： （仅供本公司办公室使用）　　　　　　　　　　　分数： （是＝3，否＝0）

目前，许多服务行业中的公司都已经开始让客户对员工的绩效进行评价。下列两种情况是最适合让客户来评价员工绩效的。第一种情况是，员工所从事的工作要求其直接为客户提供服务，或者需要为客户联系他们在公司内部需要的其他服务。第二种情况是，当公司希望通过搜集信息来了解客户希望得到什么样的产品或服务时，利用客户评价的方式也是很适合的。

总之，到底哪一种信息来源是最好的，最终还取决于特定的职务本身。最好的绩效信息来源应当是那些最有机会观察被评估者行为及其结果的人。表7-4总结了上述五种不同的绩效信息来源在大多数职位上的应用情况。

表7-4 各种绩效信息来源的使用频率

	绩效信息来源				
	上级	同事	下级	本人	客户
任务方面的					
行为	偶尔	经常	很少	总是	经常
结果	经常	经常	偶尔	经常	经常
人际关系方面的					
行为	偶尔	经常	经常	总是	经常
结果	偶尔	经常	经常	经常	经常

（二）绩效考核主体培训

评价者对于评价系统的认识不仅会影响到评价结果的准确性，而且会影响员工对于企业期望的理解，从而对于整个组织的绩效产生不良的影响。评价者不仅仅是对员工的绩效做出评价的人，也是与员工进行持续的绩效沟通，帮助员工提高绩效、实现绩效计划的引路人。因此，一个完整的绩效考核制度不能缺少评价者培训这一重要环节。

1. *绩效考核偏差*

绩效考核的效果不仅取决于评价系统本身的科学性与可靠性，还取决于评价者的评价能力。评价者的任何主观失误或对评价指标和评价标准的认识误差都会在很大程度上影响评价的准确性，进而影响人力资源管理其他环节的有效性。常见的绩效考核的误区包括以下几种。

1）定势偏差

这是指人们根据以往的经验和既定的习惯思维方式，形成对人或事物的不正确看法，从而导致考核中出现误差。例如，一些年轻的考核者根据自己的生活经历，总认为老年人墨守成规、缺乏进取心、压制年轻人；而一些老年的考核者则按照自己的经验，总觉得年轻人缺乏经验、爱冲动、办事不可靠。

2）考核指标理解偏差

由于考核人对考核指标理解的差异而造成的偏差。同样是“优、良、合格”，不同的考核人对这些标准的理解会有偏差。同样一个员工的某项考核指标，甲考核人可能会选“良”，乙考核人可能会选“合格”。避免这种误差，首先应修改考核内容，使其更加明晰，并尽可能量化。

3）首因效应

这是指考核者对被考核者的第一印象的好坏对考核结果影响过大。如果第一印象好，对被考核者各方面的评价比较高，第一印象不好，则对其各方面的评价较低。如在考核中，在初次见面时，如果对其外表印象深刻或因其能言善辩、思路清晰而产生好感，在后面的考核中即使发现他有毛病，也会找理由开脱；相反，如果见其相貌平平、沉默寡言，蔑视之情随之而生，在后面的考核中，对其成绩不以为然，对其缺点则念念不忘，从而影响了对被考核者的客观评价。

4）自我对比偏差

考核人不自觉地将被考核人与自己进行比较，以自己作为衡量被考核人的标准，凡是与自己相似的人，总是给予较高评价；相反，对那些与自己有些格格不入的人，就做出偏低的评价。例如，主管是一个非常严谨的人，那么他就会认为那些做事一丝不苟的员工，在各方面的表现都很出色；而那些粗心大意的员工各个考核项目可能得最低分。

5）晕轮效应

这是指考核者在业绩评价时，特别看重被考核者的某种特性，造成以偏概全，产生考核误差。实际上就是我们常说的“一好百好，一差百差”。例如，一个与考核者关系非常好的被考核者，他的考核结果可能是每一项都是“好”，而不仅是“人际关系”一项“好”。

6）中心化倾向

评估者对所有被评价对象的评价都差不多，评估成绩拉不开距离，即使业绩很差的员工也能得到与大家差不多的成绩。比如，如果评价等级是从第一等级到第七等级，那么他们可能既避开较高的第六等级和第七等级，也避开较低的第一等级和第二等级，而把他们的大多数员工都评定在第三、第四和第五这三个等级上。

7）压力误差

当考核人了解到本次考核的结果会与被考核人的薪酬或职务变更有直接的关系，或者担心在考核沟通时受到被考核人的责难时，考核人可能会做出偏高的考核。解决压力误差，一方面要注意对考核结果的用途进行保密；另一方面在考核培训时让考核人掌握考核沟通的技巧。如果考核人不适合进行考核沟通，可以让人力资源管理部门代为进行。

8）近期效应

近期效应是指考核者根据下属最近的绩效信息，对其考核期内的全部表现做出的总评价，以近期的部分信息替代整个考核期的全部信息，从而出现了“以近代远”的考核偏差。消除近期误差的最好方法是做好员工的平常表现记录，如考核人每月进行一次当月考核记录，在每季度进行正式的考核时，参考月度考核记录来得出正确的考核结果。

2. 对评估主体的培训

通过有效的绩效管理培训，可以帮助和促使管理者和员工正确认识、理解和接受绩效管理体系，增强其责任感，掌握绩效管理的技巧和方法。绩效管理培训的内容，从整体上看主要包括绩效管理的观念和意识的培训、绩效管理知识和理论的培训以及绩效管理技巧与方法的培训三个方面。

1）对员工的培训

对员工的培训，一方面可以加强员工对绩效考核意义的认识；另一方面也可以提高员工有关绩效考核的综合技能，如参与目标设定、进行自我评估等。同时，对员工的绩效培训也有助于将企业的绩效管理制度内化，并形成一种支持业绩的良好企业文化与氛围，把推进绩效考核与企业的组织发展内在地联系在一起。绩效管理过程中对员工进行培训的主要内容，如表 7－5 所示。

2）对管理者的培训

由于在组织中的层级及管理对象的差异，不同类型的管理者绩效管理培训的内容各自有所侧重，通常分为现场管理人员、中层管理人员、人事管理人员、高层管理人员这五个层次的培训，如表 7－6 所示。

表 7-5　员工绩效管理培训的主要内容①

序号	主要内容
1	如何参与工作目标和个人发展目标的设置
2	如何理解工作中需要的胜任力和特定工作行为
3	如何进行绩效自我评价
4	如何进行绩效自我管理
5	如何向主管提供绩效反馈
6	如何接受绩效信息和反馈，尤其是接受自己认为不准确的反馈信息时应怎样做

表 7-6　管理者绩效管理培训的主要内容

类别	培训对象	培训内容	应注意事项
现场管理人员	班组长、工段长	● 如何准确掌握和运用简易的评估方法； ● 了解人员功能评估的一般原理，以及要素设计、标准编制、计量方法、实测方法、结果的解释运用和评估心理等方面的基本内容； ● 能够设计编制适于班组管理的评估要素和标准等	这些内容都需要深入了解
中层管理人员	科长、办公室主任	● 除了掌握较现场管理人员更复杂的评估技法和原理外，还应能够组织和管理一个部门的评估活动； ● 对如何解释和应用评估结果、如何按上级要求结合本部门实际情况执行绩效考核、如何针对评估心理加强思想教育等方面，也应注意培训	
人事管理人员	人事管理人员	● 整个绩效管理的理论和各个子系统原理和方法的培训； ● 指导、监督和协调下级评估能力应特别注意如何科学地设计指标和标准，合理地进行加权、调整和计分，有效地解释和应用绩效管理的结果，使之同人事管理的各个环节紧密联系； ● 总结自己积累的人事经验，善于提出问题进行讨论	培训要求比其他人员更高，培训时应有针对性地进行指导，对有益的经验可即时在培训中采用
高层管理人员	企业高层管理人员	● 除了介绍一般原理、方法和效果外，应注意突出如何正确进行评估的决策、规划、组织、协调、控制和反馈 ● 如何选择评估人员和建立评估组织，如何掌握评估心理及加强思想教育等	

(三) 执行绩效考核

当确定了评估主体并进行了恰当的培训后，就应按照企业绩效考核方案进行评估。这一过程是在企业确定绩效指标及其权重、绩效考核主体、绩效考核周期等基础上，由人力资源部门组织，并通过直线部门进行的。

(1) 收集信息。员工的直接主管要收集绩效相关信息，知道有哪些人给了员工反馈，给员工反馈的这些人可能是团队成员也可能是供应商，还有可能是别的主管。既然员工在现任职位的绩效是中心议题，就需要收集有关重要工作职责以及既定目标的数据，在数据信息的基础上评定员工绩效。在此过程中，评估工作对员工来说应该非常透明，因为评估不恰当会给双方带来直接的伤害。有许多公司的评估是暗箱操作状态，像下一道行政命令，甚至员工根本不知道自己为什么会被解雇。员工对自己的权益有知道的权利，绩效考核系统表现出的

① 顾琴轩．绩效管理［M］．上海：上海交通大学出版社，2010.

科学性问题本质上体现了一种尊重。

(2) 做出评估结果。评估者通过对员工各方面材料的掌握，在评估表格上记录下员工在各评估项目上的结果和评估意见，并且提出一些评语，指出在哪方面做得不错，哪方面欠缺，并写下评估结果。如果员工对一些评估有异议，到时就要着重讨论有异议的地方。鼓励员工对自己的评估有异议的地方提出问题，认真听员工的解释。最后如果一切都已经决定，要将这些评估信息和员工分享，如果员工没有异议，评估工作中最为关键的一步就结束了。

三、绩效反馈

绩效实施阶段结束以后，就是反馈阶段。这一阶段上级就绩效考核的结果和员工进行面对面的沟通，指出员工在绩效考核期间存在的问题，并制订出绩效改进计划。为了确保改进绩效，还要对绩效改进的执行效果进行跟踪。

（一）绩效反馈

对绩效考核指标和标准体系的诊断一般都在绩效管理的反馈阶段进行。绩效反馈的形式可以是多种多样的，比如采用书面反馈、面谈反馈等方式。目前使用比较多的绩效反馈方式是绩效面谈。在绩效面谈中需要把绩效考核的信息及时传达给被评估者，指出其绩效的优点和不足，并提出具体的绩效改进建议和方案，以便激励被评估者持续地改进。在绩效管理实践中，由于面谈的目的和对象不同，绩效反馈的面谈有多种方式。

1. 告知方式

在面谈时，管理者向员工告知评估的主要过程和结果，告知其正确有效的行为与错误无效的行为，并向员工提出新的工作目标。这种面谈可能要求员工采取一种新的工作方式，主要适用于针对不适合目前工作的员工。

2. 告知和聆听方式

这种方式是先“告知”后“聆听”的形式。在面谈时，管理者告知员工绩效考核的结果，然后管理者听取员工的不同意见。该种面谈方式适合于新的绩效目标达成的情况，针对上进型员工，即工作成熟度和积极性都很高或工作表现突出的员工。

3. 问题解决方式

这种方式在面谈的一开始，管理者就以一种与员工共同讨论问题和解决问题的方式展开。管理者鼓励员工回顾在工作中取得的成绩及存在的问题。问题解决的面谈方式需要在反馈的基础上，帮助员工提出改进工作绩效的计划与目标，更适用于促进员工潜力的开发与提升以及员工的全面发展。

4. 综合式

它是将告知方式、告知和聆听方式和问题解决方式三种常见的绩效面谈方式综合而成的一种绩效面谈方式。即在一次面谈中，采取灵活变通的方式，从一种面谈方式过渡到另一种面谈方式，从而有效地节省时间和精力，提高绩效面谈效率。当组织要达成多种面谈目的的时候，这种方法最适用。

但是，绩效面谈总是比较敏感的，为了使绩效面谈顺利进行以达到预期目的，需要注意以下几个方面的问题。

1）面谈准备充分

在准备绩效反馈面谈时，需要做好以下准备工作：①收集相关信息资料。重点在于研究面谈对象的工作职责、工作目标，将其实际工作绩效与工作所要达到的标准相对照，找出差距，并翻阅该对象以往工作表现情况的记录，与目前的表现相对照。②给面谈对象以较充分的准备时间。应至少提前一周通知面谈对象，使其有时间对自己的工作进行总结，回顾自己的工作目标与工作职责，分析自己工作的成绩与存在的问题，分析原因。③选取适当的时间和地点进行面谈。应当找一个对双方来说都比较方便的时间进行面谈。同时，面谈地点应相对安静，以免面谈时被电话或来访者打扰。

2）创造良好的面谈氛围

成功的面谈者认为员工应该在讨论中担任主要角色，这一点可以运用良好的交流技巧和营造良好的面谈氛围来取得。为了使面谈能够达到预期效果，在面谈开始时，应首先对下属的某些方面加以肯定，使下属放松心情，建立彼此相互信任的关系。

3）灵活运用交流技巧，保持双向沟通

绩效面谈的目的是持续改进绩效，在制订这项计划时，理应得到双方的参与。保持双向沟通，一方面可以激发员工对绩效管理工作的积极性；另一方面也体现对员工的尊重。在评估面谈中，交流的主要方面有：

（1）提问。通过提问可以鼓励员工发表意见，获得员工的信息，了解员工的观点和看法。

（2）聆听。聆听在面谈中有着重要的地位。管理者要多听取员工的意见和看法，要善于聆听，要积极聆听。

（3）理解。在绩效面谈中，要确保被评估者明白评估者说的是什么。同样，评估者也要使被评估者明白所说的意思。

（4）换位。把自己放在被评估者的位置上来思考问题是很重要的。当人们知道被评估是一种什么样的感受时，就会克服很多不能进行坦诚的讨论并达成一致结论的障碍。

（二）绩效改进

所谓绩效改进，就是指确认组织或员工工作绩效的不足和差距，查明产生的原因，制订并实施有针对性的改进计划和策略，以不断提高企业员工绩效的过程。

1. 绩效改进的步骤

绩效改进的形式多种多样，绩效改进过程大致上可以分为以下几个步骤：①分析员工的绩效考核结果，找出绩效中存在的问题；②针对存在的问题，制定合理的绩效改进方案，并确保其能够有效实施，如个性化的培训等；③在下一阶段的绩效辅导过程中，实施已经制定的绩效改进方案，尽可能为员工的绩效改进提供知识、技能等方面的帮助，要针对问题和改进期限做好记录，确定绩效改进计划。表 7－7 就是一个绩效改进计划书，贯穿于绩效改进过程的始终。

2. 员工工作绩效改进的策略

人力资源管理部门在查明绩效方面存在的差距以及产生的真正原因和确定需要改进的部门与员工之后，在以后的绩效管理过程中，可以有针对性地采取相应的措施，以促进员工绩效的提升。

表 7-7　员工绩效改进计划书

员工姓名	所在部门
该员工上一年度绩效考核最后结果	面谈时间
该员工通过绩效面谈存在的问题	出现问题的原因
1. 2. 3. …	1. 2. 3. …
该员工绩效提升对策和时间安排（主管和员工确认）	
1. 2. 3. …	
整改结果记录（整改后由主管填写）	
1. 2. 3. …	
遗留的问题	
1. 2. 3. …	
主管签字	时间

预防性策略与制止性策略。预防性策略是在企业部门或工作人员作业前明确告诉员工应该如何行动。由上级制定出详细的绩效考核标准，让员工知道什么是正确有效的行为，什么是错误无效的行为，并通过专业性、系统性的培训与训练，使员工掌握具体的步骤和操作方法，从而可以有效地防止和减少员工在工作中出现重复性的错误。

制止性策略是及时跟踪员工的行为，及时发现问题并予以纠正，并通过各个管理层的管理人员实施全面、全员、全过程的监督与指导，使员工克服自己的缺点、发挥自己的优点，不断地提高自己的工作绩效。

正向激励策略与负向激励策略。正向激励策略主要通过制定一系列行为标准，以及与之配套的人事政策（如奖励、晋升），鼓励员工更加积极主动工作的策略。对达到和实现目标的员工所给予的正向激励，可以是物质的，也可以是精神性的、荣誉性的；可以采用货币的形式，也可以采用非货币的形式。负向激励策略主要是惩罚手段，对下属员工采取惩罚手段，以防止和克服他们绩效低下的行为。

第三节　绩效评价内容设计

一、关键绩效指标

关键绩效指标（key performance indication，KPI）是企业战略经逐层分解后得到的具体的和重要的工作目标，其目的是建立一种机制，将企业战略转化为内部过程和活动。评估和检测这些关键的绩效指标，对于保证和促进企业战略目标的实现有重要作用。因此，关键绩效指标评估是把企业的战略目标分解为可运作的绩效指标的一种评估工具。

（一）关键绩效指标的内涵

关键绩效指标是对企业组织运作过程中关键成功要素的提炼和归纳，提炼出最能代表绩效的若干指标体系，并以此为基础进行绩效考核。我们可以从以下三个方面进一步理解关键绩效指标的具体含义。

（1）关键绩效指标是用于评价被评价者绩效的可量化或可行为化的指标体系。也就是说，关键绩效指标应该是可量化的，如果难以量化，也必须是可行为化的，否则就不能作为关键绩效指标。

（2）关键绩效指标不仅成为企业员工行为的约束机制，同时发挥战略导向的牵引作用，能通过绩效管理过程有效地实施企业战略目标。企业在经营过程中，其战略目标、经营重点会随市场环境和内部状况而变化，可以通过 KPI 体系的变化和调整来引导员工的行为，使 KPI 体系成为企业战略实施的工具。

（3）通过关键绩效指标建立达成的承诺，员工与管理人员可以进行工作期望、工作表现和未来发展等方面的沟通。关键绩效指标是进行绩效沟通的基础，是组织中关于绩效沟通的共同词典。有了这本词典，管理人员和员工在进行沟通时就可以有共同语言。

因此，KPI 考核体系与传统的绩效考核体系有着本质的区别，如表 7－8 所示。

表 7－8　KPI 考核体系与一般考核体系的区别

	KPI 指标体系	一般指标体系
假设前提	人们采取一切必要的行动，努力达到事先确定的目标	人们不会主动采取行动来实现目标，不清楚采取什么样的行动以实现目标，制定和实施战略与一般员工无关
考核目的	以战略为中心，指标体系的设计与运用都是为战略服务的	以控制为中心，指标体系的设计与运用来源于控制的意图，更有效地控制个人的行为服务
指标产生	在组织内部自上而下对目标层层分解而来	通常是自下而上根据个人以往的绩效产生
指标来源	来源于组织战略目标和竞争的需要	来源于特定程序，即对过去行为和绩效的修正
指标构成及作用	通过财务与非财务指标的结合，兼顾短期目标与长期目标、过程与结果	以财务指标为主，注重对过去绩效的评价，指导绩效改进的出发点是过去绩效存在的问题，绩效改进与战略需求脱钩
收入分配体系与战略的作用	与 KPI 指标值和权重相搭配，有助于推动组织战略的实现	与组织战略的相关度不高，但与个人绩效的好坏密切相关

（二）关键绩效指标建立的原则与设计思路

1. 建立 KPI 体系应遵循的原则

关键绩效指标的建立，必须遵循的一般原则就是 SMART 原则，具体表现为以下几个方面要求。

1）目标导向

KPI 必须依据企业目标、部门目标、岗位目标等来进行确定，体现企业的发展战略与成功的关键点。

2）可操作性

关键绩效指标必须从技术上保证可操作性，对每一指标都必须给予明确的定义，并建立完善的信息收集渠道。

3）强调输入和输出过程的控制

设立 KPI 指标，要优先考虑流程的输入和输出状况，将两者之间的过程视为一个整体，进行端点控制。

4）三个层次责任明确

KPI 体系在三个层次上的责任明确，在此基础上，强调各层次间、各部门间的连带责任，以促进相互间的协调和沟通。

小贴士

KPI 系统设计原则误区

1. 对具体原则理解偏差带来的指标过分细化问题

具体原则的本意是指绩效考核要切中特定的工作指标，不能笼统。但是，不少设计者理解成指标不能笼统的话，就应尽量细化。然而，过分细化的指标可能导致指标不能成为影响企业价值创造的关键驱动因素。

2. 对可度量原则理解偏差带来的关键指标遗漏问题

可度量并不是单纯指可量化，可度量原则并不要求所有的 KPI（Key Performance Indication，关键绩效指标）指标都必须是量化指标。在 KPI 系统实际设计中，一些设计者却过分追求量化，往往会使一些不可量化的关键指标被遗漏在 KPI 系统之外。

3. 对可实现原则理解偏差带来的指标“中庸”问题

KPI 系统的设计者为避免目标设置“过高”或“过低”的两极化，通常爱选择均值作为指标。但是，并非所有“中庸”的目标都是合适的，指标的选择需要与行业的成长性、企业的成长性及产品的生命周期结合起来考虑。

4. 对现实性原则回避而带来的考核偏离目标的问题

很多企业内部 KPI 体系设计者为降低考核成本，对于企业内部一些需要支付一定费用的关键业绩指标采取了舍弃的做法。而因这个借口被舍弃的指标有些对企业战略的达成是起到关键作用的。这类指标被舍弃得过多会导致 KPI 与公司战略目标脱离，它所衡量职位的努力方向也将与公司战略目标的实现产生分歧。

5. 对时限原则理解偏差带来的考核周期过短问题

有些 KPI 的设计者认为，为了及时了解员工状况及工作动态，考核的周期是越短越好。这种认识较为偏颇。实践中，不同的指标应该有不同的考核周期。过于频繁的考核会浪费大量的人力和物力，打乱正常的工作计划，使考核成为企业的负担，长久以往，考核制度势必流于形式。

2. 关键绩效指标体系的设计思路

企业级 KPI 的产生，不是凭个别或少数管理者的想象，而应由专家、管理者和普通员工群策群力，其中专家的作用尤其重要。首先让专家充分了解本企业的战略发展目标及企业的组织结构和运行情况后，由企业高层管理人员和专家一起，借以头脑风暴法和鱼骨分析法等，找出本企业的业务重点，即价值评估重点，并找出这些关键业务领域的关键绩效指标，从而建立企业级的关键绩效指标。

在确立企业级关键绩效指标后，在专家的指导下，各部门的主管对相应部门的关键绩效指标进行分解，分解出各部门级的关键绩效指标。然后各部门的主管和管理人员一起将部门级的关键绩效指标进一步细分，分解为更细的关键绩效指标及具体岗位（个人）的绩效衡量指标。至此，整个企业的 KPI 体系通过上述程序就可产生。

（三）建立关键绩效指标的方法

常见的建立关键绩效指标的方法包括关键成功要素分析法、标杆基准法和目标分解法等方法。

1. 关键成功要素分析法

关键成功要素分析法的实质就是寻找企业成功的关键因素，并对这些因素进行重点监控。它的主要思路就是对比企业的过去、现在和未来，通过分析企业过去成功或未来取得行业领先地位的关键因素，提炼、归纳出导致成功的关键绩效模块（KPI）维度；再把 KPI 维度层层分解为关键成功要素，然后细分为各项 KPI。

2. 标杆基准方法

标杆基准方法是企业将自身的关键行为与竞争力强的企业或在同行业中居领先地位、最有声望的企业的关键绩效行为标准进行比较与评价，并分析这些企业绩效形成的原因，以此为基础建立本企业可持续发展的关键绩效标准及改进绩效的最有策略的程序与方法。

3. 目标分解法

应用目标分解法一般采用平衡计分卡的基本思想，即通过建立与非财务指标的综合指标体系对企业的绩效水平进行监控。主要步骤为确定企业战略经营目标，然后进行业务价值树分析。业务价值树实际上是一种因果关系链分析工具，是指在指标之间寻找对应的逻辑关系，在业务价值树模型图上分别列出所在组织的战略目标、对应的关键绩效指标、驱动这些指标的关键驱动流程以及可能与该指标相关联的部门，如图 7－4 所示。

二、360 度评价

360 度考核法又称为全方位考核法，最早被英特尔公司提出并加以实施运用。该方法是指通过员工自己、上司、同事、下属、顾客等不同主体来了解其工作绩效，它是从与被考核

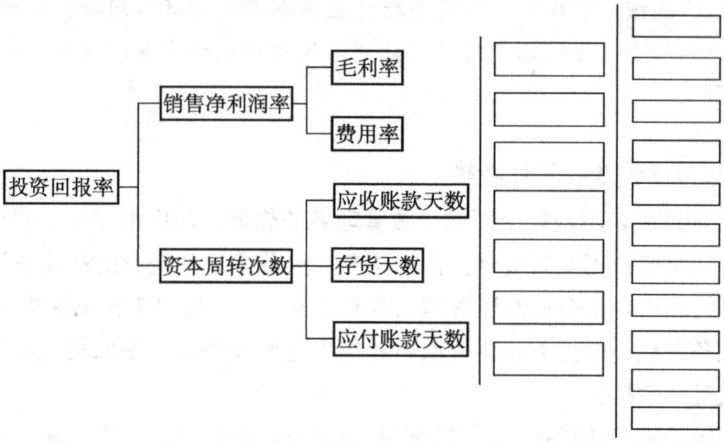

图 7-4　价值树示意图

者发生关系的多方主体那里获得被考核者的信息，一次对被考核者进行全方位、多维度的绩效考核过程，如图 7-5 所示。

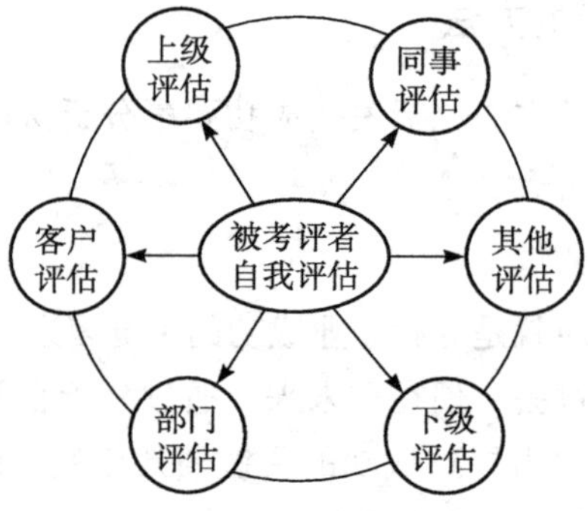

图 7-5　360 度绩效考核图

（一）360 度考核法实施的原则

1. 准确考核和预测原则

在实施 360 度考核法之前必须充分考虑和预测方法变革所带来的风险。新方法实施前需要对管理工作进行任务的详细分解，确定任务的复杂度，做好充分的考虑和预测工作，只有发现其潜在的不确定性影响因素，检验其可行性、有效性之后，才能保证该计划实施的成功，并大大降低变革所带来的风险。

2. 主要人员参与原则

首先取得高层主管的支持，然后确定主要人员如股东，让他们参与并与之保持联系。主要人员可以是接受 360 度考核法的高层管理者、中层监督员或管理者，还可以是提供反馈的潜在群体，如员工、同事、团队成员和客户。所有成员都应该知道要测量的目标特征，收集、概括反馈方式，并思考怎样将反馈与现有的发展或考核系统整合起来，以得到大家的支持，同时得到公平、客观、积极的反馈。

3. 客观原则

实施360度考核法是为了更好地体现公司对员工的公平公正性，体现公司“以人为本”的管理理念，所以对待考核信息的采集及结果的评价，一定要客观公正。

4. 保密原则

很多员工因为对考核制度的保密性有怀疑，因此担心对上级评价后会遭报复。如果员工在与主管或同事的关系上有疑虑，那么对于主管或同事的评价就会出现偏差，不敢据实以报，只好充当“好人”，使得考核结果不真实，得不到实际的效果。公司在实施360度考核法前就应承诺保密原则，消除员工的疑虑，使考核制度得以顺利运行。

5. 反馈原则

360度考核法的主要目的就是反馈和开发，如果评价结果出来就结束了考核，那么360度考核法就失去了意义。应及时把考核结果反馈给员工，以保证员工及时发现其不足或弱势，并进行自我提高与完善。

(二) 360度考核法实施的一般程序

1. 准备阶段

准备阶段相当重要，它影响着考核过程的顺利进行和考核结果的有效性。准备阶段的主要目的是使所有相关人员，包括所有考核者与被考核者，以及所有可能接触或利用考核结果的管理人员，正确理解企业实施360度考核法的目的和作用，进而建立起对该绩效考核方法的信任。

2. 考核问卷编制

决定是否采用360度考核法，需要进行需求分析和可行性分析。在确定实施该考核方法后，应编制基于胜任特征模型的考核问卷，这些问卷可以针对本企业的特殊要求进行编制，也可以向咨询公司购买格式问卷，但一定要考虑周到，不能简单照搬照抄，最好做一些需求调查，再决定采用哪种考核问卷。

3. 组建并培训考核队伍

首先，要组建360度考核队伍。必须注意考核要征得被考核者的同意，这样才能保证被考核者对最终结果的认同和接受。然后，对选拔出来的考核者进行如何向他人提供考核和反馈方法的训练与指导。其次，为降低考核结果受到考核者主观因素的影响，企业在执行360度考核法时需要对考核者进行培训，使他们熟悉并能正确运用该技术。此外，理想情况下，企业最好能根据本公司的实际情况建立自己的能力模型要求，并在此基础上，设计360度反馈问卷。

4. 实施360度考核法

实施360度考核法，分别由上级、同级、下级、相关客户和本人按各个维度标准进行考核。考核过程中，除了上级对下级的考核无法实现技术保密之外，其他几种类型的考核最好是采取匿名的形式，必须严格维护填表人的匿名权以及对考核结果报告的保密性。大量研究表明，在匿名考核下，人们往往愿意提供更为真实的信息。

5. 绩效反馈和辅导

向被考核者反馈和辅导是一个非常重要的环节。通过来自各个方面的反馈（包括上级、同事、下级、客户以及自己），可以让被考核者更加全面地了解自己的长处和短处，更清楚地认识到公司和上级对自己的期望以及目前存在的差距。根据经验，在第一次实施 360 度绩效考核和反馈项目时，最好请专家顾问开展一对一的反馈辅导谈话，以指导被考核者如何去阅读、理解以及充分利用 360 度绩效考核和反馈报告。另外，聘请外部监督或顾问也容易形成一种“安全”（即不用担心是否会受到惩罚等）的氛围，有利于与被考核者深入交流。这一阶段的内容详见第二节。

（三）实施时应注意的问题及相应措施

360 度绩效考核法虽已广泛采用，但要格外小心。在采用此方法前，要仔细阅读该方法实施过程中的每一项目，要记住，任何方法（包括 360 度绩效考核法）都是由人来决定其成败的，而不是由技术决定的。应用时要仔细估算一下这种方法的成本和为提高绩效所做出的贡献。

(1) 受传统思想文化影响，员工普遍缺乏参与管理的意识。360 度考核法一方面旨在收集关于被考核者的多方面的信息；另一方面也是给了员工表达心声、参与到管理实践中来的渠道。但是等级意识浓厚的中国人似乎还不习惯表达他们对于管理或上级的看法，正所谓：不在其位，不谋其政。此外，追求和谐的集体主义文化，也在一定程度上限制了组织中负性态度的表达，人们很少能够以促进组织发展或个人成长为目的，对一个人的绩效表现进行开诚布公的交流。对一个人的不那么好的评价，总难免被看做是一种冒犯。再加上某些组织中的人际关系复杂，缺乏信任，总会有人心存顾虑，不肯表达自己的真实想法。

(2) 权力与责任不对等，员工可以对考核结果不负责任。绩效考核通常与人事任免、薪酬等结果挂钩，本质上是一种管理的权力，一种权力正确行使的前提是与责任相联系并受到监督。然而在实践中，由于人事考核的敏感性，往往采取匿名的方式，这样，人们对于考核的结果不用负任何责任，于是在实践中这种不受监督的权力难免会被滥用。

(3) 考核者范围盲目扩大化，或考核指标与考核者不匹配，造成考核者的评价信息不充分。既然考核是一种管理上的权力，如果这种权力只赋予部分人，而不赋予另一部分人，就会产生不平衡，在企业中，这个权力的界限划在哪里往往是十分微妙的，特别是当大家都处于同一层级的时候。这时，考核的组织者也许会被迫扩大考核者的范围，使许多并不熟悉被考核者的人也要行使考核权力，对被考核者进行评价。

此外，受工作关系的限制，考核者往往只能从某一个侧面了解被考核者的信息，当要求考核者对于被考核者的全部绩效指标进行评价时，也会出现信息不充分的情形。

针对 360 度绩效考核方法存在的问题，需采取一定的预防措施，以确保考核的质量。具体措施如下：

(1) 根据企业所处的生命周期及业务类型重新审视是否适合采用 360 度考核法。一般说来，公司处于初创期是不宜采用的，高科技等结果导向的企业也不宜采用。

(2) 创建实施 360 度考核法的外部环境。网络化信息化的办公条件可以缩短考核时间，减少考核成本；和谐、合作、互助的工作氛围能保证考核正常进行。

(3) 合理界定考核者和被考核者。并非所有人都必须由员工自己、上司、同事、下属、顾客等全方位进行考核。原则上是考核者必须了解、熟悉被考核者的工作，不应让与被考核者无任何业务往来的不相关者成为考核者。

(4) 根据实际需要确定考核要素。不同级别、不同工作性质的被考核者的考核要素是不一样的。比如高层管理者的考核要素包括目标意识、模范表率、决策水平、协调能力等，一般员工的考核要素包括责任心、纪律性、工作速度、业务技能等；研发人员的考核要素在于创新成果，财务人员的考核要素是工作缜密和严格遵守财务制度等。

(5) 选用合适的考核方法。一般说来，对于目标越明确的工作，对于过程的考核应该越少。不同考核者适用的考核方法是不一样的。比如，考核者是上司，则适宜采用目标管理法；考核者是同事和考核者自身适宜采用行为锚定评价法；考核者是下属和顾客，适于采用关键事件法。

(6) 制定合适的考核周期。不同考核者适用的考核周期是不一样的。原则上业务往来密切者适用较短的考核周期，被考核者的职位较低者适用较短的考核周期。

三、目标管理

(一) 目标管理的实质

目标管理是订立目标、决定方针、安排进度，有效达到目标，同时对其活动成果加以严格绩效考核的一种组织内的管理体制。目标管理指导思想是以Y理论为基础的，即认为在目标明确的条件下，人们能够对自己负责。其实质如下。

1. 重视人的因素

目标管理是一种参与的、民主的、自我控制的管理制度，也是一种把个人需求与组织目标结合起来的管理制度。在这一制度下，上下级的关系是平等、尊重、依赖、支持，下级在承诺目标和被授权之后是自觉、自主和自治的。

2. 建立目标锁链与目标体系

目标管理通过专门设计的过程，将组织的整体目标逐级分解，转换为各单位、各成员的分目标。从组织目标到经营目标，再到部门目标，最后到个人目标。在目标分解过程中，权、责、利三者已经明确，而且相互对称。这些目标方向一致，环环相扣，相互配合，形成协调统一的目标体系。只有每个人完成了自己的分目标，整个企业的总目标才有完成的希望。

3. 重视成果

目标管理以制定目标为起点，以目标完成情况的考核为终结。工作成果是评定目标完成程度的标准，也是人事考核和奖评的依据，成为评价管理工作绩效的唯一标志。至于完成目标的具体过程、途径和方法，上级并不过多干预。所以，在目标管理制度下，监督的成分很少，而控制目标实现的能力却很强。

4. 自我控制、自我评估观念的应用

在实施目标管理的过程中，对于目标的实施执行情况，可由自己对其实施业绩进行评估，并自我提出改进工作的意见。因此，可将目标管理称做是以绩效考核为中心的目标管理。

(二) 目标管理的基本程序

目标管理的全过程可用图7－6来表示，从图7－6中我们可以看出，目标管理全过程主要有以下三个环节或阶段：第一阶段为目标体系的制定，第二阶段为实施目标过程的管理，第三阶段为对成果进行考核和评价阶段。

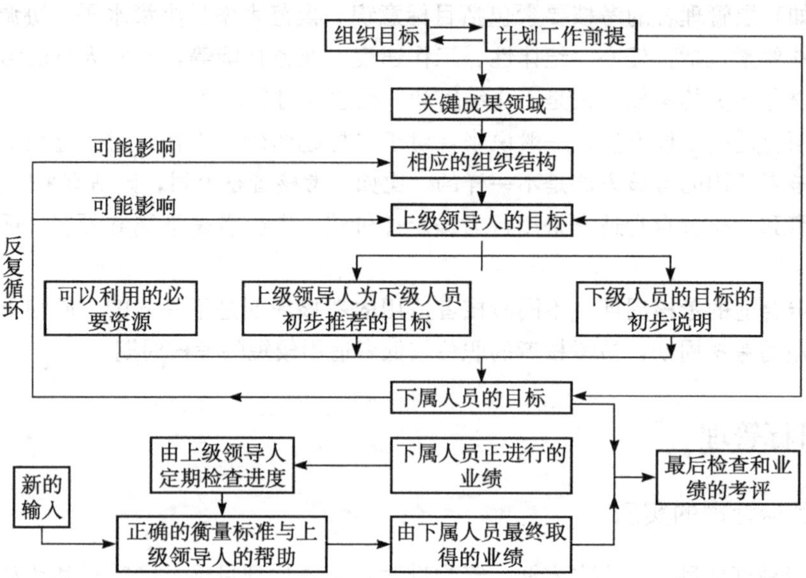

图 7-6　目标管理全过程图①

1. 目标体系的制定

这是目标管理最重要的阶段，总是从企业的最高管理层开始，由上而下逐级确定目标。下一级次目标是实现上一级目标的手段，上下级形成“目的-手段”的关系，从而最终构成一种锁链式的目标体系。第一阶段可细分为四个步骤。

1）高层管理预定目标

这是一个暂时的、可以改变的目标预案。既可以由上级提出，再同下级讨论；也可以由下级提出，再由上级批准。无论哪种方式，必须共同商量确定。这一阶段，领导必须根据企业的使命和长远的战略估计客观环境带来的机会和挑战，对企业的优劣势有清醒的认识，对组织应该和能够完成的目标心中有数。

2）重新审议组织结构和职责分工

目标管理要求每一个分目标都有确定的责任主体。因此，预定目标之后，需要重新审查现有的组织结构，根据新的目标分解要求进行调整，明确目标责任者和协调关系。

3）确立下级的目标

首先使下级明确组织的规划和目标，然后商定下级的分目标。在讨论中上级要尊重下级，平等待人，耐心听取下级意见，帮助下级发展一致性和支持性目标。分目标要具体量化，便于考核；分清轻重缓急，以免顾此失彼；既要有挑战性，又要有实现可能性。每个员工和部门的分目标要和其他的分目标协调一致，支持本单位和组织目标的实现。

4）上级和下级达成协议

上级和下级就实现目标所需要的条件及实现目标后的奖惩事宜达成协议。分目标制定后，要授予下级相应的资源配置的权力，实现责、权、利的统一。由下级写成书面协议，编制目标记录卡片，整个组织汇总所有资料后，绘制出目标图。

① 哈罗德·孔茨，等．管理学［M］．北京：经济科学出版社，1995：108.

小贴士

制定目标体系的技巧

在实际工作中，建议你可以采用如下技巧制定合理的目标体系：

（1）确保目标管理被全体员工所理解，并真正得到上级的全力支持。由高层在初始阶段向下属做解释、宣传和动员，有利于为目标管理形成良好的组织氛围，这也是为什么目标管理应始于最高层。

（2）确保上下级共同参与制定目标，并达成统一意见。下级的参与体现了目标管理的实质，利于调动员工的主动性和积极性。

（3）确保目标的制定是一个动态反复的过程。目标的制定是相互作用的过程，由高层设计的目标是初步的，在逐级拟定出可考核目标系列时，起初的设想必定要根据逐步细化的目标而有所调整与修改，直至部门中每项工作都制定出合适的目标。

（4）确保最终形成的目标体系既有自上而下的目标分解体系，又有自下而上的目标保证体系，从而保证总目标的实现。

2. 实施目标过程的管理

通过目标的设定，每个员工都明确自己在实现总目标的过程中应承担的责任，在各自职责范围内，实行自主管理、自我监督、自我调整，这样做有利于调动目标完成者的积极性和独创性，充分发挥他们的能力，保证全面实现预定的绩效目标。

员工自主管理并不表示领导可以放手不管，相反，由于形成了目标体系，一环失误，就会牵动全局，因此领导在目标实施过程中的管理是必不可少的。首先要进行定期检查，利用双方经常接触的机会和信息反馈渠道自然地进行；其次要向下级通报进度，便于协调；最后要帮助下级解决工作中出现的困难问题，当出现意外、不可预测事件严重影响组织目标实现时，也可以通过一定的手续修改原定的目标。

小贴士

目标过程管理要务

在目标过程管理中，必须做到以下两点：

（1）要权责明确。要实行充分授权，使承担任务的员工拥有完成这一任务所需要的权力。

（2）虽然权力交给下级成员，使其具有独立性，但也必须讲求协调，即各部门、各单位为了整个组织目标的实现必须合作。

3. 对成果进行考核和评价阶段

当目标管理一个周期结束时，必须加以考核和评估。目标完成结果的考核比较简单，只要将实际成果与预先设置的目标进行比较即可。原先设置的目标越具体，测量就越容易、越准确。检查的方法可灵活地采用自检、互检、专门机构检查。检查评价结果要反馈到目标承担者，使其得到总结和教训，同时根据评价结果进行奖罚。具体可分以下 3 步：①员工个人进行自我评估，提交书面报告；②上下级一起考核目标完成情况，决定奖惩；③总结经验教训，讨论下一阶段目标，开始新的目标管理循环。

小贴士

成果进行考核和评价阶段应该把握的关键点

（1）严格兑现奖惩。根据考核结果，要按照预先的规定给予一定的奖罚。对于完成好的，要充分肯定成绩，这样有利于调动员工的积极性。

（2）考核的重点应放在总结经验教训上。如果目标没有完成，应分析原因，总结经验，切忌相互指责，以保持相互信任的气氛。同时，坚持具体问题具体分析，对于非个人原因造成的问题，一般不要采用惩罚措施。

（三）目标管理的误区及消除

1. 目标管理的误区

在实施中可能存在下列问题。

1）目标难以设定

德鲁克在《管理实践》中说："真正的困难不是确定我们需要哪些目标，而是决定如何设立这些目标。"组织内的许多目标难以定量化、具体化；许多团队工作在技术上不可分解；组织环境的可变因素越来越多，变化越来越快，组织的内部活动日益复杂，使组织活动的不确定性越来越大。这些都使得设置真正可考核的目标很难确定。

2）高层管理者错误理解目标管理

而事实上，许多管理者仅仅把目标管理看做是一种新的工具，他们规定组织目标让下属去贯彻执行，又不给下属留有商讨的余地；有的管理者缺乏与下属的沟通，下属人员甚至不了解公司的目标，他们当然无法制定正确的个人目标；有的管理者不能兑现奖励与成果相联系的承诺，也会破坏下属的信任，影响他们的积极性。这一切导致目标管理"形存而神亡"，很难取得预期的效果。

3）过分强调短期目标

在多数实施目标管理的组织中，管理者所确定的目标一般都是短期的。只追求短期目标极有可能是以牺牲长期目标为代价，为了取得近期目标而忽视长远发展。如为了追求高产、多产而忽视技术开发和新产品的研制，只想到目前购买量的增加。

4）目标的商定很费时间

因上下级要统一认识、商定目标等都是反复进行的，而有些采用目标管理的公司过分强调数量的目标，要求报表和总结过多。有些管理人员忙于写总结、忙报表，对下级只是分派任务或提出建议，很少坐下来与下级共同研究问题。结果就造成个别人缺乏责任心，甚至造成目标管理流于形式，达不到应有效果。另外，当上下级制定目标发生冲突、达不成协议时，管理者趋向于利用他们的权力把目标强加于下级。

5）奖惩可能难以达到预期效果

有时奖惩不一定都能和目标成果相配合，也很难保证公正性，从而削弱了目标管理的效果。另外考核和评价的标准纯粹量化，可能会造成"结果"袒护"过程"。人们往往可能过于追求结果，而会采取不同的方法，甚至“不择手段”，为了自己单位或部门的利益会损坏别的部门的利益。

6）存在不灵活的危险

目标管理要取得成效，就必须保持其明确性和肯定性，如果目标常变，就难以说明它是经过深思熟虑和周密计划的结果，这样的目标是没有意义的。但是计划是面向未来的，而未来存在许多不确定因素，这又使得目标必须根据已经变化了的计划工作前提对目标进行修正。然而，修订一个目标体系与制定一个目标体系所花费的精力相差无几，结果可能迫使主管人员不得不在中途停止目标管理的过程。在实际的运用中，我们不应受目标的束缚，当计划前提发生了变化的时候，目标就必须做出明智的转变。

7）基本假设过于乐观

目标管理对于管理人员动机的假设是“自我实现人假设”，即Y理论：认为多数人都有发挥潜力、承担责任、实行自治和富有成就感的需要，都有事业心和上进心，而且只要有机会，他们就会通过努力工作来满足这些需要，把在工作中取得成就看得比金钱更重要。而现实并不完全如此，特别是将目标的考核和奖励联系在一起后，往往指标要低，出力要少，奖励要多。这样会破坏信任的气氛，无法形成承诺、自觉、自治与愉快的感觉。

2. 误区的消除

既然存在上述误区，管理者在实施目标管理时，就应该想办法采取措施消除这些误区。为此，提出以下建议。

1）制定目标

目标制定得如何直接关系到目标管理实施的成败，因此，在目标制定中要考虑以下因素。

（1）要根据企业的经营战略目标，制定公司年度整体经营管理目标。

（2）做好目标分类：根据企业实际，分别制定不同类别的目标。

（3）在目标制定时，目标要符合SMART原则。

（4）在目标制定中应充分沟通一致。

2）分解目标

目标管理实施的关键是目标的分解。在目标分解中，公司整体目标要分解成部门目标，部门目标要分解为个人目标，并具体量化为经济指标和管理指标。比如在营销部门、生产部门、采购部门实施全员目标管理，其他后勤支持部门先推行部门级目标管理。如把公司销售额目标分解成销售大区、省、市、县的销售额目标成本；公司成本下降目标分解到采购成本下降指标、生产成本下降指标、货运成本下降指标或行政办公费用下降指标等；采购成本下降又可以再分解成原料成本下降指标、包材成本下降指标和促销成本下降指标等。

这样，建立企业的目标网络，形成目标体系图，通过目标体系图把各部门的目标信息显示出来，就像看地图一样，任何人一看目标网络图就知道工作目标是什么，遇到问题时需要哪个部门来支持。

3）实施目标

要经常检查和监控目标在实施过程中的执行情况和完成情况。如果出现偏差，及时从资源配置、团队能力和管理系统等方面分析原因，及时补充或强化，确有必要时才调整目标。

4）信息反馈处理

在考核之前，还有一个很重要的问题就是在进行目标实施控制的过程中，会出现一些不可预测的问题。如：目标是年初制定的，在执行过程中出现了意外事件，导致目标根本不可能完成，那就要根据实际情况对目标进行调整和反馈。

5）检查实施结果及奖惩

按照制定的指标、标准对各项目标进行考核，依据目标完成的结果和质量与部门、个人的奖惩挂钩，甚至与个人升迁挂钩。

四、平衡计分卡

“平衡计分卡”（balance scorecard，BSC），是一种对组织全面绩效进行评价的方法。该卡不仅包含着财务衡量指标，还通过对顾客满意度、内部经营过程以及组织的学习和成长活动等业务指标进行测评，来补充单一的财务衡量指标。之所以取名为“平衡计分卡”，是因为它要平衡兼顾战略与战术、长期目标和短期目标、财务和非财务衡量方法、滞后和先行指标，以及外部和内部的业绩等诸多方面，见图 7－7。

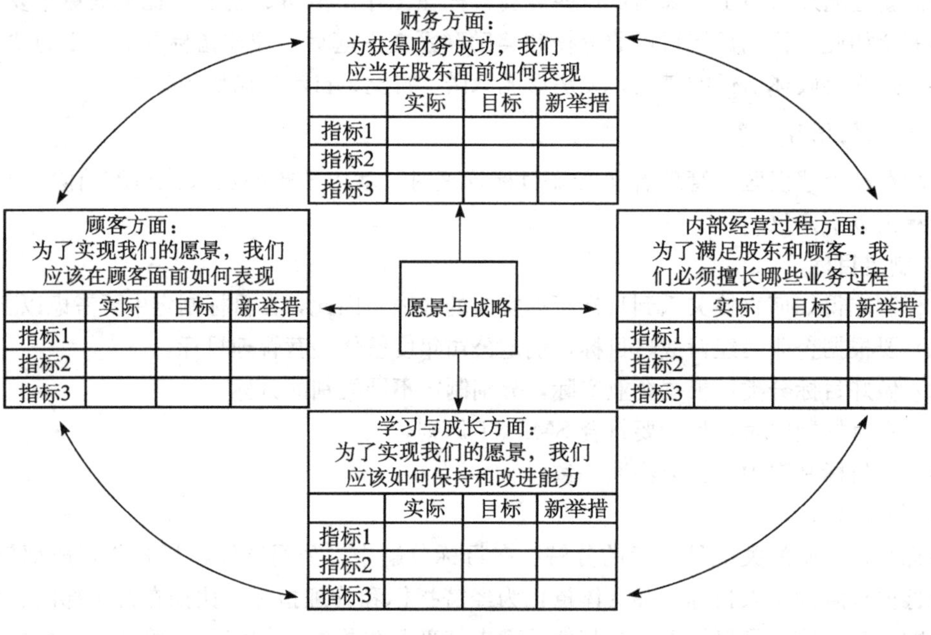

图 7－7　平衡计分卡

（一）平衡计分卡的原理

从图 7－7 可以看出，平衡计分卡的出发点是组织的愿景和战略，也就是说，这四大类指标实际上是对愿景和战略的分解。为什么要构造这四类考核指标呢？这四类指标之间又有什么内在联系呢？其实这四个方面的指标是基于一定的逻辑关系的，如图 7－8 所示。

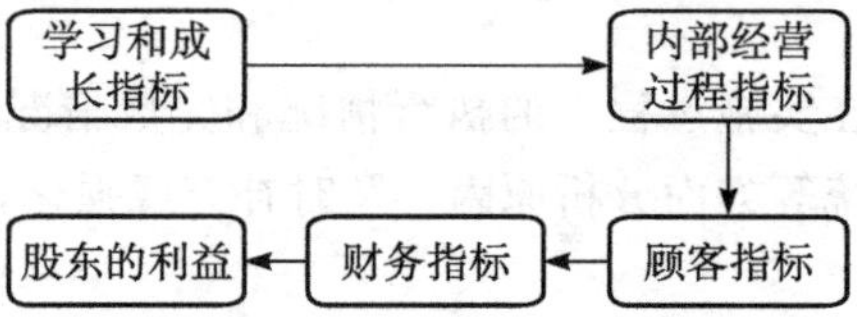

图 7－8　四类指标的逻辑图

财务方面关注的是股东的利润。利润在一定意义上构成了组织的血液，没有它，组织将很难存在。但是，要取得财务方面的指标就必须能够为顾客创造价值。假如顾客不买你的产品，不欣赏你的服务，又怎么谈得上财务方面的业绩呢？所以要重视顾客满意方面的考核指标。如果企业为了取悦顾客而不惜代价，那么最终结果可能会使自己垮掉，所以必须确保要以一种有效果、有效率的方式来满足顾客的要求。这就意味着企业内部要有一个高效的过程，所以对于内部的经营过程要加强考核。

实现股东和顾客的价值，不是一蹴而就的事情，要做长久的事业，还需要考核企业在学习和成长方面的能力。只有具备了成长和学习的能力，才能持久地、长期地为股东和顾客提供价值。正是基于这样一种逻辑，平衡计分卡从财务、顾客、内部过程成长和学习四个方面构造了企业的考核体系。这种方式可以全面地衡量企业的绩效，全面地引导管理者和员工的行为，以保证组织能够朝着预定的长期目标前进。

小贴士

卡普兰的战略地图卡

平衡计分卡的四方面具有一定的因果关系，其中用图 7－9 表示的一种垂直的因果关系，被卡普兰教授称为战略地图（strategy map）。

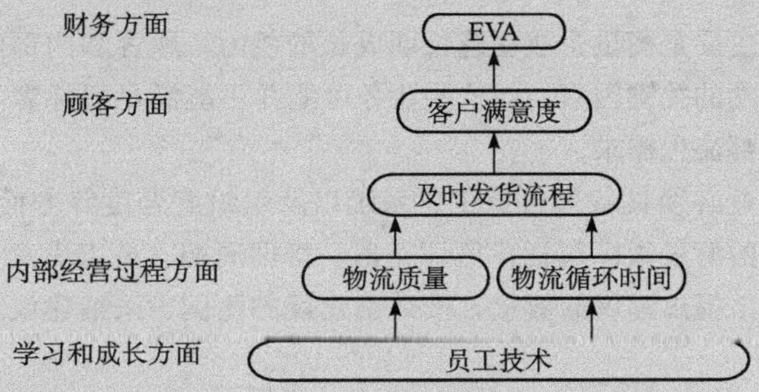

图 7－9 战略地图

这一因果关系的表述如下：

某企业希望提供财务方面资本回报率的水平，如何实现这一目标？这就需要客户重复购买以及增加客户每次购买量，这有赖于客户忠诚度的提高。而企业如何才能赢得顾客忠诚度呢？客户偏好的分析结果可能会显示，客户重视按时交货。这样，按时交货也将被记入平衡计分卡的客户方面。

下面要追问的是，怎样的内部过程才能提高按时交货率呢？这将有赖于缩短经营周期和提高内部过程的质量。于是，这两方面将被记入平衡计分卡的内部经营过程方面。那么，公司如何来提高内部过程的质量以及缩短周期呢？应该通过培训雇员，提高他们的能力，于是这个目标可以记在学习与成长方面。

（二）平衡计分卡的内容

1. 财务方面

在平衡计分卡中，通过一系列财务衡量指标可以对过去已采取的行动所产生的结果做出评价。财务衡量作为一个单独的衡量方面，是其他几个衡量方面的出发点和落脚点。一套平衡计分卡应该反映企业战略的全貌，其分析过程都是从财务目标开始，然后同一系列活动相联系（这些行动包括客户、内部经营过程和学习及成长过程），而对这些活动的指标化（如质量、客户满意度、生产率等）又会成为未来财务绩效的驱动器，依此最终实现长期经营目标。诸如销售额的增加、营业费用的减少、资产报酬率的增加等都是财务衡量的指标。

2. 顾客方面

顾客方面的衡量指标主要是为了测评顾客满意度及忠诚度，并找出差距，以不断巩固并扩大自己的目标市场。任何企业都必须确定自己的目标市场，它既包括现有的顾客，也包括潜在的顾客。然后，管理者设计一些衡量指标来追踪企业在目标市场创造客户满意度和忠诚度的能力。核心的衡量指标包括市场份额、老客户回头率、新客户获得率、客户满意度和从客户处所获得的利润率。

3. 内部经营过程方面

企业内部经营过程方面的衡量目标主要是要找出核心的工作流程，作为持续改进的主要目标，从而达到股东与目标市场顾客的期望。平衡计分卡从提高企业的组织内部绩效要求出发，在监督与注意营运流程的成本、质量、时间与绩效特性的同时，还必须考虑到创新流程的需要，投入一定资本到研究、设计与开发流程的管理上，以期建立新的产品与目标市场。

4. 学习和成长方面

学习和成长方面主要是衡量企业创造长期成长的能力。顾客和内部经营过程虽然定义了对企业当前和未来成功的关键因素，但这些业务可能并不能满足目标客户的长期需求和使用现有技术与能力的内部流程需求。

现代竞争要求企业必须具备来自员工、系统以及组织配合度等方面的学习和成长能力。学习和成长能力方面的衡量指标包括：培训支出、培训周期、员工满意度、员工换留率、信息覆盖比率、每个员工提出建议的数量、被采纳建议的比例、采纳建议后的成效、工作团队成员彼此的满意度等。

（三）平衡计分卡的实施步骤

平衡计分卡的关键在于“平衡”，与传统的指标不同，平衡计分卡法从四个角度得出的信息可使经营收入等外部考核指标与新产品的开发等内部考核指标之间达到平衡。因此用于平衡计分卡的关键绩效指标的选择必须兼顾这四个方面的指标，根据企业战略发展的实际确定不同指标的合理权重。总结成功实施平衡计分卡企业的经验，可以将平衡计分卡的实施概括为以下步骤。

（1）建立公司的远景与战略。确定公司的行业及发展，找到当前的位置以及未来的目标。可采用“SWOT 分析”、“PEST 分析”等方法。公司的远景与战略要简单明了，使其可以采用一些业绩衡量指标。

（2）构建或确定公司的构思与战略。可成立平衡计分卡小组去解释公司的远景和战略，并建立财务、顾客、内部流程、学习与成长四类具体的目标。这些衡量点应该明白易懂，出于战略的考虑也可以增加其他方面的目标。

（3）确定成功的关键因素，为四类具体的目标找出最具有意义的业绩衡量指标。采用系统思考的方法，充分考虑标准间的相互影响，确保它们“平衡”地反映所需考虑的各方面。

(4) 加强企业内部沟通与教育。利用各种不同沟通渠道与各层管理人员以及员工就公司的远景、战略、目标与业绩衡量指标进行持续沟通，获得他们的认可。

(5) 制订具体行动计划。确定每年、每季、每月的业绩衡量指标的具体数字，并与公司的计划和预算相结合。注意各类指标间的因果关系、驱动关系与连接关系，确保它们既包含短期目标，也包含长期目标。

(6) 执行和评价。按照行动计划的优先级进行执行，将每年的报酬奖励制度与平衡计分卡挂钩。

(7) 反馈与调整。经常采用员工意见修正平衡计分卡衡量指标并改进公司战略。

(四) 平衡计分卡应用中需要注意的问题

1. 努力提高企业管理信息的质量

与欧美企业相比，我国企业信息的精细度和质量要求相对偏低，这会在很大程度上影响到平衡计分卡应用的效果。因为信息的精细度与质量的要求度不够，会影响企业实施平衡计分卡的效果，如导致所设计与推行的考核指标过于粗糙，或不真实准确，无法有效衡量企业的经营业绩。此外，由于无法正常发挥平衡计分卡的应有作用，还会挫伤企业对其应用的积极性。

2. 正确对待平衡计分卡实施时投入成本与获得效益之间的关系

平衡计分卡的四个层面彼此是连接的，要提高财务层面首先要改善其他三个方面，要改善就要有投入，所以实施平衡计分卡，首先出现的是成本而非效益。更为严重的是，效益的产生往往滞后很多时间，使投入与产出、成本与效益之间有一个时间差，因而往往会出现客户满意度提高了，员工满意度提高了，效率也提高了，可财务指标却下降的情况。关键的问题是在实施平衡计分卡的时候一定要清楚，非财务指标的改善所投入的大量投资，在可以预见的时间内，可以从财务指标中收回。

3. 平衡计分卡的执行要与奖励制度结合

公司中每个员工的职责虽然不同，但使用平衡计分卡会使大家清楚企业的战略方向，有助于群策群力，也可以使每个人的工作更具有方向性，从而增强每个人的工作能力和效率。为充分发挥平衡计分卡的效果，需在重点业务部门及个人等层次上实施平衡计分卡，使各个层次的注意力集中在各自的工作业绩上。这就需要将平衡计分卡的实施结果与奖励制度挂钩，注意对员工的奖励与惩罚。

第四节　绩效考核的具体方法

一、主观工作行为评价法

(一) 简单排序法

1. 排序法

排序法是指根据被评价员工的工作绩效进行比较，从而确定每一员工的相对等级或名次。

排序法可分为简单排序法和交替排序法。

1）简单排序法

简单排序法是评价者将员工按照工作的总体情况从最好到最差进行排序，适用于人员比较少的组织，如某部门只有 5 名员工，其排序结果可能如表 7－9 所示。

表 7－9　简单排序法

顺序	等级	员工姓名
1	最好	A
2	较好	B
3	一般	C
4	较差	D
5	最差	E

2）交替排序法

交替排序法是评价者在所有将要评价的员工中首先挑选出最好的员工，然后选择出最差的员工。将他们分别列为第一名和最后一名。然后在余下的员工中再选择出最好的员工作为整个序列的第二名，选出最差的员工作为整个序列的倒数第二名。以此类推，直到将所有员工排列完毕为止。这种方法简便易行、速度快，但是由于标准单一，评估的结果存在较大偏差。此外，由于不同部门的工作难以进行比较，所以这种方法不适用于跨部门评估。假设某部门有 8 名员工，我们使用交替排序法，如表 7－10 所示。

表 7－10　交替排序法

选择顺序	最好	姓名	最差	姓名
第 1 次	第一名	A	第八名	H
第 2 次	第二名	B	第七名	G
第 3 次	第三名	C	第六名	F
第 4 次	第四名	D	第五名	E

（二）成对比较法

成对比较法是评价者根据某一标准将每个员工都与其他员工进行逐一比较，并将每一次比较中的优胜者选出，在全部的配对比较都完成之后，根据每一员工胜出的次数多少进行排序。成对比较法对于管理者来说是一项很花时间的绩效考核方法，并且随着组织变得越来越扁平化，控制幅度越来越大，这种方法会变得更加耗费时间。

假设某组织有 6 名员工，使用成对比较法，其中较好的一方给“＋”号，较差的一方给“－”号，最后按照获得“＋”数的多少来排序，其结果如表 7－11 所示。

表 7－11　成对比较法

姓名	A	B	C	D	E	F	＋合计
A		－	－	－	－	－	0 个
B	＋		－	＋	＋	＋	4 个
C	＋	＋		＋	＋	＋	5 个
D	＋	－	－		＋	＋	3 个
E	＋	－	－	－		＋	2 个
F	＋	－	－	－	－		1 个

因此，评估效果由高到低依次为C、B、D、E、F、A。

(三) 强制分布法

强制分布法也是将员工相互比较的一种排序方法，只不过对员工绩效的排序是以组别的形式进行的。这种方法依据数据统计中的正态分布概念，将员工分为优秀、良好、合格、稍差和不合格五种情况。如图7-10所示。

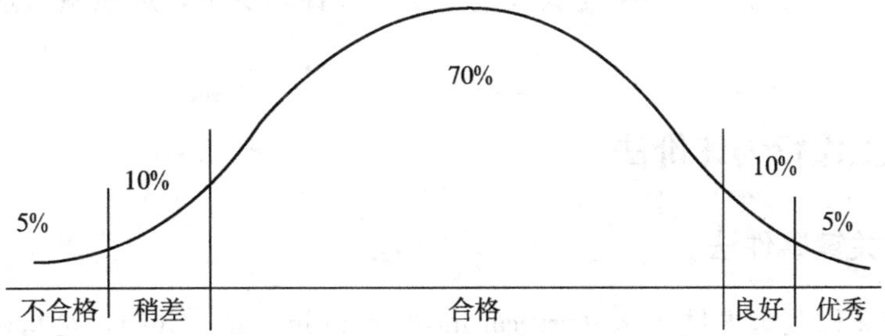

图7-10　绩效考评的强制分布图

强制分布法克服了大部分员工绩效考核分数分布在高端（宽大效应）、低端（严格效应）或中间（趋中效应）的现象。然而，当员工整体都非常优秀或都非常差的时候，这种评价方法很容易激起员工的不满。而当有多个员工、多个评价者时，这种方法比较实用。

(四) 图尺度评价法

图尺度评价法（graphic rating scale）也称为图解式考核法，是最简单和运用最普遍的工作绩效考核技术之一。它列举出一些组织所期望的绩效构成要素（质量、数量或个人特征等），还列举出跨越范围很宽的工作绩效登记（从"不令人满意"到"非常优异"）。在进行工作绩效考核时，首先针对每一位下属员工从每一项评价要素中找出最能符合其绩效状况的分数。然后将每一位员工所得到的所有分值进行汇总，即得到其最终的工作绩效考核结果，如表7-12所示。

表7-12　图尺度评价方法

绩效要素	评价尺度				
绩效维度	优秀	良好	一般	较差	差
知识					
自我认知能力					
创新能力					
压力管理能力					
时间管理能力					
分析解决问题能力					
激励能力					
沟通能力					
团队开发能力					
领导与授权能力					

图尺度评价法的优点：①适用范围广，大部分工作都可采用。②实用而且开发成本低。③考核内容全面，打分档次可以设置较多。

图尺度评价法的缺点：①使用中缺乏明确的工作绩效考核标准，只能凭主管人员的主观印象或感觉，这就很难得到客观的工作绩效考核结果。②使用图尺度评价法对工作绩效考核标准可操作性差或主观性太强。工作绩效考核标准应当建立在对工作进行分析的基础之上，只有这样才能确保绩效考核标准是与实际工作密切相关的。③工作绩效考核标准的可衡量性太差。工作绩效考核如果要具有客观性和可比性，就必须使实际绩效相对于标准的进展程度或者标准的完成情况是可以衡量的。可以衡量的绩效标准既包括数量上的标准，也包括质量上的标准，如秘书的打字速度从数量上是每分钟多少个，从质量上应规定差错率是多少。

二、客观工作行为评价法

（一）行为关键事件法

关键事件法又称关键事件技术（critical incident technique，CIT），是指确定关键的工作任务以获得工作上的成功。关键事件是使工作成功或失败的行为特征或事件（如成功与失败、盈利与亏损、高效与低产等）。关键事件法要求分析人员、管理人员、本岗位人员，将工作过程中的“关键事件”详细地加以记录，并在大量收集信息后，对岗位的特征和要求进行分析研究的方法。

运用关键事件分析法的步骤如下。

（1）识别岗位关键事件。运用关键事件分析法进行工作分析，其重点是对岗位关键事件的识别，这对调查人员提出了非常高的要求，一般非本行业、对专业技术了解不深的调查人员很难在很短时间内识别该岗位的关键事件是什么，如果在识别关键事件时出现偏差，将对调查的整个结果带来巨大的影响。

（2）识别关键事件后，调查人员应记录以下信息和资料：①导致该关键事件发生的前提条件是什么？②导致该事件发生的直接和间接原因是什么？③关键事件的发生过程和背景是什么？④员工在关键事件中的行为表现是什么？⑤关键事件发生后的结果如何？⑥员工控制和把握关键事件的能力如何？

（3）将上述各项信息资料详细记录后，可以对这些信息资料做出分类，并归纳总结出该岗位的主要特征、具体控制要求和员工的工作表现情况。

关键事件法为解释员工的绩效考核结果提供了一些确切的事实依据，它对员工进行绩效考核时所依据的是在很长一段时间内的表现，而非一时的表现，同时，关键事件法通过对记录下来的关键事件的评估可向员工提供明确的反馈，让员工清楚地知道自己的不足之处，有助于员工改进自己的工作行为。

当然，关键事件法也存在着一些不足：①每天或每周记下对每个员工的工作表现评价会很耗时间；②对于什么属于关键性事件，并非所有的主管都有相同的定义；③对不同的员工进行比较通常很困难，因为每一个事件对于每一位员工来说都是特定的；④员工会过分关注他们的上司到底写了些什么，会因此而恐惧上司。

（二）行为锚定评价法

行为锚定评价法，也称为行为定位评分法，是比较典型的行为导向型评估法。它侧重的是具体可衡量的工作行为，通过数值给各项评估项目打分，只不过评分项目是某个职务的具体行为事例，也就是对每一项职务指标做出评分量表，量表分段是实际的行为事例，然后给出等级对应行为，将工作中的行为与指标对比做出评估。它主要针对的是那些明确的、可观察到的、可测量到的工作行为。

小贴士

行为关键事件记录法STAR

下面将介绍的STAR法，是由四个英文单词的第一个字母表示的一种方法；由于STAR英文翻译后是星星的意思，所以又叫“星星法”。星星就像一个十字形，分成四个角，记录的一个事件也要分列四个方面，其示意图如图7－11所示。

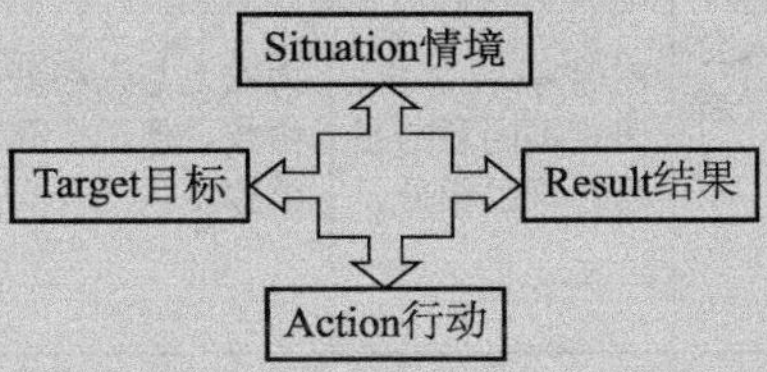

图7－11　STAR法示意图

第一个S是situation——情境。这件事情发生时的情境是怎么样的。
第二个T是target——目标。为什么要做这件事。
第三个A是action——行动。当时采取什么行动。
第四个R是result——结果，采取这个行动获得了什么结果。
连起这四个字母就叫STAR。

行为锚定等级评价法实质上是把关键事件法与评级量表法结合起来，兼具两者之长。行为锚定等级评价法是关键事件法的进一步拓展和应用。它将关键事件和等级评价有效地结合在一起，通过一张行为等级评价表可以发现，在同一个绩效维度中存在一系列的行为，每种行为分别表示这一维度中的一种特定绩效水平，将绩效水平按等级量化，可以使考核的结果更有效、更公平。

表7－13中所列举的就是行为锚定评估法的一个应用实例。在表7－13中我们可以看到，在同一个绩效维度中存在着一系列的行为事例，每一种行为事例分别表示这一维度上的一种特定绩效水平。

行为锚定评价法的优缺点都很突出。它的优点在于：使得对员工绩效的考量更加精确。由于参与本方法设计的人员众多，对本岗位熟悉，专业技术性强，所以精确度更高。评定量表上的等级尺度是与行为表现的具体文字描述一一对应的，或者说通过行为表述锚定评定等级，使考核标准更加明确，并且具有良好的反馈功能。

评定量表上的行为描述可以为反馈提供更多必要的信息，这种方法使员工知道他们所被期望表现的是哪些类型的行为，有利于员工改进自己的工作。这一方法的缺点在于设计和实施的费用高，比许多考核方法费时费力；而且考核某些复杂的工作时，特别是对于那些工作行为与效果的联系不太清楚的工作，管理者容易着眼于对结果的评定而非依据锚定事件进行考核。

表 7－13　行为锚定评价法：某公司员工绩效考核表

姓名：　　　　部门：　　　　聘雇日期：　　　　职等：

□年度评价	□半年评价	□特别评价	□评价期间		
评价项目	不满意	勉　强	好	很　好	优　秀
	1 2 3 4 5	6 7 8 9 10	11 12 13 14 15	16 17 18 19 20	21 22 23 24 25
1. 工作品质 本项不考虑工作量，仅看工作是否正确、清楚、完全。 □无从观察	工作懒散，可避免的错误频繁。 附注：	经常犯错，工作不细心。	大体满意，偶尔有小错误。	工作几乎保持正确、清楚；有错自行改正。	工作一直保持超高水准。
2. 合作 考虑其对工作、同事、公司的态度；是否愿意为人服务及与人沟通；是否愿尝试新观念、新方法。 □无从观察	似乎无法与人合作，不愿接受新事物。 附注：	时常不能合作，表现不同意的态度；难以相处。	大致上与人相处愉快，偶尔会有摩擦。	一向合作良好，愿意接受新方法。	与同事或主管合作有效，随时准备尝试新观念，与人相处非常好。
3. 工作知识 是否了解其工作的要求、方法、系统、设备。 □无从观察	与工作有关之事大部分都了解不够。 附注：	工作某些方面如能增进相应知识最好。	对工作有相当程度的了解。	对工作了解全面充分。	工作各方面均能掌握，极为优秀。
4. 主动性 考虑其在没有详尽指示下的工作能力，其应变才能，在无人监督下的工作情况。 □无从观察	只能照章行事；遵从指示做事，需不断监督。 附注：	处理新事物容易出错，经常需要监督。	经常性工作无须指示，新事物需要监督。	极少需监督，主动工作及改进。	一直是自主工作，自动增加额外工作，能力极强。

（三）行为观察评价法

行为观察评价法是行为锚定评价法的一种变异形式。但行为观察评价法在两个方面与行为锚定评价法有所区别：①行为观察评价法并不剔除那些不能代表有效绩效和无效绩效的大量非关键行为，相反，它采用了这些事件中的许多行为来更为具体地界定构成有效绩效或无效绩效的所有必要行为。②行为观察评价法并不评价哪种行为最好地反映了员工绩效，而是要求评价者对员工在评价期内的每一种行为的频率进行评价，然后将评价结果进行平均，得到总体的评价等级。

在使用行为观察量表时，评估者通过指出员工表现各种行为的频率来评定员工的工作绩效。一个 5 分制的行为观察量表被分为从“极少或从不是（1）”到“总是（5）”的五个分数段。评估者通过将员工在每一行为项目上的得分相加计算出员工绩效考核的总评分，高分意味着员工经常表现出合乎希望的行为。如表 7－14 所示，列举了行为观察量表的一部分。

表 7-14 评价工作绩效的行为观察法的一个例子①

克服变革阻力
(1) 向下属描述变革的细节
几乎从来不 1 2 3 4 5 几乎常常如此
(2) 解释为什么必须进行变革
几乎从来不 1 2 3 4 5 几乎常常如此
(3) 讨论变革会给员工带来什么影响
几乎从来不 1 2 3 4 5 几乎常常如此
(4) 倾听员工的心声
几乎从来不 1 2 3 4 5 几乎常常如此
(5) 在进行变革的过程中请求员工的帮助
几乎从来不 1 2 3 4 5 几乎常常如此
(6) 必要时确定一个具体的会议日期，在完成变革后来讨论员工关心的一些问题
几乎从来不 1 2 3 4 5 几乎常常如此
总分数
很差 尚可 良好 优秀 出色
6～10 11～15 16～20 21～25 26～30
注：分数由管理层来确定

行为观察量表法的优点表现为：

(1) 有助于员工对考核工具的理解和使用。基于系统工作分析，是从员工对员工所做的系统的工作分析中设计开发出来的，因此有助于员工对考核工具的理解和使用。

(2) 行为观察量表法有助于产生清晰明确的反馈。因为它鼓励主管和下属之间就下属的优缺点进行有意义的讨论，因此避免了一般化。

(3) 从考核工具区分成功与不成功员工行为的角度来看，行为观察量表法具有内容效度。考核者必须对员工做出全面的评价而不只是强调考核他们所能回忆起来的内容。

(4) 行为观察量表法关键行为和等级标准一目了然，由于行为观察量表法明确说明了对给定工作岗位上的员工的行为要求，因此其本身可以单独作为职位说明书或作为职位说明书的补充。

(5) 行为观察量表法的信度和效度较高。

当然，行为观察评估法也存在一些缺陷：

(1) 这种方法需要很多时间来开发，每一工作都需要一种单独的工具，除非一项工作有很多任职者，否则为该工作开发一个行为观察量表将不会有成本效率。

(2) 由于需要的信息量较大，因此其在实施的过程中对评估者的要求比较高。一套行为观察评估体系可能会涉及 80 种或 80 种以上的行为，而评估者还必须记住每一位员工在 6 个月或 12 个月这样长的评估期间之内所表现出的每一种行为的发生频率。

【本章小结】

本章首先介绍了绩效管理的工作流程，包括绩效计划、绩效实施、绩效评估和绩效反馈

① 诺伊，等．人力资源管理——赢得竞争优势［M］．北京：中国人民大学出版社，2005.

四个方面。其次介绍了绩效评估内容的设计，包括关键绩效指标法、360 度绩效考核法、目标管理法和平衡计分卡法，最后从主客观两个方法阐述了工作行为的评价方法。

【本章练习题】

一、选择题

1. 关于绩效考核与绩效管理关系的阐述正确的是(　　)。

A. 绩效考核是绩效管理的一个局部过程和环节

B. 绩效管理侧重于日常绩效的提高

C. 绩效考核侧重于绩效结果的评价

D. 绩效管理中管理人员与员工是对立的

2. 平衡计分卡从(　　)四个维度衡量企业业绩。

A. 财务、客户、内部流程、学习与成长

B. 财务、美誉度、内部流程、适应能力

C. 战略、客户、内部流程、学习与成长

D. 战略、美誉度、内部流程、适应能力

3. 关于 360 度考评，以下说法正确的是(　　)。

A. 强调客观考评员工

B. 下级评价比上级评价更重要

C. 强调全方位对员工进行考评

D. 注重考核员工的行为结果而非行为过程

二、简答题

1. 绩效管理的含义是什么？

2. 绩效管理的目的是什么？有效绩效管理的标准有哪些？

3. 绩效管理的流程有哪些环节？每个环节是如何实施的？

4. 绩效管理的工具有哪几种？如何运用这些绩效管理工具？

5. 绩效管理的主观行为评价法有哪几种？

6. 绩效管理的客观行为评价法有哪几种？

【案例分析】

A 公司是一家民营高新技术企业，2004 年以前未对员工实施绩效管理，薪酬中的绩效工资只与公司的经营效益挂钩，而与员工的个人工作绩效无关。2004 年为了完成公司经营目标，提高公司的市场竞争力，A 公司希望通过建立绩效管理体系将组织和个人的目标联系起来。为此，公司安排人力资源部用两个月的时间创建了一个绩效管理体系，并自 2004 年 1 月开始在公司内部实施。

A 公司的绩效管理体系主要包括以下几个部分：制订工作计划、开展工作追踪、实施绩效考核、考核结果反馈和考核结果运用。绩效考核的周期为一个月。A 公司首先在年底确定公司级的下年度经营目标，并将目标分解到了季与月，然后根据上述目标确定各部门的相应工作目标与工作计划；各部门的部门经理在每月月底根据部门工作目标与工作计划对下属员工提交的个人工作计划进行调整，并由员工确认；每个月由各级主管人员根据工作计划对直属员工进行工作追踪，并在月底对员工的工作表现进行评价考核，向人力资源部提交绩效考核报告；对于绩效考核结果，主要用于调整员工的月度薪酬（绩效工资部分）及做出相关的雇用决定。受到调整的月度薪酬（绩效工资部分）在月薪中所占比例为20%。

在实施绩效管理初期，A公司的员工绩效有一定程度的提高，但随着绩效管理工作的持续实施，员工的工作绩效难以达到预期目标，甚至有些岗位的员工绩效出现了明显的下滑，与此同时，员工的主动离职率也有较大幅度的提高，从中层管理人员到基层员工对绩效管理的负面反馈不断增多，多次出现员工对管理人员的投诉。到2004年年底，公司的年度经营目标未能达成。

基于战略的绩效管理是一项复杂、细致的工作，它既与企业战略相关联，又涉及企业每一位员工的具体工作，同时还与企业文化、管理水平、人员素质等因素密切相关，操作不当极易导致失败。而A公司在目标设定、资源配置、结果运用等方面均存在问题，从而直接导致绩效管理失败。

A公司在建立绩效管理体系时，目的不仅仅是为员工薪酬调整和晋升提供依据，而是要通过该体系使个人、团队业务和公司的目标紧密结合，提前明确要达到的结果和需要的具体领导行为，提高管理者与员工的沟通质量，强化管理人员、团队和个人在实现企业目标、提高业务素质等方面的共同责任，帮助公司与员工在工作要求和个人能力、兴趣和工作重点之间找到最佳结合点，从而提高组织效率，实现企业战略目标。

A公司的绩效考核内容分为硬指标考核项与软指标考核项两大部分。两部分指标对员工绩效考核结果的影响各占50%。硬指标考核项主要是工作业绩考核，该考核办法为：公司为每个岗位核定一个绩效标准分，员工当月的工作绩效分与该标准分的百分比（完成率）就是该考核项的分数。其中员工的工作绩效分＝∑（某项工作的标准工时×该项工作完成系数×该项工作质量系数），每项工作的标准工时由员工的直接主管在每月制订工作计划时与员工确认，完成系数、质量系数由直接主管在月底绩效考核时评定。

例如，某岗位的绩效标准分是1 200分，该岗位某位员工当月完成的各项工作累计绩效分为900分，则该员工的工作业绩分数为75分。

软指标考核项共包括目标管理、职责履行、学习提高、工作态度和沟通协作等五个方面九项指标，每项指标都按100、80、60、40、20分为五等，每个等级都有清晰的评判标准。A公司如此设立考核指标，是希望在考核员工工作绩效、保证公司短期业绩的同时，引导员工注重工作方法、规范员工行为和提高自身能力，进而保证公司战略目标的实现。

A公司从计划建立考核体系到最终实施考核体系只用了两个月的准备时间。例如，管理人员还不习惯对员工的工作进行记录，尤其是那些事关工作成败的关键性事实。这样，到了月底考核时经理很难依据考核期内的工作记录对员工进行考核，而主要还是根据平时的印象。同时，由于对绩效管理人员培训不足，管理人员常常陷入“晕轮效应”、“近期行为偏见”、“趋中趋势”、“宽厚性或严厉性误差”等考核误区中。尽管经过一段时间的培训与实践，有些绩效管理人员开始掌握考核技能，但绩效管理人员的流动以及对新任职的管理人员的培训不足，还是使得管理技能缺乏成为影响绩效管理正常运行的主要障碍。

讨论题：

1. A公司的考核标准是否合理？这一考核的标准和绩效管理最初的目标是否相符？

2. A公司新建立的绩效管理体系失败之处在哪？

【实践课堂】

1. 实践内容

登录中国人力资源开发、管理人等相关网站，查阅组织绩效管理的相关资料，讨论并分析绩效管理考核指标的选取、权重指标的设定、绩效考核的方法等方面。

2. 实践课程学时

2学时。

3. 实践目的

通过网站搜集和分析资料，掌握绩效管理系统、绩效目标计划的制订、绩效的实施与考核、绩效考核结果的反馈等。

4. 实践环节

第一步：以组为单位（2～3人一组），登录相关网站，查阅相关资料。

第二步：以组为单位，讨论各种绩效考核方法的优劣势。

5. 技能要求

能够熟练应用互联网查阅资料；

能够分析一些绩效考核的案例；

能够通过案例学习，归纳绩效考核过程中应做好哪几个环节。

第八章 员工薪酬及福利管理

学习目标

§了解薪酬、福利的概念、构成及作用，了解员工福利设计的基本流程；

§理解薪酬福利设计的基本原则，掌握薪酬体系的基本类型和薪酬设计基本方法；

§掌握薪酬设计的流程，明确如何进行薪酬评估。

技能要求

§掌握如何根据特定条件下的薪酬政策和水平，为组织制定合理的薪酬方案；

§能够针对薪酬影响因素的变化、薪酬政策的变化，调整薪酬福利方案。

开章案例

支持IBM公司战略的薪酬改革

美国“蓝海巨人”——国际商用机器（IBM）公司在行业中一直居主导地位，但进入20世纪90年代后，IBM公司在新技术开发等方面逐渐落后，资金状况令人堪忧，销售和利润都在以惊人的速度下滑，企业已经陷入困境。1993年，企业董事会邀请了路易斯·郭士纳（Louis Gerstner）出任企业的CEO，郭士纳的管理团队第一项战略就是要使IBM实现从笨重的巨人向轻巧的胜利者的转变。IBM的新战略强调胜利、执行、速度以及决断。

IBM公司正在执行的旧的薪酬制度重视内部公平而忽视外部市场，忽视薪酬的外部竞争性，主要特点有三：员工薪酬结构固定部分比例较高，奖金、绩效工资等浮动的部分比例较低；过于强调福利，企业为员工提供了远远高于竞争对手的福利标准；工资待遇差别较小，工资增长与当年企业年收入关系不大。员工虽然归属感很强，但却死气沉沉，缺乏活力。为改变上述状况，IBM公司对薪酬制度进行了四项重要的变革：

（1）市场规则。对不同的职位族建立起不同的薪酬结构，分别为他们制定绩效加薪预算。

（2）少数职位＋差别评价＋薪资宽带。在新的薪酬系统中，只需要根据三个因素（技能、领导力要求以及范围或影响）将职位插入10个薪资宽带中即可。

（3）管理者实施管理。企业给管理者一笔预算和如何实施加薪方面的指导，管理人员根据不同的要素对员工进行排序，拉开绩效优秀者和绩效平平者的差距。

（4）关注利益相关群体。加大绩效薪酬的员工适用范围和绩效薪酬在总薪酬中的比重。新的薪酬制度将员工薪酬与绩效、市场及经营的实现紧密挂钩，体现了企业胜利、执行、速度以及更好、更快、更富有竞争力的新文化。

薪酬是企业人力资源管理的重要组成部分，薪酬在激发工作动机、增强企业凝聚力、支持企业经营改革等方面起着重要的作用。合理的薪酬政策不仅能有效地激发员工的积极性、主动性，提高企业经营效益，而且能在人力资源竞争日益激烈的知识经济下吸引和保留一支高素质且具有竞争力的员工队伍。

第一节　薪酬及福利的实质

薪酬在人力资源管理中是一个十分敏感的层面，其合理与否直接关系到企业人力资源的管理效能，可以说，薪酬管理是企业管理的一个有效硬件，是决定企业人力资源激励有效性的重要变量。薪酬管理作为人力资源管理的一个核心内容和锐利的管理工具，每一位管理者都应该了解并应用好这一工具。

一、薪酬及福利的概念及实质

薪酬是指企业员工向所在单位提供所需要的劳动而获得的各种形式的补偿，是企业支付给员工的劳动报酬，薪酬包括经济性薪酬和非经济性薪酬两大类，经济性薪酬又可分为直接经济性薪酬和间接经济性薪酬。从最本质的意义上说，薪酬是对企业人力资源成本的吸引和保持员工的需要之间进行权衡的结果，是对员工为企业提供劳动而支付的报酬。

狭义的薪酬主要是指工资，企业员工由于被雇用而获得的各种以物质形态存在的经济收入、绩效工资和福利等。

广义的薪酬加入了赞扬与地位、学习计划和挑战性工作机会等内容。根据支付形式的不同，可以划分为三个部分：一是直接货币报酬，如工资、奖金、津贴等；二是以其他间接的货币形式支付给员工的奖励，包括福利、保险和带薪休假等；三是不以货币形式出现的非经济性报酬，如休假日、病事假等。

福利（welfare）是薪酬一个非常重要的组成部分，与我们生活息息相关的养老保险、医疗保险、失业保险等社会保险都属于员工福利的范畴。概括起来，福利就是指在相对稳定的货币工资以外，企业以改善员工及其家庭生活水平，增强员工对企业的忠诚度、激发工作积极性等为目的而支付的辅助性货币、实物或服务等。福利制度在消除社会贫困、维护社会稳定、为企业吸引优秀人才等方面发挥了重要作用，特别是一些大企业，优厚的员工福利已成为企业核心竞争力的一个重要组成部分。

管理实践

IBM的工资与福利项目

- 基本月薪——是对员工基本价值、工作表现及贡献的认同。
- 综合补贴——对员工生活方面基本需要的现金支持。

● 春节奖金——农历新年之前发放，使员工过一个富足的新年。

● 休假津贴——为员工报销休假期间的费用。

● 浮动奖金——当公司完成既定的效益目标时发出，以肯定员工的贡献。

● 销售奖金——销售及技术支持人员在完成销售任务后的奖励。

● 奖励计划——员工由于努力工作或有突出贡献时的奖励。

● 住房资助计划——公司提取一定数额存入员工个人账户，以资助员工购房，使员工能在尽可能短的时间内用自己的能力解决住房问题。

● 医疗保险计划——员工医疗及年度体检的费用由公司解决。

● 退休金计划——积极参加社会养老统筹计划，为员工提供晚年生活保障。

● 其他保险——包括人寿保险、人身意外保险、出差意外保险等多种项目，关心员工每时每刻的安全。

● 休假制度——鼓励员工在工作之余充分休息，在法定假日之外，还有带薪年假、探亲假、婚假、丧假等。

● 员工俱乐部——公司为员工组织各种集体活动，以加强团队精神，提高士气，营造大家庭气氛，包括各种文娱活动、体育活动、大型晚会、集体旅游等。

二、薪酬的构成

薪酬是一个综合性范畴，包括企业雇员的全部劳动收入，主要由五部分组成：基本薪酬、绩效薪酬、附加薪金（津贴）和补贴薪金、福利以及股票和股权。

1. 基本薪酬

根据员工的职位、所承担的职责、所需要的技能等因素决定，常常忽视员工之间的个体差异。基本薪酬是员工能获得的稳定报酬，是员工收入的主要部分，也是计算员工其他收入如绩效薪酬、某些重要福利项的基础。假设某企业实行工时定额的某流水线操作工，每一个工时的工资是10元，操作工的基本薪酬所得就取决于工作时间的长短，平时加班将按该标准的150%、周末按200%、节假日按300%支付。

2. 绩效薪酬

绩效是企业根据员工的工作绩效发放的薪酬，由员工的绩效决定，随着绩效的高低而起伏。绩效薪酬分为绩效工资和激励薪酬。绩效工资是基本工资之外的又一重要组成部分，是对员工过去工作行为和已取得成就的认可，旨在鼓励员工提高工作效率和质量，因此绩效工资常常随着员工绩效的变化而调整。激励薪酬，也叫奖金，主要与企业业绩挂钩，是因为企业或某团队效益好而给予的一次性奖励，根据员工的工作绩效进行浮动，强调奖励作用。

3. 津贴和补贴

津贴和补贴是对工资制度的补充，是对雇员超额劳动或者是增收节支的一种报酬形式。津贴是指对工资或薪水等难以全面、准确反映的劳动条件、劳动环境、劳动评价等对员工身心造成某种不利影响，或者为了保证员工工资水平不受物价影响而支付给员工的一种补偿。人们常把与员工生活相联系的补偿称为补贴，如交通补贴、住房补贴、生育补贴等，津贴与补贴常以货币形式支付给员工。

4. 福利

从支付对象上看，福利常常表现为以下两种形式：全员福利和特殊福利，也可以分为法定福利和非法定福利。

5. 股票和股权

这是一种新型的薪酬形式。前者是企业员工持有企业的股票，后者是一种权利。股权是将企业的一部分股份作为薪酬授予员工，使员工成为企业的股东，享有同股东一样的分红权。

第二节　薪酬体系的设计原则及流程

企业的薪酬要做到满足多方的需要，既符合企业的利益，又要满足不同员工的利益，有效达到塑造强化企业文化、改善经营绩效、控制企业成本的功能，必须坚持科学的设计原则和设计流程。

一、薪酬体系的设计原则

薪酬的设计必须遵循系统、合理、科学的设计原则。具体表现为以下方面。

1. 合法性原则

薪酬系统的合法性是薪酬设计的前提，也是薪酬系统存在的现实基础。薪酬系统的合法是建立在遵守国家相关政策、法律法规和企业一系列管理制度基础之上的合法。如果企业的薪酬系统与现行的国家政策和法律法规相抵触或违背，则企业应该迅速按规定进行改进使其合法。

薪酬方面的法律环境，主要体现在与公平就业机会、同工同酬、最低工资制度、员工福利保障等相关的法律条款上。从人力资源管理的角度看，全面了解与薪酬相关的法律环境，是进行薪酬制度设计的基本前提。例如企业必须熟悉与薪酬关系最密切的税法，作为代扣个人所得税的单位，必须严格按照税法的规定在发放工资前代扣代缴员工的个人所得税，但是在合法的前提下，企业可以最大限度地为员工增加实际所得，进行税收筹划和合理避税。

实务操作

鉴于薪酬的政策性相当强，我们再补充一些有关薪酬的法律知识。

《北京市工资支付规定》第十四条 用人单位依法安排劳动者在标准工作时间以外工作的，应当按照下列标准支付劳动者加班工资。

（一）在日标准工作时间以外延长工作时间的，按照不低于小时工资基数的150%支付加班工资；

（二）在休息日工作的，应当安排其同等时间的补休，不能安排补休的，按照不低于日或者小时工资基数的200%支付加班工资；

（三）在法定休假日工作的，应当按照不低于日或者小时工资基数的300%支付加班工资。

第十五条　实行计件工资制的，劳动者在完成计件定额任务后，用人单位安排其在标准工作时间以外工作的，应当根据本规定第十四条的原则，分别按照不低于计件单价的150%、200%、300%支付加班工资。

第十六条　用人单位经批准实行综合计算工时工作制的，在综合计算工时周期内，用人单位应当按照劳动者实际工作时间计算其工资；劳动者总实际工作时间超过总标准工作时间的部分，视为延长工作时间，应当按照本规定第十四条第（一）项的规定支付加班工资；安排劳动者在法定休假日工作的，应当按照本规定第十四条第（三）项的规定支付加班工资。

《中华人民共和国劳动合同法》第八十五条　用人单位有下列情形之一的，由劳动行政部门责令限期支付劳动报酬、加班费或者经济补偿；劳动报酬低于当地最低工资标准的，应当支付其差额部分；逾期不支付的，责令用人单位按应付金额百分之五十以上百分之一百以下的标准向劳动者加付赔偿金。

（一）未按照劳动合同的约定或者国家规定及时足额支付劳动者劳动报酬的；

（二）低于当地最低工资标准支付劳动者工资的；

（三）安排加班不支付加班费的；

（四）解除或者终止劳动合同，未依照本法规定向劳动者支付经济补偿的。

2. 内部一致性原则

内部一致性通常也称为内部公平性，是指薪酬结构与组织设计和工作之间的关系，即薪酬结构要支持工作流程，要对所有员工公平，有利于使员工行为与组织目标相符。如果薪酬制度无法实现内部一致性，则会产生很多内部冲突，降低企业经营绩效。在设计薪酬时，满足内部一致性，应将注意力集中在确定薪酬结构上。

薪酬结构是指在同一组织内部不同职位或不同技能薪酬水平的排列形式。薪酬结构强调薪酬水平等级的多少、不同薪酬水平之间级差的大小，以及决定薪酬级差的标准，确保薪酬的内部一致性。薪酬结构的一个主要特点是将薪酬分成不同的等级，不同薪酬等级之间的薪酬差异称为薪酬级差。薪酬级差可根据员工的职位、业绩、态度、能力等因素划分，尽可能地体现公平。

3. 外部竞争性原则

外部竞争性是一个相对概念，是指不同组织间的薪酬关系——与竞争对手相比本组织的薪酬水平。如果组织的薪酬制度无法实现外部公平，则很难吸引优秀人才，也很难留住人才。外部竞争性强调本组织薪酬水平与其他竞争对手的比较，在比较中，就有了“高”、“低”、“相当”三种可能，企业可以选择高于、低于或者与竞争对手相当的薪酬水平。

薪酬水平要关注两个目标——控制劳动力成本、吸纳和留住员工。控制劳动力成本，那薪酬水平越低越好；企业薪酬水平越高，越有利于吸引和留住员工；一个要求低的薪酬水平，一个要求高的薪酬水平，企业既要让薪酬水平保持在企业可接受的范围之内，又要让员工满意。那么两者之间如何平衡？一般来说，吸纳和留住员工是第一目标，特别是要关注那些关键员工的薪酬，其次保持薪酬水平具有竞争性。在我国对技能要求不高的基层员工供应量充足，而高层的人才比较难找，如果工资不具备竞争性，那最容易流动的正是企业的核心人才和关键人才。

4. 与员工贡献相符原则

与员工贡献相符，就是要保证支付给员工的工资与其对企业所做的贡献相符，并且尽可能地让员工感到满意，从而自愿地多做贡献。对绩效的重视是一项重要的薪酬决策，因为它直接影响着员工的工作态度和工作行为。我们知道，不同的人从事同样的工作对企业来说可能对企业贡献不同的价值，如果员工甲比同样职位的员工乙的绩效更好，员工甲应得到更高的薪酬。在这个法则中，要解决三个问题：如何进行绩效评价？绩效与薪酬如何联系？员工对薪酬是否满意？

在内部各类、各级职位的薪酬水准上，要适当拉开差距，真正体现按能力、按技能、按绩效分配和奖优罚劣的原则。大量研究表明，工资是影响员工去留的重要原因，将工资与个人绩效挂钩对员工绩效有正面影响，绩效差的人比绩效好的人更可能离开企业。

5. 激励性原则

激励性就是差别性，即根据工作的差别确定薪酬的差别，体现薪酬分配的导向作用以及多劳多得的原则。薪酬应作为激励员工的主要手段之一。薪酬激励成为现代人力资源管理的重要组成部分，对提高企业的竞争力有着不容忽视的作用。

员工所得到的薪酬既是对其过去工作努力的肯定和汇报，也是他们未来努力工作得到的预期报酬，激励其在未来也能努力工作。在员工心目中，薪酬不仅仅是自己的劳动所得，它在一定程度上代表着员工自身的价值，代表企业对员工工作的认同，甚至还代表了员工个人能力、品行和发展前景。这就要求企业要适当拉开差距，真正体现按照贡献大小分配的原则。

管理实践

有一天，一个渔夫看到船边有一条蛇，口中衔着一只青蛙，看到垂死挣扎的青蛙，渔夫觉得它很可怜，便把青蛙从蛇的口中救出来放走了。但随后，渔夫又对那条将要挨饿的蛇动了恻隐之心，便想给那条蛇一点东西吃。因为身边只有酒了，渔夫便滴了几滴到蛇的口中。

蛇喝过酒后，高兴地游走了，青蛙也为获救而高兴，渔夫则为自己的善举感到快乐。他认为这真是一个皆大欢喜的结果。仅仅过了几分钟，渔夫听到有东西在叩击他的船板，他低头一看，几乎不敢相信自己的眼睛，他看见那条蛇又回来了，而且嘴里咬着两只青蛙，正等着渔夫给它酒的奖赏。

【评析】

在这则寓言中，如果渔夫只救走青蛙，而不给予蛇奖赏的话，那么除非这条蛇的思维有问题，否则它是不会再咬着青蛙回到渔夫身边的。奖励，是一种非常有效的激励手段。但是，奖励又是非常有技巧的。如果领导者不能客观、公正、科学地考核员工，正确奖罚员工，忽视员工的良好表现，甚至惩罚好表现、奖励错误的行为，就会使工作毫无效率，员工毫无工作激情，企业死气沉沉。

在对员工进行奖励时，领导者必须明确奖励的对象、原因以及方法，否则，奖励不但不会起到激励的效果，反而会打击员工的积极性，使员工的行为背离领导者奖励的初衷。

资料来源：中国企业培训网。

二、薪酬体系的类型

薪酬体系设计是一个系统工程，反映了企业的分配哲学，即依据什么原则确定员工的薪酬。在设计薪酬之前，先要了解薪酬体系有哪些类型。不同的企业有不同的报酬观，许多跨国公司在确定人员工资时，往往要综合考虑三方面的因素：一是其职位等级，二是个人的技能和资历，三是个人绩效。在工资结构上与其相对应的，分别是职位工资、技能工资和绩效工资。也有的将前两者合并考虑，作为确定一个人基本工资的基础。确定职位工资，需要对职位做评估；确定技能工资，需要对人员资历做评估；确定绩效工资，需要对工作表现做评估；确定企业的整体薪酬水平，需要对企业盈利能力、支付能力做评估。

（一）职位薪酬体系——以职位为基础的薪酬体系

这是企业比较容易采用的一种传统薪酬制度，它的指导思想是员工对企业的贡献主要体现为其职位价值，因此可以根据员工所承担的职位职责大小、工作内容的复杂程度、工作难度等因素来进行职位价值评价，根据职位本身的价值支付薪酬。

职位工资制的特点是：严格的职位分析，比较客观公正；职位工资比重较大，职位津贴高，在整个工资中职位工资一般在60%以上，工资浮动比重小，比较稳定；严格的职位等级，并对应严格的工资等级；容易形成管理“独木桥”，职员晋升的机会比较小，成长的规划比较窄，影响了员工工作的积极性、主动性和创造性。

基于职位的薪酬体系有如下优点：①它清楚地界定了各职位的相对价值，并将职位价值与薪酬直接联系起来，较好地体现了薪酬的内部公平性。②薪酬与职位高低密切相关，有利于激发员工的进取心，鼓励员工努力工作争取晋升。③基于职位的薪酬体系有利于按照职位序列进行薪酬管理，操作比较方便。

职位薪酬体系的缺陷也比较明显。

(1) 职位所规定的工作内容比较固定，员工工作缺乏灵活性，这不利于企业适应日益多变的市场环境。

(2) 企业组织结构逐渐趋于扁平化，员工的晋升机会减少，提薪难度加大，其工作积极性可能受挫。

(3) 职位薪酬无法对员工拥有的知识和技能给予报酬。

(4) 在一些新的工作方式如项目小组、工作团队，职位概念模糊，因而难以根据职位来确定薪酬。

(5) 职位薪酬体系强调资历和职位等级，容易出现员工工作按部就班、不愿创新，导致整个组织的官僚化。

（二）能力薪酬体系——以能力为基础的薪酬体系

能力不仅包括知识和技能，还包括行为方式、个性特征、动机等因素，能力薪酬体系是企业把薪酬与员工实现高绩效所需的绩效行为能力联系起来。具体设计，如图8－1所示。

基于能力的薪酬体系相对于职位薪酬体系有以下几方面的优点：

(1) 打破了传统职位薪酬体系官僚化的特点，为员工提供了更为广阔的职业生涯道路。在传统的职位薪酬体系下，员工只能通过职位的晋升来获得薪酬的大幅增加，而能力薪酬体

图 8-1　能力薪酬体系设计流程

系可以让员工通过提升自己的知识、技能和能力来获得薪酬的增加，同时它还能更好地适应组织扁平化的需要。

(2) 更加有利于鼓励和引导员工不断学习新的知识、技能和能力，从而帮助企业提升人力资源的素质，培养员工的核心专长和技能。

(3) 在帮助员工获得核心专长和技能的基础上，有效地支撑了企业核心能力的培养，有助于企业在未来的竞争环境中赢得竞争优势。

另一方面，能力的薪酬体系也有一些缺点：

(1) 能力并不等同于现实的业绩。如果实施能力薪酬导致的成本增长超过了企业现实业绩的增长，企业可能无法承受。

(2) 能力的评价相当困难，并常常带有一定的主观性，评价的结果也可能不为员工所接受。

(3) 能力薪酬体系的建立和维持是一项复杂的工作，是对企业人力资源管理的巨大挑战。

(三) 绩效薪酬体系——以绩效为基础的薪酬体系

在该体系中，薪酬的一部分随着某种标准衡量——个人或组织的绩效变动而变动，由员工的工作绩效来决定。根据支付基础的不同，绩效薪酬可分为个人奖励、团队奖励和组织奖励。个人奖励就是将员工个人绩效同制定的标准相比较，确定其绩效工资的额度。个人奖励计划主要有两种形式：一种是由个人工作成果直接决定奖金的模式，如销售员的提成制；另一种是由绩效考核的结果决定奖金的模式。团队奖励就是将关注点转移到团队，通过比较团队绩效与预定标准来确定。团队作为基本的工作单位正日趋流行，工作间的相互依赖和合作的需要意味着必须用薪酬来强化团队努力，鼓励合作。

团队报酬应用比较多的主要是利润分享计划和收益分享计划。团队激励计划虽能增强合作，提高员工参与度，易于绩效测评；却同时造成了“搭便车”现象，降低了收入的稳定性。组织奖励是根据组织的整体绩效来确定奖金发放的奖励计划。组织通常根据关键绩效指标完成情况来确定整个企业的奖金发放额度、奖金的发放对象和分配方式。

三种薪酬体系各有优缺点，实践中企业往往综合采用。职位薪酬体系强调在每个职位上配备适当的员工，在技术岗位应用较多，因为技术技能很难被量化；能力薪酬体系鼓励员工能力的提升和创新，在管理岗位应用较多；绩效薪酬体系在销售类岗位、适合计件工资的生产类岗位也得到了广泛应用。

三、特殊群体的薪酬体系

根据员工工作性质的不同，我们经常将员工分为管理、技术、生产、销售和服务等类别。在这里我们专门谈谈专业技术人员、销售人员和管理人员的薪酬体系设计。

（一）专业技术人员的薪酬体系

1. 职位等级薪资

对专业技术人员往往更强调解决问题的能力和创造性，而这些关键薪酬要素又很难量化，不好比较和衡量。具体方法上可用要素比较法或点数法对职位进行评价，将职位归入不同的职位等级。因企业组织结构扁平化的趋势，为鼓励专业技术人员创新，许多企业采用宽带薪酬，首先根据市场状况确定最优的薪酬水平，并确定基准职位的价值，然后再把这些基准职位以及其他专业类职位插入某一薪资结构中，如将每一职位划分4～6个等级，让每一个等级对应一个浮动范围比较宽的薪资区间，若企业同一级别的专业人员在技能和成就方面的差异比较大，其薪资差距也会较大。这种做法有利于企业保持自己薪酬的竞争水平。

2. 专业技术职务薪资

专业技术职务薪资是在职位等级薪资之外，针对专业技术人员专业技能发展变化的特点确立的、以公司设立的专业技术职务为对象建立起来的薪资体系。公司根据专业技术工作的性质和需要，设立专业技术职务级别，在专业技术岗位上工作的员工，根据被聘用的专业技术职务享受相应的薪资等级。专业技术职务薪资不针对专业技术岗位，只针对专业技术职务。

这种技能取向型薪酬体系的优点表现在：一是把员工薪资提升与员工专业技能提升结合起来，使员工在提升自己专业技能的同时使其薪资也不断得到提升，有力地调动了员工学习和提升技能的积极性；二是把员工薪资提升与员工职业发展结合起来，拓宽了员工的职业晋升渠道，有利于员工的职业发展，提高了企业的职业管理水平。

另外技能取向型薪酬体系设计是建立在完善的职业管理体系基础之上的，在设计这种薪酬体系之前，企业首先需要根据不同专业技术职务的技能要求和本企业员工技能成长特点建立、健全专业技术职务任职资格体系，因此操作复杂、难度较大、成本较高。

（二）销售人员的薪酬体系

由于销售人员的工作时间和工作方式的灵活性很高，很难对其工作进行监督；销售人员的工作业绩通常可以用非常明确的结果指标来衡量；销售人员的工作具有风险性和不确定性，因此对于销售人员的薪酬也要进行特殊的设计。

销售人员的薪酬模式一般可以分为以下几种。

（1）纯佣金制：指销售人员的全部薪酬收入都是由佣金构成的，佣金通常以销售额的一定百分比来提取，所以又称销售提成。

（2）基本薪酬加佣金制：有基本薪酬加直接佣金（销售额的一定百分比）和基本薪酬加间接佣金（销售额业绩转化为一定的点值）两种。

（3）基本薪酬加奖金制：奖金的数量取决于销售人员销售目标的达成度。

（4）基本薪酬加佣金加奖金制。

下面我们来看看具体的薪酬元素。

1. 底薪

有一些行业或公司采用无底薪提成，而大部分公司采取有底薪提成，底薪为销售人员提供了基本的生活保障，一些兼职销售人员大部分是无底薪提成。

底薪一般有三种形式，一种是无任务底薪，底薪每月固定发放，与销售目标完成情况无关；还有一种是带任务底薪，底薪与销售目标完成直接相关。根据目标完成率核算实际发放底薪；还有一种是混合底薪，就是底薪中有一定比例是无任务底薪，固定发放，其余部分和任务完成挂钩。

2. 提成（佣金）

关于提成的设计一般从两个方面考虑，首先是提成基础的确定，也就是提成根据什么核算，是以合同额核算，还是以回款额核算；另一个考虑是提成比例的确定。

1）提成的基础

对于公司而言，根据回款提成是一种最为保险的方式，因为在复杂的市场环境中，客户的信用不确定，按合同额提成对公司可能仅仅意味着一场数字游戏，在没有实际的现金流入之前就兑现销售人员的提成至少存在以下风险。销售人员单纯为了追求业绩的增长，而不考虑客户信用状况，一味地追求合同额，而不去考虑回款，公司的呆账、坏账比例会逐渐增多。

提成的基础也可根据销售人员的成熟度不同而有所不同。比如对于销售新人的激励，由于其经验和阅历有限，而相对于其他工作而言，销售更具挑战性，所以对于刚入行的新手而言，以合同额计提提成可能更能提高其对销售工作的信心和兴趣。而对于有经验的销售人员来说，他们已经具备一个合格销售的素质，也就是职业成熟度比较高，用回款计提提成对公司比较有利，对个人的激励效果也不会有影响。

2）提成比例的确定

提成比例的确定也是一个重点和难点，比例设高了，对于个人激励性增大，但企业的利益就相对降低了；设低了，对个人没有太大的激励性，不能促进其多开发客户，从而企业的利润也无从谈起。一般而言，大的前提是根据公司的运营成本测算，保证公司最低净利润收入后确定可分配的利润，另一方面是考虑同行业的通行的提成比例。公司产品品牌优势较高时，比例可以适当低一些，因为个人努力在销售中占的主导因素会较一般品牌公司低一些，而且公司产品上份额会较大一些，提成比例上的差距会因销量而弥补收入上的差距。如果是初创的企业，可考虑在公司能承受的范围之内适当地提高比例，因为产品在市场上没有品牌影响力，销售更多的是依靠销售人员个人的能力去实现，而且市场份额不大，总销量不高，提成比例不高会导致业务人员收入过低，从而导致销售人员流失率增大，影响公司的生存和发展。

（三）管理人员的薪酬体系

管理人员的薪酬一般都由四部分组成。

1. 基本工资

基本工资是高层管理人员的一个稳定的收入来源，它使得个人收入不会因企业的业绩波动而承担过多的风险。高层管理人员基本工资的绝对值虽然在逐步上升，但其在高层管理人员总收入中所占的比重却随着级别的逐渐提高而逐渐下降。

2. 绩效奖金

绩效奖金是根据企业的绩效，对高层管理人员进行的一种短期激励，数额相当可观，其在高层管理人员总收入中的比重随着级别的提高而逐渐增加。其发放标准一般来说与薪水成正比，即薪水较高者参照投资方分红的比例为指标。有的以税后利润为指标，有的以税前净收益为参考，有的是税后净收益加上股票价值。

3. 公司股票或期股

上市公司按照员工的级别在其购买公司股票时给予不同比例的优惠，员工级别越高，享有的优惠越大，或者高层管理人员薪酬的一部分以股票形式给付，股票可以在持有一定年份，或股票价格超过一定水平后出售。通过这种手段，可以保持公司团队的稳定性。而对于非上市公司来说，主要采取期股制。期股制是基于激励理论制定的一种激励机制，可归为长期薪酬的一种形式。目前常用的期股制是原有薪资不变，以议定价格向经营者转让虚股最终以红利购买而转为实股的一种激励机制。

4. 补充福利

一些企业同高层管理人员的约定中还包括完成一定时间的合同后，根据业绩，高层管理人员可能会获得一大笔离职费的“金降落伞”计划。另外，高层管理人员除了享受一般员工都普遍享有的福利之外，还有另外一些补充的福利。如无偿使用企业的车辆、招待费的全额报销、报销休假期间同家属一同出游的费用、额外商业人寿保险、弹性工作、俱乐部会员、经理餐厅、头等舱旅行、个人理财及法律咨询、定期体检等措施。

另外，管理人员的薪酬设计还要把握以下三个基本原则：①基本工资随着等级的升高而递增；②现金补助随着等级的升高而降低；③绩效奖金随着等级的升高而升高。

四、薪酬设计的流程

薪酬设计的最终目的就是要形成一个适合于自己吸引、保留和激励高素质员工和高级人才，鼓励员工积极进取、团结协作，促进企业人力资源协调发展的企业薪酬结构体系。成功的薪酬设计能够以最节约的资金达到最好的效果，能够激励员工，提高员工的忠诚度，提升企业的绩效。

薪酬设计的一般流程如下。

1. 确定企业薪酬战略

确定企业薪酬战略，也就是确定企业价值判断准则和反映企业战略需求的薪酬分配策略。薪酬战略是在特定条件下对企业绩效和人力资源的有效使用产生影响的一系列重要的薪酬支付选择。所有企业都有自己的薪酬战略，只不过有些企业有清楚的表述，而一些企业自己没有意识到罢了。

这也不是说所有的薪酬决策都是战略性的，设计和实现一个能增强企业竞争优势的薪酬战略要首先解决好两个问题：①能给企业增加价值吗？②是否难以效仿？

2. 工作分析

工作分析，即绘制企业的岗位结构图，形成企业职务说明书体系。工作分析是确定薪酬的基础。结合企业经营目标，企业管理层要在业务分析和人员分析的基础上，明确部门职能和职位关系，人力资源部和各部门主管合作编写职位说明书。一直以来工作分析被认为是人力资源管理的基石，因为在人力资源的各项职能中，工作分析都在发挥潜在作用。

在薪酬设计中，工作分析有两个重要的作用：明确不同工作内容的相似与差异、建立内部平等的工作结构。通过工作分析，收集相关的工作信息，整理成工作描述，明确工作的性质、主要职责、管理幅度、范围，为职位的价值评价提供基础信息。

3. 职位评价

对职位进行评价就是要明确职位对企业的贡献和相对价值，这样有助于管理者确定某一职位的薪酬，达到内部一致性。职位评价有两个目的，一是比较企业内部各个职位的相对重要性，得出职位等级序列；二是为进行薪酬调查建立统一的职位评估标准，消除不同企业间由于职位名称不同或即使职位名称相同但实际工作要求和工作内容不同所导致的职位难度差异，使不同职位之间具有可比性，为确保工资的公平性奠定基础。

科学的职位评价体系是通过综合评价各方面因素得出工资级别，而不是简单地与职务挂钩。职位评价是职位分析的自然结果，同时又以职位说明书为依据。

4. 薪酬调查

薪酬调查是采集、分析竞争对手所支付薪酬水平的系统过程，它能提供与竞争对手相关的薪酬策略所需数据。薪酬的一个原则是外部竞争性，企业在确定薪酬水平时，需要参考劳动力市场和竞争对手的薪酬水平，参照其他企业的薪酬水平及时制定和调整本企业薪酬。薪酬调查重在解决薪酬的对外竞争力问题，是企业调整薪酬水平、调整薪酬结构、分析与薪酬有关的问题和评估竞争对手劳动成本的依据。

薪酬调查结果是企业进行薪酬决策的重要依据，因此应精心组织设计。

首先，明确调查的对象，调查哪类企业，是同一行业竞争的企业还是在同一区域竞争员工的企业；调查多少企业。其次，调查哪些职位。再次，确定执行者、渠道、方式，是企业自己做还是委托比较专业的咨询企业，问卷抽样调查还是上网查询等。最后，对薪酬调查数据检验、分析、应用，如核对一下调查数据与职位相匹配的程度，进行修正，根据修正后数据绘制薪酬市场曲线，进行统计分析。

根据薪酬调查的结果绘制薪酬曲线。在职位等级-工资等级坐标图上，首先标出所有被调查企业的员工所处的点，然后整理出各企业的工资曲线，就可以直观地反映本企业的薪酬水平与同行业相比处于什么位置。

管理前沿

网络薪酬调查

为确保薪酬的外部竞争性，企业必须进行正式或非正式的薪酬调查，以便了解竞争对手的薪酬水平。薪资调查数据主要被用来确定企业基准职位的薪资水平，其他职位的薪资水平要根据它们之间的相对价值，围绕着基准职位来制定。

常用的调查方法有问卷调查、电话调查、报纸调查等，随着互联网技术的发展和网络的普及，网络调查正越来越受到企业的青睐。由于互联网的出现，大量信息上网，寻找薪资数据的工作不再像过去那么神秘，快速扩展的基于互联网的信息发布机制已经使得任何人都能够得到发布的薪酬信息，特别是在一些官方网站，企业甚至可以免费得到一些权威的数据。互联网上关于薪资信息的主要网站有：

中华人民共和国国家统计局：http：//www. stats. gov. cn。

中华人民共和国劳动和社会保障部：http：//www. molss. gov. cn/index/index. htm。

首都之窗——北京市政务门户网站：http：//www. beijing. gov. cn。

北京劳动保障网：http：//www. bjld. gov. cn。

中国劳动网：www. labournet. com. cn。

中国人力资源开发网：http：//www.chinahrd.net。

中国人力资源网：http：//www.hr.com.cn。

如北京某公司今年计划引进10名应届大学毕业生，公司就可以登录北京市政务门户网站，在上面查询北京市毕业大学生的平均薪资水平、薪资范围，各专业的冷热程度等信息。公司也可以到一些招聘网站、专业收费网站了解其他企业在相关职位的薪酬信息，或委托它们进行数据调查收集。被调查对象在电脑前填写数据，没有外来压力，在大多数情况下数据的可靠性比较高。此外，企业也可以通过公司内部网络为员工提供一个“单一”通道，使人力资源管理人员能够与每一个员工以互动的方式交流。

5. 薪酬定位

影响企业薪酬水平的因素有多种。从企业外部看，国家的宏观经济、通货膨胀、行业特点和行业竞争、人才供应状况甚至外币汇率的变化，都对薪酬定位和工资增长水平有不同程度的影响；在企业内部，赢利能力和支付能力、人员的素质要求是决定薪酬水平的关键因素；企业发展阶段、人才稀缺度、招聘难度、企业的市场品牌和综合实力，也是重要的影响因素。

薪酬设计有个专用术语叫25P、50P、75P，意思是说，假如有100家企业（或职位）参与薪酬调查，薪酬水平按照由低到高排名，它们分别代表着第25位排名（低位值）、第50位排名（中位值）、第75位排名（高位值）。企业在比较分析调查的薪酬数据后，需要做的是根据自身状况选用不同的薪酬水平，在薪酬定位上，企业选择领先策略或跟随等策略。如果企业采用75P策略，就需要具有雄厚的财力、完善的管理、过硬的产品等条件，因为薪酬是刚性的，一旦企业的市场前景不妙，由于不可能降薪，将会使企业的留人措施变得困难。

6. 薪酬结构设计

薪酬结构设计关键是描绘各项工作的相对价值及其对应的实付薪酬之间的关系，形成“工资结构线”，并将企业内相对价值相近的各项工作合并组成若干工资等级。不同薪酬等级之间的薪酬差异称为薪酬级差。薪酬级差可根据员工的职位、业绩、态度和能力等因素划分，要尽可能地体现公平。

级差的大小应与薪酬等级相符，等级差异大，级差相应也大；等级差异小，则级差小。如果两者关系不相符，则容易引起不同等级员工的不满。等级差异过大，薪酬等级较低层的员工会认为有失公平，自己所得过少；等级差异过小，薪酬等级较高层员工认为自己的贡献价值没有得到认可，因而会挫伤工作的积极性。

7. 薪酬制度的实施和修正

修正薪酬方案实施重复出现的问题，根据环境变化和企业战略适时调整薪酬方案。首先，在确定薪酬调整比例时，人力资源部要会同财务部门对总体薪酬水平做出准确的预算。其次，在制定和实施薪酬体系过程中，要及时地沟通，并进行必要的宣传或培训。

薪酬是对人力资源成本与员工需求之间进行权衡的结果，公平是保证薪酬改革成功的因素之一。世界上不存在绝对公平的薪酬制度，只存在员工是否满意的薪酬制度，人力资源部可以利用员工座谈会、员工满意度调查、企业内部BBS等作为沟通反馈渠道，充分介绍企业的薪酬制定依据，了解实施情况和员工意见。为保证薪酬制度的适用性，企业应对薪酬按程序定期调整，使其趋于合理，以达到更好的效果。

实务操作

薪酬外包

薪酬外包是指仔细选择、雇用专业的外部服务供应商，促进企业再定义、再聚焦，能够集中精力专注于核心业务。薪酬的设计和管理由于是一项专业性较强的工作，需要专业人才才能胜任。因此，为了省去设计和管理方面的麻烦，使企业能够集中精力专注于核心业务，一些企业往往通过签订服务合同，将自己薪酬的设计和福利制度的管理完全外包给其他专业性公司来做。

专业性公司的薪酬方案往往专业化程度很高，但我们应该注意，对企业而言，可能针对性不够强，收费也较高。如果管理得当，就深层的策略面而言，企业可从与服务供应商的合作中获益，并促使企业更专注于其所擅长、具备竞争优势的业务。

企业进行薪酬外包管理源于诸多方面的原因，其中最常见的原因是确保其内部人员着重进行那些与企业经营息息相关的战略性活动，更好地管理薪酬成本。薪酬外包是一种重要的管理工具，但并非所有企业都适合于采用。一般而言，具有下述特征的公司最适于进行薪酬外包管理：

①尝试和体验过外包管理其他人力资源工作；②期望节省管理工作所耗费的时间，以便投入更多的时间来进行与薪酬设计相关的经营问题；③大量的管理活动，通常与市场数据息息相关。若企业的薪酬管理是其核心能力的一部分，或实行保密薪酬制度，则不宜采用外包。

第三节　薪酬设计的方法

在薪酬设计的实践中已经摸索出一些相对比较成熟的薪酬设计的方法，并且还在不断地发展中。

一、常用方法

1. 分类法

分类法是指各岗位依其职务、职责、技术、工作条件和其他相关工作要素的不同而分成几类，将特定岗位的职责与各岗位的职责相对比，以同类岗位为参照，确定其相应价值。分类法首先制定出一个工作岗位的等级体系，给出不同等级工作的详细说明，然后分析每一个工作岗位的特征，将各个工作岗位与不同等级的典型工作比较，看其更符合哪一个等级的工作，再将其归入合适的等级之中。分类法的基本实施步骤：

（1）确定合适的工作岗位登记数量。

（2）为各种工作类别中的各个级别进行定义。

（3）根据工作岗位等级定义对职位进行等级分类。

（4）评定岗位之间的相对价值和关系。

分类法与岗位参照法有些相像，不同的是，它没有进行参照的标准岗位，强调工作类别的差异，而不是单个工作的差异。它是将企业的所有岗位根据工作内容、工作职责、任职资格方面的不同要求，分不同的类别，一般分为管理工作类、事务工作类、技术工作类及营销工作类等。然后给每一类确定一个岗位价值的范围，并且对同一类的岗位进行排列，从而确定每个岗位不同的岗位价值。

2. 排序法

排序法是根据各种工作的相对价值或它们各自对组织的相对贡献，由高到低地进行排列。排序法是一种最简单的职位评价方法，它的操作通常要采用以下五个步骤：

（1）获取职位信息。对每个职位完成职位描述通常是进行排序的基础。

（2）选取职位。对每一个职位进行排序比较麻烦，通常是根据部门或职位族来对职位进行排序。

（3）选择报酬要素。定义报酬要素，根据报酬要素进行排序。

（4）职位排序。每一位评价者按照高低顺序排列，也可采用交叉排序法，依次挑出最高和最低的职位进行排序。

（5）将评价结果合并。评价委员会综合评价结果，并进行排序。

排序法的优点在于快速、简洁、费用比较低，而且容易和员工沟通。同时，排序法也存在很多问题。首先，在理论上企业可以依据一定的标准对所有工作岗位进行排序，但在实际操作中，企业往往将标准定义得比较宽泛，企业也很难对全部岗位都按标准进行排序，排序过程中不可避免地会受主观因素的影响。其次，缺乏称职的评价者，从整体上对工作职位的相对价值进行评价，评价者必须具有专业技能，并非常熟悉被评价职位的工作内容。最后，虽然排出了各职位价值的高低顺序，但它们之间价值差多大却难以判断，更无法进行准确的赋值和解释，要借助于其他量化的工作评价方法。

3. 评分法

评分法是一种比较复杂的量化工作评价技术。首先把岗位分为关键岗位和非关键岗位。然后选定工作岗位的主要影响因素，选择报酬因素（组织确实重要并能与报酬相对应的要素），采用一定的分值表示每一个因素，并要细化为次级要素和层次。生产性岗位的报酬因素一般是技术绩效和工作条件；管理性岗位的报酬因素应包括知识、职责和决策要求。接着进行要素权重分配（根据要素的重要性分配），用预先规定的衡量标准，对享有工作岗位的各个因素逐一评比估价给出分值。最后经过加权求和，得到各岗位的总分数，再按照此分数值的大小对工作进行排序、归类。评分法的基本实施步骤：

（1）成立岗位评估小组。

（2）将企业所有岗位的职责和任职要求的条款整理出来。

（3）对每个条款的价值进行打分。

（4）每个岗位得到的总分，就是该岗位的岗位价值。

评分法既考虑到了各工作岗位的相对价值，也考虑到了影响工作岗位相对价值的各因素在重要性程度上的差异，能使每一个工作岗位的相对价值确定建立在比较科学的基础上。但评分法给人以不近人情的感觉，直接成本太高。

4. 薪点法

薪点法把工作的构成要素进行分解，按照事先设计出来的结构化量表对每种工作要素进行估值。每项职位分配到的总薪点数取决于它的相对价值，也就是它在薪酬结构中的位置。薪点法的基本实施步骤：

（1）进行工作分析。薪点法从工作分析开始，在各类职位中找一些有代表性的职位作为基准职位样本，这些职位的内容是报酬要素定义、给要素评分和确定权数的基础。

（2）确定报酬要素。确定报酬要素在薪点法中起着中心作用，因为这些要素起源于工作本身和企业的战略方向，能反映工作如何增加企业的价值。为了发挥作用，报酬要素必须以所执行的工作为基础（做了什么）、以组织的战略和价值观为基础（什么有价值）、最终受报酬结构影响的利益相关者能够接受（什么能令人接受）。

（3）给要素评分。要素一经选出，就应制定一个量表去反映每个要素内部的不同等级，每个等级可根据基准职位中有代表性的技能、任务和行为来确定。

（4）确定要素权数。

（5）应用于非基准职位。

在美国，薪点法是确定薪酬结构最常用的方法，与分类法、排序法相比，薪点法的显著特点是可以使企业的薪酬在较长时间具有一致性、较强的规范性和公平性，但费用较高，容易导致官僚作风。

5. 因素比较法

因素比较法不需关心具体岗位的岗位职责和任职资格，而是将所有岗位的内容抽象为若干个要素，根据每个岗位对这些要素的要求不同而得出岗位价值。比较常见的做法是将岗位内容抽象成下述五种因素：智力、技能、体力、责任及工作条件，评估小组首先将各因素区分成多个不同的等级，然后再根据岗位的内容将不同因素的不同的等级对应起来，等级数值的总和就是该岗位的岗位价值。因素比较法的基本实施步骤：

（1）在每一类工作中选择标尺性工作作为比较的基础。所选择的标尺性工作应该是在很多企业中都普遍存在、工作内容相对稳定的工作。

（2）把一个工作类别中包括的各种工作的共同因素确定为补偿因素。补偿因素可能包括责任、技能、工作环境、体力消耗、教育水平和工作经验等。

（3）根据标尺性工作所包括的各种补偿因素的规模确定各种标尺性工作在各种补偿因素上应该得到的基本工资。为保证薪酬的外部竞争性，基本工资水平应参照市场标准。

（4）将非标尺性工作同标尺性工作的补偿因素逐个进行比较，确定非标尺性工作在各种补偿因素上应该得到的报酬金额。

（5）将非标尺性工作在各种补偿因素上应该得到的报酬金额汇总就是该非标尺性工作的基本工资。

因素比较法是一种偏计量性的工作评价方法，与工作排序法较相似，但与工作排序法相比有如下差异：①因素比较法选择了多种报酬因素，并根据选择的每种报酬因素分别排列，而工作排序法只从一个综合的角度比较各工作；②因素比较法的评价结果是得到一个具体的报酬金额。

二、薪酬的发展趋势——宽带薪酬

（一）宽带薪酬的概念

宽带薪酬始于20世纪90年代，是作为一种与企业组织扁平化、流程再造等新的管理战略与理念相配套的新型薪酬结构而出现的。宽带薪酬是指对多个薪酬等级以及薪酬变动范围进行重新组合，从而变成只有相对较少的薪酬等级以及相应的较宽薪酬变动范围。一般来说，每个薪酬等级的最高值与最低值之间的区间变动比率要达到100%或100%以上。一种典型的宽带型薪酬结构可能只有不超过四个等级的薪酬级别，每个薪酬等级的最高值与最低值之间的区间变动比率则可能达到200%～300%。

而在传统薪酬结构中，这种薪酬区间的变动比率通常只有40%～50%。宽带型薪酬结构作为一种与企业组织扁平化、流程再造、团队导向、能力导向等新的管理战略相配合的新型薪酬结构设计方式应运而生。宽带薪酬最大的特点是压缩级别，将原来十几个甚至二三十个级别压缩成几个级别，并将每个级别对应的薪酬范围拉大，从而形成一个新的薪酬管理系统及操作流程，以便适应当时新的竞争环境和业务发展需要。

所谓“宽带薪酬设计（broad band salary design)，就是在组织内用少数跨度较大的工资范围来代替原有数量较多的工资级别的跨度范围，将原来十几个甚至二三十个薪酬等级压缩成几个级别，取消原来狭窄的工资级别带来的工作间明显的等级差别。但同时将每一个薪酬级别所对应的薪酬浮动范围拉大，从而形成一种新的薪酬管理系统及操作流程。宽带中的“带”意指工资级别，宽带则指工资浮动范围比较大。与之对应的则是窄带薪酬管理模式，即工资浮动范围小，级别较多。目前国内很多企业实行的都是窄带薪酬管理模式。

在宽带薪酬体系设计中，员工不是沿着公司中唯一的薪酬等级层次垂直往上走，相反，他们在自己职业生涯的大部分或者所有时间里可能都只是处于同一个薪酬宽带之中，他们在企业中的流动是横向的，随着能力的提高，他们将承担新的责任，只要在原有的岗位上不断改善自己的绩效，就能获得更高的薪酬，即使是被安排到低层次的岗位上工作，也一样有机会获得较高的报酬。

(二) 基于宽带的薪酬体系设计流程

(1) 根据企业的战略和核心价值观确定企业的人力资源战略。

支持企业战略目标的实现是人力资源管理体系的根本目标，也是企业薪酬管理体系的根本目标，否则，人力资源管理就永远停留在传统的人事管理阶段，就无法成为企业的战略伙伴。企业通过建立人力资源战略，将企业战略、核心竞争优势和核心价值观转化为可以测量的行动计划和指标，并借助于激励性的薪酬体系强化员工绩效行为，增强企业的战略实施能力，有力地促进企业战略目标的实现。在这里，人力资源管理体系不仅仅是一套对员工贡献进行评价并予以肯定激励的方案，它更应是将企业战略及文化转化为具体行动，以及支持员工实施这些行动的管理流程。

(2) 根据企业的人力资源战略、外部的法律环境、行业竞争态势及企业的发展特点制定切合于企业需要的薪酬战略。

如果薪酬战略的一个基本前提是把薪酬体系和企业的经营战略联系起来，那么不同的经营战略就会具体化为不同的薪酬战略及方案。

在进行薪酬体系设计时，从薪酬策略的选择、薪酬计划的制订、薪酬方案的设计和薪酬的发放及沟通，均应体现企业战略、核心竞争优势和价值导向对人力资源尤其是对激励机制的要求，否则企业的战略目标和核心价值观将得不到贯彻。对于符合企业战略和价值取向的行为和有助于提高企业核心竞争优势的行动在薪酬上予以倾斜，以强化员工的绩效行为。

宽带虽然有很多的优点，但由于经理在决定员工工资时有更大的自由，使用人力成本有可能大幅度上升。美国联邦政府有限的经验表明，在宽带结构下，薪酬成本上升的速度比传统工资结构快。为了有效地控制人力成本，抑制宽带薪酬模式的缺点，在建立宽带薪酬体系的同时，还必须构建相应的任职资格体系，明确工资评级标准及办法，营造一个以绩效和能力为导向的企业文化氛围。

第四节　薪酬体系的评估

一、薪酬体系评估的重要性

薪酬是一个锐利的管理工具，通过有效的薪酬管理，能够进一步调动各种员工的积极性和创造性，充分发挥各种人员的潜能，有利于企业吸引人才、留住人才，促进企业目标的完成，在一定程度上能够提升企业的绩效。反之，薪酬管理的绩效和风险挂钩力度不够、激励效果不明显，会导致人才流失、员工怠工，从而降低企业的绩效。

为预防或纠正薪酬体系设计不合理，对薪酬体系进行评估就很有必要。薪酬评估是对企业薪酬体系的一个诊断评价，只有搞清楚“薪酬水平是否合理，收入是否反映了岗位特点、职务特点与员工贡献”等一系列问题才有可能有针对性地调整和确定薪酬方案。企业设计的薪酬体系在设计者看来都是比较科学、合理的，然而当该体系实施后，可能会遭到有些员工的反对，效果并不能体现设计者的初衷，这就要求管理者及时注意薪酬体系的评估、调整与修改。

二、评估的依据

评估依据是在整个评估过程中，用以分析、评价评估对象的全部资料，要支撑对评估对象的评估，评估的依据要充分、相关、可靠和可量化。企业薪酬评估的依据主要有三个：薪酬政策是否合理，薪酬对企业目标和绩效的支持程度，薪酬的各组成部分比例是否合理。

1. 薪酬政策是否合理

企业实行的薪酬体系主要是由薪酬政策决定的，所以制定合理的薪酬政策非常重要。薪酬政策主要包括三个方面：薪酬政策目标、薪酬设计原则、薪酬体系考虑的要素。薪酬政策目标一般是：效率、公平、合法等几个方面。效率目标强调企业绩效，如提高市场灵敏度、质量，取悦消费者，控制劳动成本等；公平是最根本的薪酬政策，薪酬决策的程序、过程是否公平，是否每一位员工都获得了公平的薪酬；薪酬政策是否在法令规定的范围内运用，否则就可能惹来无谓的麻烦。

薪酬设计的三大原则“内部一致性、外部竞争性、与员工贡献相符”在薪酬设计中是否得以体现，如企业技术、销售人员的工资状况在企业内部处于什么位置，与企业外部同行业主要企业相比怎么样，与自身过去比较是否有较明显的改善。

2. 薪酬对企业战略的支持程度

根据事后反馈的结果与预期目标或标准进行比较，评估薪酬战略的实现程度，或薪酬对企业战略的支持程度。科学合理的薪酬制度和完善的薪酬体系是遵循薪酬原则和明确付酬对象的必然。薪酬作为连接企业和员工之间的纽带，应清楚地向员工表明企业的发展动向和期望的员工行为。

假设企业的薪酬策略是向技术和销售倾斜，鼓励创新，薪酬体系试运行一段时间后，评估时就得分析企业技术、销售人员的工作状态和业绩指标是否都有改善，企业是否因此提高了技术水平和市场销售，如果答案是肯定的，就说明薪酬体系有效，反之，说明薪酬体系发出的信号有偏差。

3. 薪酬的各组成部分比例是否合理

薪酬最重要的评估是薪酬的各大组成部分之间的搭配与组合是否合理，一个合理的薪酬体系还应考虑：一个完整的薪酬体系应由哪几部分构成？每个部分在薪酬体系中占多大比例？而要确定这几个问题又要考虑以下一些方面：什么水平的报酬才有竞争力，能吸引、留住人才，并且企业能承受？薪资报酬的上限是多少？为维持住企业的劳动力，不能低于什么底线？(底线不能低于国家规定的最低工资标准)；不同薪酬水平的关系？企业内部要拉开档次，各个档次之间有多大差距？薪酬总额如何分配？哪些作为基本薪金、哪些用于福利、哪些作为奖励，多少用于次年的提薪、哪些人提、提薪多少？员工个人的薪酬信息是保密还是公开等(现在，很多企业为防止攀比心理，实行了保密工资，员工个人的薪酬信息不对全部员工公开，不对外公布)。

薪酬的评估是对企业的薪酬管理在以上几个方面的仔细权衡和比较，以期为达到员工劳有所得的目的提供一份参考。

三、评估的方法

薪酬评估的关键是要对企业的薪酬进行整体上评价，发现不足，以便对其进行更进一步的改善，使其合理完善。常用的薪酬评估方法有问卷调查法、访谈法和财务指标评估法等。

(一) 问卷调查法

问卷调查法是调查者运用统一设计的问卷向被选取的调查对象了解情况或征询意见的调查方法。一份完整的薪酬反馈调查问卷主要包括以下几个部分：题目、封面信、指导语（用来指导员工如何填答问卷的各种解释和说明)、问题及答案、编码（为方便问卷处理，通常对每份问卷和问卷中的每一个问题、答案都编定一个代码）等。

问卷调查的实施步骤包括设计问卷、选择调查对象、分发问卷、回收问卷等过程。问项根据问题和答案可以分为封闭型问答、开放型问答和混合型问答。

注意：①事先设计一套问卷，让薪酬设计相关人员填写试调查，这样可在短时间内收集大量的信息。②对于封闭型问答，可列举一系列薪酬政策，了解员工对它们的理解和态度；同时按逻辑提一些开放型问答，了解员工对薪酬变革的设想、期望，对薪酬新方案的评价。③问卷资料的整理分析，在整理、统计分析的基础上对调查问卷进行抽象思维加工，从感性认识上升到理性认识，区分清楚不符合预期的结果是否是执行不坚决的原因，还是因为薪酬方案本身不合理等其他原因。

（二）访谈法

访谈法是通过研究者与被研究者的直接接触、直接交谈的方式来收集资料的研究方法。与问卷调查法相比，访谈可以直接询问受访者本人对研究问题的看法，直接了解受访者的思想、心理、观念等深层内容，并提供机会让他们用自己的语言和概念来表达他们的观点。根据访谈结构的控制程度，访谈可分为封闭型、半开放型和开放型。根据访谈规模，访谈又分为个别访谈与集体访谈两种类型。

访谈法的运用过程主要包括：①设计访谈提纲。在访谈之前要设计一个访谈提纲，明确薪酬访谈需要沟通什么，期望通过薪酬访谈达到什么目的，列出所要访谈的内容和提问的主要问题。②恰当进行提问。提问在语言上要简单、清楚、明了、准确，并尽可能适合受访者。③适当地做出回应。访谈者除了提问和倾听外，还需通过多种方式（主要是言语行为和肢体行为）将自己的态度、意向和想法及时地传递给对方。④准确捕捉信息，及时做好访谈记录，收集有关资料。如条件允许，还可以进行录音或录像。

为了使访谈能够有效地顺利进行，人力资源工作人员还应注意：①事先应与其他部门负责人密切配合，找到最了解工作内容、最能客观描述职责的员工。②对访谈员工有一定了解，尽快与面谈者建立感情，不要让对方有正在进行绩效考核的感觉。③事先准备完整的问卷表，访谈的问题应该是由浅入深、由简入繁、自然过渡，避免谈话跑题，在回应中避免随意评论。④结束后立马细致地整理资料，不应让其他工作打断。

（三）财务指标评估法

用财务指标对薪酬体系进行评估非常直观，通过与本企业以前数据，与行业水平、标杆企业比较，发现不足。最常用的评估指标有：薪酬费用比率、劳动分配率、人均利润与人均薪酬比值和基尼系数等。

1. 薪酬费用比率

$$\text{薪酬费用比率}=\frac{\text{薪酬费用总额}}{\text{销售额}}$$

薪酬费用比率反映了企业的薪酬费用水平，越低越好，越低企业的加薪空间越大。如果在薪酬费用比率一定的情况下，企业要加薪就必须提高销售额。

2. 劳动分配率

$$\text{劳动分配率}=\frac{\text{薪酬费用总额}}{\text{附加价值}}$$

附加价值＝销售额－外部购入价值（材料＋外托加工费）

劳动分配率反映了薪酬占附加费的比例。

3. 人均利润与人均薪酬比值

$$\text{人均利润}=\frac{\text{利润总额}}{\text{员工人数}}$$

$$\text{人均薪酬}=\frac{\text{薪酬总额}}{\text{员工人数}}$$

$$\frac{\text{人均利润}}{\text{人均薪酬}}=\frac{\text{利润总额}}{\text{薪酬总额}}$$

人均利润与人均薪酬的比值反映了每一单位薪酬为利润所做的贡献额。

4. 基尼系数

基尼系数是意大利经济学家基尼依据洛伦茨曲线创设的用于判断贫富差距的经济学指标，通常用来分析整个社会或者国家的收入分配问题，薪酬评估也可以借用它的思想、方法，通过对比企业内薪酬水平由低到高的员工群，判断分配悬殊程度的变化情况。

四、薪酬的控制与调整

管理有一项很重要的职责就是控制，控制就是为了确保组织的目标以及为此而拟定的计划能够得以实现，各级管理人员根据事先确定的标准或因适应发展的需要而重新拟定的标准，对工作进行衡量和评价，并对出现的偏差进行纠正，以防止偏差继续发展或今后再度发生的过程。控制有很强的目的性，是为了保证组织中各项活动按计划进行；控制也是一个过程，是通过监督和纠偏来实现的。

1. 财务控制

准确的薪酬预算有助于确保在未来的一段时间内的支出接受协调与控制，从而保证企业利润目标的实现。运行一段时间后看是否在合理的范围内。常用的财务控制指标，薪酬总额指标；薪酬平均率指标，薪酬平均率$=\frac{\text{实际平均报酬}}{\text{薪酬幅度的中间数}}$；增薪速度指标，增薪速度$=\frac{\text{本年度的薪酬}-\text{上年度的薪酬}}{\text{上年度的薪酬}}$。薪酬平均率指标的数值大小越接近于1，薪酬的大小就越合理，但即使同样的薪酬平均率也代表着许多种情况，有可能是由于年资的原因薪酬较高，也可能是由于工作表现的原因。

2. 沟通

在薪酬管理中，沟通非常重要。薪酬管理有一个很重要的原则：“薪酬就是沟通（payment is communication)。”但是，在企业人力资源管理实践中，薪酬沟通却常常被人力资源管理者所忽视。如果拒绝薪酬沟通，员工不清楚为何拿钱，那么薪酬对员工的激励作用也将大打折扣。美国薪酬专家提出了进行薪酬方案沟通的系统性方法。如图 8－2 所示。

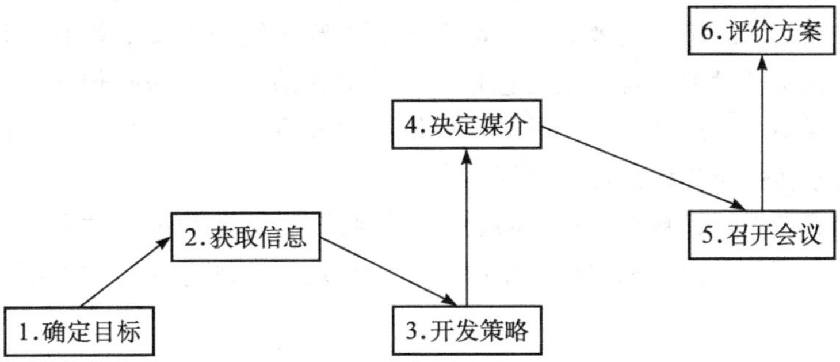

图 8－2　薪酬沟通的系统方法[①]

企业通过薪酬沟通要达到以下几个目的。

（1）与员工沟通企业的战略方向，让员工了解企业清晰的目标。

（2）帮助各部门和员工明确自己的具体目标。

（3）为员工提供反馈，为什么拿这么多，通过绩效考核和薪酬手段引导强化员工，为企业总体战略目标服务。

3. 调整

要想对庞大的薪酬进行控制，就不应该只是对企业薪酬制度的细枝末节进行控制，而是应该从整体角度出发，从整体上抓住了薪酬，一切问题就迎刃而解。

（1）效益性调整。当企业效益较好、资金充足时，一般会有对全体员工的薪酬进行普遍调整的要求。

（2）奖励性调整。奖励性调整是为了奖励员工做出优良的工作绩效，鼓励他们保持优点，再接再厉，这是论功行赏，因此又叫功劳性调整。

第五节　福利的选择与决策

福利作为企业向员工支付总薪酬的一部分，它与基本工资、奖金被并称为现代薪酬体系的三大支柱，同工资一样，在吸引、留住和激励员工方面发挥着重要的作用。随着员工福利的发展，员工福利从源自给员工的礼物发展为员工所拥有的一项基本权利。在很大程度上，福利已经成为企业吸引和留住优秀人才、激发和调动员工工作积极性的一项管理举措。

一、几种主要的福利形式

广义的福利包括三个层次：一是由政府提供的文化、教育、卫生、社会保障等公共福利和服务；二是由企业提供的各种集体福利；三是工资收入以外的、由企业为员工个人及其家庭所提供的实物和服务等福利形式。我国员工福利一般分为法定福利和企业福利。

（一）法定福利

法定福利是指政府通过立法要求企业必须提供的，即强制性的基本社会保险，是为了保障劳动者的合法权利、维持劳动者基本生活保障而由政府统一管理的福利项目，是国家劳动保护和基本劳动保险政策的体现。主要包括基本养老保险、基本医疗保险、失业保险、计划生育保险、工伤保险、住房公积金（以上六项俗称“五险一金”）、职工死亡待遇、国家规定的法定假期、带薪休假及年休假等制度等。

其中“基本养老保险、基本医疗保险、失业保险”由企业和员工共同缴纳，其他的由企业承担。由于法定部分的内容和项目是由国家法律法规明确规定的，这里不再做具体细致的介绍。

（二）企业福利

企业自主设立的福利是指企业为了吸引人才、稳定激励员工，根据自己的实际及目标需要、个性而设计的企业福利体系部分。比较通行的有企业年金、人寿保险、集体储蓄、住房

① 彭剑锋．人力资源管理概论［M］．北京：中国人民大学出版社，2003.

津贴、法律顾问、心理咨询、托儿所、优惠商品、子女教育补贴、交通服务、工作午餐、海外津贴、文体设施、集体旅游、脱产培训、遣散费等。企业福利又可以将其划分为：经济性福利、工时性福利、设施性福利、娱乐及辅助性福利四类。

1. 经济性福利

这些是对员工提供基本薪资及奖金以外若干经济安全的福利项目，以减轻员工的经济负担或增加员工额外收入，如优惠商品、子女教育补贴、住院补贴。

2. 工时性福利

这些是与员工工作时间长短有关的福利，如休假、弹性工时、遣散费。

3. 设施性福利

这些是与企业设施有关的福利，如员工餐厅、阅览室、健身房、班车、托儿所。

4. 娱乐及辅助性福利

这些是增进员工社交及文娱活动、促进员工身心健康的福利，如员工旅游、文艺活动。

企业自己制定的个性化的非现金福利也被称为“软福利”，比如内部培训、聚餐、休假旅游、娱乐比赛等，都属于“软福利”。“软福利”是企业福利的关键。调查显示，“软福利”活动开展得当，会起到缓解职业压力、提高员工工作效率、优化企业形象、降低员工流失率等作用。比如定期举行员工家庭日，企业上层家庭都会参与，或者聘请心理指导师为员工减压，定期组织旅游、比赛、文化娱乐活动等。

小贴士

企业福利必须面向全体员工

福利是薪酬的重要组成部分。能否留住员工，福利具有其他薪酬不可替代的作用。为什么同样薪酬水平的企业对员工的吸引力不同？其中一个重要原因就是福利的不同。

对于福利的发放范围，有主张同薪资一样，按等级区别设计、区别发放。对此我的观点是企业福利必须面向全体员工。福利面向全体员工是效果良好的做法，也是法律上的要求。

福利既有法定福利，也有统一福利和专项福利。但不论哪一种福利，只要员工满足其设定的条件就能享有，而不是像其他薪资一样，是从职务或岗位出发，即有什么样的职务或岗位才能享有对应的薪资。薪资往往一开始就划分了职务或岗位的不同等级，而福利对企业任何员工来说机会均等。

为何福利区别设计、区别发放，效果不好呢？根据两个实例来说明。

某企业举办年终聚餐，有当月到岗的八个员工未被邀请参加，且被安排到车间值班。这八个人感到被歧视和孤立，心情极为不好。可是，热闹的酒席上谁也没有想到还有八位新来的同事还在车间值班。事后，他们还得知，聚餐的酒席居然还有一桌是空的。宁可倒掉也不给他们，他们越想越气，最后，八人集体提出辞职。

还有一家企业，端午节发粽子和鸡蛋，本来是人人有份的，结果有个单位少领了一份，偏偏没有领到的员工又是当月到岗的员工。这位员工也在端午节哭着离开了。

有几家大企业，凡发福利，一定要多备几份，即使当天报到的员工也能分享节日礼物，其作用和好处不言而明。还有一个客观事实，好的国企，不是薪资多高，而是福利完善！体制的原因我们不做讨论，但福利带给员工的凝聚作用是一个不可否认的事实，因而，民企在设计薪酬方案时，一定要同时设计面向全体员工的福利。

二、员工福利设计流程

员工福利设计是一个较为复杂的过程，不仅要与企业发展目标相适应，与国家有关法律法规相协调，还涉及企业各部门的参与、员工福利信息的沟通等。从基本流程来看，它可分为确定员工福利宗旨与目标、福利需求分析、员工福利成本分析、制订员工福利计划、福利计划实施以及效果评价反馈等几个不同的阶段，具体流程如图 8-3 所示[①]。

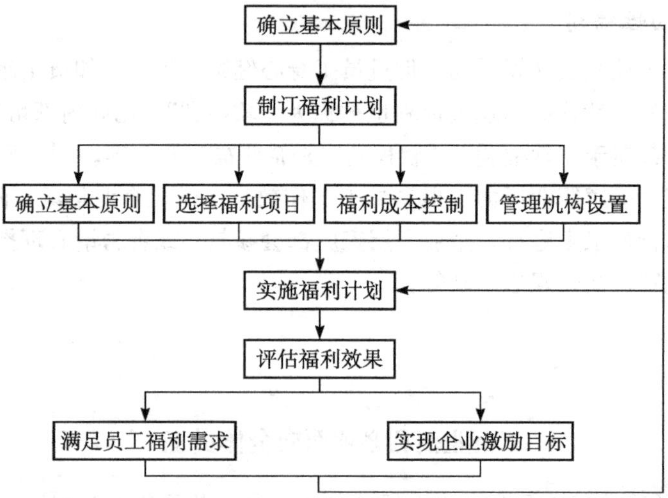

图 8-3　福利设计流程

（一）确定员工福利宗旨与管理目标

员工福利必须有助于组织目标的实现，这些目标必须与组织的战略报酬计划一致。一个企业设立的福利目标取决于多个因素，包括：企业的规模、所在位置、赢利的能力及行业状况等。Metzger Associates 是美国一家公关企业，人员流失率为 15%。企业根据情况确定了“提供比竞争对手更有吸引力的福利，从而减少人员流失率，提高招聘效果”的福利管理目标，经过研究其他公关企业提供的福利，企业制订“长寿兴旺”福利计划，调整了福利项目，新项目包括了四类活动费用的报销：600 美元的健身费、500 美元的户外生活费、600 美元的休闲费、1 000 美元的教育费。新福利实施一年半后，企业的人员流失率由 15%降到了 2%。

（二）员工福利需求分析

员工福利需求分析是了解企业福利计划设计的必要性及其规模，确定员工有哪些福利愿望并设置福利项目的过程。

① 张东风，张东红．现代企业福利管理模式初探［J］．河北企业，2007（10）．

1. 企业范围内的福利需求分析

企业应从企业的生产率、事故率、辞职率、缺勤率、员工的工作行为等不同方面，发现企业目标与员工福利之间的联系，以保证福利计划符合企业的整体目标与战略要求。如将员工目前的实际工作状态与企业对员工的绩效要求标准进行比较，找出存在差距的地方，确定对员工采取相应的激励措施。

2. 员工个人角度的需求分析

一是换位思考，站在员工的角度来体验和考虑他们的需求，了解他们所处的环境和他们的真实感受。二是把员工当做企业的内部顾客，去了解员工的动机、情绪、信仰、价值观等。三是加强交流与沟通，建立内部正式和非正式的互动式的沟通和反馈渠道，通过沟通了解不同员工的不同需求，也了解不同时期的需求重点。

(三) 员工福利成本分析

员工福利费用的承担有三种选择，一是完全由企业承担，二是由企业、员工分担，三是完全由员工承担。员工福利费用全部由企业支付，由于不计入员工个人收入而减少了员工缴纳个人所得税和社会保险税的税基，员工可以享受减免税优惠，并且管理简易。其弊端是员工在福利的使用上缺乏成本意识，不能充分认识到企业的贡献，并可能导致企业福利成本上升的问题。福利费用由企业和员工分担，它可以使员工更好地认识到企业为自己的福利所做的贡献，也更加谨慎、节约地使用福利；但员工也可能出于节约开支的动机，购买较少的福利，以致不能满足自身基本需要，并可能影响企业的利益。

有一些福利，使用的人比较少，费用比较昂贵，不宜由企业负担，可以考虑由员工完全承担费用，企业帮助购买，给购买员工提供了以批量折扣价购买享受这些福利的可能性。如由组织出面，与房地产开发企业达成协议，凡本组织职工在其开发的某项目购买房，就可以额外享受一些优惠。

(四) 制订员工福利计划

企业在计划和设计员工福利时，要认识每一种选择的利弊，慎重地在多种方案中进行比较择优。福利计划的制订应从多个方面来考虑：需要了解企业希望吸引何种类型的职工，如果企业希望多吸引流动性比较小的职工，就可以增加退休金在本企业员工福利中的权重；了解本企业的竞争对手提供了哪些福利，市场上通行的“标准做法”是什么，在了解市场“行情”的基础上，考虑本企业员工福利体系的吸引力和竞争力。

我国企业传统的福利计划是对所有员工提供几乎相同的福利待遇，没有从员工个性化多样化需求的角度出发，而员工对企业发放的福利，不管有用没有，也是先拿了再说，因此不能充分发挥员工福利的激励功能，激发和调动员工的工作积极性。企业制订福利计划时应采用灵活的方案，不必向所有员工都提供一样的福利，而是根据具体情况，考虑区别对待的标准。

(五) 员工福利计划实施

为了让员工准确地理解企业的福利计划，企业应充分利用多种传达福利信息的方法，详细、及时地宣传企业的福利措施及内容。只有将有关福利的信息传递给员工，使员工了解福利的价值，福利才能达到吸引、激励和留住员工的目标。可以印制《员工福利手册》，向员工介绍本企业福利的基本内容、享受福利待遇的条件和费用的承担。

企业还可以在企业总的《员工福利手册》之外，为每个员工准备一本个人的福利手册，提醒员工在福利上所做的选择、享受的权利和分配费用的责任，以便于员工查询。

（六）员工福利效果评价改进

福利效果是指在福利计划实施过程中福利享受者提高工作效率、增加工作满意度、实现福利设计目标的程度。员工福利效果评价主要包括对福利项目设计、福利计划实施方式和实施效果的评估，以及对福利享受者的定期跟踪反馈。

员工福利效果评价应重视以下两点：一是建立每个员工的福利档案，对员工进行定期的跟踪反馈，为以后制订培训计划提供现实依据；二是注意福利计划的及时调整和修改。员工福利效果可能是积极的，也可能是消极的，一般来说，福利计划内容与员工期望的相似成分越多，就越容易获得积极的效果。

企业每年都应评估福利计划对员工士气、生产效率等的作用，计算每个员工的福利成本，与同一领域其他主要企业的员工福利计划进行比较。并不是所有的福利项目都能体现设计者的初衷，即使是一些曾为员工们强烈要求的福利项目，一旦实施也可能会遭到有些员工的反对，这就要求福利管理者及时注意调整与修改。总之，企业福利应当立足于为员工提供优质、高效的服务；服务的质量和水平，是衡量福利管理好坏的基本依据，也是评价福利效率的重要方面。

三、福利管理新模式——弹性福利制

员工福利管理是指为建立和有效实施企业福利计划而进行的决策、计划、组织、指挥、协调和监督。福利管理必须考虑企业偏好、员工的基本要求、其他相似组织员工的福利待遇、纳税负担、成本增长以及法律问题，因此，福利体系的管理要求管理者密切关注维持体系平衡的多方面力量。针对企业福利部分，一般福利管理者的主要职责有：福利计划的制订、沟通，福利成本控制，依据程序对员工享受的福利进行准确审核。如今，企业福利主要面临两个方面的挑战：企业成本急剧上升和难以适应员工需求变化，因而一些企业采取了弹性福利制。

弹性福利制就是由员工自行选择福利项目的福利管理模式。它还有几种不同的名称，如“自助餐式福利计划”、“菜单式福利模式”等。在实践中通常是由企业提供一份列有各种福利项目的“菜单”，然后由员工依照自己的需求从中选择其需要的项目，组合成属于自己的一套福利“套餐”。这种制度非常强调员工参与的过程。当然员工的选择不是完全自由的，有一些项目，例如法定福利就是每位员工的必选项。此外企业通常都会根据员工的薪水、年资或家庭背景等因素来设定每一个员工所拥有的福利限额，同时福利清单的每项福利项目都会附一个金额，员工只能在自己的限额内购买喜欢的福利。

弹性福利计划的实施，具有显著的优点：①

（1）由于每个员工个人的情况不同，因此他们的需求可能也是不同的，例如，年轻的员

① 朱莉，茹笑非．弹性福利计划：企业增强人力资源竞争力的法宝［J］．人力资源管理，2007（4）．

工可能更喜欢以货币的方式支付福利，有孩子的员工可能希望企业提供儿童照顾的津贴，而年龄大的员工有可能特别关注养老保险和医疗保险。而弹性福利计划的实施，则充分考虑了员工个人的需求，使他们可以根据自己的需求来选择福利项目，这样就满足了员工不同的需求，从而提高了福利计划的适应性，这是弹性福利计划最大的优点。

(2) 由员工自行选择所需要的福利项目，企业就可以不再提供那些员工不需要的福利，这有助于节约福利成本。

(3) 这种模式的实施通常会给出每个员工的福利限额和每项福利的金额，这样就会促使员工更加注意自己的选择，从而有助于进行福利成本控制，同时还会使员工真实地感觉到企业给自己提供了福利。

弹性福利计划既有效控制了企业福利成本又照顾到了员工对福利项目的个性化需求，可以说这是一个双赢的管理模式。也正因如此，弹性福利制正在被越来越多的企业所关注和采纳。

但是，弹性福利计划也存在一些问题。①它造成了管理的复杂。由于员工的需求不同，因此自由选择大大增加了企业具体实施福利的种类，从而增加了统计、核算和管理的工作量，这会增加福利的管理成本。②这种模式的实施可能存在“逆向选择”的倾向，员工可能为了享受的金额最大化而选择了自己并不最需要的福利项目。③由员工自己选择可能还会出现非理性的情况，员工可能只照顾眼前利益或者考虑不周，从而过早地用完了自己的限额，这样当他再需要其他的福利项目时，就可能无法购买或者需要透支。④允许员工自由进行选择，可能会造成福利项目实施的不统一，这样就会减少统一性模式所具有的规模效应。

【本章小结】

本章首先介绍了薪酬福利的概念及实质，阐述了薪酬体系的原则及流程，并就几种常用的薪酬设计的方法进行了介绍，进而阐述了薪酬体系的评估依据和方法，最后说明了福利的主要形式、福利设计的流程及弹性福利。

【本章练习题】

一、选择题

1. 薪酬福利主要包括(　　)等。

A. 工资　　B. 奖金　　C. 津贴　　D. 分红　　E. 各种福利

2. 根据工作岗位的相对价值按高低次序进行排列，进而确定一个工作岗位与其他工作岗位的关系，这种对岗位进行评价的发放叫做(　　)。

A. 评分法　　B. 要素比较法　　C. 排列法　　D. 分类法　　E. 因素比较法

二、判断题

1. 岗位等级的确认要以岗位评价的结果作为依据。(　　)

2. 企业为员工提供的福利一般包括基本养老保险、经济性福利。(　　)

三、简答题

1. 薪酬设计的原则有哪些？

2. 宽带薪酬的优点、缺点各是什么？
3. 薪酬体系有哪些基本的类型？特殊群体的薪酬体系有哪些？
4. 比较分类法、排序法、评分法、薪点法各自优缺点。
5. 薪酬评估的内容是什么？如何进行薪酬评估？
6. 怎样理解福利的重要性及正确用好弹性福利计划？

【案例分析】

丰田如何设计薪酬福利制度？

1. 员工的薪酬

丰田美国工厂的员工工资包括三个部分：基本工资、绩效奖金与业绩红包。

基本工资是丰田根据行业工资水平与当地条件，每半年调整一次基本工资，三年的“成长期”结束，所有成员与小组领导的基本工资都是一样的。

绩效奖金，又称为TIE——targeted improvement extra earnings，表示完成预定改进所获得的额外收入。这是一种将绩效与酬劳联系在一起的额外收入。比如，如果整个工厂达到了安全、质量、生产率、成本以及出勤率等KPI指标，员工就能够获得奖金。绩效奖金是一种内部生产性指标，与销售不挂钩，完全在员工的掌控之中，所有员工获得的绩效奖金基本上是相同的。

业绩红包每半年发一次，主要由销售业绩决定。管理人员红包：管理人员会根据其制订的个人发展计划（individual development plan）而享受业绩红包奖励。

2. 丰田的薪酬与福利目标：简单透明

丰田的目标是让员工懂得自己所处的位置，为此丰田提供了一个“薪酬文件团队信息库”给员工，这个信息库包括了薪酬系统相关问题的内部文件，丰田每两年回顾一次自己的薪酬在汽车行业的排名，并形象地体现在“薪酬文件库”中。

丰田在美国建厂二十多年，目睹美国三大巨头在高工资上的痛苦，于是丰田选择了做员工喜欢的优秀雇主，而不是最高工资雇主。丰田相信，选择高工资长期来说，对员工与对公司都不是最好的。

丰田的基本工资中，工龄工资是重要的一部分，这样可以鼓励员工长期留下，但这样缓慢的工资增长过程也会使一部分优秀员工跳到其他公司。在这样的情况下，丰田选择了通过福利来留住员工。

丰田《人力资源管理手册》对福利的描述如下：福利是一种保障员工稳定性的方式，可以进一步丰富员工的生活，提高公司形象。

以稳定性和相互信任为基础的福利包括以下几个方面：休假、带薪休假、短期与长期病假、退休计划、提供进修学费、提供灵活工作时间、为员工提供购车折扣、提供无息贷款等，丰田每两年调整一次福利计划。最后，丰田还有一次特殊的福利，比如完美出勤仪式，奖励那些出勤率百分百的员工，一站式儿童保育及健身中心。

每年丰田都要邀请那些出勤率百分百的员工，邀请他们到当地体育馆或剧院，为他们举办大型晚会，公司往往会邀请一些明星，在晚会上，包括团队与宾客在内的全部人都会享受豪华的晚餐，并且有随时的抽奖活动，奖品是12辆车。

资料来源：http：//www.ebusinessreview.cn.

讨论题：

1. 薪酬设计时需要考虑哪些因素？怎样才能发挥薪酬的激励作用？

2. 结合丰田公司的薪酬制度谈谈你的理解，以及如果让你来设计，你又会如何考虑？

【实践课堂】

1. 实践内容

登录中国人力资源开发、管理人等相关网站，查阅组织薪酬管理的相关资料，讨论并分析组织工作评价方法、工资分级和定薪的方法。

2. 实践课程学时

2 学时。

3. 实践目的

通过网站搜集和分析资料，掌握组织工作评价的评分法、因素比较法、分类法等以及工资定级的方法等方面的知识。

4. 实践环节

第一步：以组为单位（2～3 人一组），登录相关网站，查阅相关资料。

第二步：以组为单位，讨论影响工资定级的因素有哪些。

5. 技能要求

能够熟练应用互联网查阅资料；

能够分析一些薪酬管理的案例；

能够通过案例学习，总结出一套有效的工资定级方案。

6. 实践成果

了解工作评价的方法；

掌握工作评价法、工资定级的基本方法；

能够在特定组织中，根据某员工的工作表现和时间确定其工资水平；

能够了解薪酬管理的一些基本制度。

第九章　劳动关系管理

学习目标

§掌握劳动关系的实质和特点，熟悉劳动关系管理的内容；

§掌握劳动合同的管理，掌握劳动关系协调机制；

§了解与劳动关系相关的法律法规的关键内容。

技能要求

§掌握如何签订、变更、终止和解除劳动合同，能够根据合同对违反劳动合同进行相应的处罚；

§了解劳动争议处理的机构，能够分析劳动争议产生的原因，并做出恰当处理。

开章案例

中国本田南海厂今复工　从员工角度看劳资事件①

2010 年 5 月 17 日，位于广东省佛山市的本田汽车零部件制造有限公司数百名员工因对工资和福利不满停工一天。导火索是佛山市上调最低工资标准。佛山从 2010 年 5 月 1 日起，将最低工资标准从 770 元/月调整为 920 元/月；而本田佛山工厂并没有打算同步提高基本工资，而是打算从原有的 340 元职能工资中划出一部分纳入底薪，从而使得工人基本工资达到 920 元的法定要求。此举迅速激起了工人们的强烈反应。工人提出，要求厂方将薪水提高至 2 000～2 500 元，目前他们每月工资平均约为 900～1 500 元，在当前物价普涨的状况下，其微薄的收入几乎刚刚够维持生活成本。

5 月 17 日晚，一位本田零部件公司员工晒出了工资清单：南海本田Ⅰ级工资＝基本工资（675 元）＋职能工资（340 元）＋全勤补贴（100 元）＋生活补贴（65 元）＋住房补贴（250 元）＋交通补贴（80 元）＝1 510 元，扣除养老保险（132 元）、医疗保险（41 元）、住房公积金（126 元），到手的工资为 1 211 元。若每月除去房租 250 元、吃饭 300 元、电话费 100 元、日用品 100 元、工会费 5 元，每月仅剩 456 元。一位本田零部件公司员工在网上这么描

① 根据相关新闻报道改编而成。

述工资增长速度："我在本田干了两年半了，第一年工资涨了28元（理由是公司刚起步很多项目还没投产）；第二年涨了29元（理由是公司部分项目尚未完全投产）；到了第三年在项目全部投产后也仅加了40多元。"

罢工者感觉到，打工者的收入并没有伴随着珠三角经济腾飞而出现同比例增长，这一背离是"不正常的"，也与中共中央总书记胡锦涛4月24日在2010年全国劳动模范和先进工作者表彰大会上的"体面劳动"的提法不相协调。

5月21日，因传言公司已赴湛江等地大量招聘新工，公司不会给员工加薪，员工们开始第二轮停工。

5月22日下午1点多，公司通过广播宣布与"参与集体怠工、停工、集会，无正当理由不服从公司命令"的两名停工者解除劳动合同。当天下午2点多，停工员工复工。

5月24日，公司公布了对停工事宜的解决方案：本田零部件公司员工的补贴提到120元到155元不等，相比之前提升了55元。但劳资双方还是没有达成一致。

5月25日，厂方要求实习生签署确认书，如参与停工或被学校开除学籍。但是无人签署确认书。因为该厂是变速器等零部件的重要供应厂，所以罢工导致广州本田整车组装生产线停产。

5月26日，厂方要求所有员工签署承诺书保证不再停工。工人无人签署厂方要求的承诺书，他们提出了六点要求，与厂方仍未达成一致，罢工继续。

5月27日，厂方公布工资调整方案，员工工资每月增加340元至477元不等。工人未予接受厂方公布的工资调整方案，停工继续。东风本田生产线停产。

有媒体报道称，由于南海本田工厂持续罢工，本田在中国的所有四家组装工厂已被迫全部暂停生产。本田中国相关负责人承认，本田零部件公司工人停工已经对合资企业生产造成影响。中国是本田最赚钱的市场，停工影响到了本田正常的市场销售周期。

"其实我们并不是恶意去停工，我们只是希望我们的工资可以和公司的赢利挂钩，可以实现本田哲学'三个喜悦'中'制造的喜悦'。"员工代表李晓娟说。

经过各方协调，在厂方承诺将加薪24%后，南海本田零部件工厂的员工6月2日上午才恢复正常工作。

有专家指出，在此次"罢工"中，作为工人利益代表的工会作用如何发挥、劳动者的诉求如何实现沟通、三方协商机制和突发事件应急机制的完善等都值得反思。人力资源和社会保障部调解仲裁管理司司长宋娟介绍，目前中国的集体劳动争议呈多发态势。从2001年到2008年，申请仲裁的集体劳动争议案件以年均11%的幅度增长，而导致群体劳动争议的首要原因在于劳动者薪酬过低，合法权益得不到有效保障。

以上案例显示出企业和劳动者在许多问题上有着不同的利益分歧，劳资双方关系如何直接关系到企业生产经营能否顺利进行。所以，企业应当依法进行劳动关系管理，一方面可以树立企业良好的形象；另一方面营造一个良好的劳资环境，构建一个规范、和谐的劳动关系，促进共同发展。

第一节　劳动关系概述

一、劳动关系概念和分类

1. 劳动关系的定义

劳动关系是雇员（劳动者）与雇主之间在劳动过程中形成的社会经济关系的统称。从广义上讲，任何劳动者与任何性质的用人单位之间因从事劳动而结成的社会关系都属于劳动关系的范畴。从狭义上讲，现实经济生活中的劳动关系是指依照国家劳动法律法规而确立的劳动法律关系，即双方当事人是被一定的劳动法律规范所规定和确认的权利和义务联系在一起的，其权利和义务的实现是由国家强制力来保障的。

劳动法律关系的一方（劳动者）必须加入某一个用人单位，成为该单位的一员，并参加单位的生产劳动，遵守单位内部的劳动规则；而另一方（用人单位）则必须按照劳动者的劳动数量或质量给付其报酬，提供工作条件，并不断改进劳动者的物质文化生活。

2. 劳动关系的构成与分类

从狭义看，劳动关系的主体有两方，一方是以雇员及工会、职业协会等共同构成的雇员团体；另一方是用人单位及雇主协会等其他雇主组织。从广义上讲，政府可以被认为是劳动关系的第三方主体。

政府作为劳动关系立法的制定者、公共利益的维护者以及有效服务的提供者，尽管不直接介入到用人单位与劳动者的劳动关系之中，但却能够通过立法、执法等方式间接地介入和影响劳动关系，代表国家运用法规和政策手段对劳动关系的运行进行宏观调控、协调和监督，故而政府也可以被认为是劳动关系的主体。

劳动关系的内容包括了劳动者与用人单位在工作时间、薪酬福利、休息休假、安全卫生、纪律奖惩等方面形成的关系。

按照构成形态和用人单位的性质等标准，劳动关系可做如下分类。

（1）从谈判形式的角度上，劳动关系可分为个别劳动关系与集体劳动关系：个别劳动关系是劳动关系的基本形态，是劳动者个人与雇主之间形成的社会经济关系；集体劳动关系是劳动者通过工会等雇员组织，同雇主之间形成的团体对团体的社会经济关系。

（2）从是否合法的角度，劳动关系可分为法定劳动关系和事实劳动关系：凡符合《中华人民共和国劳动合同法》（以下简称《劳动合同法》）中对于劳动关系要件的规定，为法定劳动关系；如用人单位与劳动者之间实际履行了劳动义务并承担了劳动权利的社会关系，但不符合《劳动合同法》中对于劳动关系要件的规定，则构成事实劳动关系。

（3）从所有制关系的角度，劳动关系可以分为全民所有制劳动关系、集体所有制劳动关系、个体经营劳动关系、联营企业劳动关系、股份制企业劳动关系和外商投资企业劳动关系等。

（4）从用人单位的法人性质区分，劳动关系可以分为企业的劳动关系、国家机关的劳动关系和事业单位的劳动关系等。

（5）从工人运动角度区分，劳动关系可以为利益冲突型劳动关系、利益一体型劳动关系和利益协调型劳动关系。

二、劳动关系的构成主体

劳动关系的主体是指劳动关系中的相关各方。从上述材料可知从狭义上讲，劳动关系的主体包括两方：一方是雇员和以工会为主要形式的雇员团体；另一方是雇主以及雇主协会。从广义上讲，政府通过立法介入和影响劳动关系，政府也是广义的劳动关系的主体之一。

1. *雇员*

劳动关系中的雇员是指具有劳动权利能力和行为能力，由雇主雇用并在其管理下从事劳动以获取工资收入的法定范围的劳动者。一般具有以下特征：①雇员是被雇主雇用的人，不包括自由职业者和自雇用者；②雇员要服从雇主的管理；③雇员以工资为劳动收入；④有些国家的劳动法规定某些人员不属于雇员，如公务员、军人、农业工人、家庭用人、企业的高层管理人员等。

在我国，《中华人民共和国劳动法》（以下简称《劳动法》）总则第二条规定：在中华人民共和国境内的企业、个体经济组织（以下统称用人单位）和与之形成劳动关系的劳动者，适用本法。国家机关、事业组织、社会团体和与之建立劳动合同关系的劳动者，依照本法执行。从而说明我国把公务员和企业高管人员确认为雇员。

2. *雇员团体*

在劳动关系中，员工和雇主地位之间的差距是造成劳资冲突的根本原因。为了能够与雇主相抗衡，员工组织起自己的团体代表全体员工的共同利益，雇员团体就成立了。雇员团体包括工会和类似于工会的雇员协会和职业协会。

在许多国家，工会是雇员团体的主要组织形式。工会的组织原则就是对会员招募不加任何限制，既不考虑职业因素，也不考虑行业因素。它是以维护和改善员工的劳动条件、提高员工的经济地位、保障员工利益为主要目的。早期工业化时代，政府对工会采取禁止、限制的态度，雇主对工会采取强烈抵制的态度，工会更多地被当做工人进行斗争的工具。

随着对工会角色职能认识的不断深入，雇主不再把工会的存在当做是对管理权的挑战，而是理性地看待工会，期望通过与工会的合作来改善劳资关系，提高企业的竞争力；政府不断出台法律、法规来协调劳动关系，工会日趋完善。在这种背景下，工会的角色职能更多地体现在代表员工与雇主协商、谈判，为员工和雇主之间寻找利益的平衡点。

职业协会是将具有某种特殊技能，从事某种特殊职业的所有雇员组织起来的协会，而不考虑这些雇员所在的行业，所以具有明显的横向特征，目的是为某一职业的成员争取更多的利益。例如，职业经理人协会、国际职业培训师协会等。

行业协会是将在某一特定行业中从事工作的所有工人都组织起来的组织，而不考虑这些雇员的技术、技能以及从事的职业。由于行业协会力图吸纳全行业各基层的雇佣劳动者，因而它具有明显的纵向特征，目的是代表本行业全体企业的共同利益，作为政府与企业之间的桥梁，向政府传达企业的共同要求；同时协助政府制定和实施行业发展规划、产业政策、行政法规和有关法律，同时还有监督和协调同行业的企业之间的经营行为。比如，中国保险行业协会、中国安全防范产品行业协会、中国电子元件行业协会等。

3. *雇主*

雇主也称雇用者、用人单位、用工方、资方、管理方，是指在一个组织中，使用雇员进行有组织、有目的的活动，并向雇员支付工资报酬的法人或自然人。各个国家由于国情的不同，对雇主范围的界定也不一样。比如在德国，就把至少雇用一名雇员的人称为雇主。雇主给予雇员工作的机会，雇员接受劳动按要求完成。而在挪威就把雇用单位及雇用单位的行政领导人作为雇主；在伊拉克把雇主范围仅限于私营部门。美国情况更为复杂，在不同的法规中所界定的雇主范围也不尽相同。在我国，使用得更多的是“用人单位”这一概念。

4. *雇主协会*

雇主协会是由雇主组成的一个组织，旨在维护雇主的利益，并努力调整雇主与雇员以及雇主与工会之间的关系。雇主协会最初是随着工会的产生，为对抗工会而形成的。雇主协会是由法人而不是自然人组成的协会，它独立于各雇主之外，实行独立核算，依靠为雇主服务取得服务型收入。

雇主协会的主要作用是维护雇主利益，它们主要从事的活动有四种：

（1）参与谈判。雇主协会直接与工会进行集体谈判。

（2）解决纠纷。当劳资双方对集体协议的解释出现分歧或不可调和时，雇主协会可以采取调解和仲裁的方式来解决这些问题。

（3）提供帮助和协议。雇主协会有义务为会员组织提供有关处理劳动关系的一般性建议，为企业的招聘、培训、绩效考核、安全、解雇等提供咨询。

（4）代表和维护。雇主协会代表会员的利益和意见，但雇主协会一般不与政党建立正式关系。

5. *政府*

现代社会中政府的行为已经渗透到经济、社会和政治生活的各个方面，政府在劳动关系中扮演着重要的角色，发挥着越来越重要的作用。政府在劳动关系中主要扮演四种角色：一是劳动关系立法的制定者，通过出台法律、法规来调整劳动关系，保护雇员的利益；二是公共利益的维护者，通过监督、干预等手段促进劳动关系的协调发展，切实保障劳动关系有关法律法规的执行；三是国家公共部门的雇主，以雇主身份直接参与和影响劳动关系；四是有效服务的提供者，为劳资双方提供信息服务和指导。

三、劳动关系的构成形态

作为劳动法调整对象的劳动关系，从宏观而言主要包括三个层面的内容，即所谓个别劳动关系、集体劳动关系和社会劳动关系或产业关系。这三个层面的关系，既是一种互相联系的逐级包容关系，又是在性质和法律特征上有所区别的具有相对独立形态的社会关系①。我们重点研究的是个别劳动关系和集体劳动关系。

个别劳动关系（individual labor relations）是劳动关系的基本形态，是劳动者个人与雇主之间通过书面或口头的劳动合同来确定和规范双方的权利义务。如前所述，个别劳动关系具有人格上的附属性和经济上的附属性。

集体劳动关系（collective labor relations）是指以工会为代表的劳动者一方与雇主或雇主组织，为了劳动条件、劳动标准以及有关劳资事务的协商交涉而形成的社会关系。集体劳动

① 常凯．论个别劳动关系的法律特征——兼及劳动关系法律调整的趋向［J］．中国劳动，2004（4）：14.

关系由企业、行业、产业等不同层面的劳动关系所构成。如现实中的集体谈判关系、集体争议关系、职工参与关系等即属于此类关系。

集体劳动关系的出现有助于克服个别劳动关系的内在不平衡。集体劳动关系的一方主体为劳动者自愿结合而成的工会组织；另一方为雇主或雇主组织。在这种结构中，雇主所面对的已经不是个别的工人，而是一个作为整体或作为阶级的工人。集体劳动关系改变了雇主对于工人的绝对优势。这种劳动关系的特点是：独立自主性和明确的团体利益意识。

随着劳动关系实践的深入，劳动者认识到集体劳动关系对个体利益保护的优势，集体劳动关系越来越多。在我国，类似于"通钢事件"、"佛山本田工人罢工事件"等各类集体性的罢工事件，标志中国的劳动关系已开始由个别劳动关系向集体劳动关系转型。

四、现阶段我国的劳动关系管理模式的特点

改革开放前，我国劳动关系的建立受到经济体制和社会制度以及政策的制约，呈现浓厚的计划经济色彩。改革开放前，在全国范围内只有一种单一的公有制经济，用人单位无权自行招用劳动力，劳动者也无权自择职业，而要由国家下达用工指标和统一分配安置就业。劳动关系建立后，工资分配、保险福利等都由国家统一制定、统一调整。

用人单位的主要任务只是协调和监督劳动者以完成政府下达的生产计划而非经营决策，因此劳动者在形式上是与企业建立了劳动关系，但实际上是与国家建立了劳动关系。因此，在这一阶段，劳动关系呈现出明显的行政化和政治化特征。

（一）现阶段我国的劳动关系的特点

改革开放后，我国进行了国有企业改革，并对经济所有制结构进行了调整，我国的劳动用工制度也在不断地发生变化，劳动力市场也开始了发育并开始逐步完善。在向社会主义市场经济转型的过程中，我国的劳动关系正经历着由行政化的劳动关系向市场化的劳动关系转变的过程。

1. 劳动关系市场化

市场经济的推进，使劳动关系双方的利益出现了明显的差别，利益的分化也在不断地扩大，导致劳资之间矛盾和冲突不断加剧。这在民营企业和外资企业中表现得比较明显。劳动关系的运行机制也逐步由以政府为主体的行政手段控制转变为以企业为主体的市场调节机制。劳动关系由国家规范转向用人单位和劳动者按照国家有关的劳动法律法规并通过个别的和集体的协商谈判自行处理，并且通过契约的形式来形成和调节劳动关系，具体表现为劳动合同和集体合同。

2. 劳动关系法制化

1994年《劳动法》通过，并于1995年生效。《劳动法》的颁布标志着中国劳动关系的调整从人治到法治的一个里程碑。我国在协调劳动关系的法律上已经形成了一个体系，包括劳动合同制度、集体协商制度和集体合同制度、劳动标准制度、劳动监察制度和劳动争议处理制度等协调劳动关系的法律规范。

3. 劳动关系国际化

在经济全球化的背景下，劳动关系在主体结构、劳动标准、调整方式等方面已经突破了

民族国家的界限，出现了国际化的趋向。我国加入WTO后，正在成为全球化国际资本和跨国公司的“世界工厂”，劳动关系的国际化越来越明显。中国出现国际性的劳动关系，主要是外商对华投资企业中的新型劳动关系，其特点在于劳动关系中的劳动者是中国人，而雇主则是外国资本。这使得劳资双方在主体结构、劳动关系的运行和协商、争议的处理等方面都带有国际性的特点。

劳动标准的制定和实施也出现了国际化的趋向。劳工标准问题不仅涉及劳工的权利保护，而且涉及企业的成本，在全球化背景下，这不仅是一个政治和法律问题，而且是一个直接与国际经济贸易规则相关联的经济问题。劳动关系国际化还表现在中国在协调劳动关系的手段上也在更多地借鉴通行的国际惯例，不仅有传统的劳资集体谈判制度、劳动争议处理制度和劳动关系政劳资三方协调机制等制度，也包括了一些新的制度和形式，比如社会责任运动或企业守则运动。

（二）现阶段我国的劳动关系调整模式的特点

目前我国的劳动关系调整仍以国家统合和个别调整为主，我国对劳动关系实行较多的政府规制是由其计划经济的历史和转轨时期的背景决定的。

在计划经济下，政府是劳动关系的管理者甚至是直接当事者。计划经济条件下企业和员工的利益在本质上是一致的，没有根本冲突，他们的利益都和国家的利益是一致的，企业代表员工利益，国家代表企业利益。在实践中，企业没有独立的用工权、工资决定权等，只是政府的附属机构或代理者，执行政府的工资政策、用工制度和其他相关的劳动政策，而没有决策权。劳动者也没有自由选择职业、单位的权利，劳动者被政府通过计划配置到各个企事业单位。所以在计划经济下，企业和劳动者都不是独立的劳动关系主体，他们的劳动关系是完全由国家计划规制的。

改革开放后，随着市场化进程的推进，政府、企业、工会、劳动者角色都有了一些转变，国家角色也在逐渐转变，逐步从社会、经济生活的直接管理变为通过设立规则、制度来进行宏观调控。但是由于制度的路径依赖，国家在劳动关系中的主导角色短期内不会有很大变化。

在实践中，虽然企业有了用工自主权，员工有了择业自主权，但是由于相应的规范劳动关系的法律制度还不健全，对企业和员工来说，对各自利益的保护还是出于一种本能，劳动者明显处于劣势地位。工会的维权功能弱化，有的企业甚至没有工会组织，所以还是以政府主导的劳资关系模式为主，保持劳动关系双方实力上的平衡。因此在立法时，注意考虑实现工人享有合理的工资和公平的就业条件的权利以及雇主享有有效管理自己企业的权利，尽量保持两者之间的平衡。在此过程中，政府始终处于主导地位。

中国不同于美国高度市场化的劳资双方相互独立、高度抗衡的模式，达不到德国高度规范的劳资共决、工人参与的模式，也做不到日本利益一体化的模式。中国劳动关系如何界定？工会怎样定位？常凯教授认为，“政府居中、劳资自治”的模式是最理想的。但在现阶段，我们只能通过政府主导，逐步培养成熟的劳资关系主体，以实现劳资协调。就中国劳资关系协调这一问题，关键的是劳方。谁来代表劳方？工会能否真正代表劳方，是中国劳动关系机制调整中关键的问题。

目前我国要实现劳资自治面临着诸多困难。

（1）劳动者自主维权意识不强。我国由于经历了长期的封建社会和计划经济条件下过多的国家干预，市场经济实行时间不长，劳资双方的自治意识，特别是诸多底层劳动者，一方面由于知识能力限制；另一方面由于劳动力市场地位的劳动者处于明显的劣势地位，他们缺乏自主维权的意识和能力，习惯于政府来规范。

(2) 工会的维权功能不足。基于单个劳动者对雇主的人身依附性和经济依附性，他们注定了不会和雇主处于对等的地位，所以他们之间进行劳资自治需要有能和雇主组织抗衡、真正代表劳动者利益的组织，通常是工会。但目前工会对工人的代表和维权能力普遍不足。现阶段仍有很多地方政府在发展过程中，单纯追求 GDP 增长率，重视招商引资，忽视工人利益，这样就使工会把它们的重点更多地放在"维稳"上，而对维权动力不足。基层工会领导者一般都是兼职，且一般都担任企业副职，所以在工人权益受到侵害时也很难站在工人立场上维护工人利益。我国的民营和外资企业的工会组建率仍然比较低。工会不能有力地代表和维护工人的权益，更强化了工人的弱势地位，使劳资双方无法处于对等地位进行集体谈判和协商解决劳资事务。

综上所述，目前的劳动关系的调节模式，不能一味追求劳资自治，夸大市场调节的作用。一方面，要加强对工人培训，增强他们的能力和意识；另一方面，政府可以在条件相对成熟时，通过法律等强制力来对工会进行相应的改革，强化工会对工人的代表和维权能力。在此基础上，政府就可以给劳动力市场主体以更大的空间，让他们通过劳资自治和集体谈判来解决相关事务和维护自身权益①。

劳动关系管理的主要内容涉及企业劳动中的各个方面，包括劳动关系主体的劳动权利和劳动义务共同指向的事物，例如，劳动时间、劳动报酬、劳动纪律、安全卫生、福利保险、教育培训、劳动环境等。而现在的劳动关系管理集中体现在劳动合同的订立、履行、变更、解除和终止的劳动法律行为上，通过劳动合同管理使劳动关系管理走向规范化。

第二节　劳动合同概述

一、劳动合同的含义

劳动合同是劳动者和用人单位之间确立、变更和终止劳动权利和义务的协议。

在我国《劳动法》的第十六条中规定："建立劳动关系应当订立劳动合同。"劳动合同是确立劳动关系的凭证，是维护双方合法权益的法律保障。

根据劳动合同，劳动者加入组织从事某种工作，遵守国家法律与组织的劳动规则和制度，用人方按照劳动的数量和质量支付劳动报酬，依法提供劳动条件，保障劳动者依法享有劳动保护、社会保险等合法权利。

(一) 劳动合同制度

劳动合同的管理离不开劳动合同制度，劳动合同制度的意义表现在以下几个方面。

① 田松青．当前我国劳动关系调整模式探析［J］．前线，2010（12）．

1. 劳动合同制度是形成劳动关系的基本制度

在市场经济条件下，劳动关系是通过双向选择得以确定和形成的。劳动合同制度从法律上根本改变了计划用工制度，变“国家职工”为“企业职工”，实现了从“身份”到“契约”的变革，使用人单位和劳动者真正成为劳动关系的主体。

2. 劳动合同制度是企业人力资源管理的重要手段和工具

劳动合同是规定劳动者工作内容、岗位、职责、工资福利待遇的法律形式。

签订和撤销劳动合同是聘任与解雇员工的重要手段。企业通过劳动合同，能够实现“想留的人能留得住，想走的人能走得了”，为实现企业的发展目标服务。

3. 劳动合同制度是处理劳动争议的法律依据

劳动合同制度是维护双方合法权益的基本手段。劳动合同可以对法律未尽的事宜做出详细、具体的约定，明确彼此的权利和义务，促进双方全面履行合同。

在发生劳动争议时，劳动合同也是解决纠纷的重要依据和证据，为解决纠纷提供了便利，降低了争议解决的成本。因而劳动合同是劳动者实现劳动权的重要法律形式，也是维护劳动者和用人方合法权益的法律保障。

1994 年 7 月全国人大常委会通过《劳动法》的颁布实施，正式破除了传统计划经济体制下行政分配式的劳动用工制度，建立了与社会主义市场经济体制相适应的用人单位与劳动者双向选择的劳动用工制度，实现了劳动力资源的市场配置，对于促进劳动关系和谐稳定发挥了十分重要的作用。①

2007 年 6 月，人大常委会进一步审议通过了《劳动合同法》，并通过此法达到“完善劳动合同制度，明确劳动合同双方当事人的权利和义务，保护劳动者的合法权益，构建和发展和谐稳定的劳动关系”等目的。此举是在劳动法的立法原则下对劳动法体系的重要补充，是对自 1994 年以来至今出现的种种新情况、新问题的及时反映，以使得劳动法体系能够适应更加多元化市场主体及利益关系下的法律需求。

二、劳动合同的内容

劳动合同的内容，如图 9 - 1 所示。

劳动合同的内容是指双方当事人通过协商一致并达成的关于劳动权利和义务的具体规定。劳动合同的内容通过具体条款体现，劳动合同内容分为必备条款和约定条款。

（一）必备条款

必备条款，是指劳动合同必须具备的内容，主要有以下几方面。

1. 用人单位的名称、住所和法定代表人或主要负责人

用人单位的名称为注册时所登记的名称，住所指用人单位发生法律关系的中心区域，法定代表人必须与注册登记时一致，不具有法人资格的用人单位需写明主要负责人。

2. 劳动者的姓名、住址和居民身份证或其他有效证件

劳动者姓名以户籍登记——即身份证上所载为准，劳动者的经常居住地视为住所。

---

① 《中华人民共和国劳动合同法释义》。

- 劳动合同
  - 必备条款
    - 1.用人单位的名称、住所和法定代表人或主要负责人
    - 2.劳动者的姓名、住址和居民身份证或其他有效证件
    - 3.劳动合同期限
    - 4.工作内容和工作地点
    - 5.工作时间和休息休假
    - 6.劳动报酬
    - 7.社会保险
    - 8.劳动保护、劳动条件和职业危害防护
    - 9.法律、法规规定应当纳入劳动合同的其他事项
  - 约定条款
    - 1.试用期
    - 2.培训
    - 3.竞业限制
    - 4.补充保险
    - 5.福利待遇
    - 6.其他不违反劳动法律法规的约定

图 9－1　劳动合同的内容

3. 劳动合同期限

双方当事人可以订立固定期限、无固定期限和以完成一定工作任务为期限的劳动合同。

4. 工作内容和工作地点

工作内容可包括劳动者从事劳动的工种、岗位和劳动定额、产品质量标准等要求，工作地点是指劳动者可能从事工作的具体地理位置。

5. 工作时间和休息休假

工作时间是指劳动者为履行劳动义务，在法律规定的标准下，根据劳动合同和集体合同的规定提供劳动的时间。休息，是指劳动者无须履行劳动义务，自行支配的时间。休假，是指劳动者无须履行劳动义务且有工资保障的法定休息时间。

6. 劳动报酬

劳动报酬指用人单位根据劳动者劳动的数量和质量，以货币形式支付给劳动者的工资。

7. 社会保险

社会保险包含养老保险、失业保险、医疗保险、工伤保险和生育保险五项。参加社会保险并缴纳相关费用是劳资双方的法定义务，双方都必须履行。

8. 劳动保护、劳动条件和职业危害防护

劳动保护是指保护劳动者在工作过程中不受伤害。劳动条件，是指用人单位为劳动者提供的正常工作所必需的条件。职业危害防护，即对工作可能产生的危害的防护措施。

9. 法律、法规规定应当纳入劳动合同的其他事项

根据《劳动合同法》第八十一条规定："用人单位提供的劳动合同文本未载明本法规定的劳动合同必备条款或者用人单位未将劳动合同文本交付劳动者的，由劳动行政部门责令改正；给劳动者造成损害的，应当承担赔偿责任。"

（二）约定条款

劳动合同除以上必备条款外，用人单位与劳动者可以依法约定其他内容，如试用期、培训、竞业限制、补充保险、福利待遇等。可以约定，也可以不约定。

三、制定劳动合同的原则

（一）平等自愿

该原则是制定劳动合同的核心原则。平等原则是指劳动者和用人单位在法律上处于平等的地位，平等地决定是否缔约，平等地决定合同的内容。任何一方可拒绝与对方签订合同，同时任何一方都不得强迫对方与自己签订合同。

自愿原则是从平等原则引申出来的。当事人地位的平等性要求双方对于劳动合同的订立不得享有任何特权。当事人订立合同只能出于其内心意愿。用人单位不得强迫劳动者订立劳动合同，其他任何机关、团体和个人都无权强迫劳动者订立劳动合同。

（二）协商一致原则

协商一致原则是指劳动合同中的条款必须是用人单位与员工双方协商一致的结果。协商一致原则是平等自愿原则的延伸和结果。劳动合同的订立要依照双方当事人的意志，不能使用强加于人和欺骗等手段。

（三）合法性原则

合法性原则是指劳动合同不得违反法律、行政法规的规定。这是最基本、最重要的原则。如果劳动合同违反了法律、行政的规定就是无效合同。劳动合同的合法性是指劳动关系主体的合法性、劳动合同内容的合法性与制定合同的合法性。也就是说，劳动合同的制定双方存在着适用《劳动法》及《劳动合同法》的劳动关系，劳动合同的条款不得违反法律与行政法规的规定；制定合同的过程也必须符合法律程序，通常劳动合同的形式是以书面形式存在的。

（四）互利互惠原则

企业与劳动者的关系就其本质上来说是一种经济利益关系。因此，双方当事人在劳动合同订立时，就要对双方的经济利益在平等自愿的基础上展开讨论，而要最终达成协商一致，就必须在经济利益上保证双方当事人的互利互惠，没有互利互惠这个前提条件，劳动合同不可能达成协商一致。因此，协商一致是互利互惠的结果。

四、劳动合同的签订与生效

劳动合同签订基本过程为：用人单位拟定劳动合同草案，劳动者与用人单位协商劳动合同内容，签字盖章，鉴证。

用人单位拟定的劳动合同草案必须建立在《劳动合同法》基础上，不得违反国家的相关政策。在正式签订合同之前，劳动者有权利与用人单位就相关条款进行协商修改。

关于劳动合同的生效时间，《劳动合同法》第十六条做了如下规定："劳动合同由用人单位与劳动者协商一致，并经用人单位与劳动者在劳动合同文本上签字或盖章生效。劳动合同文本由用人单位和劳动者各执一份。"

在双方签字盖章之后，用人单位和劳动者还可以对劳动合同进行鉴证。劳动合同鉴证是劳动行政主管部门根据劳动合同当事人的申请，依法审查、证明劳动合同的合法性、真实性、完备性和可行性的一项行政监督和服务措施。但需注意的是，劳动合同鉴证一般采取自愿原则，是否鉴证与劳动合同的效力无关。当劳动争议发生时，仲裁委员会也不能以劳动合同未经鉴证为由不予受理。

为了保护劳动者的权益，《劳动合同法》也明确规定了在以下情况下，劳动合同无效或部分无效：

（1）以欺诈、胁迫的手段或者乘人之危，使对方在违背真实意思的情况下订立或者变更劳动合同的；

（2）用人单位免除自己的法定责任、排除劳动者权利的；

（3）违反法律、行政法规强制性规定的。

但劳动合同部分条款无效不影响其他部分效力的，其他部分仍然有效。

五、劳动合同的变更、终止与解除

（一）劳动合同的变更

劳动合同的变更，是指劳动合同生效后尚未履行完毕时，双方当事人对已存在的劳动合同条款做部分修改、删除、补充，重新调整双方的权利义务关系。

造成劳动合同变更的原因有很多，一般来说有如下几种情况：[①] 一是由于用人单位的改制、转产或流程重组等原因，需要变更劳动者的工作岗位以及相关薪酬待遇；二是由于劳动者自身的原因需要对合同约定的岗位、待遇等方面进行调整；三是由于国家劳动相关政策发生了重大变化，因而必须修改劳动合同以保证合同的合法性和有效性。

关于变更劳动合同的方法，《劳动合同法》第三十五条规定如下："用人单位与劳动者协商一致，可以变更劳动合同约定的内容。变更劳动合同，应当采取书面形式。变更后的劳动合同文本由用人单位和劳动者各执一份。"

需注意，用人单位变更名称、法定代表人、主要负责人或者投资人等事项，不影响劳动合同的履行。用人单位发生合并或分立等情况，原劳动合同继续有效，劳动合同由承继其权利和义务的人继续履行。

---

① 《中华人民共和国劳动合同法释义》。

小贴士

公司的合并与分立

所谓公司合并，是指由两家或者两家以上的公司，依照法定的程序和条件合并成一家公司，合并各方的债权债务由合并后的公司完全承受。它是公司主体变更的一种法律制度，由公司法和合同法、担保法共同调整公司合并中的债权债务关系。

所谓公司分立，是指一家公司依照法定的程序和条件，分成两家或者多家公司的法律制度。公司分立有既有分立和新设分立两种，其中既有分立是指被分立的公司保持存在，并从其分离部分财产成立新的公司的形式；新设分立是指被分立的公司不复存在，在其财产基础上成立两家或者多家公司的分立形式。

（二）劳动合同的终止

劳动合同的终止，是指由于出现了《劳动合同法》所规定的情形，劳动合同的法律效力消灭，相应的劳动关系及权利义务关系终结。一般来说，终止劳动合同的法律情形有如下几种。

（1）合同期满。劳动合同期限届满，双方当事人的权利和义务已经履行完毕，劳动合同自行终止。

（2）劳动者开始享受基本养老保险待遇。不论劳动者是否达到法定退休年龄，一旦其开始享受基本养老保险待遇，则劳动合同随即终止，不可再与用人单位建立劳动关系。

（3）劳动者死亡，或者被人民法院宣告死亡或者宣告失踪的。作为劳动合同一方当事人的劳动者死亡，致使无法继续履行劳动合同规定的义务，故而劳动合同终止。宣告死亡与宣告失踪均为自然人下落不明超过法定期限后，经法院宣告其视为处于失踪或死亡的状态。虽然是一种拟制的民事状态，但鉴于当事人确已无法继续履行劳动合同，故而劳动合同终止。

（4）用人单位被吊销营业执照、责令关闭、撤销或者用人单位决定提前解散。与上一条相对应，在以上状态下，用人单位无法继续履行劳动合同，故而劳动合同终止。

（5）用人单位被依法宣告破产。在劳动合同履行过程中，用人单位依据《中华人民共和国破产法》的有关规定宣告破产，则用人单位在法律意义上已消失，劳动合同无法履行，只能终止。

（6）法律、行政法规规定的其他情形。

（三）劳动合同的解除

劳动合同的解除，是指劳动合同签订以后，尚未履行完毕之前，由于一定事由的出现，提前终止劳动合同的法律行为。

劳动合同的解除可分为两大类型：双方解除和单方解除。双方解除是指协商解除或协议解除，是指劳动合同双方当事人通过协商达成协议解除劳动合同。

单方解除，即一方通过行使解除权而解除劳动合同，不以对方当事人是否同意为转移。根据我国《劳动合同法》规定，劳动合同的单方解除又可分为用人单位解除劳动合同和劳动者解除劳动合同。通常我们称用人单位单方解除劳动合同为辞退或解雇，劳动者解除劳动合同为辞职。

根据用人单位单方解除劳动合同的原因不同，又可以将用人单位单方解除劳动合同分为过错性辞退（《劳动合同法》第三十九条）、非过错性辞退（《劳动合同法》第四十条）和经济性裁员（《劳动法》第四十一条）。

1. 用人单位单方解除合同

1）用人单位非过错性辞退

用人单位非过错性辞退包括以下几种情形。

(1) 非因致病且医疗期满。劳动者患病或者非因工负伤，医疗期满后，不能从事原工作也不能从事由用人单位另行安排的工作，用人单位可以单方解除劳动合同。

(2) 不胜任工作。劳动者不能胜任工作，经过培训或者调整工作岗位，仍不能胜任工作的，用人单位可以单方解除劳动合同。

(3) 客观情况变化。劳动合同订立时所依据的客观情况发生重大变化，致使原劳动合同无法履行，经用人单位与劳动者协商，不能就变更劳动合同达成协议的，用人单位可以单方解除劳动合同。

在非过错性辞退员工时，用人单位必须提前三十日书面通知员工。用人单位也可选择额外支付劳动者一个月工资以代替提前三十日书面通知的形式。

2）用人单位过错性辞退

用人单位过错性辞退包括以下几种情形。

(1) 不符合录用条件。劳动者在试用期间被证明不符合录用条件的，用人单位可予以辞退。需注意，此种情况下用人单位须提供确凿的证据证明劳动者不符合录用条件，且合同约定的试用期不可超过《劳动合同法》中规定的试用期时限。

(2) 违纪违规。劳动者严重违反劳动纪律或者用人单位规章制度的，用人单位可予以辞退。此处的"严重违反"由用人单位判断，应符合本单位一般职工的判断，如被辞退员工对此有异议，可通过仲裁等方式予以解决。

(3) 失职。劳动者严重失职，营私舞弊，对用人单位利益造成重大损害的，用人单位可予以辞退。一般来说，"重大损害"的标准应当经职工代表大会或者全体员工讨论，在企业规章制度中明确。如有异议，也可由仲裁机构根据企业的规模、效益等具体情况进行评判。

(4) 触犯刑律。劳动者被依法追究刑事责任的，用人单位可予以辞退。在此类情况下，用人单位无须事先通知即可解除劳动合同

(5) 与其他单位建立劳动关系。劳动者同时与其他用人单位建立劳动关系，对完成本单位的工作任务造成严重影响，或者经用人单位提出，拒不改正的，用人单位可予以辞退。出现上述任意一种情况，用人单位均可无须通知，即可解除劳动合同。

(6) 以欺诈形式签订合同。劳动者以虚构事实、隐瞒真相的行为让用人单位发生错误认识，或是通过胁迫和乘人之危的行为，最终达到用人单位在违背真实意愿的情况下与其签订劳动合同的目的。此类情况下，经劳动争议仲裁机构或者人民法院确认，劳动合同部分无效或者全部无效。

3）用人单位经济性裁员

用人单位有下列情形之一，确需裁减人员的，应当提前30日向全体职工说明情况，听取工会或者职工的意见，经向劳动和社会保障部门报告后，可以解除合同。

(1) 破产。依照企业破产法规定进行重整的。

（2）重大变革。企业转产、重大技术革新或者经营方式调整，经变更劳动合同后，仍需要裁员的。

（3）经营不善。生产经营状况发生严重困难的。

其他因劳动合同订立时所依据的客观经济情况发生重大变化，致使劳动合同无法履行的。

为了保障劳动者的切身利益，《劳动合同法》同时规定了在裁员发生时用人单位应当优先留用的人员，具体包括订立较长期限的固定期限劳动合同的劳动者、订立无固定期限劳动合同的劳动者、家庭无其他就业人员且有需要抚养的老人或者未成年人的劳动者。

用人单位依照法律规定进行裁员的六个月内，如需重新招用人员，则应当通知被裁减的人员，并在同等条件下优先招用。

2. *用人单位不得解除劳动合同的情况*

根据《劳动合同法》第四十二条规定，劳动者有下列情形之一的，用人单位不得解除劳动合同：

（1）从事接触职业病危害作业的劳动者未进行离岗前职业健康检查，或者疑似职业病病人在诊断或者医学观察期间的；

（2）在本单位患职业病或者因工负伤并被确认丧失或者部分丧失劳动能力的；

（3）患病或者非因工伤，在规定的医疗期内的；

（4）女职工在孕期、产期、哺乳期的；

（5）在本单位连续工作满十五年，且距法定退休年龄不足五年的；

（6）依照法律、法规规定的其他不可解除劳动合同的情况。

3. *劳动者单方解除劳动合同*

根据《劳动合同法》第三十八条的规定，用人单位如有以下情况之一，劳动者可以解除劳动合同。

（1）用人单位未按照劳动合同约定提供劳动保护或者劳动条件的；

（2）用人单位未足额支付劳动报酬的；

（3）未依法为劳动者缴纳社会保险费的；

（4）用人单位的规章制度违反法律、法规的规定，损害劳动者权益的；

（5）劳动合同本身具有瑕疵，无法律效力的；

（6）其他法律法规规定的相关情形。

需注意，用人单位如以暴力、威胁或者非法限制人身自由的手段强迫劳动者劳动的，或者用人单位违章指挥、强令冒险作业危及劳动者人身安全的，劳动者可以立即解除劳动合同，不需事先告知用人单位。

管理实践

1997 年，杨某在某食品公司应聘，得到了面包操作工的工作，签订了为期三年的劳动合同。在签劳动合同之前，她按公司要求和规定进行了体检，并取得健康合格证，证明她没有任何传染病，可以从事食品加工。

1999 年，杨某被检验出“肝炎病毒携带者”，医院诊断其虽然不需要休息和治疗，但属于终生病毒携带者。于是，卫生防疫部门吊销了她的健康合格证书，食品公司只好停止了她的面包操作工工作，准备安排她去做清洁工作并降低其工资。

杨某以劳动合同约定工作岗位是面包操作工，要求企业如果要变更工作岗位需和她协商一致为由，拒绝做清洁工。公司以没有其他工作适合她做为理由，当天书面通知他将于30天后解除她的劳动合同。杨某不明白：得了病，按照国家规定应该有个医疗期呀。

【思考题】

请你告诉杨某，食品公司可否与她单方解除劳动合同。

六、违反合同的赔偿责任

违反劳动合同的赔偿责任，是指违反劳动合同约定所应承担的责任。劳动部于1994年12月3日发布了《违反和解除劳动合同的经济补偿办法》，于1995年5月10日发布了违反《劳动法》有关劳动合同规定的赔偿办法（以下简称《赔偿办法》）。全国人大常委会新出台的《劳动合同法》第四十六条至第四十八条进一步明确了补偿金与赔偿金的标准及适用情况。这些法律和行政法规可以作为确定违反劳动合同责任的赔偿依据。

另外，双方当事人可以根据具体情况，在符合国家法律的前提下，自行约定其他具体的违反劳动合同的责任。

七、工时管理

工作时间是劳资双方敏感的话题之一，是引发劳动纠纷的主要诱因之一，这种现象大量存在于我国私营企业之中。用人方为了节约人力成本，往往采取少用人、延长加班时间、支付加班费的方法，减少由于多用人在福利方面的开支。并在劳动合同中约定是不是加班、加班的频率与时间等。劳动合同签订后，如果员工拒绝加班，用人单位则会以不服从组织工作为理由对员工施加压力，甚至辞退。所以，有必要在这里讨论工时管理问题。

（一）工作时间法规

工作时间是法律规定的，是指劳动者在工作场所为履行劳动义务而消耗的时间，即劳动者每天工作的时数或每周工作的天数。下面介绍几个与工时有关的概念：

（1）标准工作日，是国家统一规定的，在一般情况下，是劳动者从事工作或劳动的时间。我国的标准工作日为每日工作8小时，每周工作40小时。标准工作日是计算其他工作日种类的依据。

（2）综合计算工作日，是指用人单位根据生产和工作特点，分别采取以周、月、季、年等为周期综合计算劳动者工作时间的一种工时形式。

（3）弹性工作时间，是指在标准工作时间的基础上和保证核心时间的前提下，工作时间可以调节。

（4）计件工作时间，是指以劳动者完成一定劳动定额为标准的工作时间。

（二）延长工作时间

延长工作时间，是指劳动者的工作时数超过法律规定的标准工作时间。

1. 延长工作时间的条件和限制

《劳动法》第四十一条规定："用人单位由于生产经营需要，经与工会和劳动者协商后可以延长工作时间，一般每日不得超过一小时；因特殊原因需要延长工作时间的，在保障劳动者身体健康的条件下延长工作时间每日不得超过三小时，但是每月不得超过三十六小时。"

小贴士

超时工作与过劳死

Karoushi是一个日语词汇，通常译为"过劳死"，是指人由于劳累过度猝死的现象。因为在第二次世界大战后日本政府为了重建国家，日本人工作时间长，劳动强度大，虽然他们就此取得的经济成就受到全世界的钦佩，但是，人们过度工作所导致的危害令人震惊。

2011年，微博上一条"普华永道年轻女孩过劳死"的帖子，很快成为大众唏嘘的焦点。20世纪80年代，中国媒体曾以旁观者的姿态大量报道过的日本白领阶层"过劳死"现象，如今已在中国人身边蔓延。

帖子的主人公潘洁是一名品学兼优的大学生，2009年刚从德国留学回来，参加工作不满两年。在她的微博上有这样的记录：

2010年10月，晚上九点半回家，还要"继续OT（over time，加班）"；2010年11月，连续患了感冒、发烧；2010年12月，先后到南宁、柳州、长春等地出差；2011年1月，"肺都快咳出来了……"；2月，"两脚发飘……"

她已经很久没有好好睡上一觉，甚至早就产生了"过不去这个年"的感觉。2011年3月29日下午4点，潘洁自年初便接手的一个大项目，终于告一段落。在收到"平啦，回家睡觉"的指令时，她"泪流满面"。然而两天后，她突发高烧，几天之内，辗转上海市第五人民医院、华山医院，经过昏迷、癫痫等阶段症状后，于2011年4月10日晚去世。

一个年轻生命的离去总是让人叹息，而这背后隐含的问题更值得人们思索。

资料来源：http：//apps. hi. baidu. com/share/detail/34106750.

2. 延长工作时间的报酬

无论哪一种情况安排劳动者延长工作时间，用人单位都应当支付高于劳动者正常工作时间的工作报酬。根据《劳动法》规定，企业支付劳动者加班工资有三种情形。

（1）平时加班。在标准工作日内安排劳动者延长工作时间的，支付不低于工资的150%的工资报酬。

（2）休息日加班。在休息日安排劳动者工作又不能安排补休的，支付不低于工资200%的工资报酬。

（3）法定休假日加班。法定休假日安排劳动者工作的，支付不低于工资300%的工资报酬。

八、集体合同

（一）集体合同的含义

集体合同，是指工会组织代表职工与企业、雇主和雇主组织之间就劳动报酬、工作时间、休息休假、劳动安全卫生、保险福利等事项签订的具有法律约束力的协议。

我国《劳动合同法》第五十一条规定："企业职工一方与用人单位通过平等协商，可以就劳动报酬、工作时间、休息休假、劳动安全卫生、保险福利等事项，签订集体合同。集体合同草案应当提交职工代表大会或者全体职工讨论通过。"

"集体合同由工会代表企业职工乙方与用人单位订立，尚未建立工会的用人单位，由上级工会指导劳动者推举的代表与用人单位订立。"因此，我国的集体合同是工会组织（或职工推举的代表）代表全体职工与企业之间就涉及全体职工与企业劳动关系问题所达成的协议。

（二）集体合同的作用

集体合同制度是商品经济发展的必然产物，是在个人劳动合同的基础上产生和发展起来的，它对于改善劳动关系、减少劳动纠纷；改善劳动条件、维护劳动者的合法权益等起到了重要的作用。特别是在我国社会主义市场经济条件下，实行集体劳动合同制度顺应了劳动关系发展的客观要求，有利于加强企业民主管理，充分调动职工的劳动积极性和创造性，有利于改善和加强企业的经营管理，从而促进企业经济效益的提高。

（三）集体合同的特征

集体合同作为一种合同形式，具有一般合同的共同特征：当事人订立集体合同的地位是平等的；集体合同双方当事人各自享有协议规定的权利，履行协议规定的义务；集体合同依法订立、变更、终止等。

此外，作为一种特定的契约形式，集体合同还具有自己的一些特征。

1. 集体合同的当事人规定

当事人一方必须是企业工会组织或职工推举的代表，除此以外的单个劳动者或其他劳动组织均不能成为集体合同的当事人；另一方是与该工会组织有密切联系的用人单位，可以是企业、雇主或雇主组织等劳动力使用方，既可以是企业法人，也可以是它们的团体。这一特征是我国《劳动合同法》调整集体合同区别于民法、经济法，调整民事合同、经济合同和个人劳动合同的重要特点之一，也把工会组织与其他社会组织之间、工会组织内部之间所订立的其他合同关系区别开来。

2. 集体合同的性质

集体合同是一种集体性质的劳动协议。

从本质上讲，集体合同仍是一种劳动关系，所反映的是以劳动条件为主要内容的劳动关系，是规定劳动关系当事人整体性权利和义务的一种协议。

3. 集体合同是最低标准合同

集体合同是针对劳动报酬、工作时间等事项的最低标准和企业达成的协议，劳动者个人和用人单位签订的劳动合同所规定的各种待遇不得低于集体合同的标准。

4. 集体合同是定期的书面合同

集体合同的签订必须要采取书面形式，且经主管机关登记备案方可具有法律效力。

5. 集体合同双方当事人的义务差异

集体合同双方当事人的义务差异表现在集体合同双方当事人的义务具有不对等性。这是由订立集体合同的目的和当事人双方的性质决定的。对企业来说，集体合同规定的义务都具有法律性质，不履行或不完全履行义务，当事人要承担法律责任。

而对工会来说，集体合同规定的义务不具有法律的性质，属于道义和社会性质，履行义务的保证是职工的觉悟和舆论力量，不履行义务或不完全履行义务，当事人不承担法律责任，只承担道义责任。这是集体合同与民事契约、经济契约、劳动合同所不同的一个重要特征。

(四) 集体合同的内容

集体合同的内容，是指在集体合同中需要明确规定的双方当事人的权利义务条款及必须明确的其他问题。集体合同的内容是集体合同的实质，也是集体合同成立和发生法律效力的核心问题。

1. 劳动关系标准条件规范部分

这是集体合同的核心内容，它制约着个人劳动合同。该部分一般包括以下几个方面：

(1) 劳动报酬，包括工资水平、工资分配方式和支付办法等。

(2) 工作时间和休息休假，包括每天工作时数和每周工作天数、年休假及其他休息休假等。

(3) 劳动安全卫生，包括劳动条件、安全设施、防护用品、职工健康检查等。

(4) 女职工和未成年工特殊保护，包括女职工禁忌从事的职业范围、孕期与哺乳期的待遇、未成年工不得从事的职业范围等。

(5) 职业技能培训，包括安全知识培训、岗位业务培训等；集体合同本身的规定及争议处理方法等。

(6) 保险和福利，包括养老、工伤、医疗、死亡等待遇，以及职工住房、生活供应、保健和文化体育设施等。

(7) 劳动合同管理、奖惩、裁员等其他条款。

2. 过渡性规定

过渡性规定主要包括集体合同的监督、检查，履行发生纠纷的解决措施及违约责任等方面。

3. 一般性规定

一般性规定包括集体合同的有效期限，变更、解除的条件等。需注意，集体合同中劳动报酬和劳动条件等标准不得低于当地人民政府规定的最低标准，用人单位与劳动者订立的劳动合同中劳动报酬和劳动条件等标准不得低于集体合同规定的标准。

此外，根据《劳动合同法》第五十二条的规定，企业职工一方也可就劳动安全卫生、女职工权益保护、工资调整机制等问题与用人单位签订专项集体合同。

(五) 集体合同的签订

劳动合同经过集体谈判，双方达成共识，签字确定后，就立即生效。我国《劳动合同法》第五章第一节对集体合同的签订有以下要求。

1. 签订合同

企业职工一方与企业可以就劳动报酬、工作时间、休息休假、劳动安全卫生、保险福利等事项，签订集体合同。

2. 报送审查

集体合同签订后应当报送劳动行政部门，这是集体合同生效的法定条件；劳动行政部门自收到集体合同文本之日起十五日内未提出异议的，集体合同即行生效。

依法签订的集体合同对企业和企业全体职工具有约束力。职工个人与企业签订的劳动合同中劳动条件和劳动报酬等标准不得低于集体合同的规定，否则以集体合同为准。

（六）集体合同的终止

合同的终止一般是指合同期满、合同目的已经实现或依法解除合同等而使合同的法律效力消失，集体合同作为合同的一种，其终止也符合以上定义。我国的集体合同为固定期限合同，期限一般为1～3年。

小贴士

佳能大连办公设备有限公司的集体协议

佳能大连办公设备有限公司是1989年由日本佳能总部在大连开发区投资286亿日元建立的独资企业，主要生产激光打印机的专用暗盒。公司建立以来，先后六次增资扩大规模，多年位列辽宁省十大“三高”外资企业榜首（高出口创汇、高销售额、高效益）。

建厂初期，公司就引入集体协商决定劳动条件这一国际惯例，制定了劳资协议会、劳资恳谈会制度。1995年按照我国《劳动法》规定，该公司率先在大连市签订集体合同，将协商谈判机制进一步法律化、规范化。

协商的内容，除工资、劳动条件外，还扩展到住房、医疗、倒班补助、终止合同、休假等问题，避免了双方由于价值观念和行事习惯差异所产生的矛盾。通过协商谈判达成共识，弥补了劳动法律法规的不足和欠缺，形成了符合本企业特点的集体协议，体现了劳资双方依法自治、自我调节机制的形成，避免了矛盾的激化和尖锐。

第三节　劳动争议处理

一、劳动争议概述

（一）劳动争议的概念和分类

1. 劳动争议的概念

广义的劳动争议是指劳动关系双方当事人因劳动问题引起的纠纷，也就是劳动者与用人单位、劳动者之间、用人单位之间，因为劳动问题所引起的争议。狭义的劳动争议是指劳动者和用人单位之间所发生的争议，劳动争议的主体一方是用人单位或其团体，另一方是员工或雇员。在劳动立法和劳动法学中，一般取其狭义概念[①]。

① 范愉．非诉讼纠纷解决机制［M］. 北京：中国人民大学出版社，2000：202.

2. 劳动争议的分类

按照劳动争议标的类型来分，可以分为权利争议和利益争议。权利争议是指当事人之间因约定或法定权利而产生的纠纷，它是对既定的、现实的权利发生争议。利益争议是指劳动关系当事人就如何确定双方的权利义务关系发生的争议。权利争议和利益争议的区别也可理解为法定权利的争议和约定权利的争议区别，因为权利争议是对既定或现存权利行使或解释产生的争议，利益争议是因建立新的权利义务关系引发的争议。

按照参加争议的劳动者人数不同，可将劳动争议分为个别劳动争议、集体劳动争议和团体劳动争议①。个别劳动争议是指单个劳动者和用人单位发生的争议，集体劳动争议是指多个劳动者（在我国是指三名以上的劳动者）因共同的理由与用人单位发生的争议，团体劳动争议是指用人单位全体职工的代表——工会与用人单位或其团体就劳动权利义务发生的争议。

按照当事人国籍的不同，可分为国内劳动争议与涉外劳动争议。国内劳动争议是指我国的用人单位与具有我国国籍的劳动者之间发生的劳动争议；涉外劳动争议是指具有涉外因素的劳动争议，包括我国在国（境）外设立的机构与我国派往该机构工作的人员之间发生的劳动争议、外商投资企业的用人单位与劳动者之间发生的劳动争议。

（二）劳动争议的范围

劳动争议的范围，在不同的国家有所区别。我国最新的《中华人民共和国企业劳动争议调节仲裁法》第二条规定了我国劳动争议的范围：

①因确认劳动关系发生的争议；②因订立、履行、变更、解除和终止劳动合同发生的争议；③因除名、辞退和辞职、离职发生的争议；④因工作时间、休息休假、社会保险、福利、培训以及劳动保护发生的争议；⑤因劳动报酬、工伤医疗费、经济补偿或者赔偿金等发生的争议；⑥法律、法规规定的其他劳动争议。

二、劳动争议处理程序

对于劳动争议，应当本着先协商，后调解，再仲裁，最后法院的原则。也就是说，争议双方先进行协商；协商不成，再进行调解阶段；调解不成，再申请仲裁；仲裁不服的，可以提请法院审理。

1. 调解程序

调整是指劳动争议双方当事人自愿申请，由劳动争议调解委员会在查明事实、分清责任的基础上互谅互让，达成协议从而解决争议。调解并非处理劳动争议的必经程序，调解达成协议后反悔或超过调解期限未达成协议，均视为调解不成，当事人可申请仲裁，即调解没有强制效力。

2. 仲裁程序

仲裁也称公断，是一种解决纠纷的方式和手段。劳动争议仲裁是指劳动争议仲裁委员会对用人单位与劳动者之间发生的劳动争议，在查明事实、明确是非、分清责任的基础上，依法做出仲裁的活动。劳动争议仲裁具有较强的专业性，其程序与司法程序相比，较为简便、

① 常凯．劳动关系学［M］．北京：中国劳动社会保障出版社，2005：381.

及时。

3. 劳动诉讼

劳动诉讼是指当事人不服劳动争议仲裁委员会的裁决，在规定的期限内向人民法院提起诉讼，由人民法院进行审理和裁决的活动。劳动争议诉讼是处理劳动争议的最终程序，它通过司法程序保证了劳动争议的最终彻底解决。

第四节　社会保障与社会保险

一、社会保障的概念与内容

社会保障是指国家向丧失劳动能力、失去就业机会以及遇到其他事故而面临经济困难的公民提供的基本生活保障。社会保障体系包括三个方面，即制度、服务网络和运行机制，其中制度是核心。

在我国，社会保障的内容主要包括社会保险、社会救助、社会福利与社会优抚。

1. 社会保险

社会保险是指保障劳动者在失去劳动能力，从而失去工资收入后仍能享有基本的生活保障。它是现代社会保障的核心内容，是一国居民的基本保障。

我国社会保险的项目主要有：养老保险、失业保险、医疗保险、生育保险、工伤保险等。

2. 社会救助

这是指通过国家财政拨款，保障生活确有困难的贫困者最低限度的生活需要。

我国的社会救助主要包括：对无依无靠的绝对贫困者提供的基本保障，对生活水平低于国家最低标准的家庭和个人的最低生活提供的保障，对因天灾而陷于绝境的家庭和个人提供的最低生活保障。

3. 社会福利

这是指国家民政部门提供的主要是对盲聋哑和鳏寡孤独的社会成员给予的各种物质帮助，其资金来源大部分是国家预算拨款。社会福利的主要内容包括残疾人福利、社会福利院、其他社会福利设施及服务。

4. 社会优抚

社会优抚是指对革命军人及其家属提供的社会保障。主要包括：对现役军人的安置，对现役军人及其家属的优抚，对烈属和残废军人的抚恤，对军人退役后的生活保障等。

二、社会保障的特征

（一）国家主导性

政府是社会保障法律关系的主体之一，承担起对社会成员进行保护的主要责任，通过国家立法和国家性质对社会保障制度和体系进行规划、组织和管理。

无论何种制度的国家，财政部都在不同程度上参与社会保障基金的管理与营运，其中，绝大多数国家的社会保障金的管理都是由政府统一进行的，对社会保障财务负有最后的责任。

（二）法制性

社会保障法律所调整的是社会保障中发生的各种权利义务关系，这种管理义务关系往往具有利益冲突性质，国家通过调整利益冲突，推动建立符合社会公共利益的社会保障制度。社会保障从“家庭自我保护”和“慈善救济”发展到现代意义上的保障，正是各国政府运用法律手段强制推行的结果。

（三）社会性

1. 社会保障的覆盖范围和实施对象的社会性

（1）全体社会成员，不分城市和乡村、不分部门和行业、不分就业单位的所有制性质、不分有无职业，只要基本生存发生困难，原则上都应普遍地、无例外地给予物质生活保障。

（2）在既定的生产力水平条件下，社会成员之间可以存在保障金的筹集方法、享受保障的项目多少、标准高低以及保障形式等方面的不同。

（3）在生存权利的保障面前，人人平等。

2. 社会保障责任和义务的社会化

社会保障通过立法，采取国家、用人单位和个人共担风险的方式使社会保障基金来源社会化，基金来源的渠道呈现多样化格局。

3. 管理的社会化

（1）社会保障基金要在尽可能大的范围内，乃至全社会范围内统筹使用。

（2）社会保障政策的制定要高度集中统一。

（3）社会保障业务应由统一的管理机构承办，实行科学、合理、规范的管理，如各类社会保险津贴的社会化发放等。

（四）福利性

福利性是社会保障的宗旨。福利是指社会保障具有非营利性质，属于社会公益性事业，由不以赢利为目的的公共机构进行管理。

社会保障的福利性表现在，国家财政对社会救助、社会优抚等转移支付项目提供资金，同时对缴费性的社会保险基金提供补贴或担保。社会保障是国家社会政策的核心支柱，它确立了社会成员直接分享经济增长和社会文明成果的权利；通过转移支付和累进税制等方式，缩小收入分配差距，提供了社会福利最大化的必要条件。

（五）人道性

老有所养、幼有所惜、扶弱济贫、友爱助人，是中华民族的传统美德，是社会保障的伦理道德基础。社会保障通过立法，运用再分配手段，弥补市场竞争与市场分配的某些“无能为力”，形成风险共担的社会共同责任机制。社会保障通过社会成员之间的互助互济实现一种和谐、祥和局面，达到富裕人群对贫困人群、健全人群对残疾人群、年轻人群对老年人群的人道关怀。体现了一种至善的人道性。

三、两类不同性质保障项目的界定及其分类

社会保障项目可以归纳为两大类，一是具有共同保险性质的社会保险类项目；二是具有转移支付性质的社会救助、社会福利、社会优抚类项目。

两者都是由国家和社会对生存发生困难的社会成员提供物质帮助的一种收入再分配工具。两者的区别表现为：

（1）社会保险再分配属于横向分配，社会福利、社会救济和社会优抚类项目的再分配属于纵向分配。

（2）社会保险的贡献与受益呈对称性，社会福利、社会救济和社会优抚项目的贡献和收益呈非对称性。

（3）社会保险对象是因风险发生而得到补偿，社会救济、社会福利和社会优抚的对象是因贫困或做出过牺牲而得到补偿。

（4）两者分配依据和标准不同，使两者在资金管理上不同。首先，社会保险要求建立贡献与受益之间的联系，并进行专项基金管理。其次，福利救济项目只能由政府作为财政支出的一个项目，而不能采取收支对应的专项基金管理方式。

四、社会保险与商业保险的联系与区别

（一）社会保险与商业保险的联系

两类保险的保障对象一致，而且两者都具有化解社会风险的功能，两者都具有互助互济、分担风险、保障人民生活安定和经济繁荣的作用，两者互为补充关系。

（二）社会保险与商业保险的区别

社会保险与商业保险都是对分配制度的一种补充形式，两者又存在着一定的区别，如表9-1所示。

表9-1　社会保险与商业保险的区别

项目	性质	目的	保险费	参保条件	保险关系	保险待遇
社会保险	公益性 福利性	不以赢利为目的	三方负担	一般全体对象	法律基础	基本保障
商业保险	商业性	赢利为目的	投保个人 投保单位	限定条件的投保人	合同约定	合同约定

1. 目标取向与性质不同

社会保险是不以赢利为目的的公益性福利项目，商业保险则是以赢利为目的的商业性保险项目。

2. 权利与义务不同

社会保险的对象一般是全体公民，而商业保险的服务对象是投保人，他人无权享受。

3. 资金来源不同

社会保险费用由政府、企业和个人三方负担，商业保险由投保单位或投保个人负担。

4. 政府承担的责任不同

社会保险由政府强制执行，在商业保险运行中，政府主要起监督作用。

5. 补偿水平与保障方式不同

社会保险的补偿水平与个体的贡献无关，而与其困难程度与需要有关，无需附加条件；而在商业保险中，投保金额越高，所获补偿越高。

6. 可承保风险的范围不同

与社会保险不同，商业保险对险种进行了分类，同时对投保人在年龄、健康情况、投保金额的大小方面有所限制。例如，医疗保险，投保人需在确认无规定的慢性病等情况下方能投保。

五、常见的社会保险项目

社会保险项目，也称为险种，是指该项保险制度为某种特定的劳动危险事故提供物质生活保障。世界各国根据各自的国情和经济发展水平，设置的社会保险项目各不相同。一般包括以下几个主要方面。

1. 生育保险

生育保险，为保障妇女劳动者在生育期间暂时丧失劳动能力时的基本社会需要而设立的保险。我国实行计划生育政策，凡是合法生育的女性劳动者在生育前后的一定时期内，都可以获得一定的生育保险金。

2. 养老保险

为保障劳动者在年老丧失劳动能力退出社会劳动领域后的基本生活需要而设立的保险。凡是达到法定退休年龄、就业年限或缴纳保险费年限的社会劳动者，都有权享受此项待遇。它包括退休后的生活费用和必要的日常生活管理与服务。

3. 医疗保险

这是为社会保险成员提供医疗费用和医疗服务保障的项目。社会保险的法定成员，包括本人和被保险人的供养直系亲属，因病需要治疗时，可以从医疗保险获得免费或减费治疗、药品供应和护理服务。

4. 疾病保险

疾病保险，为保障劳动者在患病期间暂时或长期丧失劳动能力时的基本生活需要而设立的保险项目。

5. 工伤保险

工伤保险，为保障劳动者在受工伤后，暂时或永久丧失劳动能力时的基本生活需要而设立的保险项目。

小贴士

温家宝签署国务院令　公布工伤保险条例修改决定

2011 年起，《国务院关于修改〈工伤保险条例〉的决定》正式施行。工伤保险制度面临一些新情况、新问题，国务院在原有《工伤保险条例》的基础上做了如下修改：

一是扩大了工伤保险的适用范围；二是调整了工伤认定范围；三是简化了工伤认定、鉴定和争议处理程序；四是提高了部分工伤待遇标准；五是减少了由用人单位支付的待遇项目、增加了由工伤保险基金支付的待遇项目等。

决定对工伤认定范围做了两处调整：

一是扩大了上下班途中的工伤认定范围，将上下班途中的机动车和非机动车事故伤害，以及城市轨道交通、客运轮渡、火车事故伤害都纳入了工伤认定范围，同时对事故做了“非本人主要责任”的限定。

二是根据《社会保险法》的规定，调整了不得认定工伤的范围，删除了职工因过失犯罪、违反治安管理行为导致事故伤害不得认定为工伤的规定，增加了职工因吸毒导致事故伤害不得认定为工伤的规定。

决定还将一次性工亡补助金标准调整为上一年度全国城镇居民可支配收入的 20 倍。以 2009 年数据计算，约为 34 万元。同时，为了避免工亡职工与伤残职工待遇相差过大，根据工伤保险基金的承受能力，决定在提高一次性工亡补助金标准的同时，也适当提高了一次性伤残补助金标准：一级至四级伤残职工增加三个月的本人工资，五级至六级伤残职工增加两个月的本人工资，七级至十级伤残职工增加一个月的本人工资。

6. 死亡和遗嘱保险

死亡和遗嘱保险是为劳动者死亡后提供必要的丧葬费补贴，以及为劳动者的供养直系亲属提供抚恤费而设立的保险项目。

7. 失业保险

失业保险是对劳动年龄人口中有劳动能力并有就业愿望的人，由于非本人原因暂时失去劳动机会，无法获得维持生活所必需的工资收入时，由国家或社会为其提供基本生活保障的保险项目。

特别需要说明的是，2010 年 12 月 20 日，国务院第 136 次常务会议通过了《国务院关于修改〈工伤保险条例〉的决定》。该《决定》对原《工伤保险条例》做出了修改，修改内容涉及工伤参保范围、工伤标准、工伤保险基金的管理、工伤待遇、工伤认定等程序及违法违规行为的处罚方法和标准。此修改已于 2011 年 1 月 1 日起正式生效。

六、社会保险的特征

社会保险作为一种特定目标的分配手段，有以下几个特征。

1. 强制性

社会保险是由国家通过立法形式强制实施的一种保障制度。所谓强制，是指凡属于法律规定范围内的成员都必须无条件地参加社会保险并按规定履行缴费义务。

社会保险的缴费标准和待遇项目、保险金的给付标准等均由国家或地方政府的法律、法规统一确定，劳动者个人作为被保险人一方，对于是否参加社会保险及参加的项目和待遇标准均无权自由选择与更改。之所以如此，是由于只有强制征集保险基金，才能获得稳定可靠的经济来源，实现国家的这一基本政策。

2. 保障性

社会保险的保障性是指保障劳动者在其失去劳动能力之后的基本生活，维护社会稳定。社会保险，是社会按照一定时期生产力的发展水平，对于生存困难的社会成员的基本生活需要给予切实的物质保证。这部分人的生活需要如果不能得到保障，就会影响他们的情绪，乃至影响整个社会的安定。

社会保险为社会成员提供一种“安全感”，这种安全感是人的生理和心理安全的需要，社会保险的保障性使人们可以没有后顾之忧地在安定环境之中工作、劳动。

3. 政策性

社会保险是国家和社会基本政策的直接体现，是维持社会政治、经济秩序稳定和经济正常发展的战略手段。

社会保险要求社会效益重于经济效益。由此就决定了社会保险所有成员均对实现上述根本政策目标负有不可推卸的责任，特别是国家在这一方面的责任更加明确，在必要时甚至可以暂时牺牲局部的经济效益，确保社会保险政策的实施，以求整个社会的稳定。

4. 普遍性

普遍性是指覆盖社会所有人群。社会保险具有普遍性的特征。社会保险是所有社会劳动者的一项基本权利，社会保险对所有成员具有普遍保障的责任。

社会劳动者应该普遍得到社会保险的保障，这是以生产社会化和公有制为基础的社会主义社会发展的客观要求，也是社会主义制度优越性的表现。

5. 调节性

社会保险是国家调节个人收入差距的特殊手段。

(1) 它只有在劳动者劳动过程中断时才发挥作用。

(2) 社会保险提供的消费品是有专门目标的；同时社会保险待遇给付标准一般不与个人劳动贡献直接关联，分配原则是基本生活保障的实际需要。

(3) 社会保险分配政策的制定，是以有利于低收入阶层为原则的，因为同样的危险事故，对于低收入劳动者所造成的威胁要大于高收入劳动者。因此，社会保险具有调节个人收入差距的特征。

6. 互济性

互济性是指社会保险按照社会共担风险原则进行组织，保险费由国家、企业和个人三方负担。

社会保险的互济性体现为社会保险基金“取之于已，部分用之于人；或部分取之于人，用之于已”。这是因为每个劳动者的情况是不一样的，以养老保险为例，每个劳动者退休后的寿命期限不同，对养老金的需要量大小不一致。因而每个劳动者对养老金的分配、使用，在数量上、时效上不相等，有的人享受的社会保险金是“部分取之于已、部分取之于人”；有的人却“部分用之于已，部分用之于人”。

这样，就在劳动者之间进行互相调剂，发扬劳动者之间互助互济的精神。这种互济性还表现在在职的劳动者帮助离退休的劳动者、男工帮助女工、健康的劳动者帮助不健康的劳动者。社会保险金统筹的范围越广，互济性的效果就发挥得越充分。

7. 福利性

所谓福利性，就是社会保险事业不追求赚钱赢利，追求给全体劳动者生活保障，改善待遇。从广义上说，社会保险也是一种福利事业。社会保险的经费来自企业、个人和政府三方，因为费用是几方面负担的，个人负担不重。国际劳工组织规定，社会保险费个人只能负担一半，这是极限，不能越过这个极限。社会保险的福利性还表现在社会保险除了有现金给付以外，还有医疗护理、伤残重建、职业康复、职业介绍以及许多老年服务等活动。

七、社会保险的管理

（一）社会保险管理的原则

社会保险的管理是通过建立行政的和业务的管理体系和一定的管理程序来实现的，其最终目标是劳动者因生、老、病、死、伤、残等暂时或永久丧失劳动能力和失业时，能及时得到按照国家法律规定的物质帮助，从而达到稳定社会秩序的目的。

政府对社会保险的管理，总的原则：一是从实际情况出发，符合国情；二是要从整体出发，符合系统性原则的要求。作为一种社会保障制度和国民收入再分配形式，社会保险管理应遵循下列具体原则。

1. 保险政策制定的统一性原则

社会保险作为一项法定的重要社会保障制度，它规定着受保障者的权利和义务的关系，关系到所有劳动者的健康和生活保障，关系到国家的经济发展和社会稳定。

制定社会保险政策，要充分考虑国家的财政经济状况、经济计划目标、人民的需要和各项劳动工资制度等多方面因素。

社会保险政策的制定只有高度集中才能协调各方面的关系，保证社会保险政策和制度的权威性，维护所有劳动者的平等权利。世界上任何一个国家，其保险政策都由政府统一制定。

2. 行政手段、法律手段和经济手段相结合的原则

社会保险的强制性表明，社会保险是一种强制性的政府行为，法律手段是社会保险实施的根本保证。同时，社会保险的管理还要采取一系列行政手段保证其制度和办法的实施，采用一些经济手段监督保险的贯彻落实，制定的各种社会保险办法和制度要符合经济规律。

3. 群众性原则

社会保险的对象是人，是劳动者，政府对社会保险的管理，宗旨是为人民服务。

社会保险的管理要贴近群众，同受保人保持经常的密切联系，及时了解群众的看法，积极为群众提供方便、及时的服务。社会保险的业务管理机构要深入群众，其基层组织要做好宣传和调查工作，使社会保险真正造福于劳动群众。

（二）社会保险管理的主要内容

社会保险的管理可以分为行政管理和业务管理两大系统，分述如下。

1. 社会保险的行政管理

社会保险行政管理的主要工作包括以下几方面。

1）社会保险的立法

立法是社会保险行政管理的首要任务和关键环节。其内容涉及全国性统一法规和针对各项目、各对象及各种具体问题的单行法规和有关规定、意见、办法和决定等，形成系统的法律保证体系。立法工作一般由立法机构与社会保险的中央领导机构共同完成。

2）社会保险组织机构的设置

根据社会保险法规，由中央和地方各级政府建立相应的管理机构，赋予相应的管理权限，确定该机构与政府其他管理机构之间的关系，以及具体管理设施的配置等。

3）社会保险管理人员的配备

社会保险管理人员包括政策研究人员，信息工作人员，计划统计人员，监督、审计、仲裁人员，基金精算人员，财会人员及办事人员在内的不同层次的管理人才。

4）社会保险的监督检查

国家和地方社会保险主管机关，对各级保险机构在社会保险法规、制度执行中出现的问题和矛盾负有监督检查责任，发现问题并及时处理，保证社会保险法规的贯彻实施。

5）社会保险的调解和仲裁

社会保险主管机关下设专门机构和人员，受理被保险人的申诉。在调查了解基础上对当事人依法调解，达不成协议，可做出行政性仲裁。如一方不服，可上诉法院。这样可以维护社会保险法令的严肃性，保护劳动者的切身利益不受侵犯。

2. 社会保险的业务管理

社会保险的业务管理内容大致包括社会保险资格条件的登记和审查鉴定、保险基金的征缴和运用、保险待遇的计算与给付以及为被保险人提供各项社会服务等。其主要业务管理工作包括：

（1）社会保险的档案管理，包括被保险人资格条件的登记和审理，如实记录变化情况。

（2）社会保险的财务管理，是指通过系统的科学方法，对社会保险基金的收支及其他业务活动进行连续、完整和分类的核算与监督，以提高社会保险基金的管理水平，发挥社会保险的社会保障作用。

（3）社会保险待遇给付的申请、资格鉴定和审批制度。被保险人发生劳动危险事故后，领取保险金给付或接受服务前，必须按规定提出正式申请，经指定的权威机构对事故性质进行鉴定，确认具有相应的资格条件，由社会保险主管机关批准。

（4）社会保险管理中的群众工作，包括强化对职工的社会保险知识教育，做好群众性的病伤预防工作，开展群众性的病伤慰问和互助活动，加强社会保险服务设施的建设和管理。

八、社会保险管理体制

社会保险管理体制是指社会保险行政管理与业务管理的组织制度，主要包括各级社会保险管理机构的主体、职责权限的划分及其相互关系。世界各国社会保险管理体制大致有两种类型。

1. 自上而下的管理结构

中央政府授权一个国家行政机关，通常是一个部或委员会，下设各级分支机构，对社会保险实行自上而下的统一管理。

典型的以英国为代表。英国自 16 世纪就由中央政府直接掌管社会保险事务，1948 年设立国民保险部，1966 年后改为卫生社会保险部，下设社会保险局，在全国分设委员会和办事机构，自上而下实行直线领导。

2. 保险管理的机构

中央政府授权一个国家行政机关对社会保险进行总的监督、协调和规划，具体事务则分别由有关部门下属机构实行多头管理。比如劳工部门负责管理失业保险、卫生部门管理医疗保险等。

工会组织充当社会保险管理机构。一般在各级工会组织中设立专门的社会保险事务管理委员会，吸收工人代表参加。在国家立法范围内，制定各种规章制度，开展各项社会保险活动。它在一定程度上受国家直接监督，是一种半自治的组织形式。

【本章小结】

劳动关系是雇员（劳动者）与雇主之间在劳动过程中形成的社会经济关系的统称。劳动关系的构成主体包括雇员、雇员团体、雇主、雇主协会和政府。现阶段我国的劳动关系呈现出市场化、法制化、国际化的特点。劳动合同是劳动者和用人单位之间确立、变更和终止劳动权利和义务的协议。劳动合同的内容包括必备条款和约定条款两部分。

制定劳动合同应遵循平等自愿原则、协商一致原则、合法性原则和互利互惠原则。劳动争议是指劳动关系双方当事人因劳动问题引起的纠纷，也就是劳动者与用人单位、劳动者之间、用人单位之间，因为劳动问题所引起的争议。劳动争议的处理程序包括调解程序、仲裁程序和劳动诉讼。社会保障的内容主要包括社会保险、社会救助、社会福利与社会优抚。

【木章练习题】

一、选择题

1. 陈某大学毕业后被某网络公司聘用。工作期间，陈某与公司因社会保险问题发生争议。关于该争议解决方法，下列选项正确的是？（　　）。

A. 陈某可提请仲裁，但必须在此之前先申请调解

B. 陈某可提请仲裁，但在此之后不能够提起诉讼

C. 社会保险问题不适用劳动争议仲裁，陈某可直接向法院起诉

D. 陈某可自己与公司协商，也可请工会或者第三人共同与公司协商

2. 李某（17 岁）是甲公司招用的职工，双方订立了书面劳动合同。在试用期内，李某为发泄对公司的不满，在公司生产的饮料中放入了污物。下列选项表述正确的是(　　)。

A. 李某与公司之间成立的劳动合同无效

B. 甲公司可以解除与李某的劳动合同

C. 李某与甲公司之间成立的劳动合同是可撤销的合同

D. 在试用期内，公司不能解除与李某的劳动合同

3. 下列关于集体合同的表述错误的是(　　)。

A. 未建立工会的企业，集体合同应由职工推举的代表与企业签订

B. 劳动合同中的劳动条件和劳动报酬标准可以高于集体合同的规定

C. 并非所有的企业都必须签订集体合同

D. 集体合同必须由劳动行政部门审查批准方能生效

二、判断题

1. 劳动关系既包括劳动者与用人单位之间的关系，也包括劳动行政部门与劳动者、用人单位之间的关系。员工在疾病治疗期内，用人方不得将其辞退。（　　）。

2. 国家设立社会保险基金，是为了使劳动者在年老、患病、工伤、失业、生育等情况下获得帮助和补偿。社会保险的对象是生活贫困的群体。（　　）。

三、简答题

1. 劳动关系的本质和特点是什么？

2. 劳动关系的调整模式都有哪些？

3. 集体谈判的结构有哪些？集体谈判分为哪几个步骤？谈判结果的影响因素有哪些？

4. 什么是三方协商机制？三方协商机制的作用和意义是什么？政府在三方协商机制中的作用是什么？

5. 试述三方协商机制的组织形式。

6. 劳动争议制度的种类和范围如何？劳动争议处理的原则是什么？劳动争议处理的方法有什么？

7. 劳动合同订立的原则是什么？

8. 对无固定期限劳动合同如何认识？

9. 什么情况下员工可以单方面解除劳动合同？

10. 什么情况下用人单位可以单方面解除劳动合同？

【案例分析】

普华永道的劳资纠纷

2004年7月初，普华永道北京办事处上百名高级工秘密召开了争取权益的“北京分会会议”，选出了代表，与人力资源部门交涉。他们要求，至少将目前的薪酬提高到同业水平；改变长期无休止的加班现象，如果加班，必须付相应的加班费；改变不近人情的管理方式，增强员工的归属感。他们还强烈要求成立工会组织，使权益保障长期化。这是普华永道进入中国市场十余年间，第一次遇到如此大规模的劳资纠纷。

按照媒体的说法，这起劳资纠纷起因是普华永道于6月底公布的薪酬调整标准。一位普华永道北京办事处的员工说，他们平均薪金大约只上调了10%～20%，根本无法与同行相比。2004年，四大会计师事务所（安永、毕马威、德勤、普华永道）在中国的业务增长迅猛，每家事务所都增加了薪金，普遍上调30%以上，其中最高的几乎为40%～50%。相比之下，普华永道的员工感到他们的付出与收益不成正比。有员工抱怨说，他们经常加班，有时甚至通宵达旦，工作量一点都不比其他三大事务所少。使他们不满的并不仅是长年累月的加班。按照普华永道薪酬规则，高级员工和经理以上的管理层不支付加班工资，但给予年终分红，但分红并不能弥补加班工资。

7月1日，劳资开始对话和谈判，争论焦点在于加班费。劳方提出保护劳动权益，要求资方支付加班费。而资方表示虽然没有加班费，但每年的分红足以覆盖应该支付的加班费用。7月16日是普华永道高级审计员约定的“起事”日期，如果资方还不直接支付加班工资，那就不加班，到了5点半下班，全都提包回家。没有高级审计员加班，普华永道就无法在约定时限之前完成进行中的审计项目，这是资方无法面对的。

15日下午，普华永道对中国大陆和中国香港的所有员工通报了决定。决定公布了两项针对加班工资的措施：第一，每月加班时间的头36小时将被相应支付工资，超出36小时之外的加班时间将不被直接支付工资，转做休假时间。第二，原本于8月发放的2004财年年终分红提前下发，高级审计员得到的数额在3万～4万元。劳方情绪得到了相当缓解。

但有员工表示，这不是一个较为合理的方式，应该有更彻底的计划以缓解目前的工作负担和压力，因为导致大家反抗的根本问题并没有解决。首先，员工实际加班时间远远多于36小时，支付头36小时的工资只是补偿了一小部分工作量。而对超出36个小时之外的时间转做休假处理并不现实，项目一个接着一个，基本上没有时间休假。

其次，依照普华永道以往的薪酬规则，初级员工按规则支付加班工资但没有年终分红，高级员工和经理以上的管理层不支付加班工资，但给予年终分红作为补偿。高级员工的年终分红由资方决定，一般是1个月到3个月的工资，相当于底薪的1/4。但这并不能弥补加班工资，使得很多高级员工在职位升迁的同时，实际收入反而下降，甚至少于初级员工所得。这便是高级员工“起事”的直接原因。

上述两项措施并没有从根本上解决这个问题。在普华永道的人事体系里，高于高级员工的是经理级，最低一层经理的月薪约2.2万元，没有加班工资。如果一位高级员工的每月底薪是1万元、正常工作时间是每月170个小时，那么一旦每月加班时间超过140个小时，总收入就能超过经理的2.2万元月薪。而在一些大项目上，加班150个小时到200个小时是很常见的。普华永道难以完全为高级员工支付加班工资，因为如果那样做，就可能引起经理层的不满，从而导致更大的震荡。这样看来，问题似乎是出现在普华永道的薪资结构设计上，于是有人建议，如果把底薪降低，各级人员的薪资相应调整，问题就不存在了。但是，降低底薪是一个不明智的做法，因为会大大削弱对求职者的吸引力。尤其对于会计审计这样的数字行业，需要稳重踏实的人才，低基本工资的形式难以寻求到目标人才。其实普华永道的劳资纠纷绝非这一次，在中国大陆发生的就至少有两次。找不到一个有持续改进功能的新机制，这样的事件就会继续发生。

资料来源：http：//q.163.com/teammanagement/poster/4342184/.

讨论题：

1. 根据相关法律规定，普华永道不支付加班费是否违法？
2. 对于目前的劳资纠纷，如果没有双方满意的方案，应该怎么做？
3. 假定你是人力资源部的负责人，你能否找到某种方案解决上述问题？

【实践课堂】

1. 实践内容

登录中国人力资源开发、管理人等相关网站，查阅饭店培训的相关资料，讨论并分析劳动合同的种类、内容，签订劳动合同的原则，变更、终止以及解除劳动合同等；社会保险项目分析等。

2. 实践课程学时

2 学时。

3. 实践目的

通过网站搜集和分析资料，掌握签订劳动合同的原则，变更、终止以及解除劳动合同等方面的知识。

4. 实践环节

第一步：以组为单位（2～3 人一组），登录相关网站，查阅相关资料。

第二步：以组为单位，讨论签订劳动合同应注意哪些事项。

5. 技能要求

能够熟练应用互联网查阅资料；

能够分析一些劳动合同纠纷的案例；

能够通过案例学习，总结劳动合同签订的注意事项，一些常见劳动合同纠纷的解决方法。

6. 实践成果

了解劳动合同的种类及内容；

掌握劳动合同的签订、变更、终止及解除等处理；

能够分析社会保险项目的优劣；

能够了解组织社会保障与社会保险的区别。

附录 A

关于修改人事争议处理规定的通知

人社部发〔2011〕88 号

各省、自治区、直辖市党委组织部、政府人力资源社会保障厅（局），福建省公务员局，新疆生产建设兵团党委组织部、人事局，中央和国家机关各部委、各人民团体干部（人事）部门，各军区、各军兵种、各总部、军事科学院、国防大学、国防科学技术大学、武警部队政治部：

2007 年，中组部、人事部、总政治部联合印发了《人事争议处理规定》（国人部发〔2007〕109 号）。为贯彻《中华人民共和国劳动争议调解仲裁法》（中华人民共和国主席令第 80 号）关于仲裁案件属地管辖的要求，更好地处理人事争议仲裁案件，决定对《人事争议处理规定》进行修改，现通知如下：

一、将第六条第一款“中央机关及所属事业单位人事争议仲裁委员会设在人事部”删去。

二、将第十三条第一款“中央机关、直属机构、直属事业单位及其在京所属事业单位的人事争议由中央机关及所属事业单位人事争议仲裁委员会处理”修改为“中央机关、直属机构、直属事业单位及其在京所属单位的人事争议由北京市负责处理人事争议的仲裁机构处理，也可由北京市根据情况授权所在地的区（县）负责处理人事争议的仲裁机构处理。”

三、将第十五条最后一句“驻京部队聘用单位与文职人员的人事争议，由中央机关及所属事业单位人事争议仲裁委员会处理”删去。

本修改决定自公布之日起施行。《人事争议处理规定》根据本修改决定做相应修正，重新发布。

中共中央组织部、人力资源和社会保障部、总政治部

二〇一一年八月十五日

人事争议处理规定

第一章　总则

第一条　为公正及时地处理人事争议，保护当事人的合法权益，根据《中华人民共和国公务员法》、《中国人民解放军文职人员条例》等有关法律法规，制定本规定。

第二条　本规定适用于下列人事争议：

（一）实施公务员法的机关与聘任制公务员之间、参照《中华人民共和国公务员法》管理的机关（单位）与聘任工作人员之间因履行聘任合同发生的争议。

（二）事业单位与工作人员之间因解除人事关系、履行聘用合同发生的争议。

（三）社团组织与工作人员之间因解除人事关系、履行聘用合同发生的争议。

（四）军队聘用单位与文职人员之间因履行聘用合同发生的争议。

（五）依照法律、法规规定可以仲裁的其他人事争议。

第三条 人事争议发生后，当事人可以协商解决；不愿协商或者协商不成的，可以向主管部门申请调解，其中军队聘用单位与文职人员的人事争议，可以向聘用单位的上一级单位申请调解；不愿调解或调解不成的，可以向人事争议仲裁委员会申请仲裁。当事人也可以直接向人事争议仲裁委员会申请仲裁。当事人对仲裁裁决不服的，可以向人民法院提起诉讼。

第四条 当事人在人事争议处理中的地位平等，适用法律、法规平等。

当事人有使用本民族语言文字申请仲裁的权利。人事争议仲裁委员会对于不熟悉当地通用语言文字的当事人，应当为他们翻译。

第五条 处理人事争议，应当注重调解，遵循合法、公正、及时的原则，以事实为依据，以法律为准绳。

第二章 组织机构

第六条 省（自治区、直辖市）、副省级市、地（市、州、盟）、县（市、区、旗）设立人事争议仲裁委员会。

人事争议仲裁委员会独立办案，相互之间无隶属关系。

第七条 人事争议仲裁委员会由公务员主管部门代表、聘任（用）单位代表、工会组织代表、受聘人员代表以及人事、法律专家组成。人事争议仲裁委员会组成人员应当是单数，设主任一名、副主任二至四名、委员若干名。

同级人民政府分管人事工作的负责人或者政府人事行政部门的主要负责人任人事争议仲裁委员会主任。

第八条 人事争议仲裁委员会实行少数服从多数原则，不同意见应如实记录。

第九条 人事争议仲裁委员会的职责是：

（一）负责处理管辖范围内的人事争议。

（二）决定仲裁员的聘任和解聘。

（三）法律、法规规定由人事争议仲裁委员会承担的其他职责。

第十条 人事争议仲裁委员会下设办事机构，其职责是：负责人事争议案件的受理、仲裁文书送达、档案管理以及仲裁员的考核、培训等日常工作，办理人事争议仲裁委员会授权的其他事宜。办事机构设在同级人民政府人事部门。

第十一条 人事争议仲裁委员会处理人事争议案件实行仲裁庭制度，仲裁庭是人事争议仲裁委员会处理人事争议案件的基本形式。仲裁庭一般由三名仲裁员组成。人事争议仲裁委员会指定一名仲裁员担任首席仲裁员，主持仲裁庭工作；另两名仲裁员可由双方当事人各选定一名，也可由人事争议仲裁委员会指定。简单的人事争议案件，经双方当事人同意，人事争议仲裁委员会可以指定一名仲裁员独任处理。

第十二条 人事争议仲裁委员会可以聘任有关部门的工作人员、专家学者和律师为专职或兼职仲裁员。仲裁员的职责是：受人事争议仲裁委员会的委托或当事人的选择，负责人事争议案件的具体处理工作。

兼职仲裁员与专职仲裁员在仲裁活动中享有同等权利。

兼职仲裁员进行仲裁活动时，所在单位应当给予支持。

第三章 管辖

第十三条 中央机关、直属机构、直属事业单位及其在京所属单位的人事争议由北京市负责处理人事争议的仲裁机构处理，也可由北京市根据情况授权所在地的区（县）负责处理人事争议的仲裁机构处理。

中央机关在京外垂直管理机构以及中央机关、直属机构、直属事业单位在京外所属单位的人事争议，由所在地的省（自治区、直辖市）设立的人事争议仲裁委员会处理，也可由省（自治区、直辖市）根据情况授权所在地的人事争议仲裁委员会处理。

第十四条 省（自治区、直辖市）、副省级市、地（市、州、盟）、县（市、区、旗）人事争议仲裁委员会的管辖范围，由省（自治区、直辖市）确定。

第十五条 军队聘用单位与文职人员的人事争议，一般由聘用单位所在地的县（市、区、旗）人事争议仲裁委员会处理，其中师级聘用单位与文职人员的人事争议，由所在地的地（市、州、盟）、副省级市人事争议仲裁委员会处理，军级以上聘用单位与文职人员的人事争议由所在地的省（自治区、直辖市）人事争议仲裁委员会处理。

第四章 仲裁

第十六条 当事人从知道或应当知道其权利受到侵害之日起六十日内，以书面形式向有管辖权的人事争议仲裁委员会申请仲裁。

当事人因不可抗力或者有其他正当理由超过申请仲裁时效，经人事争议仲裁委员会调查确认的，人事争议仲裁委员会应当受理。

第十七条 当事人向人事争议仲裁委员会申请仲裁，应当提交仲裁申请书，并按被申请人人数递交副本。

仲裁申请书应当载明下列事项：

（一）申请人和被申请人姓名、性别、年龄、职业及职务、工作单位、住所和联系方式。申请人或被申请人是单位的，应写明单位的名称、住所、法定代表人或者主要负责人的姓名、职务和联系方式。

（二）仲裁请求和所依据的事实、理由。

（三）证据和证据来源、证人姓名和住所。

发生人事争议的一方在五人以上，并且有共同的仲裁请求和理由的，可以推举一至两名代表参加仲裁活动。代表人放弃、变更仲裁请求或者承认对方的仲裁请求，进行和解，必须经过被代表的当事人同意。

第十八条 人事争议仲裁委员会在收到仲裁申请书之日起十个工作日内，认为不符合受理条件的，应当书面通知申请人不予受理，并说明理由；认为符合受理条件的，应当受理，将受理通知书送达申请人，将仲裁申请书副本送达被申请人。

第十九条 被申请人应当在收到仲裁申请书副本之日起十个工作日内提交答辩书。被申请人没有按时提交或者不提交答辩书的，不影响仲裁的进行。

第二十条 仲裁应当公开开庭进行，涉及国家、军队秘密和个人隐私的除外。涉及商业秘密，当事人申请不公开开庭的，可以不公开开庭。当事人协议不开庭的，仲裁庭可以书面仲裁。

第二十一条 人事争议仲裁委员会应当在开庭审理人事争议案件五个工作日前，将开庭时间、地点、仲裁庭组成人员等书面通知当事人。申请人经书面通知无正当理由不到庭，或者到庭后未经仲裁庭许可中途退庭的，视为撤回仲裁申请。被申请人经书面通知无正当理由不到庭，或者未经仲裁庭许可中途退庭的，可以缺席裁决。

当事人有正当理由的，在开庭前可以申请延期开庭，是否延期由仲裁庭决定。

第二十二条 仲裁庭处理人事争议应注重调解。自受理案件到做出裁决前，都要积极促使当事人双方自愿达成调解协议。

当事人经调解自愿达成书面协议的，仲裁庭应当根据调解协议的内容制作仲裁调解书。协议内容不得违反法律法规，不得侵犯社会公共利益和他人的合法权益。

调解书由仲裁庭成员署名，加盖人事争议仲裁委员会印章。调解书送达后，即发生法律效力。当庭调解未达成协议或者仲裁调解书送达前当事人反悔的，仲裁庭应当及时进行仲裁裁决。

第二十三条 当事人应当对自己的主张提供证据。仲裁庭认为有关证据由用人单位提供更方便的，应要求用人单位提供。

用人单位作出解除人事关系和不同意工作人员要求辞职或终止聘任（用）合同引发的人事争议，由用人单位负责举证。

仲裁庭认为需要调查取证的，可以自行取证。

第二十四条 人事争议仲裁委员会在处理人事争议时，有权向有关单位查阅与案件有关的档案、资料和其他证明材料，并有权向知情人调查，有关单位和个人不得拒绝并应当如实提供相关材料。人事争议仲裁委员会及其工作人员对调查人事争议案件中涉及的国家秘密、军队秘密、商业秘密和个人隐私应当保密。

第二十五条 当事人的举证材料应在仲裁庭上出示，并进行质证。只有经过质证认定的事实和证据，才能作为仲裁裁决的依据。

第二十六条 当事人在仲裁过程中有权进行辩论。辩论终结时，仲裁庭应当征询当事人的最后意见。

第二十七条 仲裁庭应当将开庭情况记入笔录。当事人和其他仲裁参与人认为对自己陈述的记录有遗漏或者差错的，有权申请补正。如果不予补正，应当记录该申请，并注明不予补正的原因。

笔录由仲裁员、书记员、当事人和其他仲裁参与人署名或者盖章。

第二十八条 仲裁裁决应当按照多数仲裁员的意见做出，少数仲裁员的不同意见应当记入笔录。

仲裁庭对重大、疑难以及仲裁庭不能形成多数处理意见案件的处理，应当提交人事争议仲裁委员会讨论决定；人事争议仲裁委员会做出的决定，仲裁庭必须执行。

仲裁庭应当在裁决做出后五个工作日内制作裁决书。裁决书由仲裁庭成员署名并加盖人事争议仲裁委员会印章。

第二十九条 仲裁庭处理人事争议案件，一般应当在受理案件之日起九十日内结案。需要延期的，经人事争议仲裁委员会批准，可以适当延期，但是延长的期限不得超过三十日。

第三十条 当事人、法定代理人可以委托一至二名律师或其他代理人进行仲裁活动。委托律师和其他代理人进行仲裁活动，应当向人事争议仲裁委员会提交有委托人签名或盖章的委托书。委托书应当明确委托事项和权限。

第三十一条 有下列情形之一的，仲裁员应当自行申请回避，当事人和代理人有权以口头或书面方式申请其回避：

（一）是案件的当事人、代理人或者当事人、代理人的近亲属。

（二）与案件有利害关系。

（三）与案件当事人、代理人有其他关系，可能影响公正仲裁的。

前款规定适用于书记员、鉴定人员、勘验人员和翻译人员。

第三十二条　当事人对仲裁裁决不服的，可以按照《中华人民共和国公务员法》、《中国人民解放军文职人员条例》以及最高人民法院相关司法解释的规定，自收到裁决书之日起十五日内向人民法院提起诉讼；逾期不起诉的，裁决书即发生法律效力。

第三十三条　对发生法律效力的调解书或者裁决书，当事人必须履行。一方当事人逾期不履行的，另一方当事人可以依照国家有关法律法规和最高人民法院相关司法解释的规定申请人民法院执行。

第五章　罚则

第三十四条　当事人及有关人员在仲裁过程中有下列行为之一的，人事争议仲裁委员会应当予以批评教育、责令改正；触犯法律的，提请司法机关依法追究法律责任：

（一）干扰仲裁活动，阻碍仲裁工作人员工作的。

（二）拒绝提供有关文件、资料和其他证明材料的。

（三）提供虚假情况的。

（四）对仲裁工作人员、仲裁参与人、证人进行打击报复的。

（五）其他应予以批评教育、责令改正或应依法追究法律责任的行为。

第三十五条　仲裁工作人员在仲裁活动中有徇私舞弊、收受贿赂、敲诈勒索、滥用职权等侵犯当事人合法权益行为的，由所在单位或上级机关给予处分；是仲裁员的，由人事争议仲裁委员会予以解聘；触犯法律的，提请司法机关依法追究法律责任。

第六章　附则

第三十六条　因考核、职务任免、职称评审等发生的人事争议，按照有关规定处理。

第三十七条　本规定由中共中央组织部、人力资源和社会保障部、中国人民解放军总政治部负责解释，省、自治区、直辖市可根据本规定制定实施办法。

第三十八条　本规定自2007年10月1日起施行，1997年人事部发布的《人事争议处理暂行规定》（人发〔1997〕71号）同时废止。

附录 B

中华人民共和国人力资源和社会保障部令

第 13 号

《实施〈中华人民共和国社会保险法〉若干规定》已经人力资源和社会保障部第 67 次部务会审议通过，现予公布，自 2011 年 7 月 1 日起施行。

实施《中华人民共和国社会保险法》若干规定

为了实施《中华人民共和国社会保险法》(以下简称社会保险法)，制定本规定。

第一章　关于基本养老保险

第一条　《社会保险法》第十五条规定的统筹养老金，按照国务院规定的基础养老金计发办法计发。

第二条　参加职工基本养老保险的个人达到法定退休年龄时，累计缴费不足十五年的，可以延长缴费至满十五年。社会保险法实施前参保、延长缴费五年后仍不足十五年的，可以一次性缴费至满十五年。

第三条　参加职工基本养老保险的个人达到法定退休年龄后，累计缴费不足十五年（含依照第二条规定延长缴费）的，可以申请转入户籍所在地新型农村社会养老保险或者城镇居民社会养老保险，享受相应的养老保险待遇。

参加职工基本养老保险的个人达到法定退休年龄后，累计缴费不足十五年（含依照第二条规定延长缴费），且未转入新型农村社会养老保险或者城镇居民社会养老保险的，个人可以书面申请终止职工基本养老保险关系。社会保险经办机构收到申请后，应当书面告知其转入新型农村社会养老保险或者城镇居民社会养老保险的权利以及终止职工基本养老保险关系的后果，经本人书面确认后，终止其职工基本养老保险关系，并将个人账户储存额一次性支付给本人。

第四条　参加职工基本养老保险的个人跨省流动就业，达到法定退休年龄时累计缴费不足十五年的，按照《国务院办公厅关于转发人力资源社会保障部财政部城镇企业职工基本养老保险关系转移接续暂行办法的通知》（国办发〔2009〕66 号）有关待遇领取地的规定确定继续缴费地后，按照本规定第二条办理。

第五条　参加职工基本养老保险的个人跨省流动就业，符合按月领取基本养老金条件时，基本养老金分段计算、统一支付的具体办法，按照《国务院办公厅关于转发人力资源社会保障部财政部城镇企业职工基本养老保险关系转移接续暂行办法的通知》（国办发〔2009〕66 号）执行。

第六条　职工基本养老保险个人账户不得提前支取。个人在达到法定的领取基本养老金条件前离境定居的，其个人账户予以保留，达到法定领取条件时，按照国家规定享受相应的养老保险待遇。其中，丧失中华人民共和国国籍的，可以在其离境时或者离境后书面申请终止职工基本养老保险关系。社会保险经办机构收到申请后，应当书面告知其保留个人账户的权利以及终止职工基本养老保险关系的后果，经本人书面确认后，终止其职工基本养老保险关系，并将个人账户储存额一次性支付给本人。

参加职工基本养老保险的个人死亡后，其个人账户中的余额可以全部依法继承。

第二章　关于基本医疗保险

第七条　《社会保险法》第二十七条规定的退休人员享受基本医疗保险待遇的缴费年限按照各地规定执行。参加职工基本医疗保险的个人，基本医疗保险关系转移接续时，基本医疗保险缴费年限累计计算。

第八条　参保人员在协议医疗机构发生的医疗费用，符合基本医疗保险药品目录、诊疗项目、医疗服务设施标准的，按照国家规定从基本医疗保险基金中支付。参保人员确需急诊、抢救的，可以在非协议医疗机构就医；因抢救必须使用的药品可以适当放宽范围。参保人员急诊、抢救的医疗服务具体管理办法由统筹地区根据当地实际情况制定。

第三章　关于工伤保险

第九条　职工（包括非全日制从业人员）在两个或者两个以上用人单位同时就业的，各用人单位应当分别为职工缴纳工伤保险费。职工发生工伤，由职工受到伤害时工作的单位依法承担工伤保险责任。

第十条　《社会保险法》第三十七条第二项中的醉酒标准，按照《车辆驾驶人员血液、呼气酒精含量阈值与检验》（GB 19522—2004）执行。公安机关交通管理部门、医疗机构等有关单位依法出具的检测结论、诊断证明等材料，可以作为认定醉酒的依据。

第十一条　《社会保险法》第三十八条第八项中的因工死亡补助金是指《工伤保险条例》第三十九条的一次性工亡补助金，标准为工伤发生时上一年度全国城镇居民人均可支配收入的 20 倍。

上一年度全国城镇居民人均可支配收入以国家统计局公布的数据为准。

第十二条　《社会保险法》第三十九条第一项治疗工伤期间的工资福利，按照《工伤保险条例》第三十三条有关职工在停工留薪期内应当享受的工资福利和护理等待遇的规定执行。

第四章　关于失业保险

第十三条　失业人员符合《社会保险法》第四十五条规定条件的，可以申请领取失业保险金并享受其他失业保险待遇。其中，非因本人意愿中断就业包括下列情形：

（一）依照《劳动合同法》第四十四条第一项、第四项、第五项规定终止劳动合同的；

（二）由用人单位依照《劳动合同法》第三十九条、第四十条、第四十一条规定解除劳动合同的；

（三）用人单位依照《劳动合同法》第三十六条规定向劳动者提出解除劳动合同并与劳动者协商一致解除劳动合同的；

（四）由用人单位提出解除聘用合同或者被用人单位辞退、除名、开除的；

（五）劳动者本人依照《劳动合同法》第三十八条规定解除劳动合同的；

（六）法律、法规、规章规定的其他情形。

第十四条　失业人员领取失业保险金后重新就业的，再次失业时，缴费时间重新计算。失业人员因当期不符合失业保险金领取条件的，原有缴费时间予以保留，重新就业并参保的，缴费时间累计计算。

第十五条 失业人员在领取失业保险金期间，应当积极求职，接受职业介绍和职业培训。失业人员接受职业介绍、职业培训的补贴由失业保险基金按照规定支付。

第五章 关于基金管理和经办服务

第十六条 社会保险基金预算、决算草案的编制、审核和批准，依照《国务院关于试行社会保险基金预算的意见》（国发〔2010〕2号）的规定执行。

第十七条 社会保险经办机构应当每年至少一次将参保人员个人权益记录单通过邮寄方式寄送本人。同时，社会保险经办机构可以通过手机短信或者电子邮件等方式向参保人员发送个人权益记录。

第十八条 社会保险行政部门、社会保险经办机构及其工作人员应当依法为用人单位和个人的信息保密，不得违法向他人泄露下列信息：

（一）涉及用人单位商业秘密或者公开后可能损害用人单位合法利益的信息；

（二）涉及个人权益的信息。

第六章 关于法律责任

第十九条 用人单位在终止或者解除劳动合同时拒不向职工出具终止或者解除劳动关系证明，导致职工无法享受社会保险待遇的，用人单位应当依法承担赔偿责任。

第二十条 职工应当缴纳的社会保险费由用人单位代扣代缴。用人单位未依法代扣代缴的，由社会保险费征收机构责令用人单位限期代缴，并自欠缴之日起向用人单位按日加收万分之五的滞纳金。用人单位不得要求职工承担滞纳金。

第二十一条 用人单位因不可抗力造成生产经营出现严重困难的，经省级人民政府社会保险行政部门批准后，可以暂缓缴纳一定期限的社会保险费，期限一般不超过一年。暂缓缴费期间，免收滞纳金。到期后，用人单位应当缴纳相应的社会保险费。

第二十二条 用人单位按照《社会保险法》第六十三条的规定，提供担保并与社会保险费征收机构签订缓缴协议的，免收缓缴期间的滞纳金。

第二十三条 用人单位按照本规定第二十一条、第二十二条缓缴社会保险费期间，不影响其职工依法享受社会保险待遇。

第二十四条 用人单位未按月将缴纳社会保险费的明细情况告知职工本人的，由社会保险行政部门责令改正；逾期不改的，按照《劳动保障监察条例》第三十条的规定处理。

第二十五条 医疗机构、药品经营单位等社会保险服务机构以欺诈、伪造证明材料或者其他手段骗取社会保险基金支出的，由社会保险行政部门责令退回骗取的社会保险金，处骗取金额二倍以上五倍以下的罚款。对与社会保险经办机构签订服务协议的医疗机构、药品经营单位，由社会保险经办机构按照协议追究责任，情节严重的，可以解除与其签订的服务协议。对有执业资格的直接负责的主管人员和其他直接责任人员，由社会保险行政部门建议授予其执业资格的有关主管部门依法吊销其执业资格。

第二十六条 社会保险经办机构、社会保险费征收机构、社会保险基金投资运营机构、开设社会保险基金专户的机构和专户管理银行及其工作人员有下列违法情形的，由社会保险行政部门按照《社会保险法》第九十一条的规定查处：

（一）将应征和已征的社会保险基金，采取隐藏、非法放置等手段，未按规定征缴、入账的；

（二）违规将社会保险基金转入社会保险基金专户以外的账户的；

（三）侵吞社会保险基金的；

（四）将各项社会保险基金互相挤占或者其他社会保障基金挤占社会保险基金的；

（五）将社会保险基金用于平衡财政预算，兴建、改建办公场所和支付人员经费、运行费用、管理费用的；

（六）违反国家规定的投资运营政策的。

第七章　其　他

第二十七条　职工与所在用人单位发生社会保险争议的，可以依照《中华人民共和国劳动争议调解仲裁法》、《劳动人事争议仲裁办案规则》的规定，申请调解、仲裁，提起诉讼。

职工认为用人单位有未按时足额为其缴纳社会保险费等侵害其社会保险权益行为的，也可以要求社会保险行政部门或者社会保险费征收机构依法处理。社会保险行政部门或者社会保险费征收机构应当按照社会保险法和《劳动保障监察条例》等相关规定处理。在处理过程中，用人单位对双方的劳动关系提出异议的，社会保险行政部门应当依法查明相关事实后继续处理。

第二十八条　在社会保险经办机构征收社会保险费的地区，社会保险行政部门应当依法履行《社会保险法》第六十三条所规定的有关行政部门的职责。

第二十九条　2011 年 7 月 1 日后对用人单位未按时足额缴纳社会保险费的处理，按照社会保险法和本规定执行；对 2011 年 7 月 1 日前发生的用人单位未按时足额缴纳社会保险费的行为，按照国家和地方人民政府的有关规定执行。

第三十条　本规定自 2011 年 7 月 1 日起施行。

附录C

关于做好《工伤保险条例》（修订）贯彻实施工作的通知

——人社部函〔2010〕344号

各省、自治区、直辖市人力资源社会保障厅（局），福建省公务员局，新疆生产建设兵团人事局、劳动保障局，各副省级城市人力资源社会保障（人事、劳动保障）局：

根据2010年12月20日《国务院关于修改〈工伤保险条例〉的决定》（第586号令），《工伤保险条例》（修订）（以下简称新《条例》）将于2011年1月1日起施行。为做好新《条例》的贯彻实施工作，现就有关事项通知如下：

一、充分认识做好新《条例》贯彻实施工作的重要意义

新《条例》是社会保险法颁布后第一部修订的配套法规，是贯彻实施社会保险法的具体体现，也是我国加强社会保障法制建设的又一件大事。新《条例》扩大了工伤保险适用范围、调整扩大了工伤认定范围、简化了工伤认定程序、提高了工伤保险待遇、增加了基金支出项目、加大了强制力度。新《条例》的颁布实施，对于完善工伤保险制度，进一步保障职工权益，分散用人单位工伤风险，化解劳资矛盾，促进社会和谐稳定，都具有十分重要的意义。各级人力资源社会保障部门要从深入贯彻落实科学发展观和构建社会主义和谐社会的高度，充分认识贯彻实施新《条例》的重要性和紧迫性，将这项工作作为当前人力资源社会保障领域的重要任务，采取切实可行措施，扎扎实实地抓好学习、宣传、贯彻工作。

二、认真组织好新《条例》的学习培训工作

各级人力资源社会保障部门要组织有关工作人员认真学习新《条例》，全面准确把握新《条例》修订的主要内容和精神实质。要通过学习，对新《条例》的覆盖范围、认定条件、缴费方式、基金支出、待遇标准、争议处理程序，以及用人单位、工伤职工和社会保险经办机构的权利义务等有总体的了解，并结合各自工作贯彻落实。

各级人力资源社会保障部门要有计划、有步骤、分层次地开展培训，组织本系统工作人员学习新《条例》。单位领导要以身作则，带头学习，带头参加培训，提高依法行政的水平和能力；要着重抓好工伤保险专职工作人员的培训，使工伤保险行政部门、经办机构、劳动能力鉴定机构等相关业务部门的工作人员都能准确掌握新《条例》的主要内容和精神实质，自觉贯彻落实。我部将举办新《条例》培训班，对省级和统筹地区人力资源社会保障部门负责工伤保险工作的人员进行培训。各地要按照统一部署，认真做好参加培训的组织工作。各地要制定培训计划，在2011年上半年对本地区专职从事工伤保险工作的人员轮训一遍。

三、广泛开展新《条例》的宣传工作

各级人力资源社会保障部门要把宣传新《条例》作为当前宣传工作的重点内容之一，按照统一部署，结合本地实际，制订切实可行的宣传计划，发挥各类新闻媒体的优势和作用，做好新《条例》宣传工作。

要重点宣传新《条例》颁布实施的重大意义和主要修改内容，特别是调整和扩大工伤保险适用范围及工伤认定范围、简化认定程序、提高工伤保险待遇、增加基金支出和加大强制力度等内容。要将企事业单位职工和农民工作为宣传的重点人群。要广泛采用宣传画、宣传册、宣传栏、标语横幅等各种方式，将新《条例》中与职工和单位切身利益相关的内容，以通俗易懂的形式，送到用人单位和广大职工中去，引导职工群众知悉自身的工伤权益，引导用人单位遵守工伤保险法律义务。

为集中做好宣传工作，我部将印发新《条例》的宣传提纲，并于12月底在全国范围集中组织开展一次新《条例》的宣传活动。各地要结合本地实际，协调有关部门，提早准备，精心筹划，认真组织，采取现场解答咨询、发放宣传品等方式，组织工作人员进入社区、进入企业、进入工地开展广泛宣传，形成一定的宣传声势。宣传工作中要坚持正确的舆论导向，准确把握宣传口径，积极主动进行宣传；要注意掌握各种舆情动态，针对社会反应及时释疑解惑，为新《条例》的顺利实施营造良好的社会氛围。

四、抓紧制定和完善配套法规政策

我部将根据新《条例》的规定和授权，制定或修订工伤预防、工伤认定、劳动能力鉴定、待遇享受以及经办管理服务方面的配套规章和政策措施。各地也要根据新《条例》的规定和授权，抓紧研究制定职工住院治疗工伤的伙食补助费标准和异地就医的交通、食宿费用标准等政策标准，确保新《条例》的顺利实施。

各地要对照新《条例》修订的内容，抓紧清理现行工伤保险的地方法规、规章和规范性文件，与新《条例》不一致或者相抵触的，要抓紧进行修订或者废止，新修订的法规、规章和规范性文件要在2011年3月底前出台，以切实保证新《条例》实施到位。清理工作要注意做好新旧制度衔接，实现政策的平稳过渡。

各地要按照新《条例》的规定，及时调整本地工伤保险业务管理信息系统的相关功能，切实做好各项工伤保险待遇支付的衔接工作，将新《条例》的有关规定落到实处。

五、切实加强学习贯彻新《条例》的组织领导

加强领导是新《条例》顺利实施的组织保障。各级人力资源社会保障部门要统一思想，提高认识，把学习贯彻新《条例》与学习贯彻社会保险法和编制社会保障第十二个五年规划结合起来，切实加强组织领导。我部成立贯彻实施新《条例》领导小组，制定工作方案。各省级人力资源社会保障部门也要建立相应领导协调机制，结合本地实际制定具体工作方案，明确任务、明确责任、明确时限、明确要求，加强督促检查，确保落实到位。要以新《条例》实施为契机，进一步健全机构，加强工伤认定、劳动能力鉴定和社会保险经办机构队伍建设。要加强与财政、卫生、安监、工会等部门和组织的配合，协调各方力量共同推进新《条例》的贯彻实施。请各地于2011年1月底前将贯彻实施工作方案及制定、清理配套法规政策计划等报送我部工伤保险司。

各地贯彻新《条例》过程中遇到重大情况，请及时向我部贯彻实施新《条例》领导小组办公室（设在工伤保险司）报告。

人力资源和社会保障部

二〇一〇年十二月二十三日

附录 D

关于做好《中华人民共和国劳动合同法实施条例》贯彻落实工作的通知
贯彻落实工作的通知

——人社部发〔2008〕77号

各省、自治区、直辖市人事厅（局）、劳动保障厅（局），新疆生产建设兵团人事局、劳动保障局，各副省级市人事局、劳动保障局，国务院各部门、各直属机构人事劳动保障工作机构：

《中华人民共和国劳动合同法实施条例》（以下简称《条例》）已于2008年9月18日以国务院535号令公布施行。为做好《条例》的贯彻落实工作，现就有关事项通知如下：

一、充分认识贯彻落实《条例》的重要意义

《条例》作为劳动合同法的配套行政法规，在坚持法律确定的立法精神和基本制度基础上，对其中一些原则性的问题做了细化规定，对一些社会存有疑义的问题做了明确规定，针对实践中一些规避法律的问题做了补充规定，进一步增强了法律的可操作性。

贯彻落实好《条例》是劳动合同法顺利施行的重要保证，对于全面推进劳动合同制度建设，规范劳动用工秩序，促进劳动关系和谐稳定，推动社会主义和谐社会建设，具有十分重要的意义。各地要充分认识贯彻落实《条例》的重要性和紧迫性，采取切实有效的措施，推动这项工作的顺利进行。

二、加大对《条例》的宣传力度

各地要在当地党委、政府的领导下，把宣传《条例》与继续宣传劳动合同法结合起来，进一步加强宣传引导，不断创新宣传方式，突出宣传的针对性，注重宣传效果。

要重点做好十个方面的宣传工作，即：重点宣传制定劳动合同法和《条例》的必要性和重要性；重点宣传制定《条例》的科学、民主立法过程；重点宣传《条例》与劳动合同法立法精神和基本制度的一致性；重点宣传《条例》对依法解除劳动合同情形的规定，消除社会上对无固定期限劳动合同是“铁饭碗”、“终身制”的误解；重点宣传实施劳动合同法和《条例》对依法规范用工的企业不会因此大幅增加用工成本；重点宣传《条例》对规范劳务派遣用工做出具体的规定；重点宣传劳动合同法和《条例》对稳定就业和改善投资环境的促进作用；重点宣传一批模范执行法律的企业，树立守法诚信、依法用工的先进典型；重点宣传认真遵守企业劳动规章制度的劳动者，培养劳动者依法履行劳动合同的意识；重点宣传劳动争议调解仲裁和劳动保障监察的有关规定，引导劳动关系双方特别是劳动者通过法定渠道维护自身合法权益。

三、继续大力抓好学习培训工作

各地要在继续抓好系统内的学习培训，帮助本系统的干部职工全面正确理解《条例》的精神实质的基础上，重点加强对企业经营者的培训工作。要积极会同国资委、工商联、企业联合会等部门和组织，研究制订做好本地企业经营者的培训工作计划，力争今、明两年内对辖区内的各类企业经营者普遍轮训一遍。

要通过培训，引导企业正确理解法律法规的立法宗旨和具体内容，正确处理促进企业发展与维护劳动者合法权益的关系，增强社会责任意识和依法用工的自觉性。要支持和配合工会组织搞好对各级工会干部的学习培训，进一步提高工会加强法律监督和依法维权的能力。要注重对劳动者特别是农民工的培训，将《条例》等法律法规纳入"阳光工程"、职业技能培训计划等各类培训的内容，提高劳动者依法维权的能力。

四、进一步完善配套法规规章和政策

各地要依照劳动合同法和《条例》的规定，继续全面清理本地区涉及劳动合同管理的法规规章和规范性文件，做好与法律、《条例》的衔接工作。要抓紧制定本地区的实施办法，解决法律实施中的区域差别问题。要积极研究跨地区社会保险转移接续办法和适合农民工特点的养老保险办法，实现劳动合同制度与社会保险制度的协调发展。要进一步研究完善企业经济性裁员、职工档案管理、劳务派遣、非全日制用工等劳动合同制度实施中的具体规定，逐步形成以劳动合同法为基础、以国务院法规和地方法规、部门规章和地方规章为配套、以规范性文件为补充的法律法规政策体系。各省、自治区、直辖市劳动行政部门要将本地区制定配套法规、规章和政策的情况及时报送人力资源和社会保障部。

五、加强对用人单位实施劳动合同制度的管理和服务

各级劳动行政部门要抓住《条例》实施的有利时机，积极推进劳动用工备案制度建设，进一步摸清本地区企业劳动用工底数，建立健全劳动用工数据库，对企业签订、履行劳动合同情况实行动态监管。要大力推进劳动合同签订工作，分类制定不同行业劳动合同示范文本并向社会公布，印制并免费发放适合农民工特点的简易文本，逐户指导、督促辖区内仍没有与劳动者签订劳动合同的企业做好劳动合同签订工作，力争实现各类企业与劳动者普遍依法签订劳动合同，完成全面推进劳动合同制度实施三年行动计划确定的目标任务。

要改善和加强对用人单位劳动用工的管理服务工作，指导企业依法建立职工名册，完善劳动规章制度，加强劳动合同签订、变更、解除、终止各个环节的日常管理，实现劳动合同管理的规范化和制度化。要研究开发和推广企业劳动合同管理应用软件，有条件的地区要免费发放，逐步实现企业劳动合同管理的信息化，全面提升企业劳动用工管理水平。

六、进一步加强劳动保障监察工作

各地劳动行政部门要大力加强劳动保障监察执法工作，加大日常巡视检查力度，重点对曾发生过违法行为的企业加强用工监管。要组织开展对用人单位遵守劳动合同法和《条例》情况的专项执法检查活动，认真受理群众举报、投诉案件，对因用人单位违法用工引发的群体性事件要积极应对、主动介入、妥善处理，维护社会稳定。要依法严肃查处违法用工行为，特别是对用人单位不依法订立书面劳动合同、劳动合同缺乏必备条款、违法解除终止劳动合同、不依法支付工资、未依法使用劳务派遣工等行为进行重点查处，切实保证劳动合同法和《条例》的全面贯彻实施。

七、着力做好劳动争议调解仲裁工作

各地劳动争议调解仲裁机构要加强对劳动合同法和《条例》实施中新情况、新问题的研究分析，密切关注劳动争议的新变化，针对突出问题及时采取应对措施。要坚持"预防为主、基层为主、调解为主"的方针，创新调解方式，开展多渠道、多层次、多样化的调解工作，争取将50%左右简易小额案件通过调解解决。要按照劳动争议调解仲裁法的规定，积极稳妥地做好劳动争议仲裁工作，保证办案质量和结案率。加强与人民法院的工作协调，做好裁审衔接工作，畅通援助和救济渠道，切实维护争议当事人的合法权益，促进劳动关系的和谐稳定。

八、进一步加强组织领导

各地要切实加强对做好《条例》贯彻落实工作的组织领导，各级劳动保障部门要加强对基层的工作指导、督促和检查，及时总结推广典型经验，扩大工作效果。劳动关系、监察执法、劳动争议处理、就业、社会保险等部门要加强协调配合，按照职责分工认真履行职能，搞好工作衔接。要加强与建设、卫生、安全生产监督管理等有关部门的沟通和协调，共同督促用人单位执行劳动合同制度。要进一步建立健全协调劳动关系三方机制，加强调查研究，充分发挥三方共同研究解决有关劳动关系重大问题的作用，形成合力，推动劳动合同法和《条例》得到贯彻实施。

人力资源和社会保障部

二〇〇八年九月二十二日

附录 E

企业人力资源管理人员全国统一鉴定介绍

2007 年

一、考试简介

企业人力资源管理人员职业按照国家职业标准分为人力资源管理员（国家职业资格四级）、助理人力资源管理师（国家职业资格三级）、人力资源管理师（国家职业资格二级）。

1. 职业名称

企业人力资源管理人员。

2. 职业定义

从事人力资源规划、员工招聘选拔、绩效考核、薪酬福利管理、激励、培训与开发、劳动关系协调等工作的专业管理人员。

3. 考试时间

全国统考一年两次，分别为每年五月份和十一月份，考试内容分为理论知识和职业道德（考试时间 150 分钟）、专业技能（考试时间 120 分钟），考试在一天内完成。

4. 证书

按照“社会效益第一，质量第一”的原则，职业资格双认证工作在自愿参加的前提下，实行全国统一标准、统一教材、统一命题、统一鉴定时间、统一证书核发。凡考核合格者，由劳动和社会保障厅颁发相应等级的职业资格证书，并实行统一编号登记管理和国家劳动部官方网站网上查询，是相关人员求职、任职、晋升、包括出国等的法律上的有效证件，可记入档案、全国通用。

5. 培训教材

国家劳动和社会保障部出版社出版的企业人力资源管理人员基础知识、工作要求（上、下册）、常用法律（中国劳动和社会保障出版社出版）和职业道德。

更多信息 http：//www. edu24ol. com/leraning/class _ hr/index. htm.

6. 报考方式

（1）考前培训：根据个人的现有条件，申报相应等级的指定教材的培训。

（2）鉴定申报：符合申报条件的人力资源管理工作人员，经过考前培训后，由培训机构负责向劳动部门申报考生资料并组织参加全国统考鉴定。

二、职业等级

本职业共设四个等级，分别为：企业人力资源管理员（国家职业资格四级）、助理企业人力资源管理师（国家职业资格三级）、企业人力资源管理师（国家职业资格二级）、高级企业人力资源管理师（国家职业资格一级）。

目前开展人力资源管理员（国家职业资格四级）、助理人力资源管理师（国家职业资格三级）、人力资源管理师（国家职业资格二级）的全国统一鉴定。

三、职业能力特征

学习能力、沟通能力、协调与合作能力和解决问题能力非常重要，计算能力和信息处理能力重要。

四、申报条件

1. 人力资源管理员（国家职业资格四级）（具备以下条件之一者）

（1）具有大专学历，连续从事本职业工作 1 年以上，经本职业人力资源管理员正规培训达到规定标准学时数，并取得毕（结）业证书。

（2）具有大专学历，连续从事本职业工作 2 年以上。

（3）具有高中或中专学历，连续从事本职业工作 4 年以上，经本职业人力资源管理员正规培训达到规定标准学时数，并取得毕（结）业证书。

（4）具有高中或中专学历，连续从事本职业工作 5 年以上。

2. 助理人力资源管理师（国家职业资格三级）（具备以下条件之一者）

（1）取得本职业人力资源管理员职业资格证书后，连续从事本职业工作 2 年以上，经本职业助理人力资源管理师培训达到规定标准学时数，并取得毕（结）业证书。

（2）取得本职业或相关专业硕士学历，经本职业助理人力资源管理师正规培训达到规定标准学时数，并取得毕（结）业证书。

（3）具有大学本科学历，连续从事本职业工作 1 年以上，经本职业助理人力资源管理师正规培训达到规定标准学时数，并取得毕（结）业证书。

（4）具有大专学历，连续从事本专业工作 3 年以上，经本职业助理人力资源管理正规培训达到规定标准学时数，并取得毕（结）业证书。

（5）具有大专学历，连续从事本专业工作 4 年以上。

（6）具有高中、中专学历，连续从事本专业工作 7 年以上，经本职业助理人力资源管理师正规培训达到规定标准学时数，并取得毕（结）业证书。

（7）具有高中、中专学历，连续从事本专业工作 8 年以上。

3. 人力资源管理师（国家职业资格二级）（具备以下条件之一者）

（1）取得本职业助理人力资源管理师职业资格证书后，连续从事本职业工作 3 年以上，经本职业人力资源管理师正规培训达到规定标准学时数，并取得毕（结）业证书。

（2）取得本专业或相关专业博士学位，经本职业人力资源管理师正规培训达到规定标准学时数，并取得毕（结）业证书者。

（3）具有本专业或相关专业硕士学位，连续从事本职业 3 年以上。

（4）具有本专业或相关专业学士学位，连续从事本职业工作 6 年以上。

（5）具有大专学历，连续从事本职业工作 8 年以上，经本职业人力资源管理师正规培训达到规定标准学时数，并取得毕（结）业证书。

（6）具有高中、中专学历，连续从事本职业工作 10 年以上，经本职业人力资源管理师正规培训达到规定标准学时数，并取得毕（结）业证书。

附录 F

《二〇一〇年国家新职业、新工种资格鉴定》申报条件

（一）企业人力资源

——企业人力资源管理员（具备以下条件之一者）

（1）具有大专学历（含同等学力），连续从事本职业工作1年以上，经本职业人力资源管理员正规培训达到规定标准学时数，并取得毕（结）业证书。

（2）具有大专学历（含同等学力），连续从事本职业工作2年以上。

——助理企业人力资源管理师（具备以下条件之一者）

（1）取得本职业人力资源管理员职业资格证书后，连续从事本职业工作2年以上，经本职业助理人力资源管理师正规培训达到规定标准学时数，并取得毕（结）业证书。

（2）具有大学本科学历（含同等学力），连续从事本职业工作1年以上，经本职业助理人力资源管理师正规培训达到规定标准学时数，并取得毕（结）业证书。

（3）取得本专业或相关专业硕士学位，经本职业助理人力资源管理师正规培训达到规定标准学时数，并取得毕（结）业证书。

（4）具备本专业或相关专业大学专科学历，连续从事本职业工作3年以上。

——企业人力资源管理师（具备以下条件之一者）

（1）取得本职业助理人力资源管理师职业资格证书后，连续从事本职业工作3年以上，经本职业人力资源管理师正规培训达到规定标准学时数，并取得毕（结）业证书。

（2）取得本专业或相关专业博士学位，经本职业人力资源管理师正规培训达到规定标准学时数，并取得毕（结）业证书者。

（3）具有本专业或相关专业硕士学位，连续从事本职业3年以上。

（4）具有本专业或相关专业学士学位，连续从事本职业工作6年以上。

（5）具备本专业或相关专业大学专科学历，连续从事本职业工作8年以上。

——高级企业人力资源管理师（具备以下条件之一者）

（1）取得人力资源管理师职业资格证书后，从事本职业工作3年以上，经高级人力资源管理师正规培训达到规定标准学时数，并取得毕（结）业证书者。

（2）具有博士学位（含同等学力），从事本职业工作3年以上，经高级人力资源管理师正规培训达到规定标准学时数，并取得毕（结）业证书者。

（3）具有硕士学位（含同等学力），从事本职业工作6年以上，经高级人力资源管理师正规培训达到规定标准学时数，并取得毕（结）业证书者。

（4）具有学士学位（含同等学力），从事本职业工作9年以上，经高级人力资源管理师正规培训达到规定标准学时数，并取得毕（结）业证书者。

（5）具有大专学历（含同等学力），从事本职业工作 15 年以上，经高级人力资源管理师正规培训达到规定标准学时数，并取得毕（结）业证书者。

（二）营销师

——营销师（具备以下条件之一者）

（1）取得推销员高级职业资格证书后，在本职业连续工作 3 年以上，经营销师正规培训达到规定标准学时数，并取得毕（结）业证书。

（2）大学专科营销专业（含经济管理专业）毕业，在本职业连续工作 4 年以上，经营销师正规培训达到规定标准学时数，并取得毕（结）业证书。

（3）大学本科营销专业（含经济管理专业）毕业，在本职业连续工作 3 年以上，经营销师正规培训达到规定标准学时数，并取得毕（结）业证书。

（4）大学专科相关专业毕业，在本职业连续工作 5 年以上，经营销师正规培训达到规定标准学时数，并取得毕（结）业证书。

（5）大学本科相关专业毕业，在本职业连续工作 4 年以上，经营销师正规培训达到规定标准学时数，并取得毕（结）业证书。

（6）有 1 年工作经验的在校 MBA、营销专业（含经济管理专业）或相关专业研究生。

（7）连续从事本职业工作 10 年以上，经营销师正规培训达到规定标准学时数，并取得毕（结）业证书。

——高级营销师（具备以下条件之一者）

（1）取得本职业营销师职业资格证书后，在本职业连续工作 3 年以上，经本职业高级营销师正规培训达到规定标准学时数，并取得毕（结）业证书。

（2）大学本科营销专业（含经济管理专业）毕业，从事本职业工作 5 年以上，经本职业高级营销师正规培训达到规定标准学时数，并取得毕（结）业证书。

（3）本职业（专业）研究生毕业，连续从事本职业工作 2 年以上。

参考文献

［1］唐志红．人力资源招聘培训考核［M］．北京：首都经济贸易大学出版社，2003.

［2］赵凡禹．管理基本功［M］．北京：企业管理出版社，2003.

［3］张凯集．猎头实战操作指南［M］．北京：对外经济贸易大学出版社，2003.

［4］李剑．人力资源管理实务必备手册［M］．北京：中国言实出版社，2004.

［5］谢文辉．智慧管理［M］．北京：民主与建设出版社，2004.

［6］陈育辉．仁本管理——中国式人力资源战略实操全录［M］．北京：中国发展出版社，2005.

［7］杨永平．公司招聘面试录用与培训［M］．北京：中国商业出版社，2005.

［8］宋建明．怎样处理好人际关系［M］．北京：群言出版社，2005.

［9］郭京生．人员培训实务手册［M］．北京：机械工业出版社，2005.

［10］桂绍海．青年成功社交手册［M］．北京：中国三峡出版社，2005.

［11］经理人培训项目编写组．培训游戏全案［M］．北京：机械工业出版社，2005.

［12］代义国．公司用人方略［M］．北京：中国经济出版社，2005.

［13］吕叔春．破解企业人力资源风险［M］．北京：中国纺织出版社，2005.

［14］冉斌．培训促进成长［M］．北京：中国经济出版社，2005.

［15］林汉川．中小企业管理教程案例集［M］．上海：上海财经大学出版社，2006.

［16］陈翰武．语言沟通艺术［M］．武汉：武汉大学出版社，2006.

［17］李晓．沟通技巧［M］．北京：航空工业出版社，2006.

［18］余世维．有效沟通［M］．北京：机械工业出版社，2006.

［19］侯章良．人力资源最重要的100个管理法则［M］．北京：海天出版社，2006.

［20］德斯勒．人力资源管理［M］．北京：中国人民大学出版社，2007.

［21］张文光．人际关系与沟通［M］．北京：机械工业出版社，2009.

［22］蔡丽伟．饭店人力资源管理［M］．北京：清华大学出版社，2010.

［23］许玲．人际交流沟通与交流［M］．北京：清华大学出版社，2010.

［24］蔡丽伟．人力资源管理［M］．北京：清华大学出版社，2012.

推荐网站：

［1］国家人力资源和社会保障部：http：//www.mohrss.gov.cn/index.html.

［2］北京人力资源和社会保障局：http：//www.bjld.gov.cn/.

［3］人民网：http：//edu.people.com.cn/GB/gongwuyuan/8630392.html.

[4] 博天人才网：http：//www.job-sky.com/art/html/1125.htm.
[5] 个人简历网：http：//www.gerenjianli.com/fanwen/0631121542874450.htm.
[6] 简历模板网：http：//resume.bidejob.com/.
[7] 新晨范文：http：//www.xchen.com.cn/wenmi/biyesheji/356045.html.
[8] 中国教育文摘：http：//www.eduzhai.net/zhichang/44/zhiye _ 6378.html.

《人力资源管理》读者意见反馈表

尊敬的读者：

感谢您购买本书。为了能为您提供更优秀的教材，请您抽出宝贵的时间，将您的意见以下表的方式（可从 http://edu.phei.com.cn 下载本调查表）及时告知我们，以改进我们的服务。对采用您的意见进行修订的教材，我们将在该书的前言中进行说明并赠送您样书。

姓名：________________ 电话：________________________

职业：________________ E-mail：________________________

邮编：________________ 通信地址：______________________

1．您对本书的总体看法是：

□很满意 □比较满意 □尚可 □不太满意 □不满意

2．您对本书的结构（章节）：□满意 □不满意 改进意见________________

____

____

3. 您对本书的例题： □满意 □不满意 改进意见________________

____

____

4．您对本书的习题： □满意 □不满意 改进意见________________

____

____

5．您对本书的实训： □满意 □不满意 改进意见________________

____

____

6．您对本书其他的改进意见：

____

____

____

____

7．您感兴趣或希望增加的教材选题是：

____

____

____

请寄：100036 **北京万寿路 173 信箱第一教材事业部 王莹**

电话：010-88254610 E-mail:edupub@126.com

举报电话：（010）88254396；（010）88258888
传　　真：（010）88254397
E-mail：　dbqq@phei.com.cn
通信地址：北京市万寿路 173 信箱
　　　　　电子工业出版社总编办公室
邮　　编：100036